SOBRE A REVOLUÇÃO

Obras de Hannah Arendt publicadas na Companhia das Letras

Compreender — formação, exílio e totalitarismo
Eichmann em Jerusalém — um relato sobre a banalidade do mal
Homens em tempos sombrios
Origens do totalitarismo — antissemitismo, imperialismo, totalitarismo
Responsabilidade e julgamento
Sobre a revolução

HANNAH ARENDT

Sobre a revolução

Tradução
Denise Bottmann

Apresentação
Jonathan Schell

5ª reimpressão

COMPANHIA DAS LETRAS

Copyright © 1963, 1965 by Hannah Arendt
Copyright da apresentação © 2006 by Jonathan Schell
Todos os direitos reservados, incluindo o direito de reprodução total ou parcial, em qualquer meio.
Publicado mediante acordo com Viking, parte do Penguin Group (USA) Inc.
1ª edição brasileira: *Da revolução*. Ática/ UnB, 1988.

Grafia atualizada segundo o Acordo Ortográfico da Língua Portuguesa de 1990, que entrou em vigor no Brasil em 2009.

Título original
On revolution

Capa
warrakloureiro

Foto de capa
Conflito no Quartier Latin, Paris, maio de 1968 © Coleção particular/ Roger-Viollet, Paris/ The Bridgeman Art Library

Preparação
Cacilda Guerra

Índice remissivo
Luciano Marchiori

Revisão
Luciana Baraldi
Marise Leal

Dados Internacionais de Catalogação na Publicação (CIP)
(Câmara Brasileira do Livro, SP, Brasil)

Arendt, Hannah, 1906-1975.
    Sobre a revolução / Hannah Arendt ; tradução Denise Bottmann
— São Paulo : Companhia das Letras, 2011.

    Título original: On revolution.
    ISBN 978-85-359-1846-5

    1. Revoluções I. Schell, Jonathan. II. Título.

11-03089   CDD-321.09

Índice para catálogo sistemático:
1. Revolução : História   321.09

[2022]
Todos os direitos desta edição reservados à
EDITORA SCHWARCZ S.A.
Rua Bandeira Paulista, 702, cj. 32
04532-002 — São Paulo — SP
Telefone: (11) 3707-3500
www.companhiadasletras.com.br
www.blogdacompanhia.com.br
facebook.com/companhiadasletras
instagram.com/companhiadasletras
twitter.com/cialetras

A Gertrud e Karl Jaspers,
em sinal de respeito, amizade e amor

Sumário

Agradecimentos   9
Apresentação por Jonathan Schell   11

SOBRE A REVOLUÇÃO

Introdução: Guerra e revolução   35

1. O significado de revolução   47
2. A questão social   92
3. A busca da felicidade   158
4. Fundação I: *Constitutio libertatis*   188
5. Fundação II: *Novus ordo saeclorum*   233
6. A tradição revolucionária e seu tesouro perdido   274

Notas   353
Bibliografia   391
Índice remissivo   399

Agradecimentos

O tema deste livro me foi sugerido num seminário sobre "Os Estados Unidos e o espírito revolucionário", realizado na Universidade de Princeton na primavera de 1959, sob os auspícios do Programa Especial sobre a Civilização Americana. Para a conclusão da obra, contei com uma verba da Fundação Rockefeller em 1960 e estive como bolsista no Centro de Estudos Avançados da Universidade Wesleyana no outono de 1961.

Hannah Arendt
Nova York, setembro de 1962

Apresentação

Jonathan Schell

AS REVOLUÇÕES ARENDTIANAS

Em *Origens do totalitarismo*, publicado em 1951, Arendt discorreu com dor e indignação sobre os regimes totalitários de Adolf Hitler na Alemanha, derrubado pouco tempo antes, e de Ióssif Stálin na União Soviética, ainda vigente. Em *Sobre a revolução*, publicado doze anos depois, ela acenou com esperança a um futuro próximo, mas ainda invisível e desconhecido, a saber, a onda de movimentos não violentos que, desde meados dos anos 1970 até a data de hoje, tem levado ao poder governos democráticos em dezenas de nações de todos os continentes, da Grécia à África do Sul, ao Chile, à Polônia e, finalmente, à própria União Soviética. Essas revoluções podem ser chamadas de "revoluções arendtianas", embora não no sentido em que as anteriores eram revoluções marxistas. Os novos revolucionários, salvo raras exceções notáveis, não estudaram Arendt como os marxistas haviam estudado Marx; mesmo assim, de certa maneira suas revoluções seguiram em larga medida caminhos que tinham sido inicialmente traçados pelo pensamento de Arendt. Sem ambições proféticas, ela se revelou uma profetisa. A história de seu percurso intelectual de um livro a outro lança certa luz sobre os acontecimentos involuntariamente previstos em *Sobre a revolução*. Todas essas revoluções ocorreram, é claro, depois que Arendt escreveu a obra, e sugiro aos leitores que talvez prefiram ler o livro antes desta introdução, para evitar impressões prévias, que avancem diretamente para o texto de Arendt e considerem estas páginas como um epílogo.

Arendt somava uma capacidade de reação visceral e apaixonada aos acontecimentos contemporâneos a uma imensa bagagem de conhecimento histórico e filosófico. Seguia atentamente as notícias em que aquela "velha malandra da História Universal" (como Arendt e o marido costumavam dizer nas cartas que trocavam entre si) estava em ação, e as séries de "*Ach!*" e outros suspiros e exclamações enquanto assistia aos telejornais eram motivo de comentários afetuosos e divertidos entre os amigos. Seria tentador dizer que Arendt aplicava a filosofia aos acontecimentos; mas, na verdade, o mais provável é que tenha sido o contrário. Eram os acontecimentos que ativavam seu intelecto, e era a filosofia que tinha de se ajustar. Às vezes o ajuste era pequeno — uma ríspida censura a alguma amostra de convencionalismo conceitual (por exemplo, a ideia de que o totalitarismo seria apenas uma nova variante da ditadura) — e às vezes era colossal (por exemplo, sua crítica à posição de inferioridade que toda a tradição filosófica ocidental, desde os antigos gregos, atribuía à política). Mas se, como pensadora política, ela era mais dedutiva do que indutiva, mais baconiana do que aristotélica, nenhum dos dois modelos de ciência, o antigo e o moderno, correspondia plenamente a seu estilo investigativo; pois, se Arendt não partia de generalizações para chegar aos casos particulares, tampouco reunia os fatos para deles deduzir uma regra geral. Pelo contrário, seu pensamento parece "se cristalizar" (a expressão é dela) em torno dos eventos, como um recife de coral que se estende e se ramifica, um pensamento conduzindo a outro. O resultado é um corpo independente de reflexões coerentes, mas nunca ordenadas de maneira sistemática, que, embora pareça brotar do interior segundo leis e princípios próprios ao longo de toda a sua vida, ao mesmo tempo consegue iluminar incessantemente os assuntos contemporâneos.

DOIS MUNDOS NA MESMA MENTE

No entanto, há guinadas bruscas no caminho, e uma delas é a diferença de espírito e conteúdo entre *Origens do totalitarismo* e *Sobre a revolução*. Um leitor diante apenas desses dois livros teria dificuldade em imaginar que foram escritos pela mesma pessoa. Em *Origens*, estamos num mundo em que triunfa o mal desenfreado. As enormidades do totalitarismo estão tremendamente distantes de qualquer coisa do passado. Enquanto os tiranos anteriores se contentavam basicamente em dominar a esfera política, sem se imiscuir na vida privada e, por vezes, deixando intocadas amplas áreas da vida econômica e cultural, os totalitários pretendiam controlar todos os aspectos da existência humana. A essência do totalitarismo, afirma Arendt, é a dominação total dos seres humanos pelo terror. O inédito não é apenas escala, e sim a natureza dos crimes. A essência deles consiste na tentativa de extirpar toda e qualquer "espontaneidade" humana, ou seja, a liberdade humana. O que se tentou foi nada menos do que uma cirurgia radical na "natureza humana". O principal meio para atingir essa finalidade foi o sistema dos campos de concentração, aperfeiçoado de diferentes maneiras por Stálin e Hitler. Ele funcionou arrancando a dignidade dos seres humanos, camada por camada, primeiro anu-

13

lando a "pessoa jurídica", depois destruindo a "pessoa moral" (obrigando os prisioneiros a fazer escolhas entre alternativas criminosas) e finalmente destroçando a "individualidade", sede da espontaneidade, deixando no lugar de seres humanos reconhecíveis "marionetes medonhas com feições humanas".[1]

Não apenas os indivíduos, mas os mundos humanos a que eles pertencem — classes, comunidades, povos — são arremessados às "valas do esquecimento". Os mortos, ao serem esquecidos, morrem uma segunda vez. Os totalitários conseguiam realizar tais proezas porque fazia parte de seus novos artifícios a investida maciça contra o mundo factual, substituindo-o por um mundo factício inventado por eles mesmos.

Quanto aos organizadores dessas atrocidades, Arendt considera que eles também apresentam traços novos, aterradores. Assim como seus crimes não se assemelham aos crimes do passado, suas motivações não se assemelham às dos tiranos clássicos. Movidos não por ambições conhecidas, como a ganância, a expansão territorial ou mesmo o desejo de poder, na verdade eles dão à própria sobrevivência tão pouco valor quanto à dos outros, "e não se importam se estão vivos ou mortos, se algum dia viveram ou se sequer nasceram".[2] Em vez disso, e na medida em que é possível perceber alguma motivação, eles sentem satisfação em participar ou, pelo menos, em ser arrastados em gigantescos processos históricos, cujos estágios e destinos finais estão apresentados em seus esquemas ideológicos.

Procurando um termo para descrever a nova realidade, Arendt experimentou utilizar a expressão "mal radical", de Immanuel Kant. O mal é radical quando ele destrói não só suas vítimas mas também os meios com que os sobreviventes poderiam tentar reagir. Como ela escreveu mais tarde, a grande característica das ações radicalmente más é que "transcendem a esfera dos assuntos humanos e as potencialidades do poder humano, que elas destroem radicalmente onde quer que apareçam". Embora tenha renunciado mais tarde a tal expressão, esta revela quão extenso é o triunfo do mal na concepção arendtiana do totalitarismo. O mundo parece não dispor de nenhum instrumento que não esteja destruído. A tradição ocidental do pensamento é um monte de ruínas. Os direitos do homem foram arrasados. A lei é incapaz, mesmo após os fatos, de formular termos para os crimes cometidos, pois eles mesmos ultrapassaram ou demoliram os sistemas jurídicos pelos quais poderiam ser julgados. (Apenas algum tribunal de alçada de toda a humanidade estaria apto a fazê-lo, mas no começo dos anos 1950 isso não estava no horizonte, e muito menos em sessão.) Os recursos espirituais também tinham se exaurido: o perdão — uma maneira de acertar as contas com o mal — não é capaz de abarcar a imensidão desses crimes. A própria realidade se mostrou um frágil caniço diante da furiosa investida totalitária. Se o regime mente, ele pode alterar a própria realidade para adequá-la à ilusão — por exemplo, assassinando classes ou raças inteiras para "provar" que elas tinham sido condenadas pela História. Mesmo a natureza humana, antes tida como inexpugnável, foi arrasada no sistema dos campos.

Ao lado desse retrato do mundo político, *Sobre a revolução* parece pertencer a outro universo moral. Os dois livros, a uma rápida vista de olhos, podem parecer obras de dois autores diferentes, situados em lados opostos de uma discussão. Mas nem se chega a travar uma discussão. As conclusões decorrentes da análise do totalitarismo não são refutadas (e tampouco em qualquer outro escrito de Arendt); pelo contrário, destacam-se pela ausência. Em vez dos campos de concentração, a cena histórica central de *Sobre a revolução* é o Pacto do *Mayflower*. Aqui não há terror ou dominação de espécie alguma. Pelo contrário, algumas dezenas de homens se aproximando de uma terra desconhecida estabelecem "'corpo político civil' na promessa mútua e na mútua obrigação".

Ao agir assim, sem seguir o molde de nenhuma tradição, eles descobriram nada menos do que "a gramática elementar da ação política e sua sintaxe mais complicada".[3] Essa ação afirma a "pluralidade" deles, e é ela que descobrimos ser o aspecto necessário e suficiente da vida humana em toda atividade política. Essa participação positiva e não violenta, essa ação de comum acordo dá origem não só à política em termos gerais como também ao poder político em termos específicos. Arendt explica: "A gramática da ação: a ação é a única faculdade humana que requer uma pluralidade de homens; a sintaxe do poder: o poder é o único atributo humano que se aplica exclusivamente ao entremeio mundano onde os homens se relacionam entre si, unindo-se no ato de fundação em virtude de fazer e manter promessas, o que, na esfera da política, é provavelmente a faculdade humana suprema".[4] Ser livre não é meramente ser desimpedido; é empreender uma ação positiva com os outros. Assim, Arendt se lança a uma década de exame do poder político, que, afirma ela, é não só diferente mas também o próprio "oposto" da violência. Quando os regimes deixam de ter a cooperação do povo ao estilo do Pacto do *Mayflower*, seu poder se evapora e, mesmo que possam durante algum tempo evitar a derrota recorrendo à violência, não conseguirão se salvar. Na verdade, a violência pode acelerar a queda. "Pois, evidentemente, o poder pode ser destruído pela violência; é o que acontece nas tiranias, em que a violência de um destrói o poder de muitos, e assim, segundo Montesquieu, são destruídas por dentro: elas perecem porque geram impotência em vez de poder."[5]

Descobre-se que o terror, o instrumento essencial dos regimes totalitários, é uma distorção da revolução, muitas vezes desencadeado pelo que Arendt entende ser uma tentativa equivocada, ilustrada pela Revolução Francesa, de utilizar a revolução para solucionar "a questão social", isto é, para aliviar a miséria dos pobres, cuja terrível necessidade tem a força de empurrar a revolução "para sua ruína". Ela considera que, exatamente porque a maioria das revoluções se ocupava dos pobres, a catastrófica Revolução Francesa foi objeto de estudo e tomada como modelo, ao passo que a Revolução Americana, para grande desgosto da pensadora, ficou relegada às sombras. (Essa recusa de Arendt em considerar a causa dos pobres como projeto revolucionário recebeu uma torrente de críticas de marxistas e de muitos outros preocupados com a pobreza, e até hoje é um dos aspectos mais controvertidos do livro.)

Mesmo assim, Arendt pensa que em todas as grandes revoluções modernas há episódios, que passam quase despercebidos aos historiadores, nos quais ocorreram genuínas ações de comum acordo, adotando a forma de "conselhos" criados espontaneamente. Na Revolução Francesa, foram as comunas municipais e as sociedades populares; na Rússia em 1905 e em 1917 foram os sovietes, logo distorcidos e depois eliminados (na revolta de Kronstadt, em 1921, se não antes) pelo Partido Bolchevique; na Alemanha em 1918 e 1919 foram os *Räte*, que logo se uniram em grupos nacionais para assumir as tarefas da revolução e mesmo do governo.

SOBRE *A REVOLUÇÃO*

Naturalmente não há nenhuma contradição em afirmar que os campos de concentração de Hitler e Stálin eram inqualificáveis e que o Pacto do *Mayflower* era maravilhoso. Mas não é essa a questão. O que há é que *Sobre a revolução* parece representar um novo mundo do pensamento político, uma nova disposição, quase um novo temperamento, e a questão é tentar entender sua relação com a obra anterior de Arendt, e como e por que ocorreu essa mudança. (Esse novo espírito já aparece, embora com menos clareza, em *A condição humana*, publicado em 1958, no qual a compreensão da política que Arendt vinha desenvolvendo estava embutida dentro de um quadro teórico mais amplo.)

Comentei que, na obra de Arendt, os eventos despertavam a reflexão. Os eventos que inspiraram *Origens do totalitarismo* são bastante claros: estão mencionados no título do livro, e foram determinantes para moldar a biografia da autora. De origem judaica, ela fugiu da Alemanha em 1933, após um curto período de prisão sob os nazistas. Passou os dezoito anos seguintes como expatriada, primeiro na França, trabalhando para a organização sionista Aliyah da Juventude, e depois, quando a França sucumbiu aos nazistas, nos Estados Unidos, adotando a cidadania americana em 1951. Mas certamente não foi seu sofrimento pessoal, relativamente moderado para alguém com suas origens naquela época e naqueles lugares, o motivo inicial para começar a escrever o livro. Foram sobretudo as notícias, que lhe chegaram em Nova York no final de 1942 e começo de 1943, sobre o que os nazistas estavam fazendo aos judeus nos campos de concentração. "No começo não acreditamos", disse mais tarde. "Antes daquilo, as pessoas podiam dizer a si mesmas: todos nós temos inimigos. É absolutamente natural. Por que um povo não haveria de ter inimigos? Mas aquilo era diferente. Era realmente como se tivesse se escancarado o abismo. [...] Não podia ser. Jamais se devia ter deixado aquilo acontecer."[6]

Teria algum novo evento "cristalizado" as novas linhas de pensamento que levaram de *A condição humana* a *Sobre a revolução*? Penso que sim, e creio que foi a Revolução Húngara contra o domínio soviético em outubro de 1956. A revolta foi precedida pelo famoso discurso de desestalinização proferido por Nikita Kruschev no xx Congresso do Partido Comunista, em fevereiro do mesmo ano. O primeiro país-satélite a se rebelar foi a Polônia, onde a repressão de um protesto operário contra o aumento de preços foi o estopim para um movimento nacional, reivindicando mudanças fundamentais no regime. Os acontecimentos na Polônia logo foram superados pela insurreição muito mais radical na Hungria, que no espaço de doze dias derrubou o governo estabelecido e deu início à implantação de um novo governo, a seguir esmagado pelos tanques soviéticos. Quando Arendt recebeu as notícias sobre a Hungria, escreveu ao marido Heinrich Blücher, comentando sua "alegria": "Até que enfim, até que enfim, eles tinham de mostrar como as coisas realmente são!".[7] As coisas eram como ela tinha dito em *Origens do totalitarismo*, mas agora estavam sendo reveladas pelos que participavam da primeira grande revolta interna contra o totalitarismo. (Não havia ocorrido nenhuma revolução comparável contra o regime nazista, que foi esmagado pelos exércitos dos Aliados.) O mais importante: os húngaros tinham resistido.

Há outros indicadores expressivos da reação de Arendt num ensaio que ela escreveu no primeiro aniversário da revolução. Esse texto tem uma história editorial singular. Entrou como epílogo na segunda edição de *Origens*, que saiu em 1958, mas foi retirado das edições subsequentes. Nunca voltou a aparecer em nenhum outro volume. Suponho que ela o retirou porque reconheceu que o ensaio fazia a transição para os novos rumos de pensamento que culminariam em *Sobre a revolução*. Era o início de uma obra fundamentalmente nova, e não o final da obra anterior. De fato, há vários livros sobre os dois lados da Revolução Húngara que Arendt nunca concluiu, mesmo trabalhando muitos anos neles, em parte talvez porque ficassem entre as duas épocas e entre as duas linhas de pensamento. (Recentemente, foram publicados excertos desse material com o título de *A promessa da política*.) Essa interpretação encontra respaldo num artigo que ela escreveu para *The Meridian*, o boletim da Meridian Books, a editora do livro:

> Há neste capítulo uma certa esperança — cercada, evidentemente, de muitas ressalvas — que é difícil reconciliar com a hipótese [do con-

junto de *Origens do totalitarismo*] de que a *única* expressão clara dos problemas da época até esta data tem sido o horror do totalitarismo [...] [a Revolução Húngara] mais uma vez trouxe uma forma de governo que, a bem dizer, nunca foi realmente experimentada, mas que dificilmente pode ser considerada nova [...]. Estou falando do sistema de conselhos [...] Eu não tinha nenhuma esperança de que ele ressurgisse. [...] A Revolução Húngara me ensinou uma lição.[8]

Vale a pena se deter sobre esse trecho. Arendt poderia ter dito: o problema é o totalitarismo; a solução são os conselhos e a política que eles encarnam. Mas não é o que ela diz. Em vez disso, aponta o que chama de "problemas da época", mãe do totalitarismo e também dos conselhos, ambos vistos como expressões diferentes desses problemas, uma pavorosa, a outra promissora.

Em sua biografia *Hannah Arendt: Por amor ao mundo*, Elisabeth Young-Bruehl observa que, no memorando a Underwood, de fato Arendt descreve o totalitarismo como uma "*solução*" ilegítima e horrenda aos problemas da época — problemas que continuavam muito concretos e totalmente irresolvidos. Arendt escreveu que, "por trás do declínio do Estado nacional", estava "o problema irresolvido de uma nova organização dos povos; por trás do racismo, o problema irresolvido de um novo conceito de humanidade"; por trás do imperialismo, "o problema irresolvido de organizar um mundo que se encolhe incessantemente".[9] A lista é impressionante por sua atualidade, e pode se aplicar na íntegra à nossa era pós-soviética. Se enxergamos o problema apenas no totalitarismo, podemos nos congratular com Francis Fukuyama, autor de *O fim da história e o último homem*, pelo triunfo do liberalismo. Mas se, como Arendt, enxergarmos o totalitarismo como um mal que, em primeiro lugar, brotou da mesma civilização liberal, estaremos alertas a novos males que podem surgir dos problemas subjacentes do liberalismo, ainda irresolvidos.

Arendt fez um acréscimo a essa lista dos problemas da época no material postumamente publicado para uma das obras nunca concluídas desse período, *Introduction into politics* [Introdução à política]. Escreveu ela: "Ambos [...] o totalitarismo e a bomba atômica [...] acendem o debate sobre o significado da política em nossos tempos".[10] A expressão "significado da política" se refere ao significado que emana de instituições como o sistema de conselhos descrito em *Sobre a revolução*. Curiosamente, suas reflexões sobre a bomba atômica, embora sejam extensas nesse manuscrito, nunca foram incluídas nas obras publicadas em vida. (Agora, felizmente, ficaram disponíveis em *A promessa da política*.)

Em suma, para Arendt, a Revolução Húngara foi como um archote lançado à escuridão impenetrável da masmorra totalitária. Talvez chegasse até a mostrar a saída. Embora cautelosa em seu entusiasmo, Arendt não conseguiu reprimi-lo. O fato era que a revolução lhe deu um primeiro instante de alívio sob o peso esmagador do fenômeno totalitário e lhe avivou as mais amplas esperanças.

O próprio ensaio deixa isso bem claro. Ela começa com uma salva de elogios aos revolucionários. A revolução é um "verdadeiro acontecimento cuja estatura não depende da vitória ou da derrota; sua grandeza está assegurada na tragédia que encenou". Pois "o que aconteceu na Hungria não aconteceu em nenhum outro lugar, e os doze dias da revolução contiveram mais história do que os doze anos desde que o Exército Vermelho 'libertou' o país da dominação nazista".[11] Quase vemos os miasmas totalitários começando a se levantar de seu espírito, quando ela escreve: "A voz da Europa Oriental, falando tão simples e diretamente da liberdade e da verdade, soou como uma afirmação suprema de que a natureza humana é imutável, que o niilismo será em vão, que mesmo na ausência de qualquer doutrina e na presença da doutrinação esmagadora sempre brotará do homem o anseio de corpo e alma pela liberdade e pela verdade".[12] Arendt raramente escrevia com tanta veemência positiva, sobretudo em reação a um evento contemporâneo específico. Mas era como se sentisse que, aqui, havia um novo terreno sólido onde podia se firmar.

A surpresa com o acontecimento ainda era visível um ano depois: "Pois o que aconteceu aqui foi algo em que ninguém acreditava mais, se é que algum dia se acreditou — nem os comunistas nem os anticomunistas, e muito menos aqueles que, sem saber ou sem se importar com o preço que outros teriam de pagar, falavam das possibilidades e dos deveres das pessoas de se rebelar contra o terror totalitário".[13] Ela mesma estava entre os que não acreditavam mais, como escreveu a Underwood. No ensaio, alertava que "toda política, teoria e previsão" referente ao totalitarismo "necessita de reexame". Mas Arendt não se lançou a esse reexame, pelo menos não na obra impressa. Em vez disso, enveredou pelo esperançoso caminho da reflexão que se apresentaria plenamente desenvolvida em *Sobre a revolução*. O ensaio sobre a Revolução Húngara, de fato, menciona muitos dos elementos que se tornariam centrais no livro: uma breve descrição do sistema de conselhos, a liberdade posta em ação, o potencial para uma forma de governo totalmente nova.

Evidentemente, a reação de Arendt ao trovão húngaro não se deu num vácuo intelectual. Entre outras coisas, sua análise do totalitarismo tinha revelado, como que numa imagem em negativo, os traços malévolos aos quais os conselhos forneciam a contraparte positiva: o automatismo em vez da ação espontânea; a vontade de um só indivíduo ou de um partido único em vez da participação plural de muitos; a lei da História em vez da lei humana. Além disso, sua experiência do sistema político americano, que enaltece em *Sobre a revolução*, também lhe dera esperanças, que aumentaram com o fim do macarthismo. E ela já conhecia a história do sistema dos conselhos pelas obras de Rosa Luxemburgo e pela experiência pessoal de seu marido, que tinha participado nos acontecimentos de 1918-19 na Alemanha. Mas pensava que a tradição estava morta e não se aplicaria aos eventos contemporâneos. Quando entendeu que a tradição estava viva, todo o seu tremendo aparato intelectual foi claramente impelido para uma nova direção. Decorridos apenas doze meses dos acontecimentos na Hungria, ela chegou ao admirável pressentimento da queda súbita e pacífica da União Soviética. Sobre os eventos de 1956, escreveu que:

> não seria prudente esquecê-los. Se eles prometem alguma coisa, é muito mais uma queda súbita e dramática de todo o regime do que uma normalização gradual. Esse desenvolvimento catastrófico, conforme aprendemos com a Revolução Húngara, não precisa necessariamente acarretar o caos [...].[14]

E assim foi.

A ONDA DAS REVOLUÇÕES DEMOCRÁTICAS

A importância da Revolução Húngara no desenvolvimento do pensamento de Arendt sugere uma nova periodização para a onda de revoluções democráticas da segunda metade do século XX. Talvez se deva datar seu início a partir de 1956, e não, como geralmente se faz, de meados dos anos 1970, quando a série pareceu começar no sul da Europa com a derrubada da junta militar grega em 1974, da autocracia em Portugal no mesmo ano e a transição da Espanha para a democracia em 1975. O longo desfile de revoluções subsequentes incluiu, entre outros, o movimento Solidariedade na Polônia nos anos 1980, a queda da junta militar argentina em 1982, a queda da ditadura militar no Brasil em 1985, a expulsão do ditador Ferdinand Marcos nas Filipinas em 1986 na revolução pelo "poder popular", a queda do ditador Chun Doo-Hwan na Coreia do Sul, o colapso da União Soviética e seu império no final da década de 1980 e início da de 1990, a substituição do regime de apartheid na África do Sul por um governo majoritário no começo dos anos 1990, a queda de Slobodan Milosevicz em 2003, a "Revolução Rosa" na Geórgia em 2003 e a "Revolução Alaranjada" na Ucrânia em 2005. A grande maioria desses movimentos e revoluções apresentava uma quantidade notável de características arendtianas. Muitos tinham como meta a instauração de condições de liberdade, mais do que a solução de problemas sociais. (Em decorrência disso, infelizmente essas questões sociais ficaram em aberto no novo mundo da globalização dos mercados, o qual, tendo se demonstrado incapaz ou indisposto a lidar com elas, agora enfrenta uma forte reação na América do Sul e outros lugares.) Muitos tendiam a abandonar os modelos de revolução da França, da Rússia ou da China, adotando algum outro ou o da Revolução Americana, que de repente voltou a ganhar respeitabilidade e atenção internacional. Todos eram basicamente não violentos, renunciando deliberadamente à violência revolucionária e ainda mais ao terror. Um aspecto talvez ainda mais interessante e importante, eles defendiam reiteradamente a nova concepção de Arendt sobre o poder e sua relação com a violência. Além de "não violentos", eles também alimentavam, em sentido positivo, as bases daquilo que ela identificara como verdadeiras fontes do poder: uma vigorosa ação de comum acordo entre iguais dispostos a se sacrificar por suas convicções. Repetidas vezes, como na Hungria em 1956, movimentos conquistaram de corpo e alma as maiorias nacionais, retirando legitimidade aos governos repressores, e repetidas vezes esses governos caíram, num processo previamente descrito por Arendt. Como ela escreveu em *Sobre a revolução*: "Em última análise, toda autoridade se assenta na opinião, e nada demonstra isso mais claramente que o fato de que uma recusa universal em obedecer pode dar início, de súbito e inesperadamente, a algo que então se converte numa revolução".[15] Encontramos uma descrição semelhante no grande ensaio de Václav Havel "The power of the powerless" [O poder dos sem-poder], de 1978. Até onde sei, naquela época Havel não tinha lido Arendt. No entanto, sua concepção sobre o poder do "viver na verdade", como diz ele (e que Arendt, mais abstratamente, chama de força da "opinião"), e como é capaz de derrubar o poder de um governo opressor e aparentemente incontestável, guarda notáveis semelhanças com a dela:

> Pois a crosta apresentada pela vida de mentiras é feita de um estranho material. Ao se selar hermeticamente a toda a sociedade, ela parece feita de pedra. Mas, no momento em que alguém atravessa algum ponto, quando alguém exclama "O imperador está nu!" — quando uma única pessoa quebra as regras do jogo, assim expondo-o como um jogo —, tudo de repente aparece a uma outra luz e então a crosta inteira parece feita de pano esgarçado, desintegrando-se de maneira incontrolável.[16]

Também é verdade que ocorreram muitos desdobramentos não previstos por Arendt, e que certamente iriam surpreendê-la tanto quanto as características específicas da Revolução Húngara. Um deles é o papel de uma nova concepção do "social" em vários desses movimentos, sobretudo na África do Sul, na Polônia e na Tchecoslováquia, que nestes dois últimos países marcaram uma guinada crítica para a queda da União Soviética. (Com efeito, o precursor polonês do movimento Solidariedade, o Comitê de Defesa Operária, definia sua tarefa como um "trabalho social", incluindo assistência às vítimas da repressão e suas famílias.) Arendt fazia uma distinção clara entre o social e o político, sendo contra qualquer mistura de ambos, temendo que a integridade da esfera política, cujo sentido e objetivo deveria ser o exercício da liberdade, seria adulterada e prejudicada por qualquer tipo de meta social, como o trabalho de "governança" de guiar uma economia moderna. Ela não prenunciou o que hoje chamamos de "sociedade civil". Mas os poloneses e tchecos, além de outros, perceberam que a sociedade oferecia não só um refúgio da política como também um campo de ação onde se poderia desenvolver o poder, inclusive o poder político. De fato, na Polônia o Solidariedade, receando derrubar o Estado comunista e desencadear uma intervenção militar soviética como a que havia esmagado a Revolução Húngara, propôs uma divisão de papéis em que o movimento controlaria "a sociedade" e "o poder" ficaria ao encargo do governo. No auge de sua existência, o Solidariedade, com seus 10 milhões de membros, incluindo filiados do Partido Comunista, tornou-se uma reunião gigantesca de "conselhos". No entanto, seu interesse não era a política, diferentemente do ideal de Arendt, mas praticamente todo o resto, incluindo uma educação honesta, a proteção do meio ambiente e todas as formas de trabalho social. Tal como se desenrolaram os fatos, porém — numa ironia que, imagino, Arendt iria apreciar —, os que tinham papel preponderante na sociedade adquiriram o poder político, quase à própria revelia. Para sua imensa surpresa e não pequeno susto, o poder caiu no colo deles em 1989, quando o enfraquecido e periclitante Estado polonês, percebendo que não conseguiria desempenhar suas funções e tendo perdido o respaldo soviético, recorreu ao Solidariedade para obter apoio e legitimidade. Dois anos depois, a própria União Soviética desaparecia.

Outro desdobramento que surpreenderia Arendt foi o uso, por parte dos movimentos populares, dos resultados das eleições, fraudadas ou não, como alavanca para ganhar o poder. Esse padrão surgiu pela primeira vez nas Filipinas em 1986, quando Marcos convocou uma eleição e depois a anulou, em razão da vitória nas urnas de sua adversária, Corazón Aquino, viúva do líder oposicionista assassinado Benigno Aquino. Dois anos depois, o movimento democrático chileno Acuerdo Nacional se utilizou de um plebiscito organizado por Augusto Pinochet para dar a vitória ao "Não". Quando os comandantes militares, que então se alinharam com a maioria dos chilenos e não com o ditador, descumpriram sua ordem de decretar a lei marcial, Pinochet foi instado a deixar a presidência. O exemplo das Filipinas de montar um movimento em oposição às fraudes eleitorais foi posteriormente seguido na Sérvia e na Ucrânia. Em quase todas as revoluções da onda democrática, os movimentos não violentos levaram a um governo democrático, mas, em tais casos, o processo foi revertido ao menos em parte. As eleições democráticas auxiliaram os movimentos não violentos, que então avançaram no caminho da vitória.

Há pelo menos uma grande esperança de Arendt que não se concretizou. Ela via os conselhos revolucionários como embriões de algo que poderia vir a ser uma forma de governo inteiramente nova, e cuja seiva vital seria aquele tipo de participação ativa e contínua na política que se mostrara nas revoluções. Mas em todas as partes os conselhos foram postos de lado ou tomados por partidos políticos, ou algo ainda pior. Esse enredo não mudou desde a época em que ela escrevia. Os conselhos surgiram de novo e de novo caíram — dessa vez em favor de sistemas de governo mais ou menos democráticos, mais ou menos representativos, conhecidos por todos ao longo de duzentos anos de uso nos Estados Unidos, na Europa e em outros lugares.

A afinidade entre as revoluções da onda democrática é notável, mas evidentemente o que Arendt conhecera foi o totalitarismo, e o que mais a interessava era a resistência a ele. (Filha legítima do Ocidente e da tradição ocidental, era raro que ela refletisse mais demoradamente sobre os acontecimentos de outros lugares do mundo.) É no contexto desses interesses que seria muito mais profícuo datar o início de toda a onda em 1956, e não em 1974.

Note-se, por exemplo, que os eventos poloneses que antecederam a Revolução Húngara foram desencadeados pelas reivindicações de conselhos de operários independentes. Quando os grevistas foram baleados, a população em geral reagiu enfurecida, obrigando a uma mudança no comando. Logo, as sementes do movimento Solidariedade de 1980, provavelmente o ponto de inflexão decisivo nos destinos do poder soviético, foram plantadas em 1956. Foi então que os operários poloneses sentiram seu poder pela primeira vez e formularam algumas das reivindicações que o Solidariedade adotaria mais tarde. Ninguém sabia na época, mas nascera a combinação que iria derrubar a União Soviética: a reforma do Partido Comunista no alto e a resistência popular não violenta nas bases. Nos anos 1950, o reformador foi Kruschev e a resistência foi uma efêmera revolta operária; nos anos 1980, o reformador foi Gorbachev, muito mais liberal, e a resistência foi o movimento Solidariedade, muito mais poderoso, e seus sucessores. Em 1956, Arendt era praticamente a única a entender que a Revolução Húngara, mesmo esmagada, havia desferido um golpe na União Soviética. Na época em que a Primavera de Praga abraçou novamente a causa antitotalitária em 1968, Arendt, utilizando seu novo quadro de entendimento conceitual, pôde escrever: "A culminância do choque entre os tanques russos e a resistência totalmente não violenta do povo tchecoslovaco é um caso exemplar de um confronto entre violência e poder. Substituir o poder pela violência pode trazer a vitória, mas o preço é muito alto; pois não é pago apenas pelos vencidos, é pago também pelo vencedor em termos de seu próprio poder".[17]

À luz desses conceitos e eventos subsequentes, parecia estar pronta uma nova história do declínio e queda do poder soviético. Nessa história, os movimentos derrotados da Polônia, da Hungria e da Tchecoslováquia figurariam não como nobres derrotas, mas como precursores da vitória completa de 1989-91. Um dos traços mais surpreendentes dessa história seria a importância, para a rebelião, de comunistas outrora devotados. Em certa época, os operários poloneses provavelmente acreditavam mais nas ideias comunistas do que a maioria de seus conterrâneos. Muitos dos intelectuais poloneses que desempenharam o papel de conselheiros no Solidariedade também tinham sido comunistas convictos. Um deles, Adam Michnik, que cresceu numa família comunista, mas tarde escreveu que, quando menino, acreditara que "um comunista é um homem que luta pela justiça social, pela liberdade e igualdade, pelo socialismo [...]. Ele vai preso por causa de suas convicções".[18] E até o fim Gorbachev continuou a acreditar num sistema comunista reformado.

Outro aspecto surpreendente é que os métodos pioneiros dos rebeldes da onda democrática, adotados com grande originalidade e magnífica coragem ao longo de décadas, guardavam entre si semelhanças tão grandes quanto as diferenças entre os regimes a que se opunham, tão díspares quanto o governo militar no sul da Europa, as ditaduras de direita da América do Sul e o regime de apartheid na África do Sul. É o que basta para crermos que Arendt tinha razão ao escrever que os signatários do Pacto do *Mayflower*, que ilustravam sua nova compreensão da política, haviam descoberto a própria "gramática" e "sintaxe" de toda e qualquer ação.

Estamos no quinquagésimo aniversário dos acontecimentos húngaros, e a reflexão sobre os inícios sugere uma reflexão sobre os fins. A onda de democratização arendtiana findou? O assunto está em discussão. Uma escola defende que, sob a liderança dos Estados Unidos, a democracia está prestes a dar um grande salto à frente e a conquistar todo o planeta. O presidente George W. Bush tem se dedicado à meta de "acabar com a tirania em nosso mundo", embora sem fixar datas. Outra escola receia que o movimento corre o risco de ser corrompido por essa mesma intervenção americana. O inquestionável é que, desde o fim da União Soviética, o contexto mudou. Mais importante, os Estados Unidos adotaram a política de democratizar outros países usando a força armada. A mudança na linha de ação começou mesmo antes dos ataques do Onze de Setembro, com a ideia de intervenção humanitária. Foi praticada pelos Estados Unidos na Somália, em 1991, para aliviar uma fome terrível, e depois na Sérvia, em 1999, para retirá-la de Kosovo. Foi notavelmente *não* praticada na pior crise humanitária do período, o genocídio da população tutsi em Ruanda pelo governo hutu. A mudança se acelerou após o Onze de Setembro, quando os Estados Unidos somaram a democratização ao humanitarismo, como objetivos das intervenções. Muitos defensores da nova política, liberais e conservadores, qualificaram abertamente essa linha de ação como imperial, e chamaram os Estados Unidos a assumir os encargos do império mundial. Seus adversários temem que a militarização não fomente e sim prejudique o movimento democrático. Sem dúvida, o único país em que essa política foi plenamente implementada é o Iraque. E lá a democratização foi introduzida como uma espécie de sucedâneo quando o objetivo anunciado da guerra, apreender supostas armas de destruição de massa, demonstrou ser uma miragem.

A China, cujo "1989" foi o esmagamento do movimento democrático na praça Tiananmen, nunca se uniu à corrente. Com o presidente Vladimir Putin, a Rússia retornou ao autoritarismo. Igualmente importante e relacionado com nosso assunto, uma sombra recaiu sobre a liberdade americana. Na realidade, e ainda mais aos olhos do mundo, os Estados Unidos em sua guerra ao terror estão se distanciando de seus ideais da fundação, que Arendt, entre outros, tanto admirava. Um governo tem reivindicado o direito de prender cidadãos americanos e outros a seu alvitre, a grampear cidadãos americanos sem autorização do Congresso e a torturar prisioneiros em cárceres secretos em todo o mundo. Mesmo quando perguntamos se ainda é provável uma difusão mais ampla da democracia, podemos também perguntar se ela irá florescer ou mesmo sobreviver nos Estados Unidos, onde já existe. De uma maneira ou outra, as consequências da quinquagenária onda democrática serão inevitavelmente consideráveis.

Lembremos que Arendt acreditava que o totalitarismo, embora obviamente fosse um mal em si, foi também uma fantástica tentativa de solução para problemas profundamente enraizados no sistema moderno. Exatamente essas suas "origens" na sociedade não totalitária mais ampla formaram o tema de *Origens do totalitarismo*. Uma delas era, claro, o imperialismo. Um ressurgimento atual da ambição imperial no cerne da ordem liberal dominante provavelmente teria um significado profundo e sinistro para Arendt.

Os novos empregos da força militar americana oferecem uma nova oportunidade de testar suas concepções sobre a política e o poder. Arendt, desde cedo uma franca adversária da Guerra do Vietnã, que qualificava de imperial, sabia que os Estados Unidos não eram imunes às tentações que destruíram outras grandes potências no passado. É questionável usar os mortos para comentar os assuntos atuais. Mas não deveríamos prestar atenção ao prognóstico de Arendt quanto a uma "inversão na relação entre poder e violência, prenunciando uma outra inversão na futura relação entre grandes e pequenas potências"?[19] Era um augúrio altamente favorável à democracia, mas desfavorável aos impérios com pretensões globais, totalitárias ou republicanas, praticadas por soviéticos, americanos ou quaisquer outros.

NOTAS

1. Hannah Arendt, *The origins of totalitarianism* (Nova York: Meridian Books, 1958), p. 455 [*Origens do totalitarismo*, trad. Roberto Raposo, São Paulo, Companhia das Letras, 1989].

2. Ibid., p. 459.

3. *Sobre a revolução*, p. 235.

4. Ibid., p. 237.

5. Ibid., p. 210.

6. Elisabeth Young-Bruehl, *Hannah Arendt: For love of the world* (New Haven: Yale University Press, 1982), p. 185 [*Hannah Arendt: Por amor ao mundo*, trad. Antônio Trânsito, Rio de Janeiro, Relume Dumará, 1997].

7. Ibid., p. 298.

8. Ibid., p. 201.

9. Ibid., p. 202.

10. Hannah Arendt, *The promise of politics* (Nova York: Shocken, 2005), p. 109 [*A promessa da política*, trad. Pedro Jorgensen Júnior, Rio de Janeiro, Difel, 2008].

11. Arendt, *Origins*, p. 480. [*Origens*]

12. Ibid., p. 494.

13. Ibid., p. 482.

14. Ibid., p. 510.

15. *Sobre a revolução*, p. 299.

16. Václav Havel, *Living in truth* (Londres: Faber and Faber, 1986), p. 59.

17. Hannah Arendt, *On violence* (Nova York: Harvest Books, 1970), p. 52.

18. Peter Ackerman e Jack Duval, *A force more powerful* (Nova York: Palgrave, 2000).

19. Ibid., p. 10.

SOBRE A REVOLUÇÃO

Introdução
Guerra e revolução

Guerras e revoluções — como se os acontecimentos apenas se apressassem em cumprir a previsão inicial de Lênin — têm determinado até hoje a fisionomia do século xx. À diferença das ideologias oitocentistas — tais como o nacionalismo e o internacionalismo, o capitalismo e o imperialismo, o socialismo e o comunismo, que, embora ainda sejam invocados várias vezes como causas justificadoras, perderam contato com as grandes realidades de nosso mundo —, a guerra e a revolução ainda constituem as duas questões centrais do século. Elas sobreviveram a todas as suas justificativas ideológicas. Numa constelação onde a ameaça de aniquilação total pela guerra se contrapõe à esperança de emancipação de toda a humanidade por meio da revolução — levando um povo após o outro, em rápida sucessão, "a ocupar entre os poderes da terra o lugar igual e independente a que lhe dão direito as Leis da Natureza e Deus da Natureza" —, não resta nenhuma outra causa a não ser a mais antiga de todas, a única, de fato, que desde o início de nossa história determinou a própria existência da política: a causa da liberdade em oposição à tirania.

É algo em si bastante surpreendente. Com efeito, sob o ataque conjunto das "ciências" desmistificadoras modernas, a psicologia e a sociologia, nada parece estar mais profundamente sepultado do que o conceito de liberdade. Mesmo os revolucionários, que poderíamos supor firmemente, e até inexoravelmente, ancorados numa tradição que seria difícil formular, e ainda mais difícil entender, sem a noção de liberdade, em muito maior medida preferiram rebaixar a liberdade ao nível de preconceito pequeno-burguês a admitir que o objetivo da revolução era, e sempre foi, a liberdade. Mas, se foi espantoso ver como a própria palavra "liberdade" pôde desaparecer do vocabulário revolucionário, talvez não menos desconcertante foi observar como a ideia de liberdade se introduziu em anos recentes no centro da mais séria discussão entre todos os debates políticos da atualidade: a discussão da guerra e do uso justificável da violência. Do ponto de vista histórico, as guerras estão entre os fenômenos mais antigos do passado documentado, ao passo que as revoluções propriamente ditas não existiam antes da era moderna; entre todos os grandes fenômenos políticos, elas são dos mais recentes. Diferentemente da revolução, são raros os casos em que o objetivo da guerra esteve ligado à noção de liberdade; e, mesmo sendo verdade que muitas revoltas belicistas contra um invasor estrangeiro tenham sido consideradas guerras santas, nunca foram reconhecidas, na teoria ou na prática, como as únicas guerras justas.

As justificativas das guerras, mesmo no plano teórico, são muito antigas, embora, claro, não tanto quanto a guerra organizada. Entre seus pré-requisitos óbvios está a convicção de que as relações políticas em seu curso normal não caem sob o domínio da violência, e essa convicção encontramos pela primeira vez na Antiguidade grega, na medida em que a pólis, a cidade-estado grega, definia-se explicitamente como um modo de vida fundado apenas na persuasão, e não na violência. (Não eram palavras vazias para criar ilusão, o que demonstra, entre outras coisas, o costume ateniense de "persuadir" os condenados à morte a se suicidar tomando cicuta, poupando assim ao cidadão ateniense, em todas as circunstâncias, a indignidade da violação física.) No entanto, visto que para os gregos a vida política, por definição, não se estendia além dos muros da pólis, o uso da violência lhes parecia dispensar a necessidade de justificação na esfera daquilo que hoje chamamos de assuntos exteriores ou de relações internacionais, muito embora seus assuntos exteriores, com a única exceção das guerras pérsicas, que viram toda a Hélade unida, praticamente se resumissem às relações entre cidades gregas. Fora dos muros da pólis, isto é, fora da esfera da política no sentido grego do termo, "os fortes faziam o que podiam, e os fracos sofriam o que deviam" (Tucídides).

Portanto, é à Antiguidade romana que devemos recuar para encontrar a primeira justificação da guerra, junto com a primeira noção de que existem guerras justas e injustas. Todavia, as distinções e justificações romanas não diziam respeito à liberdade e não traçavam nenhuma linha divisória entre guerra agressiva e guerra defensiva. Disse Lívio: "É justa a guerra que é necessária, e sagradas são as armas quando não há esperança senão nelas" (*Iustum enim est bellum quibus necessarium, et pia arma ubi nulla nisi in armis spes est*). A necessidade, desde a época de Lívio e no decorrer dos séculos, tem significado muitas coisas que hoje consideraríamos plenamente suficientes para qualificar uma guerra não de justa, e sim de injusta. Conquista, expansão, defesa de interesses, preservação do poder diante do surgimento de novos poderes ameaçadores, manutenção de um dado equilíbrio de poderes — todas essas conhecidas realidades da política de poder foram não só as causas concretas da eclosão de inúmeras guerras na história como também eram reconhecidas como "necessidades", isto é, motivos legítimos para invocar uma decisão pelas armas. A noção de que a agressão é um crime e que as guerras só podem ser justi-

ficadas para repelir ou prevenir a agressão veio a adquirir significado prático e mesmo teórico somente depois que a Primeira
Guerra Mundial demonstrou o potencial pavorosamente destru-
tivo da guerra nas condições da tecnologia moderna.

Talvez seja por causa dessa perceptível ausência do argumento da liberdade nas justificações tradicionais da guerra como último recurso da política internacional que temos essa sensação de
curiosa dissonância sempre que o ouvimos invocado no debate
atual sobre a questão da guerra. Sair-se com argumentos do tipo
de um enfático "liberdade ou morte" diante do potencial inaudito
e inconcebível de destruição numa guerra nuclear não é sequer
vazio; é francamente ridículo. Na verdade, parece tão evidente que
há uma enorme diferença entre arriscar a própria vida pela vida e
liberdade de seu país e de sua posteridade e arriscar a própria
existência da humanidade pelos mesmos fins, que fica difícil evitar a suspeita de má-fé por parte dos defensores do "antes morto
do que comunista" ou "melhor morrer do que ser escravo". O que,
naturalmente, não significa que o inverso, "antes comunista do
que morto", tenha algo mais a recomendá-lo; quando uma velha
verdade deixa de se aplicar, não adianta invertê-la. Na realidade,
na medida em que a discussão sobre a questão da guerra hoje é
conduzida nesses termos, é fácil notar uma reserva mental em
ambos os lados. Os que dizem "melhor morto do que comunista"
na verdade pensam: as perdas talvez não sejam tão grandes quanto
alguns preveem, nossa civilização sobreviverá; enquanto os que
dizem "melhor comunista do que morto" na verdade pensam: a
escravidão não vai ser tão ruim, o homem não mudará sua natureza, a liberdade não desaparecerá para sempre da Terra. Em outras
palavras, a má-fé dos debatedores consiste no fato de que ambos
se esquivam à alternativa absurda que eles mesmos propuseram;
não são sérios.[1]

É importante lembrar que a ideia de liberdade foi introduzida no debate sobre a questão da guerra depois que ficou evidente que havíamos alcançado um estágio de desenvolvimento técnico em que os meios de destruição eram tais que excluíam a possibilidade de um uso racional. Em outras palavras, a liberdade apareceu neste debate como um *deus ex machina* para justificar o que se tornou injustificável em bases racionais. Será demasiado enxergar no meio da atual mistura inextricável de problemas e discussões um indício auspicioso de que talvez esteja prestes a ocorrer uma profunda mudança nas relações internacionais, a saber, o desaparecimento da guerra do cenário político, mesmo sem uma transformação radical das relações internacionais e sem uma mudança interior dos homens? Será que nossa atual perplexidade nesse assunto não indica nosso despreparo para o desaparecimento da guerra, nossa incapacidade de pensar a política externa sem ter em mente essa "continuação por outros meios" como último recurso?

Afora a ameaça de aniquilação total, que presumivelmente poderia ser eliminada por novas descobertas técnicas, como uma bomba "limpa" ou um míssil antimíssil, poucos sinais apontam nessa direção. Há, *em primeiro lugar*, o fato de que os germes da guerra total se desenvolveram já na Primeira Guerra Mundial, quando a diferença entre soldados e civis deixou de ser respeitada porque era incompatível com as novas armas usadas na ocasião. Sem dúvida, essa própria distinção já era um fato relativamente moderno, e sua abolição prática significou apenas um retorno da guerra aos tempos em que os romanos varreram Cartago da face do planeta. Nas condições modernas, porém, esse surgimento ou ressurgimento da guerra total tem uma significação política muito importante, pois contradiz os pressupostos básicos sobre os quais se funda a relação entre as áreas civis e as áreas militares do governo: a função do Exército é proteger e defender a população civil. No entanto, a história bélica em nosso século pode ser narrada quase como a história da incapacidade cada vez maior do

Exército em desempenhar essa função básica, até o ponto em que, hoje, a estratégia de dissuasão veio a transformar claramente o papel do militar, que passou de protetor a vingador atrasado e no fundo inútil.

Intimamente ligado a essa distorção na relação entre Estado e Exército está, *em segundo lugar*, o fato notável, mas pouco notado, de que desde o final da Primeira Guerra Mundial supomos quase automaticamente que nenhum governo e nenhum Estado ou forma de governo terá forças suficientes para sobreviver a uma derrota em guerra. Pode-se rastrear esse desenvolvimento no século xix, quando à Guerra Franco-Prussiana seguiu-se a mudança do Segundo Império para a Terceira República na França; e a Revolução Russa de 1905, seguindo-se à derrota na Guerra Russo--Japonesa, certamente foi um sinal pressago do que estava reservado aos governos em caso de derrota militar. Seja como for, uma transformação revolucionária no governo, realizada pelo próprio povo como depois da Primeira Guerra Mundial, ou imposta de fora pelas potências vitoriosas com a exigência de rendição incondicional e a criação de tribunais de guerra, hoje é uma das consequências mais seguras da derrota em guerra — tirando, é claro, a aniquilação total. Em nosso contexto, é secundário se esse estado de coisas se deve a um decisivo enfraquecimento do governo enquanto tal, a uma perda de autoridade nos países em questão, ou se nenhum Estado e nenhum governo, por mais sólido que seja e por mais confiança que nele depositem seus cidadãos, é capaz de resistir ao inaudito terror da violência desencadeada pela guerra moderna sobre o conjunto da população. A verdade é que, mesmo antes do horror da guerra nuclear, as guerras já tinham se tornado politicamente, embora ainda não biologicamente, uma questão de vida ou morte. E isso significa que, nas condições da guerra moderna, isto é, desde a Primeira Guerra Mundial, todos os governos têm sobrevivido sob risco constante de morte.

O *terceiro* fato parece indicar uma mudança radical na própria natureza da guerra, com a introdução da dissuasão como o princípio condutor da corrida armamentista. Pois realmente é verdade que a estratégia de dissuasão "visa mais a evitar do que a vencer a guerra que supostamente está preparando. Ela tende a alcançar seu objetivo mais por uma ameaça que nunca é posta em prática do que pelo ato em si".[2] Sem dúvida, a percepção de que a paz é o fim da guerra e que, portanto, uma guerra é a preparação para a paz, é tão velha pelo menos quanto Aristóteles, e a alegação de que o objetivo de uma corrida armamentista é salvaguardar a paz é ainda mais velha, a saber, tão velha quanto a descoberta das mentiras de propaganda. Mas o ponto central da questão é que, hoje, evitar a guerra é não só o objetivo pretenso ou verdadeiro de uma política geral, mas tornou-se o princípio condutor dos próprios preparativos militares. Em outras palavras, os militares não estão mais se preparando para uma guerra que os estadistas esperam que nunca se deflagre; o objetivo deles passou a ser o desenvolvimento de armas que impossibilitem a guerra.

Além disso, é plenamente compatível com esses esforços, digamos, paradoxais que se aponte claramente no horizonte da política internacional a possibilidade de uma séria substituição das guerras "frias" por guerras "quentes". Não pretendo negar que a atual retomada — esperemos que temporária — dos testes nucleares pelas grandes potências tem como objetivo primário novas descobertas e desenvolvimentos técnicos; mas parece-me inegável que esses testes, ao contrário dos precedentes, também são instrumentos políticos e, como tais, sinistramente aparentam ser um novo tipo de manobra em tempo de paz, envolvendo em seu treinamento não o par fictício de inimigos que se usa nas manobras comuns das tropas, mas o par formado, pelo menos potencialmente, pelos inimigos reais. É como se a corrida armamentista nuclear tivesse se convertido numa espécie de ensaio de guerra, em que os adversários exibem mutuamente a destrutividade das armas que possuem; e, embora seja sempre possível que esse jogo mortífero de "ses" e "quandos" de repente se torne a coisa real, não é absolutamente inconcebível que um dia a vitória e a derrota possam pôr fim a uma guerra que nunca eclodiu na realidade.

Será pura fantasia? Penso que não. Potencialmente, pelo menos, ficamos diante desse tipo de guerra hipotética no exato momento em que a bomba atômica fez sua primeira aparição. Muitos pensaram na época, e ainda continuam a pensar, que teria sido plenamente suficiente fazer uma demonstração da nova arma a um grupo selecionado de cientistas japoneses para obrigar o governo à rendição incondicional, pois tal demonstração a conhecedores constituiria prova cabal de uma superioridade absoluta que nenhuma mudança na sorte ou qualquer outro fator seria capaz de alterar. Dezessete anos depois de Hiroshima, nosso domínio técnico dos meios de destruição se aproxima rapidamente do ponto em que todos os fatores não técnicos numa guerra, como o ânimo dos soldados, a estratégia, a competência dos generais e mesmo o simples acaso, são completamente eliminados, e os resultados podem ser calculados antecipadamente com absoluta precisão. Uma vez atingido esse ponto, os resultados de meros testes e demonstrações poderiam ser, para os especialistas, provas da vitória ou da derrota tão conclusivas quanto o campo de batalha, a conquista de território, a destruição dos meios de comunicação etc. tinham sido anteriormente para os especialistas militares de ambos os lados.

Há o fato *final*, e em nosso contexto o mais importante, de que a relação entre guerra e revolução, a reciprocidade e a mútua dependência entre elas, tem aumentado de maneira constante, e a ênfase na relação tem se transferido cada vez mais da guerra para a revolução. Sem dúvida, essa relação entre guerras e revoluções não é, em si, um fenômeno novo; é tão antigo quanto as próprias revoluções, que ou foram precedidas e acompanhadas por uma guerra de libertação, como a Revolução Americana, ou levaram a guerras defensivas e agressivas, como a Revolução Francesa. Mas, além dessas modalidades, em nosso século surgiu um tipo de acontecimento completamente diferente, em que mesmo a fúria da guerra era como que apenas um prelúdio, uma fase preparatória da violência desencadeada pela revolução (tal foi, sem dúvida, o entendimento de Pasternak sobre a guerra e a revolução na Rússia, em *Doutor Jivago*), em que, ao contrário, uma guerra mundial aparece como consequência da revolução, uma espécie de guerra civil se alastrando por todo o mundo, tal como a própria Segunda Guerra Mundial foi vista por uma parcela considerável da opinião pública, e de maneira bastante justificável. Vinte anos mais tarde, tornou-se quase evidente que o fim da guerra é a revolução, e que a única causa que seria capaz de justificá-la é a causa revolucionária da liberdade. Assim, qualquer que seja o desfecho de nossos problemas atuais, se não perecermos todos, parece mais do que provável que a revolução, à diferença da guerra, continuará conosco até onde podemos enxergar o futuro. Mesmo que conseguíssemos mudar a fisionomia deste século a ponto de deixar de ser um século de guerras, com toda certeza continuará como um século de revoluções. Na disputa que atualmente divide o mundo, e na qual há tanta coisa em jogo, provavelmente vencerão os que entendem a revolução, ao passo que os que ainda depõem fé na política de poder no sentido tradicional do termo e, portanto, na guerra como o último recurso de toda política externa poderão descobrir num futuro não muito remoto que se tornaram mestres num ofício um tanto inútil e obsoleto. E esse entendimento da revolução não pode ser contrariado nem substituído por uma experiência especializada em contrarrevoluções; pois a contrarrevolução — termo que foi cunhado por Condorcet durante a Revolução Francesa — sempre se manteve ligada à revolução, tal como a reação está ligada à ação. A famosa declaração de De Maistre — "*La contrerévolution ne sera point une révolution contraire, mais le contraire de la révolution*" ["A contrarrevolução não será uma revolução contrária, mas o contrário da revolução"] — continua a ser o que era quando foi proferida em 1796: uma mera frase de efeito.[3]

Porém, por mais necessário que seja distinguir na teoria e na prática entre guerra e revolução, apesar da íntima relação entre elas, não podemos deixar de notar que o simples fato de ser inconcebível qualquer guerra ou revolução fora do campo da violência é suficiente para distingui-las de todos os outros fenômenos políticos. Seria difícil negar que uma das razões pelas quais as guerras se convertem tão facilmente em revoluções e as revoluções têm mostrado essa sinistra tendência de desencadear guerras é que a violência constitui uma espécie de denominador comum a ambas. Na verdade, a magnitude da violência liberada na Primeira Guerra Mundial provavelmente teria sido suficiente para desencadear revoluções em sua esteira, mesmo sem nenhuma tradição revolucionária e mesmo que antes jamais tivesse ocorrido qualquer revolução.

Sem dúvida, nem mesmo as guerras, e menos ainda as revoluções, são sempre totalmente determinadas pela violência. Onde a violência impera absoluta, como por exemplo nos campos de concentração dos regimes totalitários, não só as leis — *les lois se taisent* [as leis se calam], como colocou a Revolução Francesa —, mas tudo e todos devem quedar em silêncio. É por causa desse silêncio que a violência é um fenômeno marginal na esfera política; pois o homem, como ser político, é dotado do poder de fala. As duas famosas definições de homem dadas por Aristóteles — o homem como ser político e ser dotado de linguagem — se complementam mutuamente e ambas remetem à mesma experiência na vida da pólis grega. O ponto aqui é que a violência em si é incapaz de fala, e não apenas que a fala é impotente diante da violência. Devido a essa ausência de fala, a teoria política tem pouco a dizer sobre o fenômeno da violência e deve deixar essa discussão aos técnicos. Como o pensamento político só pode acompanhar as expressões verbais dos próprios fenômenos políticos, ele fica restrito ao que aparece no domínio dos assuntos humanos; e, para que possam se manifestar, esses fenômenos, à diferença das questões físicas, requerem fala e expressão verbal, isto é, algo que transcende a mera visibilidade física e a simples audibilidade. Uma teoria da guerra ou uma teoria da revolução, portanto, só pode tratar da justificação da violência porque essa justificação constitui seu limite político; se, em vez disso, ela chega a uma glorificação ou a uma justificação da violência enquanto tal, já não é política, e sim antipolítica.

Na medida em que a violência desempenha um papel predominante nas guerras e revoluções, ambas se dão fora da esfera política em termos estritos, a despeito de seu imenso papel na história documentada. Esse fato levou o século XVII, que teve seu próprio quinhão de guerras e revoluções, à hipótese de um estado pré-político, chamado "estado de natureza", que, evidentemente, nunca teve a pretensão de remeter a um fato histórico. Se ainda hoje essa é uma hipótese pertinente, é porque ela reconhece que uma esfera política não surge automaticamente em qualquer lugar onde convivam seres humanos, e que existem acontecimentos que, embora possam ocorrer num contexto estritamente histórico, não são realmente políticos e talvez nem sequer ligados à política. A noção de um estado de natureza se refere quando menos a uma realidade que não é abrangida pela ideia oitocentista de desenvolvimento, como quer que a formulemos — seja como causa e efeito, ou potencialidade e atualidade, ou um movimento dialético, ou mesmo como um simples encadeamento de fatos. Pois a hipótese de um estado de natureza supõe a existência de um início que está separado como que por um fosso intransponível de tudo o que se segue a ele.

A relação entre o problema dos inícios e o fenômeno da revolução é evidente. A íntima ligação entre o início e a violência parece encontrar comprovação nos inícios lendários de nossa história, tais como são registrados tanto pela Antiguidade bíblica quanto pela Antiguidade clássica: Caim matou Abel, Rômulo matou Remo; a violência foi o início e, ao mesmo tempo, não poderia haver nenhum início sem se usar violência, sem violentar. Os primeiros atos registrados em nossa tradição bíblica e secular, quer sejam reconhecidamente lendários ou considerados como fato histórico, percorreram os séculos com a força que o pensamento alcança nos raros casos em que cria metáforas irresistíveis ou narrativas universalmente aplicáveis. A narrativa foi clara: qualquer fraternidade de que sejam capazes os seres humanos nasceu do fratricídio, qualquer organização política a que tenham chegado os homens teve origem no crime. A convicção de que no início esteve um crime — o que encontra na expressão "estado de natureza" apenas sua paráfrase depurada teoricamente — trouxe ao longo dos séculos uma plausibilidade tão autoevidente para o estado dos assuntos humanos quanto a plausibilidade que a primeira frase de são João — "No princípio era o Verbo" — teve para os assuntos da salvação.

1. O significado de revolução

1.

Aqui não trataremos da questão da guerra. A metáfora anteriormente mencionada e a teoria de um estado de natureza que substituiu e deu prolongamento teórico a essa metáfora — embora tenham servido várias vezes para justificar a guerra e sua violência com base num mal originário, inerente aos assuntos humanos e patente no início criminoso da história humana — guardam uma relação ainda mais próxima com o problema da revolução, porque as revoluções são os únicos eventos políticos que nos colocam diante do problema dos inícios de uma maneira frontal e inescapável. Pois as revoluções, como quer que queiramos defini-las, não são meras mudanças. As revoluções modernas pouco têm em comum com a *mutatio rerum* da história romana ou com a στάσις, a guerra civil que afetava a pólis grega. Não podemos equipará-las à μεταβολαί de Platão, a transmutação como que natural de uma forma de governo em outra, nem ao πολιτείων ἀνακύκλωσις de Polébio, o ciclo recorrente inalterável a que estão presos os assuntos humanos, sempre que chegam a seus extremos.[1] A Antiguidade conhecia a mudança política e a violência concomitante à mudança, mas nenhuma das duas parecia gerar algo inteiramente novo. As mudanças não interrompiam o curso daquilo que a era moderna chamou de "história", o qual, longe de partir de um novo início, era visto como uma recaída num outro estágio do ciclo, seguindo uma trajetória previamente determinada pela própria natureza dos assuntos humanos e, portanto, inalterável.

Existe, porém, um outro aspecto nas revoluções modernas para o qual talvez tenhamos maiores possibilidades de encontrar precedentes anteriores à era moderna. Quem há de negar o enorme papel desempenhado pela questão social em todas as revoluções, e quem há de esquecer que Aristóteles, quando começou a interpretar e explicar a μεταβολαί de Platão, já havia descoberto a importância do que hoje chamamos de motivação econômica — a derrubada do governo pelos ricos e a instauração de uma oligarquia, ou a derrubada do governo pelos pobres e a instauração de uma democracia? Igualmente conhecido pela Antiguidade era o fato de que os tiranos sobem ao poder com o apoio da plebe ou dos pobres, e que a melhor oportunidade de manter o poder consiste no desejo popular de igualdade de condições. O vínculo entre riqueza e governo em qualquer país e a percepção de que as formas de governo estão ligadas à distribuição da riqueza, a suspeita de que o poder político pode simplesmente suceder ao poder econômico, e por fim a conclusão de que o interesse pode ser a força motriz em todas as lutas políticas — tudo isso, claro, não é invenção de Marx, aliás nem de Harrington ("Domínio é propriedade, de bens móveis ou imóveis") ou de Rohan ("Os reis comandam o povo e o interesse comanda os reis"). Se quisermos imputar a um único autor a chamada visão materialista da história, teremos de retroceder até Aristóteles, que foi o primeiro a afirmar que o interesse, que ele designava como συμψέρον, aquilo que é útil para uma pessoa, um grupo ou um povo, é e deve ser a norma suprema a reger os assuntos políticos.

No entanto, essas revoltas e subversões movidas pelo interesse, embora não pudessem deixar de ser violentas e sangrentas até a instauração de uma nova ordem, baseavam-se numa distinção entre ricos e pobres que era tida tão natural e inevitável no corpo político quanto a vida no corpo humano. A questão social começou a desempenhar um papel revolucionário somente quando os homens, na era moderna e não antes, começaram a duvidar de que a pobreza fosse inerente à condição humana, a duvidar de que a distinção entre a minoria que, à força, pela fraude ou pelas circunstâncias, havia conseguido se libertar dos grilhões da pobreza e as massas trabalhadoras miseráveis fosse eterna e inevitável. Essa dúvida, ou melhor, a certeza de que a vida na Terra podia ser abençoada com a abundância, em vez de ser amaldiçoada com a penúria, era pré-revolucionária e de origem americana; ela nasceu diretamente da experiência colonial americana. Em termos simbólicos, pode-se dizer que estava montado o palco para as revoluções no sentido moderno de uma mudança completa da sociedade quando John Adams, mais de uma década antes de eclodir efetivamente a Revolução Americana, pôde afirmar: "Sempre considero a colonização da América como a inauguração de um grandioso plano e desígnio da Providência para o esclarecimento dos ignorantes e a emancipação da parcela escrava da humanidade em toda a Terra".[2] Em termos teóricos, estava montado o palco quando primeiro Locke — provavelmente sob a influência das condições de prosperidade nas colônias do Novo Mundo — e depois Adam Smith declararam que a labuta e o trabalho pesado, longe de serem apanágios da pobreza, atividades a que a miséria condenava os despossuídos, eram, pelo contrário, a fonte de todas as riquezas. Nessas condições, a rebelião dos pobres, da "parcela escrava da humanidade", realmente podia almejar mais do que a libertação deles mesmos e a escravização da outra parcela da humanidade.

A América tinha se tornado o símbolo de uma sociedade sem pobreza muito antes que a era moderna, em seu desenvolvimento tecnológico inaudito, tivesse descoberto os meios efetivos de abolir aquela sórdida penúria da miséria completa que sempre fora considerada eterna. E somente depois que foi feita essa descoberta e ela chegou ao conhecimento da humanidade europeia é que a questão social e a revolta dos pobres vieram a desempenhar um papel genuinamente revolucionário. O antigo ciclo da eterna repetição se baseava numa distinção supostamente "natural" entre ricos e pobres;[3] a existência concreta da sociedade americana antes da revolução rompeu esse ciclo de uma vez por todas. Existem inúmeros debates eruditos sobre a influência da Revolução Americana sobre a Revolução Francesa (bem como sobre a influência decisiva de pensadores europeus sobre o curso da própria Revolução Americana). Mas, por mais justificadas e esclarecedoras que sejam essas análises, não existe nenhuma influência comprovável sobre o curso da Revolução Francesa — como o fato de ter começado com a Assembleia Constituinte ou que a Déclaration des Droits de l'Homme seguisse os moldes da declaração de direitos da Virgínia — que se compare ao impacto da "surpreendente prosperidade", como já dizia o abade Raynal, referindo-se às terras que ainda eram colônias inglesas na América do Norte.[4]

Teremos ainda ampla oportunidade de discutir a influência, ou a não influência, da Revolução Americana sobre o rumo das revoluções modernas. É inegável que o espírito dessa revolução não teve grande impacto visível no continente europeu, e tampouco o tiveram as cuidadosas e doutas teorias políticas dos Pais Fundadores. O que os homens da Revolução Americana consideravam uma das maiores inovações do novo governo republicano — a aplicação e aperfeiçoamento da teoria de Montesquieu sobre a divisão dos poderes no interior do corpo político — sempre desempenhou um papel muito secundário no pensamento dos revolucionários europeus; ela foi rejeitada em bloco por Turgot, mesmo antes de estourar a Revolução Francesa, em suas considerações sobre a soberania nacional,[5] cuja "majestade" — e *majestas* era o termo usado originalmente por Jean Bodin, que Turgot traduziu como *souveraineté* — supostamente exigia um poder centralizado indiviso. A soberania nacional, ou seja, a majestade da esfera pública, tal como veio a ser entendida nos vários séculos de monarquia absoluta, parecia contradizer a instauração de uma república. Em outras palavras, é como se o Estado nacional, tão mais antigo do que todas as revoluções, tivesse derrotado a revolução na Europa antes mesmo que ela surgisse. Por outro lado, aquilo que apresentou a todas as outras revoluções o problema mais urgente e menos solúvel politicamente — a questão social sob a forma da terrível miséria em massa — mal chegou a desempenhar algum papel durante a Revolução Americana. O que alimentou o impulso revolucionário na Europa não foi a Revolução Americana, e sim a existência de condições sociais na América que lá tinham se implantado e eram bastante conhecidas na Europa muito antes da Declaração de Independência.

O novo continente havia se tornado um refúgio, um "asilo" e um ponto de convergência dos pobres; surgira uma nova linhagem de indivíduos, "unidos pelos laços suaves do governo moderado", vivendo em condições de "uma agradável uniformidade" da qual fora banida "a miséria absoluta pior do que a morte". Ainda assim, Crèvecoeur, autor dessas palavras, opunha-se radicalmente à Revolução Americana, que via como uma espécie de conspiração de "grandes personagens" contra "as fileiras comuns dos homens".[6] O que revolucionou o espírito dos homens, primeiro na Europa e depois em todo o mundo, não foi a Revolução Americana e sua preocupação com a instauração de um novo corpo político, uma nova forma de governo, e sim a América, o "novo continente", o americano, um "novo homem", "a encantadora igualdade", nas palavras de Jefferson, "que os pobres gozam com os ricos" — e a tal ponto que, desde as fases finais da Revolução Francesa até as revoluções de nossos tempos, os revolucionários têm considerado mais importante transformar o arcabouço da sociedade, como fora transformado na América antes de sua revolução, do que transformar a estrutura da esfera política. Se de fato a única coisa em jogo nas revoluções modernas era a transformação radical das condições sociais, então realmente se pode dizer que suas origens se encontram na descoberta da América e na colonização de um novo continente — como se a "encantadora igualdade" que havia se desenvolvido de maneira natural e, por assim dizer, orgânica no Novo Mundo só pudesse ser alcançada no Velho Mundo, quando lá chegou a notícia de novas esperanças para a humanidade, por meio da violência e da carnificina da revolução. Com efeito, essa abordagem em suas diversas versões, muitas delas extremamente elaboradas, veio a se generalizar entre os historiadores modernos, que chegaram à conclusão lógica de que nunca ocorreu nenhuma revolução na América. Vale notar que essa concepção encontrou certo respaldo em Karl Marx, que parecia crer que suas profecias sobre o futuro do capitalismo e as revoluções proletárias vindouras não se aplicavam aos desenvolvimentos sociais nos Estados Unidos. Quaisquer que sejam os méritos dessas ressalvas de Marx — e que certamente mostram uma compreensão maior da realidade factual do que seus seguidores jamais foram capazes —, essas mesmas teorias são refutadas pelo simples fato da existência da Revolução Americana. Pois os fatos são teimosos; não desaparecem quando os historiadores ou os sociólogos se recusam a ouvi-los, embora possam desaparecer quando todos os esquecem. Em nosso caso, esse esquecimento não seria meramente acadêmico; seria decretar literalmente o fim da República americana.

Cumpre ainda dizer algumas palavras sobre a não infrequente alegação de que todas as revoluções modernas são, em sua origem, essencialmente cristãs, e isso mesmo quando fazem profissão de fé do ateísmo. O argumento por trás dessa proposição costuma apontar a natureza nitidamente rebelde da seita cristã primitiva, com ênfase sobre a igualdade das almas diante de Deus, um franco desprezo por todos os poderes públicos e a promessa de um Reino Celestial — noções e esperanças que supostamente teriam sido canalizadas para as revoluções modernas, ainda que de maneira secularizada, por meio da Reforma. A secularização — a separação entre religião e política e o surgimento de uma esfera secular com dignidade própria — é sem dúvida um fato crucial no fenômeno da revolução. Na verdade, é bem possível que o que chamamos revolução seja precisamente essa fase de transição que resulta no nascimento de uma esfera nova, de tipo secular. Mas, se assim for, é a própria secularização, e não o conteúdo da doutrina cristã, que constitui a origem da revolução. A primeira fase dessa secularização foi o surgimento do absolutismo, e não a Reforma; pois a "revolução" que, segundo Lutero, abala o mundo quando a palavra de Deus se liberta da autoridade tradicional da Igreja é constante e se aplica a todas as formas de governo secular; ela não estabelece uma nova ordem secular, mas abala de forma contínua e constante os alicerces de todas as instituições terrenas.[7] É verdade que Lutero, por ter se tornado fundador de uma nova Igreja, pode ser incluído entre os grandes fundadores na história, mas sua fundação não foi e nunca pretendeu ser um *novus ordo saeclorum*; pelo contrário, pretendia libertar radicalmente uma autêntica vida cristã das considerações e preocupações da ordem secular, qualquer que fosse ela. Isso não significa negar que a dissolução do vínculo entre autoridade e tradição, pregada por Lutero em sua tentativa de basear a autoridade na própria palavra de Deus, em vez de derivá-la da tradição, contribuiu para a perda de autoridade na era moderna. Mas ela por si só, sem a fundação de uma nova Igreja, continuaria tão ineficaz quanto as expectativas e especulações teleológicas do final da Idade Média, desde Joachim di Fiore ao *Reformatio Sigismundi*. Estes, conforme se tem sugerido em data recente, podem ser considerados como os precursores bastante ingênuos das ideologias modernas, embora eu não creia nisso;[8] a ser assim, os movimentos escatológicos medievais também poderiam ser vistos como os precursores das histerias coletivas modernas. Só que uma rebelião, para nem falarmos na revolução, é muito mais do que uma histeria coletiva. E é por isso que o espírito de rebelião, que parece tão evidente em alguns movimentos estritamente religiosos na era moderna, sempre terminava em algum Grande Despertar ou em algum revivalismo que, por mais que pudesse fazer "reviver" os possuídos por ele, mantinha-se sem qualquer consequência política ou peso histórico. Além disso, a teoria de que a doutrina cristã é revolucionária em si mesma é refutada pelos fatos, tal como a teoria da inexistência de uma Revolução Americana. E o fato aqui é que jamais ocorreu uma revolução em nome do cristianismo antes da era moderna, de maneira que o máximo que se pode dizer em favor dessa teoria é que foi preciso vir a modernidade para libertar os germes revolucionários da fé cristã, o que, evidentemente, constitui uma petição de princípio.

Mas existe uma outra alegação que se aproxima mais do cerne do problema. Ressaltamos o elemento de novidade inerente a todas as revoluções, e muitas vezes afirma-se que toda a nossa concepção de história, na medida em que segue um curso retilíneo, é de origem cristã. É óbvio que apenas dentro de uma concepção linear do tempo é possível pensar fenômenos como novidade, singularidade dos eventos e outros. A filosofia cristã realmente rompeu com a concepção temporal da Antiguidade, pois o nascimento de Cristo, ocorrendo no tempo secular dos homens, constituiu um novo início, bem como um acontecimento único e irrepetível. E ainda mais a concepção cristã da história, tal como foi formulada por Agostinho, só podia conceber um novo início em termos de um acontecimento transcendente irrompendo e interrompendo o curso normal da história secular. Como frisou Agostinho, tal acontecimento ocorreu uma vez, e nunca mais voltaria a ocorrer até o final dos tempos. A história secular na visão cristã continuava presa dentro dos ciclos da Antiguidade — impérios surgiriam e cairiam como no passado —, com a ressalva de que os cristãos, possuindo vida eterna, podiam romper esse ciclo da perpétua mudança e contemplar com indiferença os espetáculos oferecidos por ela.

A noção de que a mudança rege todas as coisas mortais não era, claro, uma ideia especificamente cristã, e sim um estado de espírito que predominou nos últimos séculos da Antiguidade. Assim, ela guarda uma afinidade maior com as interpretações filosóficas e mesmo pré-filosóficas gregas clássicas dos assuntos humanos do que com o espírito clássico da *res publica* romana. À diferença dos romanos, os gregos acreditavam que a mutabilidade, ocorrendo no mundo dos mortais na medida em que eram mortais, não se podia alterar porque se baseava, em última instância, no fato de que os νέοι, os jovens, que ao mesmo tempo eram "os novos", invadiam continuamente a estabilidade do *status quo*. Políbio, talvez o primeiro escritor a tomar consciência do fator decisivo da sucessão geracional ao longo da história, ao apontar esse movimento constante e inalterável no campo da política, estava interpretando os assuntos romanos de um ponto de vista grego, embora soubesse que o objetivo da educação romana, ao contrário da grega, era ligar os "novos" aos velhos, tornar os jovens dignos de seus antepassados.[9] O senso de continuidade dos romanos era desconhecido na Grécia, onde a mutabilidade intrínseca de todas as coisas mortais era vivida sem qualquer atenuação ou consolo; e foi essa percepção que levou os filósofos gregos a pensar que não precisavam levar a esfera dos assuntos humanos demasiado a sério, e que os homens não deviam atribuir a essa esfera uma dignidade totalmente imerecida. Os assuntos humanos mudavam constantemente, mas nunca criavam nada inteiramente novo; se existia algo de novo sob o sol, eram apenas os próprios homens, pelo fato de virem ao mundo. Mas, por mais novos que fossem os νέοι, novos e jovens, todos haviam nascido ao longo dos séculos para presenciar um espetáculo natural ou histórico que, essencialmente, era sempre o mesmo.

2.

O conceito moderno de revolução, indissociavelmente ligado à ideia de que o curso da história de repente se inicia de novo, de que está para se desenrolar uma história totalmente nova, uma história jamais narrada ou conhecida antes, era desconhecido antes das duas grandes revoluções no final do século XVIII. Antes de se engajar no que depois se demonstrou ser uma revolução, nenhum dos atores tinha o mais leve pressentimento de qual seria o enredo do novo drama. Todavia, depois que as revoluções tinham se posto em marcha, e muito antes que os participantes pudessem saber se aquele empreendimento resultaria em vitória ou derrota, a novidade da história e o significado íntimo de sua trama se fizeram evidentes aos atores e igualmente aos espectadores. Quanto ao enredo, era sem dúvida o surgimento da liberdade: em 1793, quatro anos depois de estourar a Revolução Francesa, numa época em que Robespierre podia definir seu governo como um "despotismo da liberdade" sem receio de ser acusado de paradoxo, Condorcet resumiu o que todos sabiam: "A palavra 'revolucionário' só pode ser aplicada a revoluções cujo objetivo é a liberdade".[10] Mesmo antes disso, já se demonstrara que as revoluções inauguravam uma era totalmente nova, com a criação do calendário revolucionário, cujo ano I correspondia ao ano da execução do rei e da proclamação da República.

Assim, o fundamental para qualquer compreensão das revoluções na era moderna é a convergência entre a ideia de liberdade e a experiência de um novo início. E, visto que a noção corrente no Mundo Livre é que a liberdade, e não a justiça ou a grandeza, constitui o critério supremo para julgar as constituições dos corpos políticos, o grau de nosso preparo para aceitar ou rejeitar tal convergência dependerá não só de nosso entendimento da revolução como também de nossa concepção de liberdade, de origem nitidamente revolucionária. Portanto, mesmo aqui, quando ainda estamos falando em termos históricos, talvez seja aconselhável parar e examinar um dos aspectos sob os quais a liberdade então apareceu — quando menos para evitar os equívocos mais usuais e ter um primeiro vislumbre da própria modernidade da revolução enquanto tal.

Talvez seja um truísmo dizer que a libertação e a liberdade não se equivalem; que a libertação pode ser a condição da liberdade, mas de forma alguma conduz automaticamente a ela; que a noção de liberdade implícita na libertação só pode ser negativa e que, portanto, mesmo a intenção de libertar não é igual ao desejo de liberdade. Mas, se esses truísmos volta e meia são esquecidos, é porque a libertação sempre aparece como um todo, ao passo que a fundação da liberdade sempre é incerta, quando não completamente vã. Além disso, a liberdade desempenhou um papel importante e bastante controvertido na história do pensamento filosófico e também do pensamento religioso, e isso ao longo daqueles séculos — entre o declínio da era antiga e o nascimento do mundo moderno — em que não existia liberdade política e, por razões que aqui não vêm ao caso, os homens não se preocupavam com ela. Assim, mesmo em teoria política, tornou-se quase um axioma entender a liberdade política não como um fenômeno político, e sim, muito pelo contrário, como o leque mais ou menos amplo de atividades não políticas que um determinado corpo político permite e garante aos indivíduos que o constituem.

A liberdade como fenômeno político nasceu com as cidades-estado gregas. Desde Heródoto, ela foi entendida como uma forma de organização política em que os cidadãos viviam juntos na condição de não domínio, sem divisão entre dominantes e dominados.[11] Essa noção de não domínio se expressava na palavra "isonomia", cuja principal característica entre as formas de governo, tais como foram enumeradas pelos antigos, consistia na ausência completa da noção de domínio (a "arquia" de ἄρχειν na monarquia e na oligarquia, ou a "cracia" de κρατεῖν na democracia). A pólis seria uma isonomia, não uma democracia. A palavra "democracia", mesmo naquela época expressando o domínio da maioria, o domínio dos muitos, foi originalmente cunhada por aqueles que se opunham à isonomia, querendo significar: O que vocês chamam de "não domínio" é, de fato, apenas uma outra espécie de domínio; é a pior forma de governo, comandado pelo *demos*.[12]

Originalmente, portanto, a igualdade, que muitas vezes consideramos, seguindo os critérios de Tocqueville, uma ameaça à liberdade, era quase idêntica a ela. Mas essa igualdade no âmbito da lei, sugerida pela palavra "isonomia", não era uma igualdade de condições — embora essa igualdade, em certa medida, fosse a condição para toda e qualquer atividade política no mundo antigo, onde o próprio campo político estava aberto somente aos proprietários de bens imóveis e escravos —, e sim a igualdade daqueles que formam um grupo de pares. A isonomia garantia a ἰσότης, a igualdade, mas não porque todos os homens nascessem ou fossem criados iguais, mas, ao contrário, porque os homens eram por natureza (φύσει) não iguais e precisavam de uma instituição artificial, a pólis, que, em virtude de seu νόμος, os tornaria iguais. A igualdade existia apenas neste campo especificamente político, em que os homens se encontravam como cidadãos, e não como pessoas privadas. Nunca é demais frisar a diferença entre esse antigo conceito de igualdade e nossa noção de que os homens são feitos ou nascem iguais e se tornam desiguais em virtude de instituições sociais e políticas, ou seja, criadas pelos homens. A igualdade da pólis grega, sua isonomia, era um atributo da pólis e não dos homens, que recebiam sua igualdade em virtude da cidadania e não do nascimento. A igualdade e a liberdade não eram entendidas como qualidades inerentes à natureza humana, não eram φύσει, dadas pela natureza e brotando por si sós; eram νόμῳ, isto é, convencionais e artificiais, frutos do esforço humano e qualidades do mundo feito pelos homens.

Os gregos sustentavam que ninguém pode ser livre a não ser entre seus pares e, portanto, o tirano, o déspota e o chefe de família — mesmo que fossem totalmente libertos e não se sujeitassem a ninguém — não eram livres. O ponto central da equivalência que Heródoto estabelecia entre liberdade e não domínio era que o próprio dominante em si não era livre; ao assumir o domínio sobre outros, ele se privava daqueles pares em cuja companhia seria livre. Em outras palavras, ele havia destruído o próprio espaço político, daí resultando que não restara liberdade, nem para si, nem para os submetidos a seu domínio. A razão dessa insistência sobre o vínculo entre liberdade e igualdade no pensamento político grego repousava no fato de que a liberdade era entendida como um traço que se manifestava apenas em algumas atividades humanas, e não, de maneira alguma, em todas elas, e que essas atividades apareceriam e seriam reais somente quando fossem vistas, julgadas e lembradas por outros. A vida de um homem livre exigia a presença de outros. A própria liberdade, portanto, exigia um lugar onde as pessoas pudessem se reunir — a ágora, a praça ou a pólis, o espaço político propriamente dito.

Se pensarmos essa liberdade política em termos modernos, tentando entender o que Condorcet e os homens das revoluções tinham em mente quando afirmavam que o objetivo da revolução era a liberdade e que o nascimento da liberdade significava o início de uma história totalmente nova, devemos observar em primeiro lugar o fato bastante óbvio de que eles não podiam estar pensando simplesmente naquelas liberdades [*liberties*] que hoje associamos ao governo constitucional e àqueles elementos corretamente chamados de direitos civis. Pois nenhum desses direitos, nem mesmo o direito de participar do governo na medida em que a tributação requer representação, resultava, fosse na teoria ou na prática, da revolução.[13] Eles derivavam dos "três grandes direitos primários": a vida, a liberdade e a propriedade, em relação aos quais todos os outros eram "direitos subordinados, [ou seja,] os remédios ou meios que devem ser empregados com frequência para conquistar e gozar plenamente as liberdades reais e essenciais" (Blackstone).[14] O que resultava da revolução não era "a vida, a liberdade e a propriedade", e sim serem elas direitos inalienáveis do homem. No entanto, mesmo nessa nova ampliação revolucionária desses direitos a todos os homens, as liberdades significavam tão somente liberdade de restrições injustificadas e, como tais, eram fundamentalmente iguais à liberdade de movimento — "o poder de locomoção [...] sem aprisionamento ou restrição, a não ser pelo devido curso da lei" —, que Blackstone, de pleno acordo com o pensamento político da Antiguidade, considerava o mais importante de todos os direitos civis. Mesmo o direito de reunião, que veio a ser a liberdade política positiva mais importante, ainda aparece na Declaração de Direitos americana "o direito do povo de se reunir pacificamente e peticionar ao governo a reparação de injustiças" (Primeira Emenda), pelo qual "o direito de petição é historicamente o direito primário", e a interpretação historicamente correta consiste em entendê-lo como o direito de se reunir para peticionar.[15] Todas essas liberdades, às quais poderíamos acrescentar nossas exigências de estarmos livres do medo e da fome, são, é claro, essencialmente negativas; resultam da libertação, mas não constituem de maneira nenhuma o conteúdo concreto da liberdade, que, como veremos adiante, é a participação nos assuntos públicos ou a admissão na esfera pública. Se a revolução visasse apenas à garantia dos direitos civis, estaria visando não à liberdade, e sim à libertação de governos que haviam abusado de seus poderes e violado direitos sólidos e consagrados.

Aqui, a dificuldade é que a revolução, tal como a conhecemos na era moderna, sempre esteve relacionada com a libertação e com a liberdade. E, como a libertação, cujos frutos são a ausência de restrição e a posse do "poder de locomoção", é de fato uma condição da liberdade — ninguém jamais poderia chegar a um lugar onde impera a liberdade se não pudesse se locomover sem restrição —, frequentemente fica muito difícil dizer onde termina o simples desejo de libertação, de estar livre da opressão, e onde começa o desejo de liberdade como modo político de vida. O cerne da questão é que o primeiro, o desejo de estar livre da opressão, podia ser atendido sob um governo monárquico — mas não sob a tirania e muito menos sob o despotismo —, ao passo que o segundo demandava a instauração de uma forma de governo que fosse nova ou, pelo menos, redescoberta; ele exigia a constituição de uma república. Com efeito, não existe nada mais verdadeiro, mais claramente corroborado pelos fatos — que, infelizmente, têm sido totalmente negligenciados pelos historiadores das revoluções —, do que a afirmativa de "que as disputas daquela época foram disputas de princípio, entre os defensores do governo republicano e os defensores do governo monárquico".[16]

Mas essa dificuldade de traçar a linha entre a libertação e a liberdade em qualquer conjunto de circunstâncias históricas não significa que ambas sejam iguais, ou que aquelas liberdades que são conquistadas em virtude da libertação resumam a história completa da liberdade, embora, na maioria dos casos, nem mesmo os que se lançaram simultaneamente à libertação e à fundação da liberdade distinguissem muito claramente entre elas. Os homens das revoluções setecentistas tinham pleno direito a essa falta de clareza; fazia parte da própria natureza de suas ações que eles só viessem a descobrir sua própria capacidade e aspiração aos "encantos da liberdade", como certa vez disse John Jay, durante o processo mesmo de libertação. Pois foram suas ações e realizações, exigidas pela libertação, que os lançaram aos assuntos públicos, onde começaram a construir de maneira deliberada ou, na maioria das vezes, inesperada aquele espaço de aparecimentos onde a liberdade pode exibir seus encantos e se converter numa realidade visível e tangível. Como eles não estavam minimamente preparados para tais encantos, dificilmente se poderia esperar que tivessem plena consciência do novo fenômeno. O que os impedia de admitir o fato bastante óbvio de que estavam gostando do que faziam, e gostando muito além do que lhes ditava o senso de dever, era nada menos do que todo o peso da tradição cristã.

Quaisquer que fossem os méritos da reivindicação inaugural da Revolução Americana — tributação só com representação —, certamente ela não possuía encantos de grande apelo. Mas o caso mudava totalmente de figura em se tratando de fazer discursos e tomar decisões, de oratória e execução, de reflexão, persuasão e ação prática, demonstrando ser necessário levar aquela reivindicação à sua conclusão lógica: o governo independente e a fundação de um novo corpo político. Foi com tais experiências que aqueles que, nas palavras de John Adams, tinham sido "chamados de modo inesperado e compelidos sem inclinação prévia" descobriram que "é a ação, não o descanso, que constitui nosso prazer".[17]

O que as revoluções trouxeram ao primeiro plano foi esta experiência de ser livre, e era uma experiência nova, não, evidentemente, na história da humanidade no Ocidente — era bastante comum na Antiguidade grega e romana —, mas em relação aos séculos que separam a queda do Império Romano e o surgimento da era moderna. E essa experiência relativamente nova, em todo caso nova para os que a fizeram, era ao mesmo tempo a experiência da capacidade humana de dar início a algo novo. Essas duas coisas em conjunto — uma experiência nova que revelava a capacidade do homem para a novidade — estão na raiz do enorme *páthos* que encontramos nas duas revoluções, a americana e a francesa, com essa insistência reiterada de que nunca acontecera nada que se lhes comparasse em grandiosidade e importância em toda a história registrada da humanidade, e que, se tivéssemos de explicá-las como o sucesso em ter atendidas suas reivindicações de direitos civis, soaria como uma insistência totalmente descabida.

Apenas onde existe esse *páthos* de novidade e onde a novidade está ligada à ideia de liberdade é que podemos falar em revolução. Evidentemente, isso significa que as revoluções não se resumem a insurreições vencedoras e que não é o caso de qualificar de revolução qualquer golpe de Estado, e tampouco de procurar uma revolução em qualquer guerra civil. Povos oprimidos se rebelam com frequência, e boa parte da legislação antiga só pode ser entendida como salvaguarda contra a revolta sempre temida, mas raramente materializada, da população escrava. Ademais, para os antigos, a guerra civil e a luta de facções eram os maiores riscos para qualquer corpo político, e a φίλια de Aristóteles, aquela curiosa amizade que ele pleiteava para as relações entre os cidadãos, era concebida como a proteção mais sólida contra tais ameaças. Golpes de Estado e revoluções palacianas, em que o poder muda das mãos de um homem para outro ou de um pequeno grupo para outro, dependendo da forma de governo onde ocorre o golpe, não despertam tanto temor, porque a mudança acarretada fica circunscrita à esfera do governo e traz para o povo em geral apenas um mínimo de perturbação, mas essas modalidades também são bastante conhecidas e foram descritas várias vezes.

Todos esses fenômenos têm em comum com a revolução o fato de virem à tona por meio da violência, e é por isso que tantas vezes são identificados com ela. Mas a violência, tal como a mudança, não é adequada para descrever o fenômeno da revolução; apenas quando a mudança ocorre no sentido de criar um novo início, quando a violência é empregada para constituir uma forma de governo totalmente diferente e para gerar a formação de um novo corpo político, quando a libertação da opressão visa pelo menos à constituição da liberdade, é que se pode falar em revolução. E o fato é que, embora sempre tenham existido na história aqueles que, como Alcibíades, queriam o poder para si ou aqueles outros que, como Catilina, eram *rerum novarum cupidi*, ávidos por coisas novas, o espírito revolucionário dos últimos séculos, ou seja, a avidez em libertar *e* construir uma nova casa onde possa morar a liberdade, não tem paralelo e não encontra nenhum precedente em toda a história anterior.

3.

Uma maneira de datar o nascimento efetivo de fenômenos históricos gerais como as revoluções — ou, a propósito, os Estados nacionais, o imperialismo, o regime totalitário e outros — é, naturalmente, descobrir a primeira vez em que aparece a palavra que, a partir daí, passa a se vincular ao fenômeno. É óbvio que todo novo aparecimento entre os homens requer uma nova palavra, quer se cunhe um novo termo para designar a nova experiência, quer se utilize um termo antigo com significado totalmente novo. Isso se aplica duplamente à esfera política da vida, na qual a fala reina suprema.

Portanto, não é um simples interesse antiquarista observar que a palavra "revolução" ainda está ausente daquele lugar em que mais tenderíamos a pensar que se faria presente, a saber, a historiografia e a teoria política do começo do Renascimento na Itália. Merece especial atenção o fato de que Maquiavel ainda utilize a *mutatio rerum* de Cícero, suas *mutazioni del stato*, ao descrever a derrubada violenta dos governantes e a substituição de uma forma de governo por outra, pelas quais ele nutre um interesse tão grande e, por assim dizer, tão precoce. Pois suas reflexões sobre esse antiquíssimo problema da teoria política não se prendiam mais à resposta tradicional, segundo a qual o governo de um só leva à democracia, a democracia leva à oligarquia, a oligarquia leva à monarquia e inversamente — as seis famosas possibilidades que Platão foi o primeiro a levantar e Aristóteles o primeiro a sistematizar, e que ainda Bodin sustentava sem nenhuma grande diferença de fundo. O interesse principal de Maquiavel pelas incontáveis *mutazioni, variazioni* e *alterazioni*, que recheiam sua obra a tal ponto que os intérpretes podem se equivocar e entendê-la como uma "teoria da mudança política", era exatamente o imutável, o invariável e o inalterável, em suma, o permanente e o duradouro. O que define a grande pertinência de Maquiavel para uma história da revolução, da qual foi quase um precursor, é que ele foi o primeiro a pensar a possibilidade de fundar um corpo político permanente, constante e duradouro. O importante aqui não é nem mesmo que ele já estivesse tão familiarizado com certos elementos marcantes das revoluções modernas — a conspiração e a luta de facções, a instigação do povo à violência, o tumulto e a ausência de leis que acabam por desmontar todo o corpo político, e, não menos importante, as oportunidades que as revoluções criam para os adventícios, os *homines novi* de Cícero, os *condottieri* de Maquiavel, que vêm de baixo e se elevam ao esplendor da esfera pública, saem da insignificância e se erguem a um poder a que antes estavam submetidos. Mais importante em nosso contexto é que Maquiavel foi o primeiro a visualizar o surgimento de um âmbito exclusivamente secular, cujas leis e princípios de ação eram independentes das doutrinas, da Igreja em particular, e dos critérios morais, transcendendo a esfera dos assuntos humanos em geral. Era por isso que ele insistia que o homem que ingressava na política devia primeiramente aprender "a não ser bom", isto é, a não agir de acordo com os preceitos cristãos.[18] O traço principal a diferenciá-lo dos homens das revoluções era seu conceito de fundação — a criação de uma Itália unificada, de um Estado nacional italiano aos moldes do exemplo francês e espanhol — entendida como uma *rinovazione*, e a renovação era a única *alterazione a salute*, a única alteração saudável que lhe era possível conceber. Em outras palavras, o *páthos* revolucionário específico do absolutamente novo, de um início que justificasse começar a contagem do tempo pelo ano do acontecimento revolucionário, era totalmente estranho a Maquiavel. Apesar disso, mesmo nesse aspecto, ele não estava tão distante de seus sucessores no século XVIII como poderia parecer. Veremos adiante que as revoluções começavam como restaurações ou renovações, e que o *páthos* revolucionário de um início totalmente novo nascia apenas no decorrer do próprio acontecimento. Em mais de um aspecto Robespierre tinha razão ao afirmar que "o plano da Revolução Francesa foi totalmente escrito nos livros [...] de Maquiavel",[19] pois ele mesmo poderia facilmente acrescentar que "amamos nosso país mais do que a salvação de nossa alma".[20]

De fato, a maior tentação de deixar de lado a história da palavra e datar o fenômeno da revolução a partir do turbilhão nas cidades-estado italianas durante o Renascimento surge com os escritos de Maquiavel. Certamente ele não foi o pai da ciência política ou da teoria política, mas é difícil negar que pode ser visto como o pai espiritual da revolução. Não só já encontramos nele esse esforço consciente e apaixonado de reviver o espírito e as instituições da Antiguidade romana, que se tornou tão característico do pensamento político setecentista, como ainda mais importante nesse contexto é sua famosa insistência sobre o papel da violência no âmbito da política, que nunca deixou de chocar seus leitores, mas que também encontramos nas palavras e nas ações dos homens da Revolução Francesa. Em ambos os casos, o elogio da violência forma um estranho contraste com a admiração explícita por todas as coisas romanas, visto que na república romana era a autoridade, e não a violência, que regia a conduta dos cidadãos. Mas, se essas semelhanças podem explicar o alto apreço por Maquiavel nos séculos XVIII e XIX, elas não chegam a superar as diferenças mais acentuadas. O recurso revolucionário ao pensamento político antigo não pretendia, e tampouco conseguiria, reviver a Antiguidade como tal; aquilo que, no caso de Maquiavel, era apenas o aspecto político da cultura renascentista como um todo, cujas letras e artes ofuscaram de longe todos os desenvolvimentos políticos nas cidades-estado italianas, no caso dos revolucionários destoava do espírito da época, que, desde o início da era moderna e o surgimento da ciência moderna no século XVII, pretendia ter superado em muito todas as realizações da Antiguidade. E, por mais que os homens das revoluções pudessem admirar o esplendor de Roma, nenhum deles, ao contrário de Maquiavel, se sentiria à vontade na Antiguidade; nunca teriam escrito: "No final da tarde, volto para casa e entro em meu escritório; e na soleira dispo-me daquela roupa do cotidiano, cheia de lama e lodo, e coloco trajes régios e solenes; e vestido condignamente entro nas antigas cortes dos antigos homens, onde, afavelmente recebido por eles, nutro-me daquele alimento que é o único que há para mim e para o qual nasci; onde não me envergonho em falar com eles e lhes perguntar da razão de suas ações".[21] Lendo estas e outras frases semelhantes, podemos concordar com as conclusões de estudos recentes que veem o Renascimento como simples culminação de uma série de revivescências da Antiguidade, que começaram logo após a idade realmente das trevas com o renascimento carolíngio e terminaram no século XVI. Ao mesmo tempo, há de se concordar que, em termos políticos, o turbilhão inacreditável das cidades--estado nos séculos XV e XVI foi um fim, e não um começo; foi o fim dos burgos medievais com seu governo autônomo e sua liberdade de vida política.[22]

A ênfase de Maquiavel sobre a violência, por outro lado, é mais sugestiva. Era um resultado direto da dupla perplexidade em que ele se encontrou teoricamente, e que mais tarde passou a ser uma perplexidade muito concreta a assediar os homens das revoluções. A perplexidade consistia na tarefa da fundação, no estabelecimento de um novo início, que, enquanto tal, parecia exigir violência e violação, repetição, por assim dizer, do velho crime lendário (Rômulo matou Remo, Caim matou Abel) no início de toda história. Essa tarefa de fundação, ademais, vinha acompanhada da tarefa de legislar, de criar e impor aos homens uma nova autoridade que, no entanto, devia ser concebida de forma que conseguisse ocupar o lugar da velha autoridade absoluta, pois conferida por Deus, e assim se substituísse a uma ordem terrena cuja sanção suprema eram os mandamentos de um Deus onipotente e cuja fonte última de legitimidade era a noção de Deus encarnado na terra. Por isso Maquiavel, inimigo jurado de qualquer consideração de ordem religiosa nos assuntos políticos, foi levado a procurar nos legisladores um auxílio e até uma inspiração divina — exatamente como os homens "esclarecidos" do século XVIII, por exemplo John Adams e Robespierre. Esse "recurso a Deus", naturalmente, só era necessário no caso de "leis extraordinárias", a saber, as leis com que se funda uma nova comunidade. Veremos adiante que essa segunda parte da tarefa da revolução, encontrar um novo absoluto para substituir o absoluto do poder divino, é insolúvel porque o poder sob a condição da pluralidade humana nunca pode chegar à onipotência, e as leis baseadas no poder humano nunca podem ser absolutas. Assim, o "apelo ao alto do Céu" de Maquiavel, como diria Locke, não era inspirado por nenhum sentimento religioso, e sim ditado exclusivamente pela vontade de "escapar a esta dificuldade";[23] da mesma forma, sua insistência sobre o papel da violência na política se devia não tanto a seu dito realismo na avaliação da natureza humana, e sim à sua vã esperança de conseguir encontrar alguma qualidade em certos homens capaz de se equiparar às qualidades que associamos ao divino.

Seja como for, eram apenas pressentimentos, e as reflexões de Maquiavel ultrapassavam em muito todas as experiências concretas de sua época. O fato é que, por mais que queiramos encontrar sinais de nossas experiências contemporâneas nas experiências inspiradas pela luta civil que grassava nas cidades-estado italianas, estas nunca foram radicais a ponto de sugerir a seus atores ou a seus espectadores a necessidade de uma nova palavra ou a reinterpretação de uma palavra mais antiga. (A nova palavra que Maquiavel introduziu na teoria política, e que já era usada mesmo antes dele, foi "estado", *lo stato*.[24] Apesar de seus constantes apelos à glória de Roma e seus constantes empréstimos tomados à história romana, ele sentia visivelmente que uma Itália unificada constituiria um corpo político tão diferente das cidades-estado antigas ou quatrocentistas que mereceria um novo nome.)

As palavras que sempre ocorrem, claro, são "rebelião" e "revolta", cujos significados foram determinados e inclusive definidos desde o final da Idade Média. Mas essas palavras nunca indicaram a libertação, tal como era entendida pelas revoluções, e menos ainda apontavam para a instauração de uma nova liberdade. Pois a libertação no sentido revolucionário veio a significar que todos aqueles, não só no presente, mas ao longo de toda a história, não só enquanto indivíduos, mas como integrantes da imensa maioria da humanidade, os humildes e os pobres, que sempre tinham vivido na obscuridade e na sujeição ao poder vigente, iriam se levantar e se tornar os soberanos supremos da terra. Se, por questão de clareza, pensarmos esse acontecimento em termos da Antiguidade, seria como se não o povo de Roma ou de Atenas, o *populus* ou o *demos*, as ordens mais baixas da cidadania, e sim os escravos e os moradores estrangeiros, que formavam a maioria da população sem sequer pertencer ao povo, tivessem se levantado exigindo igualdade de direitos. Como sabemos, isso nunca aconteceu. A própria ideia de igualdade como a entendemos — ou seja, todas as pessoas nascem iguais pelo próprio nascimento, e essa igualdade é um direito inato — era absolutamente desconhecida antes da era moderna.

É verdade que a teoria medieval e pós-medieval conhecia a rebelião legítima, a revolta contra a autoridade estabelecida, o desafio aberto e a desobediência. Mas o objetivo de tais rebeliões não era contestar a autoridade ou a ordem estabelecida das coisas; era sempre uma questão de trocar o indivíduo que estivesse no cargo de autoridade, fosse substituir um usurpador pelo rei legítimo ou um tirano que abusara do poder por um governante dentro da lei. Assim, ainda que se admitisse que o povo podia ter o direito de decidir quem *não* o governaria, certamente não podia determinar quem *iria* governá-lo, e menos ainda jamais ouvimos falar do direito do povo em ter seus próprios governantes ou em indicar pessoas de sua categoria para a tarefa do governo. Onde realmente ocorreu que homens do povo vindos de baixo alcançassem o esplendor do âmbito público, como no caso dos *condottieri* das cidades-estado italianas, essa ascensão ao poder e aos assuntos públicos resultou de qualidades que os distinguiam da plebe, de uma *virtù* ainda mais louvada e admirada na medida em que não podia ser explicada pelo berço e pela extração social. Entre os direitos, os antigos privilégios e liberdades do povo, o direito de participar do governo se destacava pela ausência. E este direito ao autogoverno nem está plenamente presente no famoso direito de representação para fins de tributação. Para governar, era preciso ser um governante por nascimento, homem livre de nascença na Antiguidade ou integrante da nobreza na Europa feudal, e, embora a linguagem política pré-moderna dispusesse de terminologia suficiente para descrever a sublevação dos súditos contra um governante, não havia nenhuma palavra que designasse uma mudança radical a ponto de os próprios súditos se tornarem governantes.

4.

O fato de que o fenômeno da revolução não tenha precedentes na história pré-moderna não é absolutamente trivial. Sem dúvida, muitos concordariam que a avidez por coisas novas e a ideia de que a novidade em si é algo desejável são marcas típicas do mundo em que vivemos, e com efeito é muito comum identificar essa tendência da sociedade moderna com um espírito dito revolucionário. No entanto, se entendemos por espírito revolucionário o espírito realmente nascido da revolução, é preciso distingui-lo cuidadosamente do desejo moderno de novidade a qualquer preço. Em termos psicológicos, a experiência da fundação, somada à convicção de que está prestes a se iniciar uma nova história dentro da história, torna os homens mais "conservadores" do que "revolucionários", mais ansiosos em preservar o que foi feito e garantir sua estabilidade do que em se abrir a novas coisas, novos desdobramentos, novas ideias. Em termos históricos, além disso, os homens das primeiras revoluções — isto é, os que não só fizeram uma revolução, mas introduziram as revoluções no cenário da política — não estavam minimamente ansiosos por coisas novas, por um *novus ordo saeclorum*, e é essa tendência de ser avesso à novidade que ainda repercute na própria palavra "revolução", termo relativamente antigo que apenas muito devagar veio a adquirir seu novo significado. De fato, o próprio uso dessa palavra indica claramente que os atores não esperavam nem buscavam a novidade, tão despreparados eram para qualquer coisa sem precedentes quanto os espectadores da época. O cerne da questão é que o enorme *páthos* de uma nova era, que encontramos em termos quase idênticos e em variações intermináveis entre os atores da Revolução Americana e da Revolução Francesa, apareceu somente depois que eles chegaram, muito a contragosto, a um ponto sem volta.

A palavra "revolução", originalmente, era um termo astronômico que ganhou importância nas ciências naturais graças a *De revolutionibus orbium coelestium*, de Copérnico.[25] Nesse uso científico, ela manteve seu significado latino exato, designando o movimento regular e necessário dos astros em suas órbitas, o qual, por estar sabidamente fora do alcance do homem e sendo por isso irresistível, certamente não se caracterizava pela novidade nem pela violência. Muito pelo contrário, a palavra indica com toda clareza um movimento cíclico e recorrente; é a tradução latina perfeita da ἀνακύκλωσις de Políbio, termo que também se originou na astronomia e era utilizado metaforicamente no campo da política. Quando usado para os assuntos dos homens na Terra, só podia significar que as poucas formas conhecidas de governo se repetem entre os mortais num ciclo de recorrência eterna e com a mesma força irresistível que faz os astros seguirem seus caminhos predeterminados no firmamento. Nada podia estar mais distante do significado original da palavra "revolução" do que a ideia que possuía e obcecava todos os atores revolucionários, a saber, que eram agentes num processo que consistia no fim definitivo de uma ordem antiga e no nascimento de um mundo novo.

Se o caso das revoluções modernas fosse cristalino como uma definição dos manuais, a escolha da palavra "revolução" seria ainda mais intrigante do que já é. Quando a palavra desceu pela primeira vez dos céus e foi usada para descrever o que acontecia na terra entre os mortais humanos, apareceu claramente como uma metáfora, transmitindo a ideia de um movimento eterno, irresistível e sempre recorrente, a ser aplicada aos movimentos imprevistos, às oscilações do destino humano, que foram comparados ao nascer e ao pôr do sol, às fases da lua e das estrelas desde tempos imemoriais. No século XVII, quando pela primeira vez encontramos a palavra como um termo político, o conteúdo metafórico estava ainda mais próximo do significado original do termo, pois ela era usada para designar um movimento de retorno a algum ponto preestabelecido e, por extensão, de volta a uma ordem predeterminada. Assim, a palavra foi utilizada pela primeira vez não quando irrompeu na Inglaterra aquilo que nós chamamos de revolução e Cromwell instaurou a primeira ditadura revolucionária, mas, pelo contrário, em 1660, depois da derrubada do Parlamento Residual e com a restauração da monarquia. A palavra foi usada em 1688 com o mesmíssimo sentido, quando os Stuart foram expulsos e o poder soberano foi transferido para Guilherme e Maria.[26] A "Revolução Gloriosa", o acontecimento com que o termo, muito paradoxalmente, encontrou seu lugar definido na linguagem política e histórica, não foi entendida de maneira nenhuma como uma revolução, e sim como uma restauração do poder monárquico à sua virtude e glória anteriores.

O fato de que a palavra "revolução" significasse originalmente restauração, ou seja, algo que para nós é seu exato contrário, não é uma simples curiosidade semântica. As revoluções dos séculos XVII e XVIII, que para nós aparentam dar todas as provas de um novo espírito, o espírito da modernidade, pretendiam ser restaurações. Vá lá que as guerras civis na Inglaterra anteciparam uma quantidade enorme de tendências que passamos a associar com o que havia de essencialmente novo nas revoluções setecentistas: o aparecimento dos Levellers [Igualitários] e a formação de um partido composto exclusivamente de plebeus, cujo radicalismo entrou em conflito com os líderes da revolução, apontam claramente para o curso da Revolução Francesa; ao passo que a exigência de uma Constituição escrita como "a fundação para o governo justo", feita pelos Levellers e de certa forma atendida quando Cromwell criou um "Instrumento de Governo" para implantar o Protetorado, antecipa um dos grandes feitos, se não o maior, da Revolução Americana. Ainda assim, o fato é que a efêmera vitória dessa primeira revolução moderna foi entendida oficialmente como uma restauração, a saber, como a "liberdade restaurada pela bênção de Deus", como diz a inscrição no grande selo de 1651.

Em nosso contexto, é ainda mais importante observar o que aconteceu decorrido mais de um século. Pois aqui não estamos interessados na história das revoluções em si, com seus antecedentes, suas origens e desdobramentos. Se queremos saber o que é uma revolução — suas implicações gerais para o homem como ser político, sua significação política para o mundo em que vivemos, seu papel na história moderna —, devemos examinar aqueles momentos históricos em que ela fez uma aparição completa, assumiu uma espécie de forma definida e começou a exercer seu fascínio no espírito dos homens, sem qualquer relação com os abusos, as crueldades e as privações de liberdade que podem ter levado à rebelião. Em outras palavras, devemos examinar a Revolução Francesa e a Revolução Americana, e temos de levar em conta que ambas foram empreendidas, em suas fases iniciais, por homens firmemente convencidos de que iriam apenas restaurar uma antiga ordem das coisas que fora perturbada e violada pelo despotismo da monarquia absoluta ou pelos abusos do governo colonial. Alegavam com toda a sinceridade que queriam voltar aos velhos tempos, quando as coisas eram como deveriam ser.

Isso criou uma enorme confusão, principalmente sobre a

Revolução Americana, que não devorou seus filhos e na qual, portanto, os homens que tinham iniciado a "restauração" foram os mesmos que começaram e terminaram a revolução, chegando até a viver para assumir o encargo e o poder na nova ordem das coisas. O que eles haviam pensado que era uma restauração, a recuperação de suas antigas liberdades, se converteu numa revolução, e suas ideias e teorias sobre a Constituição britânica, os direitos dos ingleses e as formas de governo colonial resultaram numa declaração de independência. Mas o movimento que levou à revolução não era revolucionário, a não ser por inadvertência, e "Benjamin Franklin, que era quem dispunha de mais informações de primeira mão sobre as colônias, pôde mais tarde escrever com toda a sinceridade: 'Nunca ouvi em nenhuma conversa de nenhuma pessoa ébria ou sóbria a menor expressão de um desejo de separação, ou uma sugestão de que tal coisa fosse vantajosa para a América'".[27] Na verdade, é impossível dizer se tais homens eram "conservadores" ou "revolucionários", se usarmos essas palavras fora do contexto histórico, como termos genéricos, esquecendo que o conservadorismo como ideologia e crença política deve sua existência a uma reação à Revolução Francesa e só faz sentido para a história dos séculos XIX e XX. E pode-se dizer o mesmo, embora talvez de maneira não tão inequívoca, quanto à Revolução Francesa; aqui também, nas palavras de Tocqueville, "podia-se crer que o objetivo da revolução iminente era não a derrubada do antigo regime, e sim sua restauração".[28] Mesmo quando os atores, no curso de ambas as revoluções, perceberam que seria impossível a restauração e se fazia necessário começar um empreendimento totalmente novo, e quando, portanto, a própria palavra "revolução" já tinha adquirido seu novo significado, Thomas Paine ainda propunha com toda a seriedade, fiel ao espírito de um tempo findo, dar à Revolução Americana e à Revolução Francesa o nome de "contrarrevoluções".[29] Essa proposta, realmente estranha na boca de um dos homens mais "revolucionários" da época, mostra em resumo como a ideia de retorno, de restauração, era cara aos sentimentos e às reflexões dos revolucionários. Paine queria apenas retomar o antigo significado da palavra "revolução" e manifestar sua firme convicção de que os acontecimentos da época tinham levado os homens a voltar a uma "época inicial", quando possuíam direitos e liberdades que lhes haviam retirados pela tirania e pela conquista colonial. E essa sua "época inicial" não é de maneira nenhuma o hipotético estado de natureza anterior à história, como o entendia o século XVII, e sim um período histórico concreto, embora indefinido.

Vale notar que Paine usou o termo "contrarrevolução" em resposta à vigorosa defesa de Burke a favor dos direitos do homem inglês, assegurados pelos costumes e pela história, contra a recente ideia dos direitos do homem. Mas aqui o ponto central é que Paine achava, tanto quanto Burke, que a novidade absoluta seria um argumento contrário, e não favorável, à autenticidade e à legitimidade de tais direitos. Desnecessário dizer que, em termos históricos, quem estava certo era Burke, e não Paine. Não existe nenhum período na história que pudesse servir de referência para a Declaração dos Direitos do Homem. Os séculos anteriores até podiam ter admitido que os homens eram iguais perante Deus ou os deuses, pois essa admissão é de origem romana e não cristã; os escravos romanos podiam ser membros plenos de corporações religiosas e, dentro dos limites do direito religioso, tinham o mesmo estatuto jurídico dos homens livres.[30] Mas o conceito de direitos políticos inalienáveis de todos os homens em virtude do nascimento se afiguraria a todas as eras anteriores a nós da mesma forma como se afigurou a Burke — uma contradição nos termos. E é interessante notar que a palavra latina *homo*, equivalente a "homem", significava originalmente alguém que não era senão um homem e, portanto, uma pessoa sem direitos, um escravo.

Para nosso objetivo no momento, e especialmente para nosso empenho em entender a faceta mais fugidia e, apesar disso, mais marcante das revoluções modernas, a saber, o espírito revolucionário, é importante lembrar que o conceito todo de novidade e inovação já existia antes das revoluções, e mesmo assim esteve basicamente ausente no início delas. Nesse, como em outros aspectos, seria tentador argumentar que os homens das revoluções eram antiquados em relação à própria época, inegavelmente antiquados em comparação aos cientistas e filósofos seiscentistas que, como Galileu, ressaltavam "a absoluta novidade" de suas descobertas, ou, como Hobbes, afirmavam que a filosofia política era "tão recente quanto meu livro *De cive* [Do cidadão]", ou, como Descartes, insistiam que nenhum filósofo anterior tinha se saído bem na filosofia. Sem dúvida, eram muito correntes as reflexões sobre o "novo continente", que havia gerado um "novo homem", tal como citei a partir de Crèvecoeur e John Adams e que se encontram em inúmeros outros autores menos ilustres. Mas, à diferença das pretensões dos cientistas e filósofos, o novo homem e a nova terra eram entendidos como dádivas da Providência, e não como criações humanas. Em outras palavras, o estranho *páthos* de novidade, tão típico da era moderna, precisou de quase duzentos anos para sair do relativo isolamento da área científica e filosófica e chegar ao campo da política. (Nas palavras de Robespierre: "*Tout a changé dans l'ordre physique; et tout doit changer dans l'ordre moral e politique*" [Tudo mudou na ordem física, e tudo deve mudar na ordem moral e política].) Mas, quando chegou a esse campo, em que os acontecimentos se referem à maioria e não à minoria, esse *páthos* não só assumiu uma expressão mais radical como também adotou uma realidade própria exclusiva do campo político. Foi somente no curso das revoluções setecentistas que os homens começaram a ter consciência de que um novo início poderia ser um fenômeno político, poderia ser o resultado do que os homens haviam feito e do que podiam conscientemente começar a fazer. A partir daí, já não era preciso existir um "novo continente" e um "novo homem" lá nascido para instilar a esperança de uma nova ordem das coisas. O *novus ordo saeclorum* deixou de ser uma bênção concedida pelo "grande plano e desígnio da Providência", e a novidade deixou de ser o monopólio precioso e ao mesmo tempo assustador de uma minoria. Quando a novidade chegou à praça pública, tornou-se o começo de uma nova história, iniciada — embora inadvertidamente — por homens em ação, que continuaria a se desenrolar, a aumentar e a se prolongar pela posteridade.

5.

Como vimos, a novidade, o início e a violência, elementos intimamente associados a nosso conceito de revolução, estão ausentes do significado original da palavra, bem como de seu emprego metafórico inicial na linguagem política, mas existe outra conotação do termo astronômico que mencionei de passagem, e que se manteve muito marcada em nosso uso do termo. Refiro-me à ideia de irresistibilidade, o fato de que o movimento cíclico dos astros segue um caminho predeterminado e está fora do alcance de qualquer influência humana. Conhecemos, ou cremos conhecer, a data exata em que a palavra "revolução" foi utilizada pela primeira vez com ênfase exclusiva sobre a irresistibilidade, e ao mesmo tempo sem qualquer conotação de um movimento cíclico de retorno; e essa ênfase se afigura tão importante para nosso entendimento das revoluções que se tornou praxe datar a nova significação política do velho termo astronômico no momento deste novo uso.

Foi na noite de 14 de julho de 1789, em Paris, quando o duque de La Rochefoucauld-Liancourt informou a Luís XVI sobre a queda da Bastilha, a libertação de alguns prisioneiros e a defecção das tropas do rei diante de um ataque popular. O famoso diálogo que se deu entre o rei e o mensageiro é breve e revelador. Dizem que o rei exclamou: *"C'est une révolte!"*, e Liancourt corrigiu: *"Non, sire, c'est une révolution"*. Aqui ouvimos a palavra ainda, e pela última vez, no sentido da velha metáfora que transfere seu significado dos céus para a terra; mas aqui, talvez pela primeira vez, a ênfase muda por completo, passando da obediência do movimento cíclico a leis para sua natureza irresistível.[31] O movimento ainda reflete a imagem do ciclo dos astros, mas o que agora se destaca é que está além das forças humanas poder detê-lo, e por isso ele é uma lei em si mesmo. O rei, ao declarar que o assalto à Bastilha era uma revolta, afirmava seu poder e os vários meios de que dispunha para enfrentar conspirações e desafios à autoridade; Liancourt respondeu que o que havia acontecido era irreversível e ultrapassava os poderes de um rei. O que viu Liancourt, o que devemos nós ver ou ouvir ao escutar esse estranho diálogo, que ele julgou, e nós sabemos, ser irresistível e irreversível?

A resposta, a princípio, parece simples. Por trás dessas palavras, ainda podemos ver e ouvir a multidão em marcha, tomando conta das ruas de Paris, que naquela época ainda era a capital não só da França, mas de todo o mundo civilizado — a revolta da plebe das cidades grandes, indissociavelmente ligada ao levante do povo pela liberdade, ambos juntos, irresistíveis pela simples força numérica. E essa multidão, aparecendo pela primeira vez em plena luz do sol, era de fato a multidão dos pobres e oprimidos, que todos os séculos anteriores haviam relegado à vergonha e às sombras. O que, a partir daquele momento, se tornou irreversível, e que os atores e espectadores da revolução imediatamente reconheceram como tal, foi que a esfera pública — reservada, até onde recuava a memória, aos que *eram* livres, a saber, livres de todas as preocupações ligadas às necessidades vitais, à sobrevivência física

— devia oferecer seu espaço e sua luz a essa imensa maioria que não é livre, pois é movida pelas necessidades diárias.

A noção de um movimento irresistível, que o século XIX logo iria conceitualizar na ideia de necessidade histórica, ressoa em todas as páginas da Revolução Francesa, do começo ao fim. De súbito, todo um conjunto inteiramente novo de imagens se acresce em torno da velha metáfora, e todo um vocabulário inteiramente novo se introduz na linguagem política. Quando pensamos em revolução, ainda pensamos quase automaticamente em termos dessas imagens, nascidas nesses anos — em termos da *torrent révolutionnaire* de Desmoulins, cujas vagas fragorosas ergueram e arrastaram os atores da revolução, até o momento em que foram tragados pelo recuo das ondas e morreram junto com seus inimigos, os agentes da contrarrevolução. Pois a corrente poderosa da revolução, nas palavras de Robespierre, era constantemente acelerada pelos "crimes da tirania", de um lado, e pelo "progresso da liberdade", de outro, que inevitavelmente surgiam em mútua relação, de forma que o movimento e o contramovimento não equilibravam, não refreavam ou detinham um ao outro, mas pareciam se somar misteriosamente numa mesma onda de "violência progressiva", correndo na mesma direção com rapidez cada vez maior.[32] É "a majestosa corrente de lava da revolução que não poupa nada e ninguém pode deter", como testemunhou Georg Forster em 1793;[33] é o espetáculo que recai sob o signo de Saturno: "A revolução devorando os próprios filhos", como colocou Vergniaud, o grande orador da Gironda. É a "tempestade revolucionária", que pôs a revolução em marcha, a *tempête révolutionnaire* e a *marche de la révolution* de Robespierre, aquele temporal violento que varreu ou submergiu o início inesquecível e nunca totalmente esquecido, a afirmação da "grandeza do homem contra a insignificância dos grandes", como disse Robespierre,[34] ou "a defesa da honra da espécie humana", nas palavras de Hamilton.[35] Era como se uma força maior do que o homem interviesse no momento em que os homens começavam a afirmar sua grandeza e a defender sua honra.

Nas décadas que se seguiram à Revolução Francesa, essa imagem de uma poderosa correnteza arrebatando os homens, primeiro elevando-os à superfície das ações gloriosas e então afundando-os no perigo e na infâmia, iria se tornar dominante. As várias metáforas que mostram a revolução não como obra dos homens, mas como um processo irresistível, as metáforas de ondas, torrentes e correntezas, ainda foram cunhadas pelos próprios atores, que, por mais que tivessem se inebriado com o vinho da liberdade em abstrato, visivelmente não acreditavam mais que fossem agentes livres. E — num breve momento de reflexão sóbria — como poderiam acreditar que eram ou algum dia foram os autores do que fizeram? O que, a não ser o turbilhão violento dos acontecimentos revolucionários, havia transformado esses homens e suas convicções mais íntimas em questão de poucos anos? Aqueles que, em 1793, foram levados não só a executar um rei específico (que podia ter sido ou não um traidor), mas a denunciar o próprio ato como "um crime eterno" (Saint-Just), em 1789 não eram todos eles monarquistas? Aqueles que, nas leis de Ventôse de 1794, decretaram o confisco dos bens não só da Igreja e dos *émigrés*, mas de todos os "suspeitos", para serem distribuídos entre os "desafortunados", não eram antes defensores ardorosos dos direitos de propriedade privada? Não haviam colaborado na formulação de uma Constituição cujo princípio básico era a descentralização radical, apenas para depois vir a descartá-la como coisa totalmente inútil e instaurar um governo revolucionário de comitês mais centralizado do que qualquer outra coisa que o *ancien régime* jamais conhecera ou ousara colocar em prática? Não estavam travando, e até vencendo, uma guerra que nunca desejaram e nunca acreditaram que poderiam ganhar? O que poderia restar ao final, a não ser o que de certa forma já sabiam desde o começo, isto é, que (nas palavras de Robespierre escrevendo a seu irmão em 1789) "a presente revolução gerou em poucos dias acontecimentos mais grandiosos do que toda a história anterior da humanidade"? E — podemos pensar — no final isso devia bastar.

Desde a Revolução Francesa, tem sido usual interpretar toda insurreição violenta, seja revolucionária, seja contrarrevolucionária, como uma continuação do movimento originalmente iniciado em 1789, como se os tempos de paz e restauração fossem apenas pausas em que a corrente se fazia subterrânea para reunir forças antes de irromper novamente à superfície — em 1830 e 1832, em 1848 e 1851, em 1871, para citar somente as datas mais importantes do século XIX. A cada vez, os defensores e os adversários dessas revoluções entendiam os acontecimentos como consequências imediatas de 1789. E, se é verdade, como Marx disse, que a Revolução Francesa foi encenada com trajes romanos, é igualmente verdade que todas as revoluções posteriores, até e inclusive a Revolução de Outubro, foram encenadas segundo as regras e os acontecimentos que levaram do Catorze de Julho ao Nove Termidor e ao Dezoito Brumário — datas que se imprimiram tanto na memória do povo francês que, ainda hoje, todos as identificam com a queda da Bastilha, a morte de Robespierre e a ascensão de Napoleão Bonaparte. Não foi em nossa época, e sim na metade do século XIX, que se cunhou a expressão "revolução permanente" ou, de forma ainda mais significativa, *révolution en permanence* (Proudhon), e com ela surgiu também a noção de que "nunca houve várias revoluções, pois há apenas uma revolução, a mesma e perpétua".[36]

Se o novo conteúdo metafórico da palavra "revolução" derivou diretamente das experiências dos que desencadearam e encenaram a revolução na França, obviamente ele tinha uma plausibilidade ainda maior para os espectadores que acompanhavam seu curso como se fosse um espetáculo. O que se afigurava mais evidente nesse espetáculo era que nenhum dos atores era capaz de controlar o curso dos acontecimentos, e que esse curso tomava um rumo que tinha pouco ou nada a ver com os propósitos e objetivos conscientes da força anônima da revolução, caso pretendesse sobreviver. Hoje em dia isso nos parece trivial, e provavelmente temos dificuldade em entender que se pretendesse extrair daí algo além de meras banalidades. Mas basta apenas rememorar o curso da Revolução Americana, na qual ocorreu exatamente o contrário, e lembrar como todos os seus atores estavam profundamente imbuídos do sentimento de que o homem é dono de seu destino, pelo menos em relação ao governo político, para perceber o impacto que deve ter resultado do espetáculo da impotência do homem em relação ao curso de sua própria ação. O famoso choque de desilusão sofrido pela geração europeia que atravessou os acontecimentos fatais de 1789 até a restauração bourbônica se transformou quase de imediato num sentimento de assombro e reverência pelo poder da própria história. Onde ontem, isto é, nos bons tempos do Iluminismo, apenas o poder despótico do monarca parecia se interpor entre o homem e sua liberdade de agir, de repente havia surgido uma força muito mais poderosa que obrigava os homens a seu bel-prazer, e da qual não havia escapatória, saída ou revolta possível: a força da história e da necessidade histórica.

Teoricamente, a consequência de maior alcance da Revolução Francesa foi o nascimento do conceito moderno de história na filosofia de Hegel. A ideia realmente revolucionária de Hegel era que o antigo absoluto dos filósofos se revelava no mundo dos assuntos humanos, ou seja, precisamente naquele campo das experiências humanas que os filósofos tinham sido unânimes em rejeitar como fonte ou origem de critérios absolutos. O modelo para essa nova revelação por intermédio do processo histórico foi visivelmente a Revolução Francesa, e a razão pela qual a filosofia alemã pós-kantiana veio a exercer enorme influência sobre o pensamento europeu no século xx, sobretudo em países expostos à agitação revolucionária — Rússia, Alemanha, França —, não foi seu chamado idealismo, mas, pelo contrário, o fato de que ela havia saído da esfera da especulação pura e tentara formular uma filosofia que correspondesse e compreendesse conceitualmente as experiências mais novas e mais concretas da época. No entanto, essa mesma compreensão era teórica no sentido antigo e original da palavra "teoria"; a filosofia de Hegel, embora tratasse da ação e do mundo dos assuntos humanos, era contemplativa. Diante do olhar retrospectivo do pensamento, tudo o que havia sido político — ações, palavras e acontecimentos — se tornou histórico, daí resultando que o novo mundo que fora prenunciado pelas revoluções setecentistas recebeu não uma "nova ciência da política", como ainda reivindicava Tocqueville,[37] e sim uma filosofia da história — totalmente à parte da transformação talvez ainda mais importante da filosofia em filosofia da história, que não nos interessa neste momento.

Em termos políticos, a falácia dessa nova filosofia tipicamente moderna é relativamente simples. Ela consiste em descrever e entender todo o campo da ação humana não em termos do ator e do agente, mas do ponto de vista do espectador que assiste a um espetáculo. Mas é relativamente difícil detectar essa falácia devido ao elemento de verdade nela presente, e que se baseia no fato de que todas as histórias iniciadas e encenadas pelos homens revelam seu verdadeiro significado somente quando chegam ao final, de maneira que realmente pode parecer que apenas o espectador, e não o agente, teria possibilidade de entender o que efetivamente acontecera numa cadeia qualquer de atos e eventos. Foi principalmente para o espectador, muito mais do que para o ator, que a lição da Revolução Francesa se afigurou como demonstração da necessidade histórica ou que Napoleão Bonaparte se tornou um "destino".[38] No entanto, o nó da questão é que todos os que seguiram os passos da Revolução Francesa ao longo de todo o século XIX e pelo século XX adentro consideravam-se não meros sucessores dos homens da Revolução Francesa, e sim como agentes da história e da necessidade histórica, com a consequência óbvia, mas paradoxal, de que a principal categoria do pensamento político e revolucionário deixou de ser a liberdade e passou a ser a necessidade.

Todavia, sem a Revolução Francesa é de se duvidar que a filosofia viesse algum dia a se interessar pelo mundo dos assuntos humanos, isto é, a descobrir a verdade absoluta num domínio que é regido pelas relações humanas e pelas interações mútuas, sendo, portanto, relativo por definição. A verdade, muito embora fosse concebida "historicamente", isto é, fosse entendida em seu desenvolvimento no tempo e, portanto, não precisasse ser necessariamente válida para todas as épocas, ainda assim devia ser válida para todos os homens, onde quer que vivessem e qualquer que fosse o país onde eram cidadãos. Em outras palavras, considerava-se que a verdade se referia e correspondia não aos cidadãos, entre os quais só podia existir uma multiplicidade de opiniões, nem aos membros da nação, cujo senso de verdade era limitado por sua história e experiência nacional específica. A verdade devia se referir ao homem *qua* homem, que, como realidade terrena e tangível, evidentemente não existia em lugar algum. Assim, a história, para se tornar um *medium* da revelação da verdade, teria de ser a história universal, e a verdade que se revelava teria de ser um "espírito universal". No entanto, mesmo que a noção de história só pudesse alcançar dignidade filosófica com o pressuposto de que abarcava o mundo inteiro e os destinos de todos os homens, a própria ideia de uma história universal tem origem claramente política; ela foi precedida pela Revolução Francesa e pela Revolução Americana, que se orgulhavam de ter inaugurado uma nova era para toda a humanidade e de ser acontecimentos que diziam respeito a todos os homens *qua* homens, sem importar onde viviam, quais eram suas condições ou que nacionalidade tinham. A própria noção de história universal nascera com a primeira tentativa de política mundial, e, embora o entusiasmo americano e francês pelos "direitos do homem" logo tenha arrefecido com o nascimento do Estado nacional — que, por mais efêmera que essa forma de governo tenha se demonstrado, foi o único resultado relativamente duradouro da revolução na Europa —, o fato é que, de uma forma ou de outra, desde então a política mundial passou a ser coadjuvante da política.

Outro aspecto da doutrina de Hegel que deriva com igual clareza da Revolução Francesa é ainda mais importante em nosso contexto, pois exerceu uma influência ainda mais direta sobre os revolucionários dos séculos XIX e XX — que, sem exceção, mesmo que não tivessem aprendido suas lições com Marx (ainda o maior discípulo de Hegel desde então) nem tivessem se dado ao trabalho de ler Hegel, enxergavam a revolução por meio de categorias hegelianas. Esse aspecto se refere ao caráter do movimento histórico, que, segundo Hegel e todos os seus seguidores, é ao mesmo tempo dialético e movido pela necessidade: da revolução e da contrarrevolução, desde o Catorze de Julho ao Dezoito Brumário e à restauração da monarquia, nasceram o movimento e o contramovimento dialético da história, que arrasta os homens em seu fluxo irresistível, como uma corrente subterrânea poderosa à qual eles devem se render no exato momento em que tentam instaurar a liberdade na terra. Tal é o significado da famosa dialética da liberdade e da necessidade, na qual ambas acabam por coincidir — talvez o paradoxo mais terrível e, humanamente falando, mais intolerável de todo o conjunto do pensamento moderno. E apesar disso, Hegel, que em certo momento vira o ano de 1789 como o instante em que o céu e a terra se reconciliaram, ainda podia pensar em termos do conteúdo metafórico original da palavra "revolução", como se o irresistível movimento regido por leis dos corpos celestes tivesse descido à terra e aos assuntos humanos, conferindo-lhes uma "necessidade" e uma regularidade que pareciam estar além do "melancólico acaso" (Kant) e da triste "mistura de violência e falta de sentido" (Goethe), que até então pareciam ser a qualidade precípua da história e do curso do mundo. Assim, o paradoxo de que a liberdade é o fruto da necessidade dificilmente seria mais paradoxal, no entendimento do próprio Hegel, do que a reconciliação entre o céu e a terra. Além disso, não havia nenhuma facécia na teoria de Hegel e nenhum trocadilho vazio em sua dialética da liberdade e da necessidade. Pelo contrário, mesmo naquela época elas devem ter exercido um grande apelo aos que ainda se encontravam sob o impacto da realidade política; sua plausibilidade constante sempre residiu muito menos na clareza teórica do que na experiência concreta, que volta e meia se repetia nos séculos de guerras e revoluções. O conceito moderno de história, com sua ênfase inédita e sem igual sobre a história como processo, tem várias origens, destacando-se entre elas o anterior conceito moderno da natureza como processo. Enquanto os homens tomavam como exemplo as ciências naturais e consideravam esse processo como um movimento basicamente cíclico, circular e recorrente — e mesmo Vico ainda pensava o movimento histórico nesses termos —, era inevitável que a necessidade fosse uma característica intrínseca ao movimento histórico, tal como o é do movimento astronômico. Todo movimento cíclico é, por definição, um movimento necessário. Mas o fato de que a necessidade como característica intrínseca da história tenha sobrevivido à ruptura moderna no ciclo das recorrências eternas e tenha ressurgido num movimento que era essencialmente retilíneo — e, portanto, não retornava ao que se conhecera antes, e sim estendia-se para um futuro desconhecido —, esse fato, retomando, deve sua origem não à especulação teórica, e sim à experiência política e ao curso dos acontecimentos concretos.

Foi a Revolução Francesa, e não a americana, que incendiou o mundo e, portanto, foi a partir do curso dela, e não do curso dos eventos na América nem das ações dos Pais Fundadores, que nosso uso atual do termo "revolução" recebeu suas conotações e implicações em todo o mundo, inclusive nos Estados Unidos. A colonização da América do Norte e o governo republicano dos Estados Unidos constituem talvez as realizações mais importantes, e certamente as mais arrojadas, da humanidade europeia; e, no entanto, os Estados Unidos praticamente não tiveram mais de cem anos de história realmente própria, num esplêndido ou nem tão esplêndido isolamento do continente materno. Desde o final do século xix, o país foi submetido ao triplo assalto da urbanização, da industrialização e, talvez o fato mais importante de todos, da imigração em massa. Desde então, teorias e conceitos, embora infelizmente nem sempre acompanhados de suas experiências correspondentes, voltaram a migrar do Velho Mundo para o Novo Mundo, e a palavra "revolução", com suas associações, não foge à regra. De fato, é estranho ver como a opinião esclarecida americana do século xx — ainda mais do que a europeia — tende a interpretar a Revolução Americana à luz da Revolução Francesa, ou a criticar a primeira por não ter seguido as lições dadas pela segunda. A triste verdade é que a Revolução Francesa, que acabou em desastre, adquiriu foros de história mundial, ao passo que a Revolução Americana, que foi um sucesso tão triunfal, se manteve como um acontecimento de importância praticamente apenas local.

Pois, sempre que as revoluções em nosso século apareciam no palco da política, eram vistas com imagens derivadas do curso da Revolução Francesa, enquadradas em conceitos cunhados por espectadores e entendidas em termos de necessidade histórica. No espírito dos atores das revoluções, bem como dos espectadores que tentavam acompanhar o desenrolar do espetáculo, o que se destacava pela ausência era a profunda preocupação com as formas de governo tão característica da Revolução Americana, mas também muito importante nas fases iniciais da Revolução Francesa. Foram os homens da Revolução Francesa que, assombrados perante o espetáculo da multidão, exclamaram com Robespierre: "*La république? La monarchie? Je ne connais que la question sociale*" [A república? A monarquia? Conheço apenas a questão social]; e, junto com as instituições e constituições que são "a alma da república" (Saint-Just), perderam a própria revolução.[39] A partir daí, os homens arrastados, quisessem ou não, pelos vendavais revolucionários rumo a um futuro incerto ocuparam o lugar dos orgulhosos arquitetos que tentavam construir suas novas casas baseando-se numa sabedoria acumulada ao longo de todos os tempos passados, tal como eles a entendiam; com esses arquitetos foi-se também a confiança tranquilizadora de que era possível construir um *novus ordo saeclorum* alicerçado em ideias, segundo um projeto conceitual cuja própria vetustez garantia sua verdade. Não o pensamento, mas apenas a prática, apenas a aplicação seria nova. A época, nas palavras de Washington, era "auspiciosa" porque "abriu para nós [...] os tesouros do saber adquiridos pelo trabalho de filósofos, sábios e legisladores durante uma longa sucessão de anos"; com seu auxílio, pensavam os homens da Revolução Americana, eles poderiam começar a agir depois que as circunstâncias e a política inglesa não lhes deixara outra alternativa a não ser fundar um corpo político inteiramente novo. E, como tinham recebido a oportunidade de agir, não poderiam mais culpar a história e as circunstâncias: se os cidadãos dos Estados Unidos "não forem completamente livres e felizes, a culpa será inteiramente deles".[40] Nunca lhes ocorreria que, poucas décadas mais tarde, o observador mais arguto e perspicaz de suas ações iria concluir: "Recuo de época em época, até a Antiguidade mais remota, mas não encontro paralelo para o que está ocorrendo diante de meus olhos; quando o passado deixa de projetar sua luz sobre o futuro, a mente do homem vagueia na escuridão".[41]

O sortilégio que a necessidade histórica lançou nos espíritos dos homens desde o início do século XIX ganhou maior potência com a Revolução de Outubro, que tem para nosso século a mesma significação profunda que teve a Revolução Francesa para seus contemporâneos: primeiro cristalizar as melhores esperanças dos homens e depois perceber a extensão completa de seu desespero. Só que, dessa vez, a dura lição de casa não era estudar experiências inesperadas, e sim modelar conscientemente um curso de ação a partir das experiências de um acontecimento do passado. Sem dúvida, apenas a dupla coerção da ideologia e do terror, uma coagindo os homens por dentro e o outro coagindo-os de fora, é capaz de explicar plenamente a mansidão com que revolucionários de todas as partes, que haviam caído sob a influência da Revolução Bolchevique, seguiram para a própria ruína; mas aqui a lição presumivelmente extraída da Revolução Francesa se tornou parte da coerção do pensamento ideológico atual, adotado voluntariamente. O problema é sempre o mesmo: os que frequentaram a escola da revolução aprenderam e ficaram conhecendo de antemão qual curso devem tomar as revoluções. O que eles imitaram foi o curso dos acontecimentos, não os homens da revolução. Se tivessem tomado como modelo os homens da revolução, teriam protestado sua inocência até o último instante.[42] Mas não podiam fazê-lo porque sabiam que uma revolução deve devorar os próprios filhos, assim como sabiam que uma revolução deve tomar seu curso numa sequência de revoluções, ou que ao inimigo declarado seguia-se o inimigo oculto sob a máscara dos "suspeitos", ou que uma revolução se dividia em duas facções radicais — os *indulgents* e os *enragés* — que trabalhavam juntas concretamente ou "objetivamente" para prejudicar o governo revolucionário, e que a revolução seria "salva" pelo homem no centro, o qual, longe de ser mais moderado, liquidava a direita e a esquerda, tal como Robespierre havia liquidado Danton e Hébert. O que os homens da Revolução Russa aprenderam com a Revolução Francesa — e todo o preparo deles praticamente se resumia a isso — foi a história, não a ação. Ficaram capacitados a desempenhar qualquer papel que o grande drama da história lhes atribuísse, e, se não houvesse outro papel disponível a não ser o de vilão, teriam o maior gosto em aceitá-lo para não ficar fora da peça.

Há um certo ridículo grandioso no espetáculo desses homens — que tinham ousado desafiar todos os poderes do mundo e contestar todas as autoridades na terra, cuja coragem estava além de qualquer sombra de dúvida —, passando de uma hora para outra a se submeter humildemente, sem sequer uma exclamação de protesto, ao chamado da necessidade histórica, por mais tola e incongruente que lhes parecesse a manifestação externa dessa necessidade. Foram enganados não porque as palavras de Danton e Vergniaud, de Robespierre e Saint-Just, e de todos os outros ainda ressoassem em seus ouvidos; foram enganados pela história, e se tornaram os bobos da história.

2. A questão social

Les malheureux sont la puissance de la terre.

Saint-Just

1.

Os revolucionários profissionais do começo do século xx podem ter sido os bobos da história, mas certamente não eram bobos em si. Como categoria do pensamento revolucionário, a noção de necessidade histórica se fazia recomendar não só pelo simples espetáculo da Revolução Francesa, ou mesmo pela rememoração cuidadosa do rumo dos acontecimentos e a posterior condensação dos eventos em conceitos. Por trás das aparências havia uma realidade, e essa realidade era biológica, não histórica, ainda que agora aparecesse, talvez pela primeira vez, à plena luz da história. A necessidade mais forte de que nos apercebemos na introspecção é o processo vital que permeia nosso corpo e o mantém num estado constante de mudança, cujos movimentos são automáticos, independentes de nossas atividades e irresistíveis

92

— isto é, de urgência avassaladora. Quanto menos nos movemos, quanto menor nossa atividade, mais vigorosamente esse processo biológico se afirma, impõe sua necessidade intrínseca sobre nós e nos intimida com o automatismo fatídico do puro acontecer que subjaz a toda a história humana. A necessidade dos processos históricos, originalmente representada na imagem do movimento cíclico, necessário, subordinado a leis, dos corpos celestes, encontrou seu poderoso correspondente na necessidade recorrente a que está submetida toda a vida humana. Quando isso aconteceu, e aconteceu quando os pobres, levados por suas necessidades físicas, irromperam na cena da Revolução Francesa, a metáfora astronômica, tão plausivelmente adequada à mudança perpétua, às oscilações do destino humano, perdeu suas antigas conotações e adotou o conjunto de imagens biológicas que sustenta e perpassa as teorias orgânicas e sociais da história, que têm em comum o fato de enxergar uma multidão — a pluralidade empírica de uma nação, de um povo ou de uma sociedade — como um único corpo sobrenatural, movido por uma "vontade geral" irresistível e sobre-humana.

A realidade que corresponde a esse conjunto moderno de imagens é aquilo que, a partir do século XVIII, viemos a chamar de questão social e que seria mais simples e melhor chamar de existência da pobreza. A pobreza é mais do que privação, é um estado de carência constante e miséria aguda cuja ignomínia consiste em sua força desumanizadora; a pobreza é sórdida porque coloca os homens sob o ditame absoluto de seus corpos, isto é, sob o ditame absoluto da necessidade que todos os homens conhecem pela mais íntima experiência e fora de qualquer especulação. Foi sob o império dessa necessidade que a multidão se precipitou para ajudar a Revolução Francesa, inspirou-a, levou-a em frente e acabou por conduzi-la à ruína, pois era a multidão dos pobres. Quando apareceram no palco da política, a necessidade apareceu junto com eles, e o resultado foi que o poder do antigo regime se tornou impotente e a nova república se mostrou natimorta; a liberdade teve de se render à necessidade, à premência do processo vital em si. Quando Robespierre declarou que "tudo o que é necessário para manter a vida deve ser um bem comum e apenas o excedente pode ser reconhecido como propriedade privada", não estava apenas invertendo a teoria política pré-moderna, que sustentava que era precisamente o tempo e os bens excedentes dos cidadãos que deveriam ser doados e compartilhados; ele estava finalmente sujeitando o governo revolucionário, aqui também em suas palavras, "à mais sagrada de todas as leis, o bem-estar do povo, o mais irrefragável de todos os títulos, a necessidade".[1] Em outros termos, ele tinha rendido seu "despotismo da liberdade", sua ditadura em nome da instauração da liberdade, aos "direitos dos sans-culottes", que eram "roupa, alimento e reprodução da espécie".[2] Foi a necessidade, a carência premente do povo, que desencadeou o Terror e condenou a revolução à ruína. No final, Robespierre estava ciente do que havia acontecido, mesmo que tenha formulado a questão (em seu último discurso) sob forma de profecia: "Pereceremos porque, na história da humanidade, perdemos o momento de instaurar a liberdade". Não foi a conspiração de reis e tiranos, e sim a conspiração muito mais poderosa da necessidade e da pobreza que os distraiu por tempo suficiente para perder o "momento histórico". Enquanto isso, a revolução havia mudado de rumo; não visava mais à liberdade, seu objetivo passara a ser a felicidade do povo.[3]

A transformação dos Direitos do Homem nos direitos dos sans-culottes foi o ponto de inflexão não só da Revolução Francesa como de todas as revoluções que se seguiriam. Isso se deve em não pequena medida ao fato de que Karl Marx, o maior teórico das revoluções de todos os tempos, estava muito mais interessado na história do que na política e, portanto, deixou praticamente de lado as intenções originais dos homens das revoluções, a instauração da liberdade, e concentrou a atenção de forma quase exclusiva no curso aparentemente objetivo dos acontecimentos revolucionários. Em outras palavras, levou mais de meio século para que a transformação dos Direitos do Homem nos direitos dos sans-culottes, a renúncia à liberdade perante os ditames da necessidades, encontrasse seu teórico. Quando isso se deu na obra de Karl Marx, a história das revoluções modernas pareceu atingir um ponto irreversível: como do curso da Revolução Americana não resultou nada nem remotamente comparável, em termos qualitativos, no nível conceitual e teórico, as revoluções caíram definitivamente sob a influência da Revolução Francesa em geral e sob o predomínio da questão social em particular. (Isso se aplica mesmo a Tocqueville, cujo principal interesse era estudar na América as consequências daquela longa e inevitável revolução que tinha nos acontecimentos de 1789 apenas sua fase inicial. Ele mostrou um curioso desinteresse pela Revolução Americana propriamente dita e pelas teorias dos fundadores.) O enorme impacto dos conceitos e formulações de Marx sobre o curso da revolução é inegável, e, embora seja tentador, em vista do absurdo escolasticismo do marxismo do século xx, atribuir essa influência aos elementos ideológicos na obra deste pensador, talvez seja mais exato inverter o argumento e atribuir a perniciosa influência do marxismo às várias descobertas autênticas e originais feitas por Marx. Seja como for, não resta dúvida de que o jovem Marx se convenceu de que a Revolução Francesa havia falhado em instaurar a liberdade porque havia falhado em resolver a questão social. Disso ele concluiu que liberdade e pobreza eram incompatíveis. Sua contribuição mais explosiva e, de fato, mais original à causa da revolução foi interpretar as necessidades imperiosas da pobreza das massas em termos políticos, como uma revolta não por pão ou por bens, mas também pela liberdade. O que ele aprendeu com a Revolução

Francesa foi que a pobreza pode ser uma força política de primeira grandeza. Os elementos ideológicos de suas doutrinas, a crença no socialismo "científico", na necessidade histórica, nas superestruturas, no "materialismo" etc., são comparativamente secundários e derivativos; eram compartilhados por toda a época moderna e hoje encontramos esses elementos não só nas várias vertentes do socialismo e do comunismo como também em todo o conjunto das ciências sociais.

A transformação da questão social em força política, efetuada por Marx, está contida no termo "exploração", isto é, na ideia de que a pobreza é resultado da exploração de uma "classe dominante", que possui os meios da violência. Na verdade, o valor dessa hipótese para as ciências históricas é bastante reduzido; ela se inspira numa economia escravista na qual uma "classe" de senhores efetivamente domina um substrato de trabalhadores, e é válida apenas para os estágios iniciais do capitalismo, quando a expropriação à força resultou numa pobreza em escala sem precedentes. Certamente não teria sobrevivido a mais de um século de pesquisas históricas, não fosse por seu conteúdo revolucionário, em vez de científico. Foi em nome da revolução que Marx introduziu um elemento político na nova ciência econômica e assim ela se tornou o que pretendia ser — economia política, uma economia baseada no poder político e, portanto, passível de ser subvertida por uma organização política e por meios revolucionários. Ao reduzir as relações de propriedade à antiga relação que a violência, e não a necessidade, estabelece entre os homens, ele invocou um espírito de rebeldia que só pode brotar quando se sofre uma violação, e não quando se está sob o domínio da necessidade. Se Marx ajudou a libertar os pobres, foi não por lhes dizer que eram a encarnação viva de alguma necessidade histórica ou outra qualquer, mas por persuadi-los de que a pobreza em si é um fenômeno político, não natural, resultado da violência e da violação, e não da escassez.

Pois, se a condição de miséria — que, por definição, nunca pode gerar um "povo mentalmente livre", por ser a condição em que o indivíduo está preso à necessidade — devia gerar revoluções em vez de conduzi-las à ruína, era preciso traduzir as condições econômicas em fatores políticos e explicá-las em termos políticos.

O modelo explicativo de Marx era a antiga instituição da escravidão, na qual visivelmente uma "classe dominante", como ele veio a chamá-la, havia se apoderado dos meios para forçar uma classe dominada a arcar com todo o peso e a labuta da vida. A esperança de Marx, expressa no termo hegeliano de consciência de classe, brotava do fato de que a época moderna havia emancipado essa classe dominada a ponto de conseguir recuperar sua capacidade de agir, ao passo que sua ação se tornaria ao mesmo tempo irresistível, devido àquela mesma necessidade sob a qual a emancipação colocara a classe trabalhadora. Pois, de fato, a libertação dos trabalhadores nos estágios iniciais da Revolução Industrial era em certa medida contraditória: libertara-os de seus senhores apenas para colocá-los sob um capataz mais severo, suas carências e necessidades diárias, isto é, a força com que a necessidade move e impele os homens, e que é mais coercitiva do que a violência. Marx, cuja posição geral, muitas vezes não explícita, ainda se enraizava solidamente nas instituições e teorias dos antigos, tinha pleno conhecimento disso, e talvez tenha sido esta a principal razão pela qual tanto desejava acreditar, com Hegel, num processo dialético em que a liberdade surgiria diretamente da necessidade.

O lugar de Marx na história da liberdade humana sempre será ambíguo. É verdade que, na obra de juventude, ele falou da questão social em termos políticos e interpretou a condição da pobreza segundo as categorias da opressão e da exploração; mas também foi Marx quem redefiniu, em quase todos os seus textos posteriores ao *Manifesto comunista*, o impulso autenticamente revolucionário de sua juventude em termos econômicos. Se de início ele vira a violência humana e a opressão do homem pelo homem onde outros haviam enxergado alguma necessidade inerente à condição humana, mais tarde passou a ver as leis férreas da necessidade histórica espreitando por trás de toda violência, de toda transgressão e violação. E, como Marx, à diferença de seus predecessores na época moderna, mas à semelhança de seus mestres na Antiguidade, identificava a necessidade com as premências coercitivas do processo vital, foi ele quem mais fortaleceu a doutrina politicamente mais perniciosa dos tempos modernos, a saber, que a vida é o bem supremo, e que o processo vital da sociedade é a própria essência do esforço humano. Assim, o papel da revolução não era mais libertar os homens da opressão de seus semelhantes, e muito menos instaurar a liberdade, e sim libertar o processo vital da sociedade dos grilhões da escassez, para que ela se convertesse num caudal de abundância. Agora, o objetivo da revolução não era mais a liberdade e sim a abundância.

Mas seria injusto atribuir essa famosa diferença entre os textos de juventude e os textos maduros de Marx a razões psicológicas ou biográficas, e interpretá-la como uma verdadeira mudança de posição. Mesmo em idade avançada, em 1871, Marx ainda era revolucionário o suficiente para acolher entusiasticamente a Comuna de Paris, embora essa revolta contrariasse todas as suas teorias e todas as suas previsões. É muito mais provável que o problema fosse de natureza teórica. Depois de denunciar as condições sociais e econômicas em termos políticos, logo Marx deve ter se apercebido de que suas categorias eram reversíveis e que, teoricamente, também seria possível interpretar a política em termos econômicos. (Essa reversibilidade dos conceitos é inerente a todas as categorias teóricas estritamente hegelianas.) Uma vez estabelecida uma relação concretamente existente entre violência e necessidade, não havia razão para não pensar a violência em termos de necessidade e entender a opressão como resultado de fatores econômicos, muito embora, originalmente, essa relação tivesse sido descoberta ao inverso, isto é, desmascarando a necessidade como violência perpetrada pelos homens. Essa interpretação deve ter exercido forte apelo a seu senso teórico, pois a redução da violência à necessidade oferece a inegável vantagem teórica de ser muito mais elegante; ela simplifica as questões a ponto de tornar supérflua uma efetiva distinção entre violência e necessidade. Pois, de fato, é muito fácil entender a violência como função ou fenômeno de superfície de uma necessidade subjacente avassaladora, mas a necessidade, que inevitavelmente trazemos conosco na própria existência de nosso corpo e suas demandas, nunca pode ser simplesmente reduzida e completamente absorvida pela violência e pela violação. Foi o cientista em Marx e a ambição de elevar sua "ciência" ao nível de ciência natural, cuja principal categoria naquela época ainda era a necessidade, que o levaram a inverter suas próprias categorias. Politicamente, esse desenvolvimento o levou a uma rendição efetiva da liberdade à necessidade. Ele fez o que seu mestre em revolução, Robespierre, fizera antes dele e o que seu maior discípulo, Lênin, viria a fazer depois dele, na mais importante revolução inspirada por seus ensinamentos.

Tornou-se hábito ver todas essas rendições, sobretudo a última, com Lênin, como conclusões previamente determinadas, sobretudo porque temos dificuldade em julgar esses homens, em especial e de novo Lênin, por seus próprios méritos, e não como simples precursores. (Aliás, talvez caiba notar que, ao contrário de Hitler e Stálin, Lênin ainda não encontrou seu biógrafo definitivo, embora não tenha sido meramente um homem "melhor", mas incomparavelmente mais simples; talvez porque seu papel na história do século XX seja muito mais equívoco e difícil de entender.) No entanto, mesmo Lênin, a despeito de seu marxismo dogmático, talvez pudesse ter sido capaz de evitar essa rendição; afinal, era o mesmo homem que, ao pedido de resumir numa frase a essência e os objetivos da Revolução de Outubro, respondeu com uma fórmula curiosa, esquecida há muito tempo: "Eletrificação + soviets". Essa resposta é notável, primeiro pelo que omite: de um lado, o papel do partido; de outro lado, a construção do socialismo. No lugar deles, temos uma separação totalmente não marxista entre economia e política, uma diferenciação entre a eletrificação como solução para o problema social da Rússia e o sistema de soviets como novo corpo político, que surgira durante a revolução fora de qualquer organização partidária. O que é talvez ainda mais surpreendente num marxista é a sugestão de que o problema da pobreza não se resolveria pela socialização e pelo socialismo, e sim por meios técnicos; pois é evidente que a tecnologia, em contraste com a socialização, é politicamente neutra; ela não prescreve nem exclui nenhuma forma específica de governo. Em outras palavras, a libertação da calamidade da pobreza ocorreria por meio da eletrificação, mas o surgimento da liberdade se daria por meio de uma nova forma de governo, os soviets. Este foi um dos não raros casos em que os dotes de Lênin como estadista prevaleceram sobre sua formação e convicção ideológica marxista.

Não por muito tempo, claro. Ele abriu mão das possibilidades de um desenvolvimento econômico racional e não ideológico do país, junto com as potencialidades de novas instituições para a liberdade, quando decidiu que apenas o Partido Bolchevique seria a força motriz tanto da eletrificação quanto dos soviets; assim, ele mesmo estabeleceu o precedente para o desenvolvimento posterior em que o partido e a máquina do partido se tornaram literalmente onipotentes. No entanto, é provável que ele tenha renunciado à sua posição anterior por razões mais econômicas do que políticas, mais em prol da eletrificação do que em favor do poder do partido. Ele acreditava que um povo incompetente num país atrasado não conseguiria vencer a pobreza em condições de liberdade política, não conseguiria, em todo caso, derrotar a pobreza e simultaneamente instaurar a liberdade. Lênin foi o último herdeiro da Revolução Francesa; ele não tinha nenhum conceito teórico da liberdade, mas, posto diante dela na realidade concreta, entendeu o que estava em jogo e, quando sacrificou as novas instituições da liberdade, os sovietes, ao partido que julgou que libertaria os pobres, sua motivação e seu raciocínio ainda estavam de acordo com os trágicos fracassos da tradição revolucionária francesa.

2.

A ideia de que a pobreza ajudaria os homens a romper as cadeias da opressão, porque os pobres não têm nada a perder a não ser seus grilhões, tornou-se tão familiar através da doutrina de Marx que quase esquecemos que ela era inédita antes do curso efetivo da Revolução Francesa. É verdade que uma opinião comum, cara aos corações dos amantes da liberdade, dizia aos homens do século XVIII que "a Europa por mais de doze séculos tem apresentado aos olhos [...] um esforço constante da parte do povo de se libertar da opressão de seus governantes".[4] Mas os que diziam isso, quando falavam em povo, não estavam se referindo aos pobres, e a opinião preconcebida do século XIX de que todas as revoluções têm origens sociais era totalmente ausente da teoria ou da experiência do século XVIII. Na verdade, quando os homens da Revolução Americana foram à França e viram pessoalmente as condições sociais do continente, tanto dos pobres quanto dos ricos, deixaram de acreditar com Washington que "a Revolução Americana [...] parece ter aberto os olhos de quase todas as nações na Europa, e um espírito de igual liberdade parece estar rapidamente ganhando terreno por todas as partes". Mesmo antes, alguns tinham advertido os oficiais franceses, que haviam combatido com eles na Guerra de Independência, para que não deixassem suas "esperanças ser influenciadas por nossos triunfos neste solo virgem. Vocês levarão nossos sentimentos, mas, se tentarem plantá-los numa terra que tem sido corrompida durante séculos, encontrarão obstáculos mais tremendos do que os nossos. Nossa liberdade foi conquistada com sangue; o sangue de vocês terá de ser derramado em torrentes antes que a liberdade possa lançar raízes no velho mundo".[5] Mas a principal razão deles era muito mais concreta. Como escreveu Jefferson dois anos antes de estourar a Revolução Francesa, a razão era que "entre 20 milhões de pessoas [...] há 19 milhões mais miseráveis, mais amaldiçoados em todas as circunstâncias da existência humana do que o indivíduo mais clamorosamente miserável de todos os Estados Unidos". (Da mesma forma, antes dele, Franklin se pegara em Paris pensando "frequentemente na felicidade da Nova Inglaterra, onde todo homem é dono de sua terra, tem voto nos assuntos públicos, mora numa casa asseada e aquecida, tem bom alimento e combustível em fartura [...]".) E Jefferson não esperava nenhuma grande ação do restante da sociedade, daqueles que viviam no luxo e no conforto; a seu ver, eles se regiam em sua conduta pelos "costumes", cuja adoção seria "um passo para a miséria absoluta" em qualquer parte do mundo.[6] Nem por um instante lhe ocorreu que um povo tão "carregado de miséria" — a dupla miséria da pobreza e da corrupção — conseguiria realizar o que fora realizado na América. Pelo contrário, ele alertou que não era "de maneira nenhuma o povo de espírito livre que o supomos na América", e John Adams estava convencido de que um governo republicano livre entre eles "era tão inatural, irracional e impraticável como seria entre elefantes, leões, tigres, panteras, lobos e ursos no zoológico real de Versalhes".[7] E, cerca de 25 anos depois, quando os acontecimentos tinham em certa medida demonstrado que ele estava certo, e Jefferson voltou a lembrar "a ralé das cidades da Europa", em cujas mãos qualquer parcela de liberdade "seria instantaneamente desviada para a demolição e destruição de todos os bens públicos e privados",[8] ele estava pensando tanto nos ricos quanto nos pobres, na corrupção e na miséria.

Nada seria mais injusto do que tomar o sucesso da Revolução Americana como dado indiscutível e submeter a julgamento a derrota dos homens da Revolução Francesa. O sucesso não decorreu apenas da sabedoria dos fundadores da república, embora essa sabedoria, de fato, fosse de altíssimo gabarito. O aspecto a lembrar é que a Revolução Americana teve sucesso e mesmo assim não desembocou no *novus ordo saeclorum*, que a Constituição pôde ser estabelecida "de fato", como "uma existência real [...], numa forma visível", e mesmo assim não se tornou "para a liberdade o que a gramática é para a língua".[9] A razão para o êxito e o fracasso foi que o problema da pobreza estava ausente do cenário americano, mas estava presente em todas as outras partes. É uma afirmativa abrangente, e requer duas ressalvas.

O que estava ausente do cenário americano era não tanto a pobreza, e sim a miséria e a indigência, pois "a controvérsia entre os ricos e os pobres, os laboriosos e os ociosos, os cultos e os ignorantes" ainda estava muito presente naquele cenário e preocupava o espírito dos fundadores, que, apesar da prosperidade do país, estavam convencidos de que essas distinções — "tão antigas quanto a criação do mundo e tão extensas quanto o globo" — eram eternas.[10] No entanto, como os trabalhadores na América eram pobres, mas não miseráveis — as observações de viajantes ingleses e do continente europeu são unânimes, e com unânime admiração: "Ao longo de quase 2 mil quilômetros, não vi um único ser a pedir caridade" (Andrew Burnaby) —, não eram movidos pela penúria, e a revolução não foi dominada por eles. O problema que colocavam não era social, e sim político; referia-se não à ordem da sociedade, e sim à forma de governo. A questão era que o "labor contínuo" e a falta de tempo livre entre a maioria da população iriam excluir automaticamente os "laboriosos" da participação ativa no governo — mas não, evidentemente, de serem representados e de escolherem seus representantes. A representação, porém, é apenas uma questão de "autopreservação" ou de interesse próprio, necessária para proteger a vida dos trabalhadores e defendê-los da a intromissão do governo; essas salvaguardas essencialmente negativas não abrem de forma alguma a esfera política à maioria, e não conseguem despertar aquela "paixão pela distinção" — o "desejo não só de se igualar ou se assemelhar, mas de primar pela excelência" — que, segundo John Adams, "depois da autopreservação, será sempre a grande mola das ações humanas".[11] Por isso, o problema dos pobres, depois de assegurada a questão da sobrevivência, é que suas vidas não têm influência social e eles ficam excluídos da luz da esfera pública, na qual pode brilhar a excelência; eles permanecem nas sombras, aonde quer que possam ir. Como disse John Adams:

O homem pobre tem a consciência limpa, e mesmo assim ele se sente envergonhado [...]. Sente-se fora da vista dos outros, tateando no escuro. A humanidade não se apercebe dele. Ele vagueia e perambula ignorado. No meio de uma multidão, na igreja, no mercado [...] está nas sombras como se estivesse num sótão ou num porão. Ele não é desaprovado, censurado ou repreendido; *simplesmente não é visto* [...]. Passar totalmente despercebido e saber disso é intolerável. Se Crusoé tivesse em sua ilha a biblioteca de Alexandria e a certeza de que jamais voltaria a rever um rosto humano, iria abrir algum volume?[12]

Detenho-me nessas palavras porque o sentimento de injustiça que elas expressam, a convicção de que a maldição da pobreza consiste mais na obscuridade do que na escassez, é extremamente raro na bibliografia dos tempos modernos, mesmo que possamos desconfiar que a tentativa de Marx de reescrever a história em termos de luta de classes tenha derivado, pelo menos em parte, do desejo de reabilitar postumamente aqueles a que à injúria sofrida em vida a história somara o insulto do esquecimento. Evidentemente, foi a ausência da miséria que permitiu a John Adams descobrir a precariedade política dos pobres, mas sua percepção das consequências mutiladoras que trazia a obscuridade, em contraste com a ruína mais visível que a indigência causava à vida humana, dificilmente seria compartilhada pelos próprios pobres; e, na medida em que essa sua percepção se manteve como um conhecimento privilegiado, não exerceu praticamente nenhuma influência na história das revoluções nem na tradição revolucionária. Quando os pobres enriqueceram, na América e em outros países, não se tornaram membros das classes ociosas motivados em suas ações pelo desejo de primar pela excelência, mas sucumbiram ao tédio do tempo livre, e, embora também desenvolvessem o gosto pela "consideração e reconhecimento", contentaram-se em obter esses "bens" da forma mais barata possível, isto é, suprimiram a paixão pela distinção e pela excelência que só pode ser exercida à plena luz do público. O fim do governo, para eles, continuava a ser a autopreservação, e a certeza de John Adams de que "um fim principal do governo é regular"[13] a paixão pela distinção nem se tornou objeto de controvérsia, mas foi pura e simplesmente esquecida. Em vez de vir para a praça pública, onde a excelência pode brilhar, eles preferiram, por assim dizer, escancarar suas residências particulares ao "consumo conspícuo", ostentar suas riquezas e exibir aquilo que, por sua própria natureza, não se presta a ser visto por todos.

No entanto, essas preocupações atuais quanto à maneira de evitar que os pobres de ontem criem, depois de enriquecer, seu próprio código de conduta e o imponham ao corpo político ainda eram totalmente ausentes do século XVIII, e mesmo hoje esses problemas americanos, embora bastante concretos numa situação de prosperidade, podem parecer meras frivolidades diante das preocupações e problemas do resto do mundo. Além disso, a sensibilidade moderna não se deixa afetar pela obscuridade, nem mesmo pela concomitante frustração do "talento inato" e do "desejo de superioridade". E o fato de que John Adams se sentisse tão profundamente tocado pelo problema da obscuridade, mais do que ele mesmo ou qualquer outro Pai Fundador jamais se comoveu com a simples miséria, realmente deve nos parecer muito estranho, quando lembramos que a ausência da questão social no cenário americano era, no final das contas, totalmente ilusória, pois a miséria sórdida e degradante estava ubiquamente presente sob a forma da escravidão e do trabalho escravo.

A história nos mostra que não é praxe, de forma alguma, que o espetáculo da miséria mova os homens à piedade; mesmo durante os longos séculos em que a religião cristã da misericórdia definiu os critérios morais da civilização ocidental, a compaixão operava fora da esfera política e frequentemente fora da hierarquia estabelecida da Igreja. Mas aqui estamos lidando com homens do século XVIII, quando essa indiferença milenar estava a ponto de desaparecer e, nas palavras de Rousseau, uma "repugnância inata ao ver um semelhante sofrer" tinha se generalizado entre alguns estratos da sociedade europeia, e precisamente entre os fautores da Revolução Francesa. A partir daí, a paixão da compaixão tem perseguido e movido os melhores homens de todas as revoluções, e a única revolução em que a compaixão não teve nenhum papel na motivação de seus atores foi a Revolução Americana. Se não fosse pela presença da escravidão negra no cenário americano, seria tentador explicar esse aspecto marcante exclusivamente pela prosperidade americana, pela "encantadora igualdade" de Jefferson ou pelo fato de que a América era realmente "um bom país do homem pobre", nas palavras de William Penn. Mas, em vista dos fatos, somos tentados a perguntar se a bondade desse país do homem branco pobre não dependia a um grau considerável do trabalho negro e da miséria negra — em meados do século xviii, havia cerca de 400 mil negros e 1,85 milhão de brancos na América, e mesmo à falta de dados estatísticos confiáveis podemos ter certeza de que o percentual de miséria e absoluta penúria era bem menor nos países do Velho Mundo. A partir disso, só podemos mesmo concluir que a instituição escravocrata traz uma obscuridade ainda mais negra do que a obscuridade da pobreza; quem passava "totalmente despercebido" não era o pobre, e sim o negro. Pois, se Jefferson e outros, em menor grau, tinham consciência do crime primordial sobre o qual se fundava a sociedade americana, se "tremíamos quando pensávamos que Deus é justo" (Jefferson), era porque estavam convencidos da incompatibilidade entre o sistema escravista e a instauração da liberdade, e não porque fossem movidos pela piedade ou por um sentimento de solidariedade para com seus semelhantes. E essa indiferença, que temos dificuldade em entender, não era exclusiva dos americanos, e por isso a responsabilidade por ela deve ser atribuída à escravidão, e não a alguma perversão dos sentimentos ou ao predomínio do interesse próprio. Pois observadores europeus do século xviii, movidos à compaixão pelo espetáculo das condições sociais europeias, não reagiam de outra maneira. Eles também pensavam que a diferença específica entre a América e a Europa era "a ausência daquele estado sórdido que condena [uma parte da espécie humana] à ignorância e à pobreza".[14] Tanto para os europeus quanto para os americanos, a escravidão não fazia parte da questão social, de modo que a questão social, estivesse genuinamente ausente ou apenas oculta nas sombras, era inexistente para todas as finalidades práticas, e com ela fazia-se inexistente também a paixão mais forte e talvez mais devastadora que motivava os revolucionários: a paixão da compaixão.

Para evitar mal-entendidos: a questão social que estamos abordando aqui, devido a seu papel na revolução, não deve ser equiparada à falta de oportunidades iguais ou ao problema do prestígio social que, nas últimas décadas, tornou-se um tema central nas ciências sociais. O jogo da busca de prestígio é bastante usual em certas camadas de nossa sociedade, mas estava totalmente ausente da sociedade dos séculos XVIII e XIX, e jamais passou pela cabeça de nenhum revolucionário que fosse tarefa sua apresentar esse jogo à humanidade ou ensinar suas regras aos menos privilegiados. Essas categorias atuais seriam muito estranhas ao espírito dos fundadores da república, o que talvez possamos ver com toda a clareza na atitude que adotavam em relação à educação, de grande importância para eles, mas não para que todos os cidadãos pudessem ascender na escala social, e sim porque o bem-estar do país e o funcionamento de suas instituições políticas dependiam da educação de todos os cidadãos. Exigiam "que todo cidadão recebesse educação proporcional às condições e metas de sua vida", pelo que se entendia que, para fins educacionais, os cidadãos seriam "divididos em duas classes — a trabalhadora e a instruída", visto que seria "conveniente para promover a felicidade pública que aquelas pessoas dotadas pela natureza de talento e virtude se tornem [...] capazes de zelar pelo depósito sagrado dos direitos e liberdades de seus concidadãos [...] sem considerar riqueza, nascimento ou qualquer outra condição e circunstância acidental".[15] Mesmo a preocupação dos liberais oitocentistas com o direito do indivíduo ao pleno desenvolvimento de todos os seus talentos estava completamente fora dessas considerações, bem como a especial sensibilidade deles diante da injustiça inerente à frustração dos talentos, intimamente vinculada a seu culto pelo gênio, para nem mencionar a ideia atual de que todos têm direito ao avanço social e, portanto, à educação, não por serem dotados de talento, mas porque a sociedade lhes deve o desenvolvimento de habilidades com as quais possam melhorar sua posição social.

São notórias as posições realistas dos Pais Fundadores em relação às falhas da natureza humana, mas certamente eles se espantariam muito com os novos pressupostos dos cientistas sociais de que os integrantes das classes inferiores da sociedade têm, por assim dizer, o direito de explodir de raiva, ganância e inveja, não só porque sustentariam que a inveja e a ganância são vícios onde quer que se encontrem, mas talvez também porque o próprio realismo deles lhes diria que tais vícios são muito mais frequentes nas camadas superiores do que nas camadas inferiores da sociedade.[16] Sem dúvida, a mobilidade social era relativamente grande mesmo na América setecentista, mas não foi promovida pela revolução; e, se a Revolução Francesa abriu caminho para o talento, aliás muito vigorosamente, isso só veio a ocorrer depois do Diretório e de Napoleão Bonaparte, quando o que estava em jogo já não eram a liberdade e a fundação de uma república, e sim a liquidação da revolução e a ascensão da burguesia. Em nosso contexto, o ponto central é que apenas a dura situação da pobreza, e não a frustração individual ou as ambições sociais, pode despertar compaixão. E é o papel da compaixão nas revoluções, ou seja, em todas elas exceto na Revolução Americana, que agora devemos examinar.

3.

Era tão impossível desviar os olhos da miséria e desgraça da grande maioria da humanidade no século XVIII em Paris ou no século XIX em Londres, onde Marx e Engels iriam refletir sobre as lições da Revolução Francesa, quanto hoje em alguns países europeus, em muitos latino-americanos e em quase todos os asiáticos e africanos. Sem dúvida os homens da Revolução Francesa tinham sido inspirados pelo ódio à tirania, e se ergueram contra a opressão tão revoltados quanto aqueles que, nas palavras de admiração de Daniel Webster, "foram à guerra por causa de um preâmbulo" e "lutaram sete anos por uma declaração". Foi contra a tirania e a opressão, e não contra a exploração e a pobreza, que eles afirmaram os direitos do povo, cujo consentimento — segundo a Antiguidade romana, em cuja escola o espírito revolucionário estudou e se formou — é necessário para dar legitimidade a todo poder. Visto que eles mesmos eram claramente destituídos de poder do ponto de vista político e, portanto, incluíam-se entre os oprimidos, sentiam-se parte do povo e não precisavam invocar qualquer solidariedade com ele. Se se tornaram porta-vozes do povo, não foi no sentido de que fizeram algo pelo povo, fosse por amor ou por desejo de obter poder sobre ele; falaram e agiram como seus representantes numa causa comum. No entanto, o que se manteria verdadeiro durante os treze anos da Revolução Americana rapidamente se revelou mera ficção no decorrer da Revolução Francesa.

Na França, a queda da monarquia não alterou a relação entre governantes e governados, entre governo e nação, e nenhuma mudança de governo parecia capaz de reparar a distância entre eles. Os governos revolucionários, que neste aspecto não se diferenciavam de seus predecessores, não eram do povo nem pelo povo, mas na melhor das hipóteses para o povo, e na pior delas uma "usurpação do poder soberano" por obra de representantes autonomeados, que haviam se colocado "em absoluta independência diante da nação".[17] O problema era que a principal diferença entre a nação e seus representantes em todas as facções não tinha quase nada a ver com "virtude e talento", como esperavam Robespierre e outros, mas residia exclusivamente na flagrante disparidade de condição social que veio à luz apenas ao final da revolução. O fato inegável era que a libertação da tirania trouxe liberdade apenas para uma minoria, e praticamente nem foi sentida pela maioria, que continuou vergada sob o peso da miséria. Essa maioria teria de ser libertada outra vez, e, comparada à libertação do jugo da necessidade, a libertação original da tirania havia de parecer uma brincadeira de criança. Além disso, nessa libertação, os homens da revolução e o povo por eles representado já não estavam unidos por laços objetivos numa causa comum; era necessário um esforço especial dos representantes, um esforço de solidarização que Robespierre chamou de virtude, e essa virtude não era romana, não visava à *res publica* e não tinha nada a ver com a liberdade. Virtude significava pensar no bem-estar do povo, identificar a vontade própria com a vontade do povo — *il faut une volonté UNE* [é preciso uma vontade una] —, e esse esforço visava primariamente à felicidade da maioria. Após a queda da Gironda, não foi a liberdade e sim a felicidade que se tornou a "nova ideia na Europa" (Saint-Just).

A expressão *le peuple* [o povo] é essencial para qualquer entendimento da Revolução Francesa, e suas conotações foram determinadas por aqueles que presenciavam o espetáculo dos sofrimentos do povo, sem partilhá-los pessoalmente. Pela primeira vez, a expressão passou a abranger não só os excluídos do governo, não só os cidadãos, mas a arraia-miúda.[18] A própria definição do termo nasceu da compaixão e passou a ser sinônimo de desgraça e infelicidade — *le peuple, les malheureux m'applaudissent* [o povo, os desgraçados me aplaudem], como gostava de dizer Robespierre; *le peuple toujours malheureux* [o povo sempre desgraçado], como disse o próprio Sieyès, uma das figuras mais sóbrias e menos sentimentais da revolução. Com isso, a legitimidade pessoal dos que representavam o povo e acreditavam que todo poder legítimo deve derivar do povo só podia residir em *ce zèle compatissant* [esse zelo compassivo], naquele "impulso imperioso que nos atrai para *les hommes faibles*",[19] em suma, na capacidade de sofrer com a "imensa classe dos pobres", acompanhada pela vontade de elevar a compaixão à mais alta paixão política e à virtude política suprema.

Em termos históricos, a compaixão se tornou a força motriz dos revolucionários somente depois que os girondinos falharam em criar uma Constituição e estabelecer um governo republicano. A revolução havia chegado a seu ponto de inflexão quando os jacobinos, sob a liderança de Robespierre, tomaram o poder, não porque fossem mais radicais, mas porque não dividiam a preocupação dos girondinos com as formas de governo, porque acreditavam mais no povo do que na república, e "depositaram sua fé na bondade natural de uma classe", em vez de depositá-la nas instituições e constituições; como insistiu Robespierre: "Sob a nova Constituição, as leis devem ser promulgadas 'em nome do povo francês', e não da 'república francesa'".[20]

Essa mudança de ênfase foi criada não por alguma teoria, e sim pelo curso da revolução. Mas é evidente que, naquelas circunstâncias, a teoria da antiguidade, com sua ênfase sobre o consentimento popular como pré-requisito para o governo legítimo, não se adequava mais, e à luz do saber retrospectivo afigura-se quase natural que a *volonté générale* [vontade geral] de Rousseau viesse a substituir a antiga noção de consentimento que, na teoria rousseauniana, pode se encontrar como a *volonté de tous* [vontade de todos].[21] Esta última, a vontade de todos ou o consentimento, não era dinâmica ou revolucionária o suficiente para a constituição de um novo corpo político ou o estabelecimento do governo e, ademais, já pressupunha, evidentemente, a própria existência de um governo e, portanto, só podia ser considerada suficiente para decisões específicas e a solução de problemas, conforme surgiam dentro de um determinado corpo político. Essas considerações formalistas, porém, são de importância secundária. O mais importante era que a própria palavra "consentimento", com suas conotações de escolha deliberada e ponderação de opiniões, foi substituída pela palavra "vontade", que exclui em essência qualquer processo de troca de opiniões e um ulterior acordo entre elas. A vontade, para funcionar, de fato precisa ser una e indivisível, "uma vontade dividida seria inconcebível"; não existe mediação possível entre vontades como existe entre opiniões. A passagem da república para o povo significava que a unidade duradoura do futuro corpo político tinha sua garantia não nas instituições terrenas que este povo compartilhava, e sim na vontade do próprio povo. A principal qualidade dessa vontade popular como *volonté générale* era a unanimidade, e, quando Robespierre se referia constantemente à "opinião pública", entendia por ela a unanimidade da vontade geral; não pensava numa opinião com a concordância pública da maioria.

Não se deve confundir essa unidade durável de um povo inspirado por uma só vontade com estabilidade. Rousseau tomou sua metáfora de uma vontade geral suficientemente a sério e ao pé da letra para conceber a nação como um corpo movido por uma só vontade, tal como um indivíduo, que também pode mudar de direção a qualquer momento sem perder sua identidade. Era exatamente nesse sentido que Robespierre exigia: "*Il faut une volonté UNE* [...]. *Il faut qu'elle soit républicaine ou royaliste*" [É preciso uma vontade UNA (...). É preciso que ela seja republicana ou monarquista]. Rousseau, portanto, insistia que seria "absurdo para a vontade obrigar-se para o futuro",[22] antecipando assim a fatídica instabilidade e inconfiabilidade dos governos revolucionários, além de justificar a velha e também fatídica convicção do Estado nacional de que os tratados somente obrigam enquanto servirem ao dito interesse nacional. Essa noção de *raison d'État* é mais antiga do que a Revolução Francesa, pela simples razão de que a vontade una, presidindo aos destinos e representando os interesses da nação como um todo, era a interpretação corrente quanto ao papel nacional que devia ser desempenhado por um monarca esclarecido, o qual fora abolido pela revolução. O problema, de fato, era como "levar 25 milhões de franceses que nunca conheceram nem pensaram em nenhuma lei além da vontade do rei a se unir em torno de uma Constituição livre qualquer", como observou John Adams. Assim, se a teoria de Rousseau se mostrava muito atraente para os homens da Revolução Francesa, era porque aparentemente ele tinha encontrado um meio muito engenhoso de colocar uma multidão no lugar de uma só pessoa; com efeito, a vontade geral era nada mais, nada menos do que o elemento que convertia o múltiplo em um.

Para sua construção deste uno policéfalo, Rousseau se baseou num exemplo enganosamente simples e plausível. Recorreu à experiência comum em que dois interesses conflitantes se unem quando estão diante de um terceiro que se opõe a ambos. Em termos políticos, ele pressupôs a existência do inimigo nacional comum e se baseou em seu poder de unificação. Apenas em presença do inimigo pode surgir algo como *la nation une et indivisible*, ideal do nacionalismo francês e de todos os outros nacionalismos. Assim, a unidade nacional só pode se afirmar na esfera das relações internacionais, em circunstâncias de, no mínimo, potencial hostilidade. Tal conclusão tem sido o ponto forte, raras vezes admitido, da política nacional nos séculos xix e xx; é uma consequência tão óbvia da teoria da vontade geral que Saint-Just já estava plenamente familiarizado com ela: apenas os assuntos estrangeiros, insistia ele, podem ser propriamente qualificados de "políticos", ao passo que as relações humanas enquanto tais constituem "o social" ("*Seules les affaires étrangères relevaient de la 'politique', tandis que les rapports humains formaient 'le social'*").[23]

Mas o próprio Rousseau deu um passo além. Ele queria descobrir um princípio unificador dentro da nação que também fosse válido para a política interna. Assim, seu problema era onde encontrar um inimigo comum fora do âmbito dos assuntos estrangeiros, e sua solução foi que esse inimigo existia dentro do peito de cada cidadão, a saber, em sua vontade e interesse particular; o cerne da questão era que este inimigo particular oculto só poderia se alçar ao nível de um inimigo comum — unificando a nação a partir de seu interior — se apenas um reunisse todas as vontades e interesses particulares. O inimigo comum dentro da nação é a soma total dos interesses particulares de todos os cidadãos. E dizia Rousseau, citando o marquês d'Argenson: "'O acordo de dois interesses particulares é formado por oposição a um terceiro'. [Argenson] poderia ter acrescentado que *o acordo de todos os interesses é formado por oposição ao interesse de cada um*. Se não existissem diversos interesses, mal se perceberia o interesse comum, pois ele não encontraria obstáculos; tudo seguiria de próprio acordo e a política deixaria de ser uma arte" (grifo meu).[24]

O leitor há de ter notado a curiosa equivalência entre vontade e interesse, sobre a qual se ergue todo o conjunto da teoria política de Rousseau. Ele emprega os termos como sinônimos ao longo de todo *O contrato social*, e seu pressuposto tácito é que a vontade é uma espécie de expressão automática do interesse. Logo, a vontade geral é a expressão de um interesse geral, o interesse do povo ou da nação como um todo, e, como esse interesse ou vontade é geral, sua própria existência depende de sua oposição a cada interesse ou vontade particular. Na construção de Rousseau, a nação não precisa esperar que um inimigo ameace suas fronteiras para se erguer "como um único homem" e alcançar a *union sacrée*; a unidade da nação está garantida na medida em que cada cidadão traz dentro de si o inimigo comum, bem como o interesse geral a que esse inimigo comum dá origem; pois o inimigo comum é o interesse particular ou a vontade particular de cada homem. Apenas se cada homem particular se erguer contra si mesmo em sua particularidade poderá despertar em si seu próprio antagonista, a vontade geral, e assim ele se tornará um verdadeiro cidadão do corpo político nacional. Pois, "se se eliminarem das vontades [particulares] as diferenças a mais e a menos que se anulam, a vontade geral resulta como a soma das diferenças". Para participar do corpo político nacional, cada membro da nação deve se erguer e se manter em rebelião constante contra si mesmo.

É claro que nenhum estadista nacional seguiu Rousseau a esse extremo lógico, e, embora os usuais conceitos nacionalistas de cidadania dependam em enorme medida da presença de um inimigo comum no exterior, não encontramos em lugar nenhum o pressuposto de que o inimigo comum reside dentro de todos. Mas com os revolucionários e a tradição da revolução é diferente. Não foi apenas na Revolução Francesa, e sim em todas as revoluções inspiradas em seu exemplo, que o interesse comum apareceu sob os traços do inimigo comum, e a teoria do terror, de Robespierre a Lênin e Stálin, pressupõe que o interesse do todo deve ser automaticamente — na verdade, permanentemente — hostil ao interesse particular do cidadão.[25] Muitas vezes impressiona o peculiar altruísmo dos revolucionários, que não deve ser confundido com "idealismo" ou com heroísmo. De fato, o altruísmo passou a se igualar à virtude depois que Robespierre veio a apregoar uma virtude tomada de empréstimo a Rousseau, e é essa equiparação que, por assim dizer, imprimiu seu selo indelével no homem revolucionário e em sua mais íntima convicção de que se pode aferir o valor de uma política pelo grau em que ela contraria todos os interesses particulares, e que se pode julgar o valor de um homem pelo grau em que ele age contra seu próprio interesse e contra sua própria vontade.

Quaisquer que sejam, teoricamente, as explicações e as consequências das ideias rousseaunianas, o cerne da questão é que as experiências concretas por trás do altruísmo de Rousseau e do "terror da virtude" de Robespierre não podem ser entendidas sem se levar em conta o papel crucial que a compaixão veio a desempenhar nos sentimentos e nas reflexões dos homens que prepararam e atuaram durante a Revolução Francesa. Para Robespierre, era evidente que a única força que poderia e deveria unir as diferentes classes da sociedade numa só nação era a compaixão dos que não sofriam por aqueles que eram *malheureux*, das classes superiores pelo povo simples. A bondade do homem no estado de natureza se tornara um axioma para Rousseau porque ele considerava a compaixão como a reação humana mais natural ao sofrimento do próximo e, portanto, seria o próprio fundamento de toda relação humana "natural" autêntica. Não que Rousseau, e aliás tampouco Robespierre, tivesse algum dia conhecido a bondade inata do homem natural fora da sociedade; eles deduziram sua existência a partir da corrupção da sociedade, tal como alguém que conhece profundamente maçãs podres pode explicar a podridão delas pressupondo a existência original de maçãs sadias. O que eles conheciam por experiência própria era, de um lado, o eterno jogo entre a razão e as paixões e, de outro lado, o diálogo interno do pensamento em que o homem conversa consigo mesmo. E, como eles identificavam pensamento e razão, chegaram à conclusão de que a razão interferia na paixão e na compaixão, que ela "traz o espírito do homem de volta a si e o separa de tudo que pode perturbá-lo ou afligi-lo". A razão torna o homem egoísta; ela impede a natureza "de se identificar com o sofredor infeliz"; ou, nas palavras de Saint-Just: "*Il faut ramener toutes les définitions à la conscience; l'esprit est un sophiste qui conduit toutes les vertus à l'échafaud*" [É preciso remeter todas as definições à consciência; o espírito é um sofista que conduz todas as virtudes ao cadafalso].[26]

Estamos tão habituados a atribuir a revolta contra a razão à fase inicial do romantismo oitocentista e, inversamente, a entender o século XVIII em termos de um racionalismo "esclarecido", tendo o Templo da Razão como símbolo um tanto grotesco, que tendemos a subestimar ou ignorar a força desses primeiros apelos à paixão, ao coração, à alma e especialmente à alma dilacerada, a *âme déchirée* de Rousseau. É como se Rousseau, em sua revolta contra a razão, tivesse colocado uma alma partida em dois em lugar do dois-em-um que se manifesta no diálogo silencioso da mente consigo mesma, e ao qual chamamos "pensar". E, como o dois-em-um da alma é um conflito e não um diálogo, ele gera a paixão em seu duplo sentido de sofrimento intenso e passionalidade intensa. Foi essa capacidade de sofrimento que Rousseau lançou, de um lado, contra o egoísmo da sociedade e, de outro lado, contra a solidão imperturbável da mente, entregue ao diálogo consigo mesma. E foi por causa dessa ênfase no sofrimento, mais do que por qualquer outra coisa em sua doutrina, que Rousseau veio a exercer uma influência enorme, preponderante sobre o espírito dos homens que iriam fazer a revolução e que se viram diante dos sofrimentos arrasadores dos pobres, para os quais tinham aberto pela primeira vez na história da humanidade as portas para a luz da esfera pública. O que importava aqui, neste grande esforço de solidarização humana geral, era o altruísmo, a capacidade de se render aos sofrimentos alheios, mais do que a bondade ativa; o que se afigurava mais odioso e até mais perigoso do que a maldade era o egoísmo. Além disso, esses homens estavam muito mais familiarizados com o vício do que com o mal; tinham visto os vícios e o incrível egoísmo dos ricos, e concluíram que a virtude devia ser "o apanágio da desgraça e o patrimônio" dos pobres. Tinham observado como "os encantos do prazer vinham acompanhados pelo crime" e sustentavam que os tormentos da miséria deviam gerar a bondade.[27] A magia da compaixão consistia em abrir o coração do sofredor aos sofrimentos alheios, estabelecendo e confirmando assim o laço "natural" entre os homens, que apenas os ricos tinham perdido. Onde a paixão, a capacidade de sofrer, e a compaixão, a capacidade de sofrer com os outros, terminavam, aí começava o vício. O egoísmo era uma espécie de depravação "natural". Se foi Rousseau quem introduziu a compaixão na teoria política, foi Robespierre quem a levou à praça pública com o vigor de sua grandiloquência revolucionária.

Era talvez inevitável que o problema do bem e do mal, com o impacto de ambos sobre os destinos humanos, posto em sua simplicidade franca e direta, perseguisse o espírito dos homens no exato momento em que eles estavam afirmando ou reafirmando a dignidade humana, sem qualquer recurso à religião institucionalizada. Mas a profundidade desse problema dificilmente poderia ser captada por quem confundia bondade com a "repugnância inata do homem em ver o semelhante sofrer" (Rousseau) e por quem achava que o egoísmo e a hipocrisia eram o suprassumo da maldade. E, ainda mais importante, nem se poderia colocar a pavorosa questão do bem e do mal, não pelo menos no quadro das tradições ocidentais, sem levar em conta a única experiência realmente válida, realmente convincente do amor ativo pela bondade como princípio inspirador de todas as ações que a humanidade ocidental teve ocasião de conhecer, isto é, sem levar em conta a figura de Jesus de Nazaré. Esse aspecto veio a surgir na esteira da revolução, e, embora seja verdade que Rousseau e Robespierre não estiveram à altura das questões que a doutrina de um e a ação do outro trouxeram à pauta das gerações seguintes, talvez também seja verdade que, sem eles e sem a Revolução Francesa, Melville e Dostoiévski não se atreveriam a desfazer a aura que cercou a transformação de Jesus de Nazaré em Cristo, não se atreveriam a trazê-lo de volta ao mundo humano — um em *Billy Budd*, o outro em "O grande inquisidor" — e a mostrar abertamente, concretamente, embora de maneira poética e metafórica, é claro, a que empreendimento trágico e fadado à ruína haviam se lançado os homens da Revolução Francesa, quase sem o saber. Se quisermos entender o que significa a bondade absoluta para o curso dos assuntos humanos (enquanto esfera distinta dos assuntos divinos), mais vale recorrermos aos poetas, o que podemos fazer com bastante segurança desde que lembremos as palavras de Melville: "O poeta apenas coloca em versos aquelas exaltações do sentimento que uma natureza como a de Nelson, tendo a oportunidade, encarna em ações". Pelo menos podemos aprender com eles que a bondade absoluta é quase tão perigosa quanto o mal absoluto, e que ela não consiste no altruísmo, pois certamente o grande inquisidor é bastante altruísta, e está além da virtude, mesmo da virtude do capitão Vere. Nem Rousseau nem Robespierre eram capazes de sonhar com uma bondade além da virtude, assim como eram incapazes de imaginar que o mal radical "nada tem de sórdido ou de sensual" (Melville), e que pode existir maldade para além do vício.

Na verdade, o fato de que os homens da Revolução Francesa não fossem capazes de pensar nesses termos, e portanto nunca tenham realmente chegado ao cerne do problema que surgiu em decorrência de suas próprias ações, era praticamente esperado. Evidentemente, eles conheciam muito bem os princípios que inspiraram suas ações, mas não o significado da história que viria a resultar delas. Sem dúvida, Melville e Dostoiévski, mesmo que não tivessem sido os grandes escritores e pensadores que de fato foram, estavam numa posição melhor para saber do que se tratava. Melville em especial, pois podia recorrer a um leque muito mais amplo de experiência política do que Dostoiévski; ele sabia como falar diretamente com os homens da Revolução Francesa e com seu conceito de que o homem é bom no estado de natureza e se torna mau em sociedade. Foi o que ele fez em *Billy Budd*, e é como se dissesse: vamos supor que vocês estejam certos e que o "homem natural", nascido fora da sociedade, um "enjeitado" dotado apenas de bondade e inocência "bárbara", voltasse à terra

— pois certamente seria uma volta, uma segunda vinda; sem dúvida, vocês lembram que isso já aconteceu uma vez; não podem ter esquecido a história que se tornou a lenda de fundação da civilização cristã. Mas, caso tenham esquecido, deixem-me contá-la de novo, no contexto em que vocês vivem e inclusive na terminologia que vocês usam.

A compaixão e a bondade podem ser fenômenos relacionados, mas não são iguais. A compaixão desempenha um papel, e até importante, em *Billy Budd*, mas seu tema é a bondade além da virtude e o mal além do vício, e o enredo da história consiste no confronto de ambos. A bondade além da virtude é a bondade natural, e a maldade além do vício é "uma depravação de acordo com a natureza" que "nada tem de sórdido ou sensual". Ambas estão fora da sociedade, e os dois homens que as encarnam não vêm de lugar nenhum, falando socialmente. Billy Budd é um enjeitado; Claggart, o antagonista, também é de origem desconhecida. Não há nada de trágico no confronto em si; a bondade natural, embora "tartamudeie" e não consiga se fazer ouvir e entender, é mais forte do que a maldade porque a maldade é depravação da natureza, e a natureza "natural" é mais forte do que a natureza depravada e pervertida. Essa parte da história é grandiosa porque a bondade, por ser parte da "natureza", não age com brandura, mas se afirma com força e até com violência, de maneira que ficamos convencidos: apenas o ato de violência com que Billy Budd golpeia até a morte o homem que levantou falso testemunho contra ele é cabível, elimina a "depravação" da natureza. Mas este não é o final, e sim o começo da história. Ela se desenrola depois que a "natureza" seguiu seu curso, com o resultado de que o mau está morto e o bom prevaleceu. O problema agora é que o homem bom, por ter se deparado com o mal, também se tornou um malfeitor, e isso mesmo que suponhamos que Billy Budd tenha conservado sua inocência, que tenha continuado a ser "um anjo de Deus". É neste ponto que a "virtude" na pessoa do capitão Vere se introduz no conflito entre o bem absoluto e o mal absoluto, e aqui começa a tragédia. A virtude — que é menos, talvez, do que a bondade, mas ainda assim a única capaz "de se encarnar em instituições duradouras" — deve prevalecer em detrimento também do homem bom; a inocência natural e absoluta, na medida em que só consegue agir com violência, está "em guerra com a paz do mundo e o verdadeiro bem-estar da humanidade", de maneira que a virtude finalmente intervém não para impedir o crime do mal, e sim para punir a violência da inocência absoluta. Claggart foi "golpeado por um anjo de Deus! Todavia o anjo deve ser enforcado!". A tragédia é que a lei é feita para os homens, e não para anjos ou demônios. As leis e todas as "instituições duradouras" desmoronam não só sob o assalto do mal elementar como também sob o impacto da inocência absoluta. A lei, movendo-se entre o crime e a virtude, não pode reconhecer o que está além de si, e, embora não disponha de nenhuma punição cabível para o mal elementar, ela não pode deixar de punir a bondade elementar, mesmo que o homem virtuoso, o capitão Vere, reconheça que apenas a violência dessa bondade é adequada ao poder depravado do mal. O absoluto — e, para Melville, os Direitos do Homem haviam incorporado um absoluto —, quando é introduzido na esfera pública, traz a ruína a todos.

Notamos acima que a paixão da compaixão estava curiosamente ausente das reflexões e sentimentos dos homens que fizeram a Revolução Americana. Ninguém duvidaria de que John Adams estava certo ao escrever que "a inveja e rancor da multidão contra os ricos é universal e reprimida apenas pelo medo ou pela necessidade. Um mendigo nunca há de compreender a razão pela qual um outro anda de carruagem enquanto ele não tem pão",[28] e mesmo assim ninguém que conheça a miséria deixará de se chocar com a peculiar frieza e "objetividade" indiferente desse seu juízo. Por ser americano, Melville sabia debater melhor a proposição teórica dos homens da Revolução Francesa — o homem é bom por natureza — do que avaliar a preocupação apaixonada e crucial por trás de suas teorias, a preocupação com a multidão sofredora. Não à toa, a inveja em *Billy Budd* não é a inveja do pobre pelo rico, e sim da "natureza depravada" pela integridade natural — é Claggart quem inveja Billy Budd —, e a compaixão não é o sofrimento do homem poupado à visão do homem ferido na carne; pelo contrário, é Billy Budd, a vítima, quem sente compaixão pelo capitão Vere, o homem que o envia a seu destino.

A história clássica do outro lado, não teórico, da Revolução Francesa, a história da motivação por trás das palavras e ações de seus atores principais, é "O grande inquisidor", em que Dostoiévski cria um contraste entre a compaixão muda de Jesus e a piedade eloquente do inquisidor. Pois a compaixão, ser atingido pelo sofrimento de outrem como se fosse um contágio, e a piedade, lamentar sem sofrer na própria carne, não só não são iguais como também podem não ter relação alguma entre si. A compaixão, por sua própria natureza, não pode ser despertada pelos sofrimentos de toda uma classe ou povo, e muito menos da humanidade em geral. Ela não consegue ir além do que é sofrido por uma pessoa, e mesmo assim continua a ser o que se supõe que seja, um cossofrimento. Sua força depende da força da própria paixão, que, ao contrário da razão, só consegue abranger o particular, sem nenhuma noção do geral e nenhuma capacidade de generalização. O pecado do grande inquisidor consistia no fato de que, como Robespierre, ele era "atraído para *les hommes faibles*", não apenas porque tal atração não se diferenciava do desejo de poder, mas também porque ele havia despersonalizado os sofredores, reunindo-os indiscriminadamente num agregado — o povo *toujours malheureux*, as massas sofredoras etc. Para Dostoiévski, o sinal da divindade de Jesus era claramente sua capacidade de ter compaixão por todos os homens em sua singularidade, ou seja, sem os aglomerar numa entidade genérica como uma mesma humanidade sofredora. A grandeza da história, afora suas implicações teológicas, está em nos fazer perceber como soam falsas as frases idealistas e bombásticas da mais sublime piedade, quando comparadas à compaixão.

Intimamente ligada a essa incapacidade de generalizar está a curiosa mudez ou, pelo menos, a falta de jeito com as palavras que, contrastando com a eloquência da virtude, é o sinal da bondade, tal como é o sinal da compaixão em contraste com a loquacidade da piedade. A paixão e a compaixão não são caladas, mas a linguagem delas consiste mais em gestos e expressões faciais do que em palavras. É por estar ouvindo o discurso do grande inquisidor com compaixão, e não por falta de argumentos, que Jesus se mantém em silêncio, atingido, por assim dizer, pelo sofrimento que está por trás da fácil fluência do grande monólogo de seu oponente. A intensidade desse ouvir transforma o monólogo num diálogo, mas só pode se encerrar com um gesto, o gesto do beijo, e não com palavras. É com a mesma nota de compaixão — desta vez, a compaixão do condenado pelo sofrimento compassivo que sente o homem que o condenou — que Billy Budd termina sua vida e, ao mesmo tempo, encerra a discussão sobre a sentença do capitão, e seu "Deus abençoe o capitão Vere!" certamente está mais próximo de um gesto do que de um discurso. A compaixão, que nisto se assemelha ao amor, abole a distância, o intervalo que sempre existe nos contatos humanos, e, se a virtude sempre está pronta a afirmar que é melhor sofrer por erro do que agir errado, a compaixão vai além e declara com toda a sinceridade, até ingênua, que é mais fácil sofrer do que ver os outros sofrerem.

Como a compaixão abole a distância, o espaço terreno entre os homens onde se situam os assuntos políticos, ou seja, toda a esfera dos assuntos humanos, ela não tem pertinência nem importância em termos políticos. Nas palavras de Melville, a compaixão é incapaz de estabelecer "instituições duradouras". O silêncio de Jesus em "O grande inquisidor" e o tartamudeio de Billy Budd indicam a mesma coisa, a saber, a falta de capacidade (ou de disposição) de ambos para qualquer espécie de discurso predicativo ou argumentativo, em que alguém fala *a* alguém *sobre* alguma coisa que é de interesse para ambos, porque é *inter-esse*, é algo *entre* ambos. Esse interesse discursivo e argumentativo no mundo é inteiramente alheio à compaixão, que se dirige exclusivamente, e com intensidade apaixonada, ao próprio sofredor; a compaixão fala apenas na medida em que tem de responder diretamente aos meros sons e gestos de expressão por meio dos quais o sofrimento se faz audível e visível no mundo. Como regra, não é a compaixão que se lança a transformar as condições terrenas e mitigar o sofrimento humano, mas, se o faz, ela evitará os longos e cansativos processos de persuasão, negociação e acordo, que são os processos da lei e da política, e emprestará sua voz ao próprio sofrer, que deve reivindicar uma ação rápida e direta, ou seja, a ação por meio da violência.

Aqui também é evidente a relação entre os fenômenos da bondade e da compaixão. Pois a bondade que está além da virtude e, portanto, além da tentação, ignorando o raciocínio argumentativo com que o homem afasta as tentações e, durante esse processo, vem a conhecer os caminhos da maldade, também é incapaz de aprender as artes da persuasão e da argumentação. A grande máxima de todos os sistemas jurídicos civilizados — o ônus da prova sempre cabe ao acusador — deriva da percepção de que apenas a culpa pode ser provada irrefutavelmente. A inocência, ao contrário, enquanto algo mais do que o veredicto de "não culpado", não pode ser provada e deve ser aceita em fé, e o problema é que essa fé não pode se apoiar na palavra dada, pois esta pode ser uma mentira. Billy Bud podia falar a língua dos anjos, e não seria capaz de refutar as acusações do "mal elementar" que lhe foram lançadas; a única coisa que podia fazer era erguer a mão e abater o acusador.

Melville inverteu claramente o crime lendário primordial — Caim matar Abel —, que desempenhou um papel tão gigantesco em nossa tradição de pensamento político, mas essa inversão não foi arbitrária; ela provinha da inversão que os homens da Revolução Francesa tinham imprimido à proposição do pecado original, substituindo-a pela proposição da bondade original. O próprio Melville apresenta no prefácio a pergunta que norteia sua história: como foi possível que, depois "da retificação dos erros hereditários do Velho Mundo [...] logo a própria revolução se tornou malfeitora, mais opressiva do que os reis?". Ele encontrou a resposta — o que, aliás, é bastante surpreendente, se considerarmos a habitual equiparação da bondade com a brandura e a fraqueza — no fato de que a bondade é forte, talvez ainda mais forte do que a maldade, mas ela partilha com o "mal elementar" a violência elementar inerente a toda força, em detrimento de todas as formas de organização política. É como se ele dissesse: Suponhamos que, daqui por diante, a pedra fundamental de nossa vida política seja que Abel matou Caim. Vocês não veem que deste ato de violência decorrerá a mesma cadeia de erros, só que agora a humanidade não terá sequer o consolo de que a violência a que deve chamar de crime é característica apenas dos maus?

4.

É mais do que duvidoso que Rousseau tenha descoberto a compaixão ao partilhar o sofrimento alheio, e é mais do que provável que nisto, como em quase todos os demais aspectos, ele tenha se guiado por sua revolta contra a alta sociedade, especialmente contra sua flagrante indiferença em relação ao sofrimento dos que a cercavam. Ele havia mobilizado os recursos do coração contra a indiferença do *salon* e contra a "insensibilidade" da razão, que "à vista dos infortúnios dos outros [dizem]: Morram à vontade, eu estou a salvo".[29] Mas, embora a dor alheia lhe tocasse o coração, ele se envolveu mais com seu coração do que com os sofrimentos dos outros, e ficou encantado com os caprichos e humores de seu coração conforme se revelavam no doce prazer da intimidade, a qual Rousseau foi um dos primeiros a descobrir e desde então começou a desempenhar seu importante papel na formação da sensibilidade moderna. Nessa esfera da intimidade, a compaixão se tornou falante, por assim dizer, pois veio a funcionar, junto com as paixões e o sofrimento, como estímulo para a vitalidade do leque recém-descoberto das emoções. Em outras palavras, a compaixão foi descoberta e entendida como emoção ou sentimento, e o sentimento que corresponde à paixão da compaixão é, evidentemente, a piedade.

A piedade pode ser a distorção da compaixão, mas sua alternativa é a solidariedade. É por piedade que os homens são "atraídos para *les hommes faibles*", mas é por solidariedade que eles estabelecem de modo deliberado e como que desapaixonado uma comunidade de interesse com os oprimidos e explorados. O interesse comum seria, então, "a grandeza do homem", "a honra da humanidade" ou a dignidade humana. Pois a solidariedade, na medida em que participa da razão e, portanto, da generalidade, é capaz de abranger uma multidão em termos conceituais, não apenas a multidão de uma classe, uma nação ou um povo, mas até toda a humanidade. No entanto, essa solidariedade, mesmo que seja despertada pelo sofrimento, não se guia por ele, e abrange não só os fracos e os pobres como também os fortes e os ricos; comparada ao sentimento de piedade, ela pode se afigurar fria e abstrata, pois mantém compromisso com "ideias" — grandeza, honra ou dignidade — e não com algum "amor" pelos homens. A piedade, como não é ferida na própria carne e conserva sua distância sentimental, pode ter êxito ali onde a compaixão sempre falha; ela pode alcançar a multidão e, portanto, como a solidariedade, pode ingressar na praça pública. Mas a piedade, à diferença da solidariedade, não contempla imparcialmente a fortuna e o infortúnio, o forte e o fraco; sem o infortúnio, a piedade não existiria, e por isso ela tem interesse na existência dos infelizes, tanto quanto a sede de poder tem interesse na existência dos fracos. Além disso, por ser um sentimento, a piedade pode se deleitar nela mesma, e isso conduz quase automaticamente à glorificação da própria causa, que é o sofrimento alheio. Falando terminologicamente, a solidariedade é um princípio capaz de inspirar e guiar a ação, a compaixão é uma das paixões e a piedade é um sentimento. A glorificação de Robespierre enaltecendo os pobres e, em todo caso, seu elogio do sofrimento como fonte da virtude eram sentimentais na acepção estrita do termo e, enquanto tais, bastante perigosos, mesmo que não fossem, o que somos inclinados a suspeitar, um mero pretexto para seu desejo de poder.

A piedade, tomada como fonte da virtude, mostrou que possui uma capacidade para a crueldade maior do que a própria crueldade. *"Par pitié, par amour pour l'humanité, soyez inhumains!"* [Por piedade, por amor à humanidade, sejam desumanos!]: essas palavras, colhidas quase ao acaso numa petição de uma das seções da Comuna de Paris à Convenção Nacional, não são gratuitas nem exageradas; são a autêntica linguagem da piedade. Segue-se a elas uma racionalização crua, mas muito precisa e corriqueira, da crueldade da piedade: "Assim, o cirurgião inteligente e prestimoso com seu bisturi cruel e benevolente amputa o membro gangrenado para salvar o corpo do enfermo".[30] Além disso, os sentimentos, no que se distinguem da paixão e do princípio, são ilimitados, e, mesmo que Robespierre tivesse sido motivado pela paixão da compaixão, sua compaixão teria se tornado piedade ao ser trazida a campo aberto, onde não poderia mais direcioná-la para um sofrimento específico e concentrá-la em pessoas determinadas. Aquilo que podia ter sido uma paixão genuína se convertia no ilimitado de uma emoção que parecia corresponder muito bem ao ilimitado sofrimento da multidão, esmagadora em sua dimensão meramente numérica. Com isso, ao mesmo tempo ele perdeu a capacidade de estabelecer e estreitar relações com as pessoas em sua singularidade; o oceano de sofrimentos a seu redor e o mar encalpelado de emoções dentro de si, este pronto para receber e responder àquele, afogaram todas as considerações específicas, as considerações de amizade e também as considerações políticas e de princípio. É nessas questões, e não em algum defeito particular de caráter, que devemos procurar as raízes da surpreendente inconfiabilidade de Robespierre, que prenunciava a perfídia ainda maior que viria a desempenhar um papel tão monstruoso na tradição revolucionária. Desde os tempos da Revolução Francesa, foi por causa desse caráter ilimitado dos sentimentos dos revolucionários que eles se tornaram tão curiosamente insensíveis à realidade em geral e à realidade das pessoas em particular, que eles não tinham o menor escrúpulo em sacrificar a seus "princípios", ao curso da história ou à causa da revolução enquanto tal. Embora essa insensibilidade profundamente emotiva diante da realidade já fosse plenamente visível na conduta do próprio Rousseau, em sua fantástica irresponsabilidade e inconfiabilidade, ela se tornou um fator político importante apenas com Robespierre, que a introduziu na luta de facções da revolução.[31]

Em termos políticos, pode-se dizer que o mal da virtude de Robespierre consistia em não aceitar nenhum limite. Na grande percepção de Montesquieu, de que mesmo a virtude deve ter seus limites, ele veria apenas a máxima de um coração empedernido. Graças à duvidosa sabedoria da visão retrospectiva, estamos cientes de que Montesquieu tinha vistas mais largas e que a virtude de Robespierre, inspirada na piedade, desde o começo de seu governo pisoteou a justiça e atropelou as leis.[32] Comparada aos imensos sofrimentos da imensa maioria do povo, a imparcialidade da justiça e da lei, a aplicação das mesmas regras aos que dormiam em palácios e aos que dormiam sob as pontes de Paris, parecia uma farsa. Visto que a revolução tinha aberto os portões da esfera política aos pobres, essa esfera se tornara realmente "social". Ela foi assolada por preocupações e cuidados que, na verdade, pertenciam à esfera doméstica e que, mesmo autorizados a ingressar na esfera pública, não poderiam ser resolvidos por meios políticos, pois eram questões administrativas, a ser entregues às mãos de especialistas, e não questões passíveis de solucionar com o duplo processo de decisão de persuasão. É inegável que assuntos sociais e econômicos já tinham invadido a esfera pública antes das revoluções setecentistas, e a transformação do governo em administração, a substituição do comando pessoal por medidas burocráticas, e até a iminente conversão das leis em decretos, tinham sido uma das principais características do absolutismo. Mas, com a queda da autoridade política e jurídica e o surgimento da revolução, o foco não eram problemas gerais econômicos e financeiros, e sim o povo, que não simplesmente invadiu, mas irrompeu no domínio político. A necessidade popular era violenta e, por assim dizer, pré-política; era como se apenas a violência tivesse a força e a rapidez suficientes para socorrer o povo.

Ao mesmo tempo, toda a questão da política, inclusive o problema mais grave do momento, a forma de governo, se tornou uma questão de assuntos estrangeiros. Assim como Luís XVI tinha sido decapitado não como tirano e sim como traidor, da mesma forma toda a questão da monarquia *versus* república se converteu num assunto de agressão estrangeira armada contra a nação francesa. Esta é a mesma guinada decisiva, ocorrendo no ponto de inflexão da revolução, que identificamos acima como a passagem das formas de governo para "a bondade natural de uma classe", ou da república para o povo. Historicamente, foi neste ponto que a revolução se desintegrou em guerra, guerra civil no interior e guerras estrangeiras no exterior, e com ela o poder do povo, recém-conquistado, mas nunca devidamente constituído, se esfacelou num caos de violência. Se a questão da nova forma de governo ia ser decidida no campo de batalha, então o que decidiria o jogo seria a violência, e não o poder. Se a libertação da pobreza e a felicidade do povo eram os verdadeiros e únicos objetivos da revolução, então a tirada jocosa e blasfema de Saint-Just "Nada se assemelha tanto à virtude quanto um grande crime" não passava de um comentário trivial, pois o que de fato se seguia era que tudo devia ser "permitido aos que atuam na direção revolucionária".[33]

Seria difícil encontrar em toda a oratória revolucionária uma frase mais exata sobre as questões compartilhadas pelos fundadores e pelos libertadores, os homens da Revolução Americana e os homens da França. O rumo da Revolução Americana continuava comprometido com a fundação da liberdade e o estabelecimento de instituições duradouras, e aos que atuavam nessa direção não era permitido nada que estivesse fora do escopo do direito civil. O rumo da Revolução Francesa, quase desde o início, foi desviado desse curso de fundação pela imediaticidade do sofrimento; ele foi determinado pelas exigências de libertação não da tirania, e sim da necessidade, e foi movido pela ilimitada imensidão tanto da miséria do povo quanto da piedade inspirada por essa miséria. A ausência de legalidade do "tudo é permitido" aqui brotava dos sentimentos do coração, cujo próprio caráter ilimitado contribuiu para desencadear um turbilhão de violência igualmente ilimitada.

Não que os homens da Revolução Americana ignorassem a tremenda força que a violência, a violação deliberada de todas as leis da sociedade civil, era capaz de desencadear. Pelo contrário, se o horror e a repulsa com que se recebiam nos Estados Unidos as notícias sobre o Reinado do Terror na França eram muito maiores e mais unânimes do que na Europa, provavelmente era porque a familiaridade com a violência e a ilegalidade era maior num país colonial. As primeiras trilhas pelo "ermo desconhecido" do continente tinham sido abertas, e continuariam a sê-lo por outros cem anos, "em geral pelos elementos mais viciosos", como se "os primeiros passos [não pudessem ser] dados, [...] [as] primeiras árvores [não pudessem ser] derrubadas" sem "violações chocantes" e "devastações brutais".[34] Mas, embora os homens que, por qualquer razão, abandonaram a sociedade pelo ermo selvagem agissem como se tudo fosse permitido a quem se pusera fora da lei, nem eles mesmos, nem seus observadores e tampouco seus admiradores jamais imaginaram que essa conduta poderia dar origem a uma nova lei e a um novo mundo. Por mais criminosas e até bestiais que possam ter sido as ações que ajudaram a colonizar o continente americano, elas se mantiveram como ações de homens isolados, e, se propiciaram alguma generalização ou reflexão, tal reflexão provavelmente se referiria a algumas potencialidades bestiais inerentes à natureza humana, mas dificilmente ao comportamento político de grupos organizados, e seguramente não a alguma necessidade histórica capaz de avançar apenas por meio de crimes e de criminosos.

Sem dúvida, os homens que moravam na fronteira americana também pertenciam ao povo para o qual se concebera e se constituíra o novo corpo político, mas nem eles, nem os que estavam povoando as regiões colonizadas jamais se tornaram elementos singulares para os fundadores. A palavra "povo" conservava para eles o significado de multiplicidade, de variedade infindável de uma multidão cuja grandeza residia em sua própria pluralidade. Assim, a oposição à opinião pública, a saber, à potencial unanimidade de todos, era uma das várias coisas com que os homens da Revolução Americana estavam de pleno acordo; eles sabiam que a esfera pública numa república era constituída pela troca de opiniões entre iguais, e que essa esfera simplesmente desapareceria no instante em que essa troca se tornasse supérflua, se viesse a ocorrer que todos os iguais fossem da mesma opinião. Eles nunca se referiam à opinião pública em seus debates, ao contrário do que invariavelmente faziam Robespierre e os homens da Revolução Francesa, para aumentar o peso das próprias opiniões; aos olhos dos homens da Revolução Americana, o domínio da opinião pública era uma forma de tirania. De fato, o conceito americano de povo se identificava a tal ponto com uma multiplicidade de vozes e interesses que Jefferson pôde estabelecer como princípio "converter-nos numa nação para assuntos externos e manter-nos distintos nos assuntos internos",[35] assim como Madison pôde declarar que a regulamentação dessa multiplicidade "constitui a principal tarefa da [...] legislação e inclui o espírito de partido e facção nas operações do governo". Aqui é digna de nota a ênfase positiva sobre a facção, visto que está em flagrante contradição com a linhagem clássica, à qual, sob os demais aspectos, os Pais Fundadores davam a máxima atenção. Madison devia estar consciente desse seu desvio num ponto tão importante, e ele apresentou explicitamente a causa disso, mais por uma percepção sua da natureza da razão humana do que por qualquer reflexão sobre a diversidade de interesses conflitantes numa sociedade. Segundo ele, o partido e a facção no governo correspondem às múltiplas vozes e diferenças de opinião, que persistirão "enquanto a razão do homem continuar falível, e ele tiver liberdade para exercê-la".[36]

O centro da questão, claro, era que o tipo de multidão que os fundadores da república americana primeiro representaram e depois constituíram politicamente, se é que existia na Europa, certamente deixava de existir tão logo se descesse às camadas mais baixas da população. Os *malheureux* que a Revolução Francesa havia tirado das trevas da miséria formavam uma multidão apenas em sentido numérico. A imagem de Rousseau quanto à "multidão [...] unida num só corpo" e movida por uma só vontade era uma descrição exata do que realmente eram eles, pois o que os movia era a busca de pão, e o grito pelo pão sempre será uníssono. Na medida em que todos nós precisamos de pão, de fato somos iguais e podemos nos unir num corpo só. Não é de maneira nenhuma um mero equívoco teórico que o conceito francês de *le peuple* trouxesse desde o começo a conotação de um monstro de muitas cabeças, uma massa que se move como um só corpo e age como que possuída por uma só vontade; e, se essa noção se difundiu pelos quatro cantos da Terra, não foi por causa de nenhuma influência teórica abstrata, mas devido à sua óbvia plausibilidade em condições de miséria extrema. O problema político sempre presente na miséria do povo é que a multiplicidade pode realmente assumir a aparência de unidade, que o sofrimento de fato alimenta emoções, disposições e atitudes que se assemelham à solidariedade a ponto de se confundir com ela, e que — não menos importante — a piedade por muitos se confunde facilmente com a compaixão por um, quando "o zelo compassivo" (*le zèle compatissant*) se aplica a um objeto cuja identidade unitária parece preencher os pré-requisitos da compaixão, ao passo que sua imensidão, ao mesmo tempo, corresponde ao caráter ilimitado da pura emoção. Certa vez Robespierre comparou a nação a um oceano; com efeito, o oceano da miséria e os sentimentos oceânicos assim despertados se uniram para afogar os fundamentos da liberdade.

A maior sabedoria teórica e prática dos fundadores americanos é bastante evidente e marcante, e mesmo assim nunca trouxe em si plausibilidade e capacidade de persuasão suficientes para predominar na tradição da revolução. É como se a Revolução Americana tivesse se realizado numa espécie de torre de marfim, em que jamais penetraram as vozes espectrais da pobreza extrema ou as visões terríveis da miséria humana. E tais foram, e continuaram a ser por muito tempo, as visões e as vozes não da humanidade, mas da espécie humana. Como não existiam sofrimentos ao redor capazes de lhes despertar as paixões, não existiam carências avassaladoramente prementes que os tentassem a se submeter à necessidade, e nenhuma piedade que os desviasse da razão, os homens da Revolução Americana se mantiveram homens de ação do começo ao fim, da Declaração de Independência à montagem da Constituição. Seu sólido realismo jamais foi submetido à prova da compaixão, seu bom senso nunca foi exposto à esperança absurda de que o homem, que o cristianismo dizia ser pecador e corrupto por natureza, ainda pudesse se revelar um anjo. Como a paixão nunca os tentou em sua mais nobre forma, a compaixão, para eles foi fácil pensar a paixão em termos de desejo e expurgá-la de qualquer conotação de seu sentido original, que é παθεῖν para sofrer e suportar. Essa falta de experiência dá a suas teorias, por mais sólidas que sejam, um ar de despreocupação, uma certa ligeireza, que podem prejudicar sua durabilidade. Pois, falando humanamente, é o suportar que permite ao homem criar a duração e a continuidade. Em suas reflexões, eles se limitaram a entender o governo segundo a imagem da razão individual e a interpretar o domínio do governo sobre os governados de acordo com o velho modelo do domínio da razão sobre as paixões. A ideia de submeter a "irracionalidade" dos desejos e emoções ao controle da racionalidade era, evidentemente, muito cara ao Iluminismo e, assim, logo foi considerada falha sob muitos aspectos, sobretudo na equiparação fácil e superficial entre pensamento e razão, entre razão e racionalidade.

A questão, porém, tem uma outra faceta. Sejam o que forem as paixões e as emoções, seja qual for sua verdadeira ligação com o pensamento e a razão, o certo é que elas se localizam no coração humano. E não só o coração humano é, sem dúvida, um local de sombras que nenhum olhar humano pode devassar, mas também as qualidades do coração precisam de sombra e proteção contra a luz do público para se desenvolver e ser o que lhes cabe ser, motivos íntimos que não se destinam à revelação pública. Por mais profundo e sincero que possa ser um motivo, tão logo é trazido e exposto ao exame público, ele se torna objeto mais de suspeita do que de percepção; quando a luz do público incide sobre ele, o motivo aparece e até rebrilha, mas, diferentemente dos atos e palavras que se destinam a aparecer, cuja própria existência depende do aparecimento, os motivos por trás desses atos e palavras são destruídos na própria essência durante seu aparecimento; quando aparecem, tornam-se "meras aparências" por trás das quais podem se dissimular outros motivos, como a hipocrisia e a falsidade. A mesma triste lógica do coração humano, que levou quase automaticamente a "pesquisa motivacional" moderna a se transformar numa espécie de sinistro arquivo de vícios humanos, numa autêntica ciência da misantropia, fez com que Robespierre e seus seguidores, depois de igualarem a virtude às qualidades do coração, vissem intrigas e calúnias, traições e hipocrisias por todas as partes. O fatídico espírito de desconfiança, tão clamorosamente onipresente durante toda a Revolução Francesa, antes mesmo que a Lei dos Suspeitos revelasse suas terríveis implicações, e tão conspicuamente ausente mesmo das mais ríspidas divergências entre os homens da Revolução Americana, brotava diretamente dessa ênfase equivocada no coração como fonte da virtude política, *le coeur, une âme droite, un caractère moral* [o coração, uma alma reta, um caráter moral].

Além disso, o coração — como os grandes moralistas franceses, de Montaigne a Pascal, já sabiam muito bem antes dos grandes psicólogos do século xix, Kierkegaard, Dostoiévski, Nietzsche — mantém vivos seus recursos graças a uma luta constante que se desenrola em suas sombras e por causa de suas sombras. Quando dizemos que ninguém, exceto Deus, pode ver (e talvez suportar ver) um coração humano desnudado, o "ninguém" inclui o próprio eu — quando menos porque nosso sentido de inequívoca realidade está tão ligado à presença do outro que nunca podemos ter certeza de algo que apenas nós sabemos, e ninguém mais. A consequência desse ocultamento é que toda a nossa vida psicológica, o processo de nossos estados de alma, fica atormentada por uma suspeita que sentimos continuamente ter de levantar contra nós mesmos, contra nossos motivos mais íntimos. A insana desconfiança de Robespierre em relação aos outros, mesmo aos amigos próximos, derivava em última instância de sua suspeita não tão insana, mas plenamente normal, de si mesmo. Visto que seu próprio credo o obrigava a fazer o papel do "incorruptível" no cotidiano público e a mostrar sua virtude, a abrir seu coração sinceramente, pelo menos uma vez por semana, como ele podia ter certeza de não ser a única coisa que provavelmente mais temia na vida: um hipócrita? O coração conhece muitas dessas lutas íntimas, e também sabe que o que era direito quando estava oculto vai aparecer torto quando for mostrado. O coração sabe como lidar com esses problemas das sombras segundo sua própria "lógica", embora não tenha solução para eles, pois uma solução requer luz, e é exatamente a luz do mundo que distorce a vida do coração. A verdade da *âme déchirée* de Rousseau, afora sua função na formação da *volonté générale*, é que o coração só começa a bater como deve quando se parte ou se dilacera num conflito, mas esta é uma verdade que não pode prevalecer fora da vida da alma e dentro da esfera dos assuntos humanos.

Robespierre levou os conflitos da alma, a *âme déchirée* de Rousseau, para a política, na qual eles se tornaram mortíferos porque eram insolúveis. "A caça aos hipócritas é ilimitada e só gera desmoralização."[37] Se "o patriotismo era uma coisa do coração", como dizia Robespierre, então inevitavelmente o reinado da virtude seria, no pior dos casos, o domínio da hipocrisia ou, na melhor das hipóteses, a luta interminável para caçar os hipócritas, luta que só podia terminar em derrota devido ao simples fato de que era impossível distinguir entre os verdadeiros e os falsos patriotas. Quando o sincero patriotismo ou a virtude sempre desconfiada de Robespierre vinham a público, já não eram princípios de ação ou motivos de inspiração; tinham degenerado em meras aparências e se tornado parte de um espetáculo cujo papel principal caberia inelutavelmente a Tartufo. Era como se a dúvida cartesiana — *je doute donc je suis* — tivesse se convertido no princípio da esfera política, e isso porque Robespierre havia trazido ao palco a mesma reflexão íntima sobre as operações da ação que Descartes praticara sobre as articulações do pensamento. Sem dúvida todo ato tem sua motivação, além de um objetivo e de um princípio; o ato em si, porém, mesmo que proclame seu objetivo e evidencie seu princípio, não revela a motivação interna do agente. Seus motivos se mantêm obscuros, não brilham, mas se ocultam não só aos outros como também, na maior parte do tempo, a si mesmo, a seu exame pessoal. Por isso a busca dos motivos, a exigência de que todos exponham em público suas motivações íntimas, na medida em que pede o impossível, transforma todos os atores em hipócritas; no momento em que se inicia a exposição de motivos, a hipocrisia começa a envenenar todas as relações humanas. Além disso, o esforço de arrastar o oculto e o obscuro para a luz do dia só pode resultar numa manifestação clara e flagrante daqueles atos cuja própria natureza os leva a procurar a proteção das sombras; infelizmente, faz parte da própria essência dessas coisas que toda tentativa de obrigar a bondade a se mostrar em público termine com o aparecimento do crime e da criminalidade no palco político. Na política, mais do que em qualquer outra esfera, não temos como distinguir entre o ser e a aparência. Com efeito, na esfera dos assuntos humanos, o ser e a aparência são a mesma coisa.

5.

O papel de destaque que a hipocrisia e a paixão em desmascará-la vieram a desempenhar nas fases finais da Revolução Francesa, mesmo que nunca deixe de espantar o historiador, é tema historicamente documentado. A revolução desmascarara seus filhos antes de passar a devorá-los, e a historiografia francesa, em mais de 150 anos, reproduziu e documentou todos esses desmascaramentos, até não restar entre os principais atores ninguém que não tenha sido alvo de acusações ou, pelo menos, suspeitas de corrupção, duplicidade e falsidade. Por maior que possa ser nossa dívida para com a retórica apaixonada e as doutas controvérsias dos historiadores, de Michelet e Louis Blanc a Aulard e Mathiez, eles, quando não caíam sob o feitiço da necessidade histórica, escreviam como se ainda estivessem caçando hipócritas; nas palavras de Michelet, "a [seu] toque os ídolos ocos eram quebrados e revelados, os reis podres apareciam nus e desmascarados".[38] Ainda estavam engajados na guerra que a virtude de Robespierre havia declarado à hipocrisia, a tal ponto que, mesmo hoje, o povo francês ainda lembra tão bem os complôs traiçoeiros de seus governantes de outrora que, a cada derrota na guerra ou na paz, reage com *nous sommes trahis* [fomos traídos]. Mas a temática relacionada a essas experiências não se manteve restrita à história nacional do povo francês. Basta lembrar como a historiografia da Revolução Americana, sob a influência dominante de *An Economic Interpretation of the Constitution of the United States* (1913), de Charles Beard, esteve até data muito recente obcecada com o desmascaramento dos Pais Fundadores e a busca de segundas intenções na elaboração da Constituição. Esse empenho é tanto mais significativo na medida em que não existia praticamente nenhum fato a respaldar as conclusões predeterminadas.[39] Era uma pura questão da "história das ideias" — como se os intelectuais e estudiosos dos Estados Unidos, quando o país saiu de seu isolamento no começo do século xx, sentissem que deviam repetir pelo menos no papel e na tinta o que, em outros países, tinha sido escrito com sangue.

Foi a guerra à hipocrisia que transformou a ditadura de Robespierre no Reinado do Terror, e a principal característica desse período foi o expurgo voluntário dos dirigentes, por iniciativa própria. Não se deve confundir o terror utilizado pelo Incorruptível com o Grande Medo — em francês, os dois se chamam *terreur* —, o resultado da revolta do povo que começou com a queda da Bastilha e a marcha das mulheres sobre Versalhes e terminou três anos depois, com os Massacres de Setembro. O Reinado do Terror e o medo que a revolta das massas causou entre as classes dirigentes não se equivaliam. E tampouco se pode atribuir o Terror exclusivamente à ditadura revolucionária, uma medida de emergência necessária num país em guerra com quase todos os seus vizinhos.

O terror como mecanismo institucional, utilizado conscientemente para acelerar o impulso da revolução, era desconhecido antes da Revolução Russa. Sem dúvida, de início os expurgos do Partido Bolchevique seguiram os moldes dos acontecimentos que haviam determinado o curso da Revolução Francesa, e recorreram a eles como justificativa; talvez os homens da Revolução de Outubro pensassem que nenhuma revolução seria completa sem os expurgos internos do partido que subira ao poder. Mesmo a linguagem em que foi conduzido esse processo hediondo mostrava suas semelhanças; era sempre uma questão de desvendar o que estava oculto, de desmascarar os disfarces, de expor a duplicidade e a mentira. Mas a diferença é grande. O terror setecentista ainda foi encenado de boa-fé; se se tornou ilimitado, é apenas porque a caça dos hipócritas é por natureza ilimitada. Os expurgos no Partido Bolchevique, antes da ascensão ao poder, foram motivados sobretudo por diferenças ideológicas; neste sentido, a ligação entre terror e ideologia estava evidente desde o começo. Depois de subir ao poder, e ainda sob a liderança de Lênin, o partido institucionalizou os expurgos como maneira de conter o abuso e a incompetência da burocracia no governo. Esses dois tipos de expurgos eram diferentes, mas tinham uma coisa em comum: ambos se guiavam pelo conceito de necessidade histórica, cujo curso era determinado pelo movimento e pelo contramovimento, pela revolução e pela contrarrevolução, de forma que certos "crimes" contra a revolução precisavam ser detectados mesmo que não se soubesse de nenhum criminoso que pudesse tê-los cometido. O conceito de "inimigo objetivo", de importância tão fundamental para os expurgos e os arremedos de processos no mundo bolchevique, estava totalmente ausente da Revolução Francesa, bem como o conceito de necessidade histórica, que, como vimos, brotou não tanto das experiências e reflexões dos homens da revolução, mas das tentativas dos que queriam entender e aceitar uma cadeia de acontecimentos que tinham observado de fora, como um espetáculo. O "terror da virtude" de Robespierre era terrível, sem dúvida; mas sempre se dirigiu contra um inimigo oculto e um vício oculto. Não se dirigiu contra pessoas que, mesmo do ponto de vista do dirigente revolucionário, eram inocentes. Era uma questão de arrancar a máscara do traidor disfarçado, e não de colocar a máscara de traidor em pessoas escolhidas arbitrariamente, a fim de criar as personificações exigidas na pantomima sangrenta de um movimento dialético.

Deve parecer estranho que a hipocrisia — um dos vícios secundários, tendemos a crer — viesse a ser mais odiada do que todos os outros vícios somados. Afinal, não era a hipocrisia, na medida em que rendia tributo à virtude, o vício como que capaz de destruir os demais vícios, ou pelo menos de mantê-los ocultos na vergonha e impedi-los de aparecer? Por que o vício que encobria os vícios se tornou o vício dos vícios? Vem-nos a vontade de perguntar: então é a hipocrisia um tal monstro? (como Melville perguntava: "Então é a inveja um tal monstro?"). Teoricamente, as respostas a essas perguntas se encontram, em última análise, no campo de um dos problemas metafísicos mais antigos de nossa tradição, o problema da relação entre ser e aparência, cujas implicações e perplexidades no que se refere à esfera política foram expostas e pensadas pelo menos desde Sócrates até Maquiavel. O núcleo do problema pode ser apresentado de maneira sucinta — e suficiente para nossas finalidades —, lembrando as duas posições diametralmente opostas que associamos a esses dois pensadores.

Sócrates, na tradição do pensamento grego, tomou como ponto de partida a crença incontestada na verdade da aparência, e ensinou: "Seja como deseja aparecer aos outros", com o que ele quer dizer: "Apareça a si mesmo como deseja aparecer aos outros". Maquiavel, ao contrário, e na tradição do pensamento cristão, tomava como pressuposto a existência de um Ser transcendente por trás e além do mundo das aparências e, portanto, ensinava: "Apareça como deseja ser", com o que queria dizer: "Não se importe com o que você é, isso não tem pertinência alguma no mundo e na política, onde contam apenas as aparências, e não o 'verdadeiro' ser; se você conseguir aparecer aos outros como gostaria de ser, é o máximo que os juízes deste mundo podem exigir". Essa sua recomendação soa a nossos ouvidos como o conselho da hipocrisia, e a hipocrisia à qual Robespierre declarou sua guerra inútil e deletéria traz em si, de fato, os problemas da doutrina de Maquiavel. Robespierre era moderno o suficiente para buscar a verdade, mas ainda não acreditava, como fariam alguns de seus discípulos posteriores, que poderia inventá-la. Já não pensava, como Maquiavel, que a verdade apareceria por si só, neste ou em outro mundo. E, sem a crença na capacidade reveladora da verdade, a mentira e a simulação em todas as suas formas mudam de caráter; na Antiguidade, não eram consideradas crimes a não ser que envolvessem o falso testemunho e a fraude deliberada.

Politicamente, Sócrates e Maquiavel se incomodavam não com a mentira, e sim com o problema do crime oculto, isto é, com a possibilidade de uma ação criminosa que não tivesse sido testemunhada por ninguém e ficasse ignorada por todos, exceto pelo agente. Nos primeiros diálogos socráticos de Platão, em que essa questão constitui um tema de dicussão recorrente, sempre se acrescenta cuidadosamente que o problema consiste numa ação "ignorada aos homens e aos deuses". O acréscimo é fundamental, porque a questão não poderia se colocar desta maneira para Maquiavel, cuja chamada doutrina moral pressupõe a existência de um Deus onisciente que virá a julgar todos os homens. Para Sócrates, ao contrário, era um problema autêntico se algo que não "aparecia" a ninguém, exceto ao agente, tinha existência ou não. A solução socrática consistiu na extraordinária descoberta de que o agente e o observador, aquele que faz e aquele a quem o feito deve aparecer para se tornar real — este, em termos gregos, é quem pode dizer δοκεῖμοι, aparece a mim e, portanto, pode formar sua δόξα, sua opinião, de acordo com isso —, estavam contido na mesma pessoa. A identidade dessa pessoa, em contraste com a identidade do indivíduo moderno, era formada não por uma unidade, mas por um constante vaivém de dois-em-um; esse movimento encontrou sua forma mais elevada e sua mais pura efetividade no diálogo do pensamento, que Sócrates não equiparava às operações lógicas, como a indução, a dedução e a conclusão, para as quais basta apenas um "operador", e sim àquela forma de discurso que se estabelece entre mim e mim mesmo. O que nos interessa aqui é que o agente socrático, por ser capaz de pensamento, trazia dentro de si uma testemunha à qual não podia escapar; onde quer que fosse e o que quer que fizesse, ele era sua audiência, que, como qualquer outra audiência, se constituiria automaticamente num tribunal de justiça, isto é, aquele tribunal que as épocas posteriores chamaram de consciência. A solução de Sócrates para o problema do crime oculto era que não existe nada feito pelo homem que possa se manter "ignorado aos homens e aos deuses".

Mas, antes de prosseguir, cabe notar que, dentro do quadro de referência socrático, não existe praticamente nenhuma possibilidade de se tomar consciência do fenômeno da hipocrisia. Sem dúvida a pólis e toda a esfera política eram um espaço de aparências construído pelo homem, onde as ações e palavras humanas eram expostas ao público, que atestava a realidade delas e julgava seu valor. Nessa esfera, a traição, a fraude e a mentira eram possíveis como se os homens, em vez de "aparecer" e se mostrar, criassem fantasmas e aparições para enganar os outros; essas ilusões construídas apenas encobriam os fenômenos verdadeiros (as aparências verdadeiras ou φαινόμενα, assim como, digamos, uma ilusão de ótica pode recobrir o objeto e impedir que ele apareça. Mas a hipocrisia não é fraude, e a duplicidade do hipócrita é diferente da duplicidade do mentiroso e do impostor. O hipócrita, como indica a palavra (em grego ela significa "ator de teatro"), quando finge uma falsa virtude, está desempenhando um papel com a mesma coerência do ator na peça, que também precisa se identificar com o papel para encená-lo; não há um *alter ego* perante o qual ele possa aparecer em sua forma verdadeira, pelo menos não enquanto está no palco. Sua duplicidade, portanto, rebate em si mesmo, e ele é vítima de sua mendacidade tanto quanto os outros a que está iludindo. Em termos psicológicos, pode-se dizer que o hipócrita é ambicioso demais; não só quer aparecer virtuoso perante os outros como também deseja convencer a si próprio. Com isso, ele elimina do mundo, que povoou com ilusões e fantasmas enganadores, o único núcleo de integridade de onde a aparência verdadeira poderia ressurgir, o próprio eu incorruptível. Pois, embora provavelmente nenhum indivíduo vivo, em sua capacidade de agente, possa pretender ser incorrupto e além do mais incorruptível, isso talvez não se aplique a este outro eu, que observa e atesta, e perante o qual devem aparecer, se não nossos motivos e as sombras de nosso coração, pelo menos nossas palavras e nossas ações. Como testemunhas não de nossas intenções, mas de nossa conduta, podemos ser falsos ou verdadeiros, e o crime do hipócrita é que ele presta falso testemunho contra si mesmo. O que torna tão plausível considerar a hipocrisia como o vício dos vícios é que, de fato, a integridade pode existir sob todos os demais vícios, menos sob ela. É verdade que apenas o crime e o criminoso nos colocam diante da perplexidade do mal radical; mas somente o hipócrita é realmente podre até o fundo.

Agora podemos entender por que mesmo o conselho de Maquiavel — "Apareça como deseja ser" — pouco ou nada tem a ver com o problema da hipocrisia. Maquiavel conhecia bem a corrupção, sobretudo a da Igreja, à qual tendia a atribuir a responsabilidade pela corrupção do povo na Itália. Mas, para ele, essa corrupção consistia no papel assumido pela Igreja nos assuntos temporais e seculares, ou seja, no domínio das aparências, cujas regras eram incompatíveis com os ensinamentos do cristianismo. Para Maquiavel, o quem-é e o quem-aparece se mantêm separados, embora não no sentido socrático do dois-em-um da consciência moral e da consciência racional, e sim no sentido de que o quem-é pode aparecer em seu verdadeiro ser apenas diante de Deus; se o quem-é tenta aparecer diante dos homens na esfera das aparências terrenas, já corrompeu seu ser. Se ele aparece com o disfarce da virtude no palco do mundo, não é hipócrita e não corrompe o mundo, porque sua integridade se mantém a salvo perante os olhos perscrutadores de um Deus onipresente, enquanto as virtudes que exibe em público adquirem significado não por se esconderem, e sim apenas por se exibirem. Não importa como ele possa vir a ser julgado por Deus: suas virtudes terão melhorado o mundo, enquanto seus vícios se mantêm ocultos, e ele terá sabido como ocultá-los não devido a qualquer simulação de virtude, e sim porque sentia que não se prestavam a ser vistos. A hipocrisia é o vício por meio do qual a corrupção se faz visível. Sua duplicidade intrínseca, brilhar com algo que ela não é, lançou sua luz ofuscante e especiosa sobre a sociedade francesa desde que os reis da França decidiram reunir os nobres do reino na corte, para ocupá-los, entretê-los e corrompê-los com um jogo extremamente complexo de extravagâncias e intrigas, de vaidades, humilhações e franca indecência. Tudo o que possamos querer saber sobre essas origens da sociedade moderna, da alta sociedade setecentista, da sociedade elegante oitocentista e, por fim, da sociedade de massas de nosso século, está longamente descrito na crônica da corte da França com sua "majestosa hipocrisia" (lorde Acton) e narrado com toda a fidelidade nas *Memórias* de Saint-Simon, ao passo que a quintessência da sabedoria "eterna" desse tipo de mundanidade sobreviveu nas máximas de La Rochefoucauld, até hoje insuperadas. Ali, de fato, a gratidão era "como uma carta de crédito", as promessas eram feitas "na medida do que os homens queriam e mantidas na medida do que temiam",[40] cada caso era uma intriga e todo objetivo se tornava um conluio. Robespierre sabia do que estava falando quando mencionava os "vícios rodeados de riquezas" ou exclamava, ainda ao estilo dos cronistas franceses dos usos e costumes da sociedade que chamamos de moralistas, "*La reine du monde c'est l'intrigue!*" [A rainha do mundo é a intriga!].

Cabe lembrar que o Reinado do Terror se seguiu ao período em que todos os desenvolvimentos políticos haviam recaído sob a influência das malfadadas intrigas e conspirações de Luís XVI. A violência do Terror, pelo menos em certa medida, foi a reação a uma série de juramentos rompidos e promessas descumpridas, que constituíam o pleno equivalente político das intrigas usuais da sociedade da corte, salvo pelo fato de que essas maneiras deliberadamente corruptas, que Luís xiv ainda sabia isolar do estilo com que conduzia os assuntos de Estado, agora também tinham atingido o monarca. Promessas e juramentos não passavam de uma fachada bastante precária para encobrir e ganhar tempo para uma intriga ainda mais absurda, construída para a quebra de todas as promessas e todos os juramentos. E, embora neste caso o rei prometesse na medida do que temia e rompesse suas promessas na medida do que queria, só podemos nos maravilhar com a perspicácia e a precisão do aforismo de La Rochefoucauld. A opinião generalizada de que as modalidades mais bem-sucedidas da ação política são a intriga, a falsidade e a maquinação, quando não a franca violência, remonta a tais experiências, e, assim, não é por acaso que hoje encontramos esse tipo de *Realpolitik* sobretudo entre aqueles que subiram ao poder vindos da tradição revolucionária. Sempre que se permitiu que a sociedade invadisse, dominasse e viesse a absorver a esfera política, ela impôs seus próprios costumes e critérios "morais", as intrigas e perfídias da alta sociedade, às quais as camadas inferiores responderam com a violência e a brutalidade.

A guerra à hipocrisia era a guerra declarada à sociedade tal como o século xviii a conhecia, e significava em primeiro lugar a guerra à corte em Versalhes, como centro da sociedade francesa. Vista de fora, do ponto de vista da miséria e da desgraça, ela se caracterizava pela insensibilidade; mas, vista de dentro e julgada em seus próprios termos, era o palco da corrupção e da hipocrisia. É fundamental esse confronto entre a vida miserável dos pobres e a vida apodrecida dos ricos para entender o que Rousseau e Robespierre queriam dizer quando afirmavam que os homens são bons "por natureza" e a sociedade os corrompe, e que o povo simples, pela mera virtude de não pertencer à sociedade, sempre há de ser "justo e bom". Deste ponto de vista, a revolução parecia a explosão de um núcleo incorrupto e incorruptível sob uma casca externa de decadência e sensível decrepitude; e é neste contexto que a usual metáfora comparando a violência do terror revolucionário às dores que acompanham a morte de um velho organismo e o nascimento de um novo organismo teve em outros tempos um significado forte e autêntico. Mas ainda não era a metáfora utilizada pelos homens da Revolução Francesa. Para eles, o símile preferido era que a revolução oferecia a oportunidade de arrancar a máscara de hipocrisia do rosto da sociedade francesa, de expor sua podridão e, por fim, de rasgar a fachada da corrupção e expor por detrás dela a face íntegra e honesta do *peuple*.

É típico que, entre os dois símiles habitualmente usados para descrever e interpretar as revoluções, a metáfora orgânica tenha se tornado cara aos historiadores e aos teóricos da revolução — com efeito, Marx gostava muito das "dores do parto das revoluções" —, ao passo que os homens que encenaram a revolução preferiram tomar suas imagens à linguagem do teatro.[41] O que talvez melhor ilustre a grande carga de significado inerente às diversas metáforas políticas oriundas do teatro é a história do termo latino *persona*. Em seu sentido original, designava a máscara que os atores antigos costumavam usar numa peça. (As *dramatis personae* correspondiam ao grego τὰ τοῦ δράματος πρόσωπα.) A máscara como tal tinha, evidentemente, duas funções: devia ocultar ou, melhor, substituir o rosto e a fisionomia do ator, mas de maneira que a voz se fizesse ouvir.[42] Em todo caso, foi nessa dupla concepção da máscara pela qual soa uma voz que a palavra *persona* se tornou uma metáfora e passou da linguagem teatral para a terminologia jurídica. A distinção entre o indivíduo privado em Roma e o cidadão romano residia no fato de que este último tinha uma *persona*, uma personalidade jurídica, como diríamos; era como se a lei lhe tivesse atribuído o papel que deveria desempenhar no palco público, mas com a condição de que sua voz se fizesse ouvir. O ponto da questão era que "não é o Eu natural que entra num tribunal. É uma pessoa portadora de direitos e deveres, criada pela lei, que comparece diante da lei".[43] Sem sua *persona*, seria um indivíduo sem direitos e deveres, talvez um "homem natural" — isto é, um ser humano ou *homo* na acepção original do termo, indicando alguém fora do âmbito da lei e do corpo político dos cidadãos, como por exemplo um escravo —, mas com toda certeza um ser sem qualquer relação com a esfera política.

Quando a Revolução Francesa desmascarou as intrigas da corte e passou a arrancar a máscara de seus filhos, seu objetivo, claro, era tirar a máscara da hipocrisia. Terminologicamente, o ὑποκριτής grego, em seu sentido original bem como em seu emprego metafórico posterior, designava o próprio ator, e não a máscara, o πρόσωπον, que ele usava. Em contraste, a *persona*, em sua acepção teatral original, era a máscara afixada ao rosto do ator pelas exigências da peça; por isso, significava metaforicamente a "pessoa" que a lei pode afixar a indivíduos, bem como a grupos e corporações, e mesmo a "uma finalidade comum e permanente", como no caso da "'pessoa' que detém a propriedade de uma faculdade de Oxford ou Cambridge [e que] não é o fundador, já falecido, nem o conjunto de seus sucessores em vida".[44] O aspecto central dessa distinção e da conveniência da metáfora é que o desmascaramento da "pessoa", a privação de personalidade jurídica, deixaria atrás de si o ser humano "natural", ao passo que o desmascaramento do hipócrita não deixa nada por trás da máscara, porque o hipócrita é o próprio ator na medida em que está sem máscara. Ele finge *ser* o personagem que deveria encenar e, quando entra no jogo da sociedade, não está representando nenhum papel. Em outras palavras, o que fazia o hipócrita tão odioso era que ele alegava não só sinceridade mas também naturalidade, e o que o fazia tão perigoso fora da esfera social, cuja corrupção era representada e, por assim dizer, encenada por ele, era que podia se servir instintivamente de qualquer "máscara" no teatro político, podia assumir qualquer papel entre suas *dramatis personae*, mas não usaria essa máscara, como exigem as regras do jogo político, como meio de divulgar a verdade, e sim, ao contrário, como um recurso para a fraude.

Todavia, os homens da Revolução Francesa não tinham nenhum conceito de *persona* e nenhum respeito pela personalidade jurídica que é dada e garantida pelo corpo político. Quando o drama da miséria de massa tomou o caminho da revolução, que tinha se iniciado com a revolta estritamente política do Terceiro Estado — reivindicando o acesso e mesmo o comando na esfera política —, os homens da revolução não estavam mais preocupados com a emancipação dos cidadãos nem com a igualdade no sentido de todos terem igual direito à sua personalidade jurídica, de serem protegidos por ela e, ao mesmo tempo, de agirem quase literalmente "por meio" dela. Eles acreditavam que haviam emancipado a própria natureza, por assim dizer, libertado o homem natural em todos os homens e lhe dado os Direitos do Homem que cabiam a cada um, não em virtude do corpo político a que pertencia, mas pelo fato de ter nascido. Em outras palavras, com a caça infindável aos hipócritas e pela paixão de desmascarar a sociedade, eles tinham, embora inconscientemente, arrancado também a máscara da *persona*, de maneira que o Reinado do Terror acabou por consistir no exato contrário da verdadeira libertação e da verdadeira igualdade; ele igualou a todos porque deixou todos os habitantes do país igualmente privados da máscara protetora de uma personalidade jurídica.

As perplexidades dos Direitos do Homem são múltiplas, e o famoso argumento de Burke contra eles não é obsoleto nem "reacionário". À diferença da Declaração de Direitos americana, que serviu de modelo para a Declaração dos Direitos do Homem, esta pretendia enunciar os direitos positivos fundamentais, inerentes à natureza do homem e distintos de seu estatuto político, e assim tentava de fato reduzir a política à natureza. A Declaração de Direitos, ao contrário, pretendia instituir formas de controle permanentes a todo poder político e, portanto, pressupunha a existência de um corpo político e o funcionamento do poder político. A Declaração francesa dos Direitos do Homem, como veio a ser entendida pela revolução, pretendia constituir a fonte de todo poder político e estabelecer não o controle, mas a pedra fundamental do corpo político. O novo corpo político deveria se erguer sobre os direitos naturais do homem, sobre seus direitos enquanto simples ser natural, sobre seu direito a "alimento, roupa e reprodução da espécie", isto é, sobre seu direito a atender as necessidades vitais. E esses direitos eram entendidos não como direitos pré-políticos, que nenhum governo e nenhum poder político tem o direito de tocar e violar, e sim como o próprio conteúdo e fim último do governo e do poder. O *ancien régime* foi acusado de ter privado seus súditos desses direitos — os direitos da vida e da natureza, e não os direitos de liberdade e cidadania.

6.

Quando os *malheureux* apareceram nas ruas de Paris, deve ter sido como se o "homem natural" de Rousseau, com suas "necessidades reais" em seu "estado original", tivesse se materializado de repente, e como se a revolução não fosse outra coisa senão aquela "experiência [que] precisava ser feita para descobri[-lo]".[45] Pois as pessoas que agora apareciam não estavam "artificialmente" ocultas por trás de nenhuma máscara, pois simplesmente se situavam fora do corpo político, da mesma forma como se situavam fora da sociedade. Nenhuma hipocrisia lhes distorcia o rosto, nenhuma personalidade jurídica as protegia. Da perspectiva delas, o social e o político eram igualmente "artificiais", mecanismos espúrios para ocultar os "homens originais", fosse na nudez de seus interesses egoístas ou na nudez de sua miséria intolerável. A partir daí, as "necessidades reais" determinaram o curso da revolução, com o resultado — como tão bem observou lorde Acton — de que, "em todas as negociações que determinaram o futuro da França, a Assembleia [Constituinte] não teve nenhuma participação", o poder "passando dela para o povo disciplinado de Paris, e dele e seus líderes para os homens que manobravam as massas".[46] Quanto às massas, depois que descobriram que uma Constituição não era uma panaceia contra a pobreza, elas se viraram contra a Assembleia Constituinte assim como tinham se virado antes contra a corte de Luís XVI, vendo as deliberações dos delegados como simples jogo de hipocrisia, fingimento e má-fé, em nada diferente dos conluios do monarca. Entre os homens da revolução, sobreviveram e subiram ao poder apenas aqueles que se tornaram os porta-vozes das massas e renderam as leis "artificiais" de um corpo político ainda não constituído às leis "naturais" a que as massas obedeciam, às forças que as moviam, e que de fato eram as forças da própria natureza, a força da necessidade elementar.

Quando essa força se desencadeou, quando todos se convenceram de que apenas o interesse e a necessidade nua e crua eram despidos de hipocrisia, os *malhereux* se transformaram nos *enragés*, pois a raiva é de fato a única forma que o infortúnio pode assumir ao se tornar ativo. Assim, depois que a hipocrisia foi desmascarada e o sofrimento foi exposto, o que apareceu não foi a virtude, mas a raiva — de um lado, a raiva da corrupção revelada, de outro lado, a raiva do infortúnio. Tinha sido a intriga — as intrigas da corte da França — que tecera a aliança dos monarcas da Europa contra a França, e a guerra contra ela se inspirou mais no medo e na raiva do que na política, uma guerra a que o próprio Burke recomendou: "Se algum príncipe estrangeiro entrar na

França, deve entrar como num país de assassinos. Não será praticada a modalidade da guerra civilizada; e tampouco os franceses, que atuam no presente sistema, têm o direito de esperá-la". Pode-se argumentar que foi essa ameaça de terror inerente às guerras revolucionárias que "sugeriu o uso que se pode dar ao terror nas revoluções";[47] seja como for, a resposta foi dada com rara precisão por aqueles que se denominavam *les enragés* e que admitiam abertamente que a vingança era o princípio inspirador de suas ações: "A vingança é a única fonte da liberdade, a única divindade a que devemos prestar sacrifícios", como disse Alexandre Rousselin, membro da facção de Hébert. Talvez não fosse a verdadeira voz do povo, mas certamente era a voz muito real daqueles que o próprio Robespierre havia identificado com o povo. E aos que ouviam essas vozes, tanto a voz dos grandes de cujo rosto a revolução arrancara a máscara de hipocrisia quanto "a voz da natureza", do "homem original" (Rousseau), representadas nas massas enraivecidas de Paris, devia parecer um tanto difícil acreditar na bondade da natureza humana desnudada e na infalibilidade do povo.

Foi a luta desigual dessas duas raivas, a raiva do infortúnio nu lançando-se contra a raiva da corrupção desmascarada, que provocou a "reação contínua" de "violência progressiva" citada por Robespierre; juntas, elas mais destruíram do que "realiz[aram] em poucos anos a obra de vários séculos".[48] Pois a raiva não só é impotente por definição, mas é o modo como a impotência se torna ativa em sua última fase de desespero final. Os *enragés*, dentro ou fora das seções da Comuna de Paris, eram os que se recusavam a carregar e suportar seus sofrimentos por mais tempo, mas sem serem capazes de se livrar deles ou sequer de aliviá-los. E na disputa das devastações eles se demonstraram a parte mais forte, porque sua raiva brotava e estava diretamente associada a seus sofrimentos. O sofrimento, cuja força e virtude resiste em suportar, explode em raiva quando não consegue mais suportar; essa raiva, evidentemente, é impotente para realizar alguma coisa, mas traz em si o impulso do verdadeiro sofrimento, cuja força devastadora é superior e, por assim dizer, mais resistente do que o frenesi raivoso da mera frustração. É verdade que as massas do povo sofredor tinham saído às ruas sem a permissão nem o convite daqueles que, naquele momento, tinham se tornado seus organizadores e porta-vozes. Mas o sofrimento que elas expunham só transformou os *malheureux* nos *enragés* quando "o zelo compassivo" dos revolucionários — e provavelmente mais de Robespierre do que de qualquer outro — começou a glorificar esse sofrimento, saudando a miséria exposta como a melhor garantia, e mesmo a única garantia de virtude, de modo que — embora sem o perceber — os homens da revolução passaram a emancipar o povo não *qua* cidadãos em perspectiva, e sim *qua malheureux*. No entanto, se era uma questão de libertar as massas sofredoras em vez de emancipar o povo, não havia dúvida de que o curso da revolução dependia do desencadeamento da força inerente ao sofrimento, da força da raiva delirante. E, embora a raiva da impotência tenha acabado por condenar a revolução, é inegável que o sofrimento, transformando-se em raiva, pode desencadear forças avassaladoras. A revolução, quando passou da instauração da liberdade para a libertação humana do sofrimento, derrubou as barreiras do suportar e liberou inversamente, por assim dizer, as forças devastadoras do infortúnio e da miséria.

A vida humana é afligida pela pobreza desde tempos imemoriais, e a humanidade continua a labutar sob essa maldição em todos os países fora do hemisfério ocidental. Nenhuma revolução jamais resolveu a "questão social" nem libertou os homens do problema da escassez, mas todas as revoluções, exceto a Revolução Húngara em 1956,[49] seguiram o exemplo da Revolução Francesa e usaram e abusaram das forças poderosas da miséria e da desgraça na luta contra a tirania ou a opressão. E, embora o registro completo das revoluções passadas demonstre indubitavelmente que todas as tentativas de solucionar a questão social por meios políticos leva as revoluções à ruína, dificilmente poderíamos negar que é quase impossível evitar esse erro fatal quando uma revolução eclode sob condições de miséria de massa. O que sempre despertou a tentação terrível de seguir a Revolução Francesa em seu caminho fadado à ruína não é apenas o fato de que a libertação da necessidade, devido à sua premência, sempre terá prioridade sobre a construção da liberdade, mas o fato ainda mais importante e mais perigoso de que a revolta dos pobres contra os ricos traz em si um impulso totalmente diferente e muito maior do que a força da rebelião dos oprimidos contra os opressores. Essa força devastadora pode parecer quase irresistível, pois brota e é alimentada pela necessidade da própria vida biológica. ("As rebeliões do estômago são as piores", como disse Francis Bacon ao tratar o "descontentamento" e a "pobreza" como causas de sedição.) Sem dúvida, as mulheres em marcha sobre Versalhes "desempenharam o papel genuíno de mães cujos filhos morriam de fome em lares esquálidos e, assim, deram a motivos que não entendiam nem compartilhavam o reforço de uma ponta adamantina a que nada poderia resistir".[50] E quando, a partir de tais experiências, Saint-Just exclamou: "*Les malheureux sont la puissance de la terre*" [Os desgraçados são o poder da terra], poderíamos também entender essa frase grandiosa e profética em sentido literal. De fato, era como se as forças da terra se aliassem em benévola conspiração a essa revolta, cujo fim é a impotência, cujo princípio é a raiva e cujo propósito consciente não é a liberdade, e sim a vida e a felicidade. Quando a derrocada da autoridade tradicional pôs em marcha os miseráveis da terra, quando eles saíram das sombras de seus infortúnios e afluíram em massa para a praça pública, seu *furor* pareceu ser tão irresistível quanto o movimento das estrelas, uma torrente se precipitando com força elementar e engolfando um mundo inteiro.

Tocqueville (numa passagem famosa escrita décadas antes de

Marx, e provavelmente sem conhecer a filosofia da história de Hegel) foi o primeiro a indagar por que "a doutrina da necessidade [...] é tão atraente para os que escrevem história em tempos democráticos". Ele acreditava que a razão residia no anonimato de uma sociedade igualitária, em que "se perderam os traços da ação individual sobre as nações", de modo que "os homens são levados a crer que [...] [há] alguma força superior governando sobre eles". Por sugestiva que essa teoria possa parecer, um exame mais atento revela suas falhas. A impotência do indivíduo numa sociedade igualitária pode explicar a sensação de uma força superior determinando seu destino, mas dificilmente explica a noção de movimento presente na doutrina da necessidade, e sem essa noção a doutrina seria inútil para os historiadores. A necessidade em movimento, a "imensa cadeia apertada que cinge e une a espécie humana" e pode ser rastreada até "a origem do mundo",[51] estava totalmente ausente do leque de experiências da Revolução Americana e da sociedade igualitária americana. Aqui, Tocqueville viu na sociedade americana algo que conhecia da Revolução Francesa, na qual Robespierre já havia substituído as ações livres e deliberadas dos homens por uma corrente de violência anônima e irresistível, embora continuasse a acreditar — em contraste com a interpretação de Hegel sobre a Revolução Francesa — que o curso livre dessa corrente poderia ser controlado pela força da virtude humana. Mas a imagem por trás da crença de Robespierre no caráter irresistível da violência, bem como da crença de Hegel no caráter irresistível da necessidade — ambas, violência e necessidade, postas em movimento, arrastando tudo e todos em sua correnteza — era o espetáculo das ruas de Paris durante a revolução, o espetáculo dos pobres afluindo torrencialmente às ruas.

Essa torrente dos pobres encarnava o elemento de irresistibilidade, que vimos estar tão intimamente ligado ao sentido original da palavra "revolução", e em seu uso metafórico se tornava ainda mais plausível na medida em que vinha mais uma vez associado à necessidade — a necessidade que atribuímos aos processos naturais, não porque as ciências naturais costumavam descrever os processos em termos de leis necessárias, mas porque conhecemos a necessidade na medida em que, como corpos orgânicos, estamos sujeitos a processos necessários e irresistíveis. Todo poder político tem como fonte original e mais legítima o desejo do homem de se emancipar da necessidade da vida, e alguns homens conquistaram essa emancipação através da violência, obrigando outros a carregar por eles o fardo da vida. Este era o fulcro da escravidão, e foi somente o surgimento da tecnologia, e não o surgimento das ideias políticas modernas em si, que veio a refutar a velha e terrível verdade de que apenas a violência e o domínio sobre os outros podiam trazer liberdade a alguns homens. Hoje diríamos que nada pode ser mais obsoleto do que tentar libertar a humanidade da pobreza utilizando meios políticos; nada seria mais inútil e mais perigoso. Pois a violência que ocorre entre homens emancipados da necessidade é diferente, menos terrível, embora muitas vezes não menos cruel, do que a violência primordial com que o homem se lança contra a necessidade, e que só apareceu pela primeira vez à plena luz dos acontecimentos políticos historicamente registrados nos tempos modernos. O resultado foi que a necessidade invadiu a esfera política, a única esfera em que os homens podem ser verdadeiramente livres.

As massas dos pobres, essa maioria esmagadora dos seres humanos que a Revolução Francesa chamava de *les malheureux* e que transformou em *les enragés*, apenas para abandoná-las e deixá-las recair no estado de *les misérables*, como foram designadas no século XIX, trouxeram consigo a necessidade, a que estavam submetidas até onde alcança a memória, junto com a violência que sempre foi usada para vencer a necessidade. As duas juntas, necessidade e violência, fizeram as massas aparecerem como irresistíveis — *la puissance de la terre.*

3. A busca da felicidade

Necessidade e violência: a violência justificada e glorificada porque age pela causa da necessidade, a necessidade não mais combatida num esforço supremo de libertação, nem aceita em humilde resignação, mas, ao contrário, piedosamente venerada como a grande força coercitiva que, nas palavras de Rousseau, certamente irá "obrigar os homens a ser livres" — bem sabemos como ambas e o jogo entre ambas se tornaram as marcas distintivas das revoluções vitoriosas do século xx, e a tal ponto que, para cultos e incultos igualmente, agora elas são as principais características de todos os eventos revolucionários. E infelizmente também sabemos que a liberdade se preservou melhor nos países onde nunca estourou nenhuma revolução, por mais abusivas que fossem as condições políticas, e que existem mais liberdades civis mesmo nos países onde a revolução foi derrotada do que onde saiu vitoriosa.

Não precisamos insistir agora sobre este ponto, mas teremos de voltar a ele adiante. Antes de prosseguir, porém, detenhamo-nos naqueles homens a que tenho me referido como os homens das revoluções, para diferenciá-los dos revolucionários profissionais que surgiram posteriormente, a fim de ter uma primeira noção dos princípios que podem tê-los inspirado e preparado para o papel que viriam a desempenhar. Pois nenhuma revolução, por mais que tenha escancarado os portões às massas dos despossuídos, jamais foi iniciada por eles, assim como nenhuma revolução, por maior que fosse o descontentamento generalizado e mesmo a conspiração num determinado país, jamais foi resultado de uma sedição. Falando em termos gerais, podemos dizer que nem sequer é possível qualquer revolução onde a autoridade do corpo político se mantém realmente intacta, isto é, nas condições modernas, onde há confiança de que as Forças Armadas obedecem às autoridades civis. As revoluções sempre parecem ter um êxito espantosamente fácil em seu estágio inicial, e isso porque os homens que fazem as revoluções a princípio apenas tomam o poder de um regime em franca desintegração; elas são consequências, mas nunca as causas da queda da autoridade política.

Mas disso não somos autorizados a concluir que as revoluções sempre ocorrem onde o governo é incapaz de manter a autoridade e o concomitante respeito por ela. Pelo contrário, a curiosa longevidade de alguns corpos políticos obsoletos, que às vezes chega a ser estranha, é uma questão histórica documentada e, de fato, foi um fenômeno que se destacou na história política ocidental antes da Primeira Guerra Mundial. Mesmo onde há uma visível perda de autoridade, as revoluções só podem surgir e vencer quando existe um número suficiente de homens preparados para essa derrocada e, ao mesmo tempo, dispostos a assumir o poder, a se organizar e agir juntos com vistas a uma finalidade comum. Não precisa ser um grande número; como disse Mirabeau, dez homens reunidos podem fazer tremer 100 mil que estão separados.

À diferença do aparecimento dos pobres no cenário político durante a Revolução Francesa, que não fora previsto por ninguém, essa perda de autoridade do corpo político era um fenômeno muito conhecido na Europa e nas colônias desde o século XVII. Montesquieu, mais de quarenta anos antes de estourar a Revolução, sabia muito bem que as bases em que se sustentavam a estruturas políticas no Ocidente estavam se corroendo lentamente, e ele temia um retorno do despotismo porque os povos europeus, embora ainda regidos por usos e costumes, não se sentiam mais à vontade em termos políticos, não confiavam mais nas leis sob as quais viviam e não acreditavam mais na autoridade de seus governantes. Montesquieu não antevia uma nova era de liberdade; ao contrário, receava que a liberdade morresse no único bastião que encontrara, pois acreditava convictamente que os usos, costumes e maneiras — em suma, os *mores* e a moralidade, tão importantes para a vida da sociedade e tão pouco aplicáveis no corpo político — logo desapareceriam em qualquer caso de emergência.[1] E tais avaliações não se restringiam de forma alguma à França, onde a corrupção do *ancien régime* constituía a estrutura do corpo social e do corpo político. Mais ou menos na mesma época, Hume observou na Inglaterra que "o mero nome do rei pouco respeito desperta; e falar de um rei como representante de Deus na terra, ou lhe atribuir qualquer um daqueles títulos grandiosos que antigamente deslumbravam a humanidade, provocaria apenas gargalhadas em todos". Ele não confia na tranquilidade do país, e acredita — usando quase as mesmas palavras de Montesquieu — que ao "menor choque de uma convulsão [...] o poder monárquico, não sendo mais apoiado pelas opiniões e princípios estabelecidos dos homens, de pronto se dissolverá". Foi essencialmente pelas mesmas razões de insegurança e desconfiança em relação às coisas como então eram na Europa que Burke saudou com tanto entusiasmo a Revolução Americana: "Nada, a não ser uma convulsão que abale até o centro da Terra, jamais poderá devolver às nações europeias aquela liberdade pela qual tanto se distinguiram no passado. O mundo ocidental foi a sede da liberdade até ser descoberto outro mundo, ainda mais ocidental; e este provavelmente será seu asilo quando ela for expulsa de todos os demais lugares".[2] Assim, o que podia ser previsto, o que Montesquieu foi apenas o primeiro a predizer explicitamente, era a incrível facilidade com que se derrubariam os governos; e a perda progressiva de autoridade de todas as estruturas políticas herdadas que ele tinha em mente foi se tornando evidente no decorrer do século XVIII para um número cada vez maior de pessoas em todos os lugares. O que também deve ter ficado evidente era que esse desenvolvimento político fazia parte do desenvolvimento mais geral da época moderna. Em seus termos mais amplos, esse processo pode ser descrito como a ruptura da antiga trindade romana de religião, tradição e autoridade, cujo princípio central havia sobrevivido à transformação da República romana em Império Romano, assim como sobreviveria à transformação do Império Romano no Sacro Império Romano; era o princípio romano que agora se esfacelava, diante da investida da época moderna. A derrocada da autoridade política foi precedida pela perda da tradição e pelo enfraquecimento da fé religiosa institucionalizada; foi talvez a diminuição da autoridade tradicional e religiosa que corroeu a autoridade política, bem como prenunciou inequivocamente sua destruição. Entre os três elementos que juntos, de mútuo acordo, tinham regido os assuntos temporais e espirituais dos homens desde os inícios da história romana, o último a desaparecer foi a autoridade política; ele dependia da tradição, não teria segurança sem um passado "que lançasse sua luz sobre o futuro" (Tocqueville) e era incapaz de sobreviver à perda da sanção religiosa. As enormes dificuldades que sobretudo a perda da sanção religiosa acarretava para a instauração de uma nova autoridade, as perplexidades que levaram tantos homens das revoluções a retomar ou, pelo menos, a invocar crenças que haviam descartado antes das revoluções: tudo isso teremos de discutir mais adiante.

Se os homens que, dos dois lados do Atlântico, estavam preparados para a revolução tinham alguma coisa em comum antes dos acontecimentos que iriam determinar suas vidas, moldar suas convicções e por fim separá-los era um interesse apaixonado pela liberdade pública entendida basicamente na formulação de Montesquieu ou de Burke, e provavelmente esse interesse, já naquela época, no século do mercantilismo e de um absolutismo inegavelmente muito progressista, era algo bastante ultrapassado. Além disso, não tinham propensão alguma para a revolução, mas, como colocou John Adams, foram "chamados de modo inesperado e compelidos sem disposição prévia"; como atesta Tocqueville em relação à França, "a própria ideia de uma revolução violenta não tinha espaço no espírito [deles]; não era discutida porque nem era concebida".[3] No entanto, seu depoimento contraria Adams, ao dizer que "a revolução foi efetuada antes que a guerra começasse",[4] não por causa de qualquer disposição especificamente rebelde ou revolucionária, mas porque os habitantes das colônias tinham se "unido por lei em corporações ou corpos políticos", e tinham "o direito de se reunir [...] na sede de seus municípios, para deliberar sobre os assuntos públicos"; foi "nessas assembleias de municípios ou distritos que se formaram em primeiro lugar os sentimentos do povo".[5] E contrastando com o comentário de Tocqueville destaca-se sua insistência sobre "o gosto" ou "a paixão pela liberdade pública", que encontrou por toda a França antes de estourar a revolução, de fato predominando no espírito de indivíduos que não tinham nenhuma ideia da revolução e nenhum presságio do papel que iriam desempenhar.

Mesmo aqui é flagrante e significativa a diferença entre os europeus e os americanos, com espíritos ainda formados e influenciados praticamente pela mesma tradição. O que era uma paixão e um "gosto" na França era claramente uma experiência concreta na América, e o costume americano que, especialmente no século xviii, falava em "felicidade pública", enquanto os franceses falavam de "liberdade pública", mostra essa diferença de maneira bastante apropriada. A questão é que os americanos sabiam que a liberdade pública consistia em participar de assuntos públicos e que as atividades ligadas a esses assuntos não constituíam de maneira alguma um fardo; ao contrário, proporcionavam aos que se encarregavam delas um sentimento de felicidade que não encontrariam em nenhum outro lugar. Sabiam muito bem, e John Adams teve coragem suficiente de repetir várias vezes essa percepção, que as pessoas iam às assembleias de suas cidades, assim como seus representantes depois iriam às famosas convenções, não só por obrigação e menos ainda para atender aos próprios interesses, mas acima de tudo porque gostavam de discutir, de deliberar e de tomar decisões. O que os unia era "o mundo e o interesse público da liberdade" (Harrington), e o que os movia era "a paixão pela distinção" que John Adams dizia ser "mais essencial e admirável" do que qualquer outra faculdade humana: "Onde quer que se encontrem homens, mulheres ou crianças, velhos ou jovens, ricos ou pobres, importantes ou humildes, sábios ou tolos, ignorantes ou instruídos, vê-se que todo indivíduo é fortemente movido por um desejo de ser visto, ouvido, comentado, aprovado e respeitado pelas pessoas ao redor e ter conhecimento disso". À virtude dessa paixão ele dava o nome de "emulação", "desejo de ser melhor do que o outro", e ao respectivo vício dava o nome de "ambição", porque esta "visa ao poder como meio de distinção".[6] E, falando em termos psicológicos, tais são de fato as principais qualidades e defeitos do homem político. Pois a sede e vontade de poder como tal, sem qualquer paixão pela distinção, embora seja característica do homem tirânico, já não é um vício tipicamente político, mas constitui aquela qualidade que tende a destruir toda a vida política, tanto em seus vícios quanto em suas virtudes. É exatamente porque o tirano não tem nenhum desejo de sobressair nem qualquer paixão pela distinção que lhe é tão agradável se colocar acima da companhia de todos os semelhantes; inversamente, é o desejo de sobressair que faz os homens amarem o mundo, apreciarem a companhia de seus pares e ingressarem na esfera dos assuntos públicos.

Comparado a essa experiência americana, o preparo dos *hommes de lettres* franceses que iriam fazer a revolução era extremamente teórico;[7] sem dúvida, os "atores" da Assembleia francesa também gostavam de seus papéis, mas dificilmente admitiriam o fato e decerto não tinham tempo para refletir sobre este aspecto de uma atividade que, no mais, era terrível. Não dispunham de experiências a que pudessem recorrer, inspirando-se e guiando-se apenas por ideias e princípios não testados pela realidade, que tinham sido concebidos, formulados e discutidos antes da revolução. Por isso dependiam ainda mais das memórias da Antiguidade e recheavam as antigas palavras romanas com conotações que derivavam da língua e da literatura, e não da experiência e da observação concreta. Assim, a própria palavra *res publica, la chose publique,* lhes sugeria que não existia uma atividade pública sob o domínio de um monarca. Mas, quando essas palavras, e os sonhos por trás delas, começaram a se manifestar nos primeiros meses da revolução, essa manifestação não se deu sob a forma de deliberações, discussões e decisões; pelo contrário, foi um inebriamento cujo principal elemento era a multidão — a massa "cujo aplauso e prazer patriótico acrescia brilho e encanto" ao Juramento da Sala do Jogo de Pela, conforme sentiu Robespierre. Sem dúvida o historiador tem razão ao acrescentar: "Robespierre sentira [...] uma revelação de rousseaunismo se manifestando na própria carne. Ouvira a voz do povo, e pensou que era a voz de Deus. Deste instante data sua missão".[8] E, no entanto, por mais intensas que fossem as emoções de Robespierre e de seus companheiros, causadas por experiências que praticamente não tinham nenhum precedente na Antiguidade, suas palavras e pensamentos conscientes retornavam obstinadamente à linguagem romana. Se quisermos traçar a linha em termos apenas linguísticos, podemos insistir na data relativamente adiantada em que surge a palavra "democracia", designando o papel e o poder do povo, em oposição à palavra "república", com sua grande ênfase nas instituições objetivas. E a palavra "democracia" só veio a ser usada na França em 1794; mesmo a execução do rei se deu aos gritos de *Vive la république*.

Assim, a teoria da ditadura revolucionária de Robespierre, embora inspirada pelas experiências da revolução, encontrou sua legitimação na famosa instituição republicana romana, e afora ela praticamente nenhuma novidade teórica veio a se acrescentar nesses anos ao conjunto do pensamento político setecentista. Sabe-se o quanto os Pais Fundadores, por mais que percebessem o caráter inédito de sua iniciativa, se orgulhavam de ter apenas aplicado com vigor e sem preconceitos o que já fora descoberto muito tempo antes. Consideravam-se mestres de ciência política porque ousavam e sabiam como aplicar o saber acumulado no passado. Mas, na melhor das hipóteses, é apenas uma meia verdade que a revolução consistia basicamente na aplicação de certas regras e verdades da ciência política, tal como era conhecida no século XVIII, mesmo na América, e ainda menos na França, onde desde o começo houve a interferência de acontecimentos inesperados, que acabaram frustrando a constituição e instauração de instituições duradouras. Todavia, o fato é que, sem o empenho fervoroso e às vezes levemente cômico dos Pais Fundadores em estudar teoria política — os copiosos excertos de escritores antigos e modernos, que ocupam tantas páginas das obras de John Adams, às vezes dão a impressão de que ele colecionava constituições como outros colecionam selos —, jamais teria se realizado qualquer revolução.

No século XVIII, os homens preparados para o poder e ansiosos, entre outras coisas, para aplicar o que tinham aprendido com o estudo e a reflexão eram chamados de *hommes de lettres*, o que ainda é mais apropriado do que nosso termo "intelectuais", sob o qual costumamos reunir uma categoria de autores e escribas profissionais cujo trabalho é requisitado pelas burocracias em constante crescimento do governo e da administração empresarial dos tempos modernos, bem como pelas necessidades de entretenimento da sociedade de massas, em crescimento igualmente acelerado. A ampliação dessa categoria na época moderna era algo inevitável e automático; teria ocorrido de qualquer maneira, e pode-se afirmar — se levarmos em conta as condições únicas para seu desenvolvimento nas tiranias políticas do Leste — que suas chances foram ainda maiores sob o despotismo e o absolutismo do que sob o constitucionalismo dos países livres. A distinção entre *hommes de lettres* e intelectuais não se baseia em absoluto numa diferença qualitativa evidente; mais importante em nosso contexto são as atitudes fundamentalmente distintas adotadas por esses dois grupos, desde o século XVIII, em relação à sociedade, isto é, em relação àquela esfera curiosa e um tanto híbrida que a era moderna interpôs entre as esferas mais antigas e mais genuínas do público ou político, de um lado, e do privado, de outro. Na verdade, os intelectuais fazem e sempre fizeram parte da sociedade, à qual até devem, como grupo, sua existência e importância; todos os governos pré-revolucionários na Europa setecentista precisaram deles e os utilizaram para "a formação de um corpo de conhecimentos e procedimentos especializados para o funcionamento cada vez mais complexo de seus governos em todos os níveis, processo este que ressalta o caráter esotérico das atividades governamentais".[9] Aos homens de letras, ao contrário, nada indignava mais do que o sigilo dos assuntos públicos; tinham iniciado a carreira recusando esse tipo de serviço ao governo e retirando-se da sociedade, primeiro da sociedade da corte e da vida de cortesãos, e depois da sociedade dos *salons*. Instruíam-se e cultivavam o espírito num isolamento voluntário, tomando assim uma distância calculada do social e do político, dos quais aliás estavam excluídos de qualquer maneira, para avaliá-los com perspectiva. Apenas a partir dos meados do século XVIII passamos a encontrá-los em rebelião aberta contra a sociedade e seus preconceitos, e a contestação revolucionária foi precedida pelo desdém à sociedade mais discreto, mas não menos penetrante, refletido e deliberado, que deu origem às concepções do próprio Montaigne, aprofundou ainda mais a perspicácia dos pensamentos de Pascal e ainda deixou traços em muitas páginas da obra de Montesquieu. Naturalmente, isso não significa negar a enorme diferença de espírito e estilo entre o fastio desdenhoso do aristocrata e o ódio ressentido do plebeu; mas convém lembrar que o objeto de desdém e ódio era mais ou menos o mesmo.

Além disso, a qualquer "estado" a que pertencessem os homens de letras, eles não carregavam o fardo da pobreza. Insatisfeitos com qualquer destaque que o Estado ou a sociedade do *ancien régime* pudesse lhes ter conferido, sentiam que o ócio era mais um peso do que uma bênção, mais um exílio involuntário da esfera da verdadeira liberdade do que a liberdade em relação à política que os filósofos reivindicavam desde a Antiguidade, para se dedicar a atividades que consideravam mais elevadas do que as que ocupam os homens nos assuntos públicos. Em outras palavras, o ócio deles era o *otium* romano e não o σχολή grego; era uma inatividade forçada, um "enlanguecer em indolente retiro", em que a filosofia deveria oferecer um "remédio para a dor" (*doloris medicinam*),[10] e foi ainda em pleno estilo romano que eles começaram a utilizar esse tempo ocioso no interesse da *res publica*, de *la chose publique*, como o século XVIII denominou a esfera dos assuntos públicos, numa tradução literal do latim. Por isso os homens de letras se voltaram para o estudo de autores gregos e romanos, não — e isso é decisivo — por causa de alguma sabedoria eterna ou beleza imortal que os livros pudessem conter, mas quase exclusivamente para se instruir sobre as instituições políticas ali descritas. O que os levou de volta à Antiguidade não foi a busca da verdade, e sim a procura da liberdade política, e suas leituras serviam para lhes fornecer os elementos concretos para pensar e sonhar com tal liberdade. Nas palavras de Tocqueville, "*chaque passion publique se déguisa ainsi en philosophie*" [assim todas as paixões públicas se disfarçaram de filosofia]. Se tivessem a experiência concreta do que significava a liberdade para o cidadão individual, poderiam concordar com seus colegas americanos e falar da "felicidade pública"; pois basta lembrar a definição americana muito corrente da felicidade pública — dada, por exemplo, por Joseph Warren em 1772 — como fruto "do apego virtuoso e inabalável a uma Constituição livre" para entender a íntima semelhança que deve ter existido entre os conteúdos efetivos das fórmulas aparentemente distintas. A liberdade pública ou política e a felicidade pública ou política foram os princípios inspiradores que prepararam o espírito daqueles que, então, fizeram o que jamais tinham esperado fazer, e na maioria das vezes foram levados a ações pelas quais não sentiam nenhuma inclinação prévia.

Os homens que, na França, prepararam os espíritos e formularam os princípios da revolução próxima são conhecidos como os *philosophes* do Iluminismo. Mas o título de filósofos que reivindicavam era bastante enganador; pois a significação deles na história da filosofia é ínfima, e sua contribuição para a história do pensamento político não se compara à originalidade de seus grandes predecessores no século XVII e no começo do século XVIII. No entanto, são de grande importância no contexto da revolução, e essa importância deriva do fato de terem utilizado o termo "liberdade" com uma ênfase nova e quase desconhecida sobre a liberdade *pública*, sinal de que entendiam a liberdade como algo muito diferente do livre-arbítrio ou do livre-pensamento que os filósofos conheciam e discutiam desde Agostinho. Essa liberdade pública não era uma esfera interior na qual os homens podiam se refugiar à vontade, escapando às pressões do mundo, nem o *liberum arbitrium* que leva a vontade a escolher entre alternativas. A liberdade para eles só podia existir em público; era uma realidade concreta, terrena, algo criado pelos homens para ser usufruído pelos homens, e não um dom ou uma capacidade; era a praça ou espaço público feito pelos homens que a Antiguidade conhecia como a área onde a liberdade aparece e se faz visível a todos.

Pois a falta de liberdade política sob o domínio do absolutismo esclarecido no século XVIII consistia não tanto na negação de liberdades pessoais específicas, certamente não para os membros das classes altas, quanto no fato "de que o mundo dos assuntos públicos era não só quase desconhecido para eles mas também invisível".[11] O que os *hommes de lettres* compartilhavam com os pobres, afora e antes de qualquer compaixão por seus sofrimentos, era precisamente a obscuridade, ou seja, o fato de que a esfera pública lhes era invisível e de que não tinham acesso ao espaço público onde pudessem se fazer visíveis e adquirir significação. O que os diferenciava dos pobres era que, em virtude do nascimento e das circunstâncias, lhes havia sido oferecida a consideração, substituto social da significação política, e o que os distinguia pessoalmente era o fato de não aceitarem morar na "terra da consideração" (como Henry James chama o mundo da sociedade), preferindo se isolar nas sombras da privacidade, na qual podiam, pelo menos, manter e alimentar a paixão pela significação e pela liberdade. Sem dúvida, essa paixão pela liberdade em si, pelo simples "prazer de poder falar, agir, respirar" (Tocqueville), só pode existir onde os homens já são livres, no sentido de que não pertencem a um senhor. E o problema é que essa paixão pela liberdade pública ou política pode ser facilmente confundida com o profundo ódio aos senhores, talvez muito mais veemente, mas essencialmente estéril em termos políticos, e com o anseio dos oprimidos pela libertação. Esse ódio, sem dúvida, é tão antigo quando a história documentada, e provavelmente até anterior; mesmo assim, ele nunca resultou em revolução, porque é incapaz sequer de captar, e quanto mais entender, a ideia central da revolução, que é a fundação da liberdade, isto é, a fundação de um corpo político que garante o espaço onde a liberdade pode aparecer.

Nas condições modernas, o ato de fundação equivale a criar uma Constituição, e a convocação de assembleias constituintes se tornou a justo título a marca própria da revolução, desde que a Declaração de Independência deu início ao processo de redigir as constituições para cada um dos estados americanos, processo este que preparou e culminou na Constituição da União, na fundação dos Estados Unidos. É provável que este precedente americano tenha inspirado o famoso Juramento da Sala do Jogo de Pela, em que o Terceiro Estado jurou que não se dissolveria antes de redigir uma Constituição, a ser devidamente aceita pelo poder monárquico. Mas o que também se manteve como marca própria da revolução é o destino trágico que aguardava a primeira Constituição na França; não foi aceita pelo rei, e, não tendo sido encomendada nem ratificada pela nação — a menos que se considerem as vaias ou os aplausos dos espectadores nas galerias que assistiam às deliberações da Assembleia Nacional como expressão válida do poder constituinte, ou pelo menos consentidor, do povo —, a Constituição de 1791 não saiu do papel, documento de mais interesse para os letrados e especialistas do que para o povo. Perdeu a autoridade muito antes de entrar em vigor, e a ela se seguiram várias constituições em rápida sequência, até que, numa avalanche que se estendeu até nosso século, a própria noção de Constituição se desintegrou a ponto de se tornar irreconhecível. Os deputados da

Assembleia francesa que tinham se declarado um corpo permanente e então, em vez de reconduzir ao povo suas resoluções e deliberações, desligaram-se de seus poderes constituintes não se tornaram fundadores nem Pais Fundadores, mas certamente foram os progenitores de gerações e gerações de políticos e especialistas para os quais a tarefa de elaborar uma Constituição se converteria num passatempo favorito, pois não tinham poder nem participação na moldagem dos acontecimentos. Foi neste processo que o ato de criar uma Constituição perdeu seu sentido prático, e a própria ideia de Constituição veio a se associar a uma falta de realismo e de realidade, com ênfase excessiva no legalismo e nas formalidades.

Ainda hoje estamos sob o efeito desse desenvolvimento histórico e, assim, talvez tenhamos dificuldade em entender que, de um lado, a revolução e, de outro, a Constituição e a fundação são como conjunções relativas. Para os homens do século xviii, porém, ainda era evidente que precisavam de uma Constituição para estabelecer os limites da nova esfera política e definir as regras em seu interior, e que deviam fundar e construir um novo espaço político onde "a paixão pela liberdade pública" ou "a busca da felicidade pública" pudessem ser exercidas pelas gerações futuras, de forma que o espírito "revolucionário" deles sobreviveria ao fim efetivo da revolução. No entanto, mesmo na América, onde a fundação de um novo corpo político teve êxito e, portanto, em certo sentido a revolução atingiu seu fim efetivo, essa segunda tarefa da revolução, isto é, assegurar a sobrevivência daquele espírito de onde brotou o ato fundador, materializar o princípio que o inspirou — tarefa que, como veremos, especialmente Jefferson considerava de suprema importância para a própria sobrevivência do novo corpo político —, foi frustrada quase desde o início. E podemos encontrar uma indicação das causas desse malogro na própria expressão "busca da felicidade" que Jefferson mesmo, na Declaração de Independência, havia colocado no lugar de "propriedade", na antiga fórmula de "vida, liberdade e propriedade" que então definia os direitos civis, distinguindo-os dos direitos políticos.

Essa substituição de termos feita por Jefferson é tanto mais sugestiva porque ele não utilizou a expressão "felicidade pública", que encontramos com tanta frequência na literatura política da época e que provavelmente era uma variante americana significativa da locução convencional nas proclamações reais, em que "o bem-estar e a felicidade de nosso povo" significava explicitamente o bem-estar privado e a felicidade privada dos súditos do rei.[12] Assim, o próprio Jefferson — num documento apresentado à Convenção da Virgínia de 1774 que antecipava em muitos aspectos a Declaração de Independência — havia declarado que "nossos antepassados", quando saíram dos "domínios britânicos na Europa", exerceram "um direito que a natureza deu a todos os homens, [...] estabelecer novas sociedades, sob leis e regulamentações que lhes pareçam mais adequadas para promover a felicidade pública".[13] Se Jefferson estava certo e era em busca da "felicidade pública" que os "habitantes livres dos domínios britânicos" tinham emigrado para a América, então as colônias no Novo Mundo teriam sido desde o início criadouros de revolucionários. E, com isso, ao mesmo tempo, deviam ter sido movidos por algum tipo de insatisfação com os direitos e liberdades dos ingleses, movidos por um desejo de alguma espécie de liberdade de que os "habitantes livres" do solo materno não gozavam.[14] Eles vieram a denominar essa liberdade, depois de experimentá-la mais tarde, de "felicidade pública", consistindo no direito do cidadão de ter acesso à esfera pública, de ter uma parte no poder público — ser "um participante na condução dos assuntos", na expressiva formulação de Jefferson[15] — que não se confunde com os direitos reconhecidos dos súditos de ter a proteção do governo na busca de sua felicidade privada, mesmo contra o poder público, isto é, não se confunde com os direitos que apenas um poder tirânico aboliria. O próprio fato de escolher a palavra "felicidade" para designar a pretensão a uma parcela no poder público indica incisivamente que, antes da revolução, existia no país uma "felicidade pública", e que os homens sabiam que não poderiam ser totalmente "felizes" se sua felicidade se situasse e fosse usufruída apenas na vida privada.

No entanto, o fato histórico é que a Declaração de Independência fala em "busca da felicidade" e não em felicidade pública, e é provável que o próprio Jefferson não tivesse muita certeza a que tipo de felicidade se referia quando apresentou a busca dessa felicidade como um dos direitos inalienáveis do homem. Sua famosa "facilidade de escrita" borrou a distinção entre "direitos privados e felicidade pública",[16] resultando que a importância dessa alteração nem sequer foi notada nos debates da Assembleia. Certamente nenhum dos delegados suspeitaria da incrível carreira dessa "busca da felicidade", que viria a ser o principal elemento a contribuir para uma ideologia especificamente americana, para o terrível equívoco de sustentar que os homens têm direito, nas palavras de Howard Mumford Jones, ao "espectral privilégio de perseguir um fantasma e abraçar uma ilusão".[17] No cenário setecentista, como vimos, o termo era bastante usual e todas as gerações seguintes tiveram a liberdade de entendê-lo, sem o adjetivo qualificativo, como bem quiseram. Mas esse perigo de confundir a felicidade pública e o bem-estar privado já estava presente desde aquela época, embora possamos supor que os delegados da Assembleia ainda nutriam a crença geral dos "publicistas coloniais, de que 'existe uma ligação indissociável entre virtude pública e felicidade pública', e que a liberdade [é] a essência da felicidade".[18] Pois Jefferson — como os demais, talvez apenas à exceção de John Adams — certamente não se apercebia da flagrante contradição entre a ideia nova e revolucionária de felicidade pública e as noções convencionais de bom governo, que mesmo então já eram tidas como "surradas" (John Adams) ou representavam apenas "o senso comum do súdito" (Jefferson); de acordo com essas convenções, não se imaginava que os "participantes na condução dos assuntos" fossem felizes, e sim que trabalhavam sob o peso de um fardo; que a felicidade não se situava na esfera pública, que o século xviii identificava com a esfera do governo, e o governo era entendido como meio de promover a felicidade da sociedade, o "único objetivo legítimo do bom governo",[19] de maneira que qualquer experiência de felicidade dos próprios "participantes" só poderia ser atribuída a uma "paixão descontrolada pelo poder", e o desejo de participação no governo só se justificaria pela necessidade de verificar e controlar essas tendências "injustificáveis" da natureza humana.[20] Jefferson iria também insistir em que a felicidade reside fora da esfera pública, "no seio e no amor de minha família, na companhia de meus vizinhos e meus livros, na atividade sadia em minhas terras e meus negócios",[21] em suma, na privacidade de um lar cuja vida escapa ao alcance do público.

Tais reflexões e exortações são muito frequentes nos textos dos Pais Fundadores, mas penso que não têm muito peso nas obras — pouco nas de Jefferson e menos ainda nas de John Adams.[22] Se quiséssemos examinar as experiências concretas por trás do lugar-comum de que a atividade na esfera pública é um fardo, e na melhor das hipóteses "um turno obrigatório [...] que todo indivíduo deve" a seus concidadãos, seria melhor recorrer aos séculos v e iv a. C. na Grécia do que ao século xviii d. C. de nossa civilização. No que se refere a Jefferson e aos homens da Revolução Americana — uma vez mais, à possível exceção de John Adams —, os aspectos autênticos de suas experiências raramente afloravam em seus discursos de generalidades. É bem verdade que alguns deles se indignavam com "o absurdo de Platão", mas isso não impedia que, no momento em que tentavam se expressar em linguagem conceitual, suas ideias fossem predeterminadas mais pela "mente nublada" de

Platão do que por suas experiências próprias.[23] Mesmo assim, não são raros os exemplos em que suas linhas de ação e pensamento profundamente revolucionárias rompiam a casca de uma herança que havia degenerado em banalidades, e suas palavras acompanhavam a grandeza e a originalidade de seus atos. Entre esses exemplos está a Declaração de Independência, cuja grandeza nada deve à sua filosofia do direito natural — caso em que realmente seria "carente de profundidade e sutileza"[24] —, mas reside no "respeito à opinião da humanidade", no "apelo ao tribunal do mundo [...] para nossa justificação",[25] que inspirou a própria redação do documento e se evidencia quando a lista de reclamações muito específicas contra um rei muito determinado evolui gradualmente para uma rejeição de princípio da monarquia e da realeza em geral.[26] Pois essa rejeição, à diferença das outras teorias presentes no documento, era inteiramente nova, e o antagonismo profundo e até violento entre monarquistas e republicanos, conforme se desenvolveu no curso da Revolução Americana e da Revolução Francesa, era praticamente desconhecido antes de irromper de forma efetiva.

Desde o final da Antiguidade, era usual que a teoria política distinguisse entre o governo segundo a lei e a tirania, entendendo-se a tirania como a forma de governo em que o governante governa de acordo com a própria vontade e buscando os próprios interesses, lesando assim o bem-estar privado e os direitos legais civis dos governados. Em nenhuma circunstância a monarquia como tal, o governo de um só, poderia ser identificada com a tirania; e, no entanto, foi exatamente a esta identificação que logo chegaram as revoluções. A tirania, como veio a ser entendida pelas revoluções, era uma forma de governo em que o governante, mesmo que governasse de acordo com as leis do reino, monopolizara para si o direito de ação, banira os cidadãos da esfera pública, relegando-os à privacidade dos lares, e lhes impusera que se ocupassem apenas de seus assuntos privados. Em outras palavras, a tirania impedia a felicidade pública, embora não necessariamente o bem-estar privado, ao passo que uma república concedia a todos os cidadãos o direito de se tornarem "participantes na condução dos assuntos", o direito de serem vistos em ação. A palavra "república" ainda não aparece, é bem verdade; foi somente depois da revolução que todos os governos não republicanos vieram a ser entendidos como despotismos. Mas o princípio a partir do qual veio a se fundar a república já estava presente no "compromisso mútuo" de vida, fortuna e honra sagrada, que, numa monarquia, são juradas pelos súditos não "mutuamente entre si", e sim à Coroa, representando o reino como um todo. É inegável a grandeza da Declaração de Independência, mas ela consiste não em sua filosofia, e nem mesmo em ser "um argumento dando base a uma ação", e sim, sobretudo, em ser a maneira perfeita para que uma ação apareça em palavras. (Como viu o próprio Jefferson: "Sem visar à originalidade de princípios ou de sentimentos, nem copiar qualquer escrito particular e anterior, ela pretendia ser uma expressão da mente americana e dar a essa expressão o tom adequado e o espírito exigidos pela ocasião".)[27] E, como aqui estamos lidando com a palavra escrita e não com a palavra oral, estamos diante de um dos raros momentos na história em que o poder de ação é grande o suficiente para erigir seu próprio monumento.

Um outro exemplo que incide diretamente na questão da felicidade pública é de caráter muito menos grave, embora talvez não menos sério. Encontra-se na curiosa esperança que Jefferson exprimiu no final da vida, quando ele e Adams tinham começado a discutir, meio a sério e meio de brincadeira, as possibilidades de uma vida no além. Evidentemente, as imagens de uma vida após a morte, se eliminarmos suas conotações religiosas, representam nada mais, nada menos do que os vários ideais de felicidade humana. E a verdadeira ideia de felicidade de Jefferson se revela com muita clareza (sem nenhuma daquelas distorções de uma estrutura conceitual tradicional e convencional que, como veio a se demonstrar, é muito mais difícil de romper do que a estrutura da forma de governo tradicional) quando ele se entrega a um veio de jocosa e suprema ironia e conclui uma de suas cartas a Adams da seguinte maneira: "Possamos nos reencontrar lá, em Congresso, com nossos antigos colegas, e com eles receber o selo de aprovação 'Bom trabalho, bons e fiéis servidores'".[28] Aqui, por trás da ironia, temos o explícito reconhecimento de que a vida no Congresso, as alegrias de discursar, de legislar, negociar, persuadir e ser persuadido, eram para Jefferson um antegozo da bem-aventurança eterna tão inquestionável quanto os prazeres da contemplação para a devoção medieval. Pois mesmo "o selo de aprovação" não é de maneira alguma a recompensa usual da virtude num estado futuro; é o aplauso, a forma de aclamação, "a estima do mundo" que, em outro contexto, Jefferson diz que, em anos passados, "era de maior valia a meus olhos do que todo o resto".[29]

Para entender como era realmente extraordinário, no contexto de nossa tradição, ver na felicidade pública e política uma imagem da bem-aventurança eterna, talvez caiba lembrar que para Tomás de Aquino, por exemplo, a *perfecta beatitudo* consistia exclusivamente numa visão, a visão de Deus, para a qual não era preciso ter a companhia de amigos (*amici non requiruntur ad perfectam beatitudinem*),[30] o que, aliás, ainda está de pleno acordo com os conceitos platônicos da vida de uma alma imortal. Jefferson, ao contrário, só conseguia pensar numa melhoria possível dos momentos mais felizes de sua vida se houvesse uma ampliação do círculo de amigos, para se sentar "em Congresso" com seus mais ilustres "colegas". Para encontrar uma imagem semelhante da quintessência da felicidade humana expressa numa alegre antevisão da vida no além, teríamos de voltar a Sócrates, que, numa famosa passagem da *Apologia*, admitiu franco e risonho que a

177

única coisa que podia querer era, por assim dizer, mais do mesmo — isto é, não uma ilha dos bem-aventurados, não a vida de uma alma imortal totalmente diversa da vida do homem mortal, e sim a ampliação do círculo de seus amigos no Hades, ao qual se somariam aqueles ilustres homens do passado grego, Orfeu e Museu, Hesíodo e Homero, que ele não conhecera na Terra e com os quais gostaria de entabular um daqueles intermináveis diálogos do pensamento, nos quais se tornara mestre.

Seja como for, pelo menos de uma coisa podemos ter certeza: a Declaração de Independência, embora borre a distinção entre felicidade privada e felicidade pública, pelo menos ainda nos faz ouvir a expressão "busca da felicidade" em seu duplo sentido: o bem-estar privado e o direito à felicidade pública, a busca do bem--estar e ser um "participante nos assuntos públicos". Mas a rapidez com que se esqueceu o segundo sentido e com que a expressão passou a ser usada e entendida sem seu adjetivo qualificativo original pode nos dar uma medida para avaliar, tanto na América quanto na França, a perda do significado original e o esquecimento do espírito que se manifestara na Revolução.

Conhecemos o que aconteceu na França em forma de grande tragédia. Os que desejavam e precisavam se libertar de seus senhores ou da necessidade, a grande senhora de todos os senhores, correram em auxílio daqueles que desejavam fundar um espaço para a liberdade pública — com o resultado inevitável de que tiveram de dar prioridade à libertação e os homens da revolução passaram a dar cada vez menos atenção àquilo que, originalmente, consideravam a tarefa mais importante, a criação de uma Constituição. Tocqueville tem toda a razão, mais uma vez, quando observa que, "de todas as ideias e sentimentos que prepararam a revolução, a noção e o gosto da liberdade pública em sentido estrito foram os primeiros a desaparecer".[31] No entanto, a enorme relutância de Robespierre em pôr fim à revolução porventura não se deveria também à sua convicção de que "o governo constitucional diz respeito sobretudo à liberdade civil, e o governo revolucionário à liberdade pública"?[32] Não teria ele receado que o fim do poder revolucionário e o início do governo constitucional significariam o fim da "liberdade pública"? Que o novo espaço público definharia depois de ter desabrochado de súbito e inebriado a todos com o vinho da ação, que, aliás, é igual ao vinho da liberdade?

Quaisquer que sejam as respostas a estas perguntas, a distinção categórica de Robespierre entre liberdade civil e liberdade pública guarda uma visível semelhança com o uso americano, vago e conceitualmente ambíguo, do termo "felicidade". Antes das duas revoluções, foi em termos de liberdades civis e liberdade pública, de bem-estar do povo e felicidade pública, que os *hommes de lettres* dos dois lados do Atlântico tentaram responder à velha pergunta: qual é o fim do governo? Sob o impacto da revolução, a pergunta se transformou em: qual é o fim da revolução e do governo revolucionário?, o que era bastante natural, embora tenha acontecido apenas na França. Para entender as respostas dadas à pergunta, é importante não subestimar o fato de que os homens da revolução, preocupados com o fenômeno da tirania — que priva os súditos tanto das liberdades civis quanto da liberdade pública, tanto do bem-estar privado quanto da felicidade pública, e portanto tende a apagar a linha divisória entre ambos —, só foram capazes de descobrir a aguda distinção entre privado e público, entre interesses privados e prosperidade comum, no decurso das revoluções, durante as quais os dois princípios entraram em conflito. Esse conflito foi o mesmo nas duas revoluções, a americana e a francesa, embora tenha assumido expressões muito diferentes. Para a Revolução Americana, a questão era se o novo governo devia constituir uma esfera própria para a "felicidade pública" de seus cidadãos, ou se ele fora concebido apenas para servir e garantir a busca da felicidade privada com mais eficiência do que o antigo regime. Para a Revolução Francesa, a questão era se o fim do governo revolucionário consistia na instauração de um "governo constitucional", que acabaria com o reinado da liberdade pública por meio da garantia de direitos e liberdades civis, ou se a revolução, em defesa da "liberdade pública", deveria se declarar permanente. A garantia das liberdades civis e da busca da felicidade privada tinha sido considerada por muito tempo como elemento essencial de todos os governos não tirânicos, em que os governantes governavam dentro dos limites da lei. Se não havia nada mais em jogo, as mudanças revolucionárias do governo, a abolição da monarquia e a instauração da república, devem ser vistas como acidentes, provocados apenas pelos desatinos dos antigos regimes. Se fosse este o caso, a resposta seria a reforma, não a revolução, seria a troca de um mau governante por outro melhor, e não uma mudança de governo.

Na verdade, os inícios bastante modestos das duas revoluções sugerem que, originalmente, não se pretendia nada além da reforma rumo à monarquia constitucional, embora as experiências do povo americano no campo da "felicidade pública" certamente fossem consideráveis antes de seus conflitos com a Inglaterra. Mas o ponto central é que as duas revoluções, a americana e a francesa, logo foram levadas a insistir na instauração de governos republicanos, e essa insistência, junto com o novo antagonismo violento entre monarquistas e republicanos, brotou diretamente das próprias revoluções. Os homens das revoluções, de todo modo, tinham tido contato com a "felicidade pública", e o impacto dessa experiência sobre eles fora muito grande, a ponto de preferirem praticamente em qualquer circunstância — se a alternativa infelizmente tivesse de ser colocada nesses termos — a liberdade pública em vez das liberdades civis, a felicidade pública em detrimento do bem-estar privado. Podemos vislumbrar por trás das teorias de Robespierre, que prenunciam a revolução declarada em estado permanente, a pergunta alarmada e alarmante que incomodaria quase todos os revolucionários posteriores, dignos desse nome: se o fim da revolução e a instituição do governo constitucional significavam o fim da liberdade pública, por que seria desejável pôr fim à revolução?

Se Robespierre tivesse vivido para ver o desenvolvimento do novo governo dos Estados Unidos, onde a revolução nunca restringiu significativamente os direitos civis e, talvez por isso mesmo, teve êxito exatamente onde a Revolução Francesa falhou, a saber, na tarefa de fundação; onde, além disso e aqui mais importante, os fundadores tinham passado a governar, de modo que o fim da revolução não significou o fim de sua "felicidade pública", suas dúvidas poderiam ter se confirmado. Pois a ênfase se transferiu quase de imediato do conteúdo da Constituição, isto é, a criação e a divisão do poder, e do surgimento de uma nova esfera na qual, nas palavras de Madison, "a ambição seria refreada pela ambição"[33] — a ambição, claro, de se destacar e ter "significação", e não a ambição de fazer carreira —, para a Declaração de Direitos, que continha as devidas limitações constitucionais ao governo; em outras palavras, ela se transferiu da liberdade pública para a liberdade civil, da participação nos assuntos públicos em favor da felicidade pública para a garantia de que a busca da felicidade privada seria protegida e incentivada pelo poder público. A nova fórmula de Jefferson — tão curiosamente ambígua no início, lembrando tanto a segurança das proclamações monárquicas com sua ênfase sobre o bem-estar privado do povo (que implicava sua exclusão dos assuntos públicos) quanto a usual expressão pré-revolucionária da "felicidade pública" — perdeu quase de imediato esse duplo sentido e passou a ser entendida como o direito dos cidadãos de buscar seus interesses pessoais e, assim, de agir conforme as regras do interesse próprio privado. E essas regras, quer brotem dos desejos sombrios do coração ou das obscuras necessidades domésticas, nunca foram muito "esclarecidas".

Para entender o que aconteceu na América, basta talvez lembrar a indignação de Crèvecoeur, aquele grande amante da prosperidade e da igualdade pré-revolucionárias, quando sua felicidade privada de agricultor foi interrompida pela eclosão da guerra e da revolução — esses "demônios" que julgava terem sido "desencadeados contra nós" por "aqueles grandes personagens que estão tão acima do comum dos homens" que se preocupavam mais com a independência e a fundação da república do que com os interesses dos agricultores e chefes de família.[34] Esse conflito entre interesses privados e assuntos públicos desempenhou um papel enorme nas duas revoluções, e, falando em termos gerais, pode-se dizer que os homens das revoluções eram aqueles que, mais por um autêntico amor à liberdade pública e à felicidade pública do que por qualquer idealismo altruísta, pensavam e agiam sistematicamente em termos de assuntos públicos. Na América, onde, de início, a existência do país se afirmara numa disputa de princípio e o povo se rebelara contra medidas de importância econômica trivial, a Constituição foi ratificada mesmo por aqueles que — em dívida com os comerciantes britânicos cujos processos poderiam dar entrada nos tribunais federais por determinação da Constituição — tinham muito a perder em termos de interesse privado, indicando que os fundadores contavam com a maioria do povo a seu lado, pelo menos durante a guerra e a revolução.[35] Mas, mesmo durante esse período, pode-se ver claramente que, do começo ao fim, o desejo de Jefferson de um espaço de felicidade pública e a paixão de John Adams pela "emulação", seu *spectemur agendo* — "sejamos vistos em ação", tenhamos um espaço onde somos vistos e podemos agir —, entram em conflito com o desejo implacável e fundamentalmente antipolítico de estar desobrigado de qualquer dever e cuidado público; de criar um mecanismo de administração do governo por meio do qual os homens possam controlar os governantes e, ao mesmo tempo, gozar as vantagens do governo monárquico, ser "governados sem precisar agir", "não exigir tempo para a supervisão ou a escolha dos agentes públicos, ou para a aprovação de leis", de modo que "sua atenção possa ser dedicada exclusivamente a seus interesses pessoais".[36]

O desfecho da Revolução Americana, no que se diferencia dos objetivos com que se iniciou, sempre foi ambíguo, e a questão se o fim do governo era a prosperidade ou a liberdade nunca foi resolvida. Ao lado dos que vieram a este continente em busca de um novo mundo, ou melhor, em busca de construir um novo mundo num continente recém-descoberto, sempre houve aqueles que queriam apenas um novo "modo de vida". Não admira que estes fossem em maior número do que aqueles; quanto ao século XVIII, o fator decisivo pode ter sido que, "após a Revolução Gloriosa, a migração para a América de importantes elementos ingleses cessou".[37] Na linguagem dos fundadores, a questão era se "o objetivo supremo a ser perseguido" era o "verdadeiro bem-estar do grande conjunto do povo",[38] a maior felicidade da maioria, ou se "o principal fim do governo" era "regular [a paixão de sobressair e ser visto], que por sua vez se torna um meio principal do governo".[39] Essa alternativa entre liberdade e prosperidade, como vemos hoje, não era nítida na mente dos fundadores americanos nem dos revolucionários franceses, mas disso não se segue que estivesse ausente. Sempre houve não só uma diferença, mas um antagonismo entre aqueles que, nas palavras de Tocqueville, "parecem amar a liberdade e apenas odeiam seus senhores" e aqueles que sabem que "*qui cherche dans la liberté autre chose qu'elle même est fait pour servir*" [quem procura na liberdade outra coisa além dela mesma é feito para servir].[40]

Há algo que ilustra muito bem a que ponto o caráter ambíguo das revoluções deriva de um equívoco na mente dos homens que as realizaram: são as formulações bizarramente contraditórias que Robespierre apresentou como "Princípios do Governo Revolucionário". Ele começa definindo o objetivo do governo constitucional como a preservação da República fundada pelo governo revolucionário com a finalidade de instaurar a liberdade pública. Mas, logo depois de definir o objetivo principal do governo constitucional como a "preservação da liberdade pública", ele como que volta atrás e se corrige: "Sob o governo constitucional, é quase suficiente proteger os indivíduos contra os abusos do poder público".[41] Nesta segunda frase, o poder é ainda público e está nas mãos do governo, mas o indivíduo perdeu o poder e deve ser protegido contra ele. A liberdade, por sua vez, trocou de lugar; não reside mais na esfera pública, e sim na vida privada dos cidadãos, e por isso precisa ser defendida contra o público e seu poder. A liberdade e o poder se afastam, e assim tem início a fatídica equiparação entre poder e violência, entre política e governo, entre governo e mal necessário.

Poderíamos extrair exemplos semelhantes, embora não tão concisos, de autores americanos, o que, evidentemente, é apenas uma outra maneira de dizer que a questão social interferiu no curso da Revolução Americana com o mesmo grau de intensidade, embora não tão dramática, que teve no curso da Revolução Francesa. Mesmo assim, a diferença é grande. Como o país nunca foi assolado pela pobreza, o que se interpôs no caminho dos fundadores da república não foi tanto a necessidade, e sim "a paixão fatal pelas riquezas rápidas". E essa busca específica de felicidade que, nas palavras do juiz Pendleton, sempre teve a tendência de "extinguir todos os sentimentos de dever político e moral",[42] pôde se manter em suspenso pelo menos por tempo suficiente para lançar os alicerces e erguer o novo edifício — embora não suficiente para mudar a mentalidade dos que iriam ocupá-lo. O resultado, à diferença do que ocorreu na Europa, foi que as noções revolucionárias de felicidade *pública* e liberdade *política* nunca desapareceram totalmente do cenário americano; tornaram-se parte da própria estrutura do corpo político da república. Se essa estrutura tem uma base sólida capaz de resistir às palhaçadas frívolas de uma sociedade interessada no enriquecimento e no consumo, ou se cederá sob a pressão da riqueza, assim como as comunidades europeias cederam sob o peso da desgraça e do infortúnio, é algo que só o futuro pode dizer. Atualmente, os sinais que justificam a esperança empatam com os sinais que inspiram medo.

Nesse contexto, o cerne da questão é que a América sempre foi, para o bem e para o mal, uma realização da humanidade europeia. Não só a Revolução Americana, mas tudo o que aconteceu antes e depois dela "foi um acontecimento dentro de uma civilização atlântica como um todo".[43] Assim, tal como o fato de se ter derrotado a pobreza na América teve as mais profundas repercussões na Europa, da mesma forma o fato de ter a miséria se prolongado por muito mais tempo, como condição dominante das classes baixas europeias, teve um tremendo impacto no curso dos acontecimentos na América após a revolução. A fundação da liberdade tinha sido precedida pela libertação da pobreza, pois a prosperidade inicial e pré-revolucionária da América — conquistada séculos antes que a emigração em massa do final do século XIX e começo do século XX trouxesse anualmente centenas de milhares, e até milhões, de pessoas das classes mais pobres da Europa até suas costas — foi, pelo menos em parte, resultado de um esforço consciente e concentrado para alcançar a libertação da pobreza, o qual nunca tinha sido empreendido nos países do Velho Mundo. Esse esforço em si, essa determinação inicial de derrotar a miséria aparentemente eterna da humanidade, é sem dúvida uma das maiores proezas da história ocidental e da história da humanidade. O problema foi que a luta para abolir a pobreza, sob o impacto de uma ininterrupta imigração em massa da Europa, veio a recair cada vez mais sob a influência dos próprios pobres e, portanto, sob a orientação dos ideais nascidos da pobreza, distintos daqueles princípios que haviam inspirado a fundação da liberdade.

Pois os ideais dos pobres são a abundância e o consumo sem fim: são as miragens no deserto da miséria. Nesse sentido, a riqueza e a pobreza são apenas as duas faces da mesma moeda; as cadeias da necessidade não precisam ser de ferro: podem ser feitas de seda. A liberdade e o luxo sempre foram considerados incompatíveis, e a avaliação moderna que tende a atribuir a insistência dos Pais Fundadores sobre a frugalidade e "a simplicidade dos costumes" (Jefferson) a um desprezo puritano pelos prazeres do mundo demonstra muito mais uma incapacidade de entender a liberdade do que uma mentalidade sem preconceitos. Pois aquela "paixão fatal pelas riquezas rápidas" nunca foi o vício do sensualista, e sim o sonho do pobre; e ela tem predominado tanto na América, quase desde o início da colonização, porque o país, mesmo no século XVIII, era não só a "terra da liberdade, a sede da virtude, o asilo dos oprimidos", mas também a terra prometida daqueles cujas condições não os tinham preparado para compreender, fosse a liberdade ou a virtude. Ainda é a pobreza da Europa que se desforra nas pilhagens com que a prosperidade americana e a sociedade de massas americana ameaçam cada vez mais toda a esfera política. O desejo oculto dos pobres não é "A cada um de acordo com suas necessidades", e sim "A cada um de acordo com seus desejos". E, ainda que seja verdade que a liberdade chega apenas para aqueles cujas necessidades foram atendidas, também é verdade que ela foge daqueles que se dedicam a viver para seus desejos. O sonho americano, como os séculos XIX e XX sob o impacto da imigração em massa vieram a entender, não era o sonho da Revolução Americana — a fundação da liberdade —, nem o sonho da Revolução Francesa — a libertação do homem; era, infelizmente, o sonho de uma "terra prometida" onde correm rios de leite e mel. E o fato de que o desenvolvimento tecnológico moderno pôde tão cedo realizar este sonho para além das mais loucas expectativas teve o efeito naturalíssimo de confirmar aos sonhadores que realmente tinham vindo morar no melhor de todos os mundos possíveis.

Concluindo, é difícil negar que Crèvecoeur estava certo ao prever que "o homem se imporá sobre o cidadão, [que] suas máximas políticas desaparecerão", que os que afirmam com toda a seriedade que "a felicidade de minha família é o único objeto de meus desejos" serão aplaudidos praticamente por todos ao dar vazão, em nome da democracia, à sua raiva contra os "grandes personagens que estão tão acima do comum dos homens" que suas aspirações ultrapassam sua felicidade privada, ou quando, em nome do "homem comum" e de alguma confusa noção de liberalismo, denunciam como ambição a virtude pública, que certamente não é a virtude do agricultor, e como "aristocratas" aqueles aos quais devem sua liberdade, considerando-os possuídos (como no caso do pobre John Adams) de uma "vaidade colossal".[44] Essa transformação do cidadão das revoluções no indivíduo privado do século XIX foi tratada várias vezes, geralmente nos termos da Revolução Francesa, que falava em *citoyens* e *bourgeois*. Num nível mais elaborado, podemos considerar esse desaparecimento do "gosto pela liberdade política" como o retraimento do indivíduo para um "domínio interior da consciência", em que ele encontra a única "região apropriada da liberdade humana"; dessa região, como que numa fortaleza em desintegração, o indivíduo, tendo se imposto ao cidadão, agora irá se defender contra uma sociedade que, por sua vez, "se impõe à individualidade".[45] Foi este processo, mais do que as revoluções, que determinou a fisionomia do século XIX, como ainda determina parcialmente a do século XX.

4. Fundação I: *Constitutio libertatis*

1.

Existiam homens no Velho Mundo que sonhavam com a liberdade pública, existiam homens no Novo Mundo que provaram a felicidade pública — são estes, em última análise, os fatos que determinaram que o movimento de restauração, de recuperação dos antigos direitos e liberdades, evoluísse para uma revolução dos dois lados do Atlântico. E, por mais que os acontecimentos e as circunstâncias, no êxito e na derrota, viessem a separá-los, os americanos ainda concordariam com Robespierre sobre o objetivo supremo da revolução, a fundação da liberdade, e sobre a tarefa concreta do governo revolucionário, a instauração de uma república. Ou talvez tenha sido o contrário, e era Robespierre que estava sob a influência do curso da Revolução Americana quando formulou seus famosos "Princípios do Governo Revolucionário". Pois à revolta armada das colônias americanas e à Declaração de Independência seguiu-se um surto espontâneo de criação de constituições em todas as treze colônias — como se, nas palavras de John Adams, "treze relógios batessem ao mesmo tempo" —, de forma que não houve nenhuma brecha, nenhum hiato e praticamente nem tempo para respirar entre a guerra de libertação, a luta pela independência que era a condição para a liberdade, e a constituição dos novos estados. É verdade que "o primeiro ato do grande drama", a "recente guerra americana", se encerrou antes que a Revolução Americana chegasse ao fim,[1] mas também é verdade que esses dois estágios completamente diversos do processo revolucionário começaram quase em simultâneo e continuaram a correr em paralelo durante toda a guerra. Nunca é demais insistir sobre a importância desse desenvolvimento. O milagre que salvou a Revolução Americana, se é que se trata de um milagre, não foi que os colonizadores tiveram força e poder suficiente para vencer uma guerra contra a Inglaterra, e sim que essa vitória não tenha desembocado "numa infinidade de nações, crimes e calamidades [...]; até que finalmente as províncias exaustas se afund[ass]em na escravidão sob o jugo de algum conquistador afortunado",[2] como receara John Dickinson, e com razão. De fato, tal costuma ser o destino de uma rebelião à qual não se segue uma revolução e, portanto, tal costuma ser o destino de inúmeras ditas revoluções. Mas, se tivermos em mente que o fim da rebelião é a libertação, ao passo que o fim da revolução é a fundação da liberdade, o cientista político ao menos saberá como evitar a armadilha do historiador, que tende a colocar a tônica no primeiro estágio — violento — da rebelião e libertação na revolta contra a tirania, em detrimento do segundo estágio — mais calmo — da revolução e Constituição, porque todos os aspectos dramáticos de sua história parecem estar contidos no primeiro estágio e talvez também porque o turbilhão da libertação muito frequentemente derrota a revolução. Essa tendência, que ocorre com o historiador porque ele é um contador de histórias, está intimamente ligada à teoria muito mais perniciosa de que as constituições e a febre de criar constituições, longe

189

de expressar autenticamente o espírito revolucionário do país, na verdade se deveriam a forças da reação, derrotando a revolução ou impedindo seu pleno desenvolvimento, de forma que — muito logicamente — a Constituição dos Estados Unidos, a verdadeira culminação desse processo revolucionário, é entendida como resultado efetivo da contrarrevolução. O equívoco básico consiste em não se distinguir entre libertação e liberdade; não existem coisas mais fúteis no mundo do que uma rebelião e uma libertação, se não vierem acompanhadas pela constituição da liberdade recém-conquistada. Pois "nem os costumes, nem as riquezas, nem a disciplina dos exércitos, nem todos eles juntos funcionarão sem uma Constituição" (John Adams).

Mas, mesmo que se resista a essa tentação de equiparar revolução e luta pela libertação, em vez de identificar a revolução com a fundação da liberdade, resta ainda o problema adicional, e mais sério em nosso contexto, de que há pouquíssimo na forma ou no conteúdo das novas constituições revolucionárias que seja sequer novo, e muito menos revolucionário. É claro que a noção de governo constitucional nada tem de revolucionário em sua gênese ou conteúdo; ela significa simplesmente um governo limitado por leis e a salvaguarda das liberdades civis por meio de garantias constitucionais, como são expressas nas várias declarações de direitos que foram incorporadas às novas constituições e são amiúde tidas como a parte mais importante, as quais nunca foram entendidas como expressão dos novos poderes revolucionários do povo, e sim, ao contrário, como dispositivos necessários para limitar o poder do governo, mesmo no corpo político recém-fundado. Uma declaração de direitos, como observou Jefferson, expunha aquilo "a que o povo está autorizado contra qualquer governo na terra, geral ou particular, e que por consequência nenhum governo justo pode recusar ou suspender".[3]

Em outras palavras, já naquela época como ainda hoje, o governo constitucional era um governo limitado no sentido em que o século xviii falava em "monarquia limitada", a saber, uma monarquia com seu poder limitado por leis. As liberdades civis e o bem-estar privado são da alçada do governo limitado, e a salvaguarda deles não depende da forma de governo. Apenas a tirania, forma de governo bastarda segundo a teoria política, elimina o governo constitucional, isto é, sujeito à lei. No entanto, todas as liberdades garantidas pelas leis do governo constitucional são de natureza negativa, e isso inclui o direito de representação para finalidades de tributação, que mais tarde se transformou no direito a voto; de fato, são "não poderes em si, mas apenas uma isenção dos abusos de poder";[4] reivindicam, não uma participação no governo, mas uma salvaguarda contra o governo. Em nosso contexto, não importa muito se essa noção de constitucionalismo remonta à Magna Carta e, portanto, aos privilégios, direitos e pactos feudais firmados entre o poder real e os estamentos do reino, ou se, ao contrário, "não encontramos o constitucionalismo moderno em lugar algum, antes do surgimento de um governo central efetivo".[5] Se nas revoluções estivesse em jogo apenas esse tipo de constitucionalismo, as revoluções teriam se mantido fiéis a seus modestos inícios, quando ainda podiam ser entendidas como tentativas de restaurar "antigas" liberdades: mas a verdade é que não foi este o caso.

Existe uma outra razão, talvez ainda mais forte, para nossa dificuldade em identificar o elemento genuinamente revolucionário na criação de uma Constituição. Se nos basearmos não nas revoluções setecentistas, mas na série de revoltas que se seguiram a elas ao longo dos séculos xix e xx, é como se nos restasse a alternativa entre revoluções que se tornam permanentes, que não chegam a um fim e não realizam seu próprio fim, a fundação da liberdade, e revoluções em que, após a sublevação revolucionária, acaba por nascer algum novo governo "constitucional" que garante uma boa quantidade de liberdades civis e que, seja na forma de monarquia, seja na forma de república, merece apenas o nome de governo limitado. A primeira alternativa se aplica nitidamente às revoluções na Rússia e na China, onde os homens no poder não só admitem como se vangloriam do fato de manterem um governo revolucionário por tempo indeterminado; a segunda alternativa se aplica às sublevações revolucionárias que varreram praticamente todos os países europeus após a Primeira Guerra Mundial, bem como muitos países coloniais que conquistaram sua independência das metrópoles europeias após a Segunda Guerra Mundial. Nesses casos, as constituições não resultaram de maneira nenhuma da revolução; ao contrário, foram impostas após o fracasso da revolução e eram sinais, pelo menos aos olhos do povo do país, de derrota e não de vitória. Geralmente eram obra de especialistas, embora não no sentido em que Gladstone se referira à Constituição americana, como "a obra mais maravilhosa jamais elaborada em qualquer época pelo cérebro humano e para propósitos humanos", e sim no sentido em que Arthur Young, já em 1792, considerava que os franceses haviam adotado o "novo termo", que "utilizam como se uma Constituição fosse um pudim que se faz com uma receita".[6] O objetivo dessas constituições era deter a onda da revolução; se também serviam para limitar o poder, era não só o poder do governo mas também o poder revolucionário do povo cuja manifestação precedera sua instauração.[7]

Um dos problemas, e talvez não o menor deles, que cercam a discussão desses temas é meramente terminológico. É evidente a ambiguidade da palavra "constituição", na medida em que ela designa tanto o ato de constituir quanto a lei ou as regras de governo que são "constituídas", encarnem-se elas em documentos escritos ou, como no caso da Constituição britânica, em instituições, costumes e precedentes. É claramente impossível usar o mesmo nome e esperar os mesmos resultados daquelas "constituições" que um governo não revolucionário adota porque o povo e sua revolução não conseguiram constituir seu próprio governo, e daquelas outras "constituições" que, nas palavras de Gladstone, "tinham provindo da história progressiva" de uma nação ou que resultaram do esforço deliberado de todo um povo para fundar um novo corpo político. Tanto a diferença quanto a indistinção ficam plenamente evidentes na famosa definição do termo dada por Thomas Paine, na qual ele apenas sintetizou e formulou o que deve ter aprendido com o surto americano de criação de constituições: "Uma Constituição não é o ato de um governo, e sim de um povo constituindo um governo".[8] Daí a necessidade, na França e na América, de assembleias constituintes e convenções específicas cuja única tarefa era redigir o projeto de uma Constituição; daí também a necessidade de levar esse projeto de volta ao povo e debater os Artigos da Confederação, cláusula por cláusula, em reuniões nas câmaras municipais e, mais tarde, os artigos da Constituição nos congressos estaduais. Pois o ponto central não era que não se confiasse nos congressos provinciais das treze colônias para estabelecer governos estaduais com poderes devidamente limitados, mas sim que se estabelecera como princípio para os constituintes que o povo é que devia "dotar o governo de uma Constituição, e não o inverso".[9]

Basta um rápido exame dos vários destinos do governo constitucional fora dos países anglo-americanos e de suas esferas de influência para percebermos a enorme diferença de poder e autoridade entre uma Constituição imposta pelo governo a um povo e a Constituição pela qual um povo constitui seu governo. Todas as constituições redigidas por especialistas, sob as quais a Europa passou a viver após a Primeira Guerra Mundial, baseavam-se em larga medida nos moldes da Constituição americana e, tomadas em si, deveriam funcionar razoavelmente bem. Mas a desconfiança que sempre inspiraram nos povos submetidos a elas é historicamente documentada, bem como o fato de que, quinze anos após a queda do governo monárquico no continente europeu, mais da metade da Europa estava vivendo sob alguma espécie de ditadura, enquanto os governos constitucionais restantes, com a destacada exceção da Suíça e dos países escandinavos, partilhavam a mesma deplorável falta de poder, autoridade e estabilidade que, mesmo naquela época, já era a característica predominante da Terceira República na França. Pois a falta de poder e a concomitante falta de autoridade têm sido a maldição que persegue o governo constitucional em quase todos os países europeus desde a abolição das monarquias absolutas, e as catorze constituições da França entre 1789 e 1875 fizeram com que a própria palavra se tornasse uma piada, mesmo antes da chuvarada de constituições do pós-guerra no século xx. Podemos lembrar, por fim, que os períodos de governo constitucional foram apelidados como fases do "sistema" (na Alemanha após a Primeira Guerra, na França após a Segunda Guerra), termo com que o povo designava um estado de coisas em que a própria legalidade havia submergido num sistema de conivências semicorruptas, do qual todas as pessoas íntegras teriam licença de se eximir, visto que nem parecia valer a pena se revoltar contra ele. Em suma, e nas palavras de John Adams, "uma Constituição é um padrão, um pilar e um vínculo, quando é entendida, aprovada e amada. Mas, sem esse entendimento e esse apego, seria igual a um papagaio de papel ou a um balão, solto no ar".[10]

É bastante óbvia a diferença entre uma Constituição que é ato do governo e a Constituição por meio da qual o povo constitui um governo. A ela deve-se acrescentar uma outra diferença, que, embora intimamente relacionada, é muito mais difícil de ser percebida. Se havia alguma coisa que os criadores de constituições dos séculos xix e xx tinham em comum com seus ancestrais americanos no século xviii, era a desconfiança no poder enquanto tal, e essa desconfiança era talvez ainda mais acentuada no Novo Mundo do que jamais tinha sido nos países do Velho Mundo. O homem, por sua própria natureza, é "inepto a receber poder ilimitado", os indivíduos que exercem o poder podem se transformar em "animais predadores vorazes", o governo é necessário para refrear o homem e seu impulso pelo poder e, assim, é (como disse Madison) "uma reflexão sobre a natureza humana": todas essas ideias eram lugares-comuns não só no século XIX, mas também no século XVIII, e estavam profundamente entradas no espírito dos Pais Fundadores.

Todas elas estão por trás das declarações de direitos, e compõem a concordância geral sobre a absoluta necessidade de um governo constitucional, no sentido de um governo limitado; no entanto, não foram decisivas para o desenvolvimento americano. O temor dos fundadores quanto ao excesso de poder no governo era contrabalançado pela grande consciência que tinham quanto aos enormes perigos aos direitos e liberdades do cidadão que surgiriam dentro da sociedade. Assim segundo Madison, "é de grande importância numa república não só proteger a sociedade contra a opressão de seus governantes, mas também proteger uma parte da sociedade contra a injustiça da outra parte", para resguardar "os direitos dos indivíduos ou da minoria... contra as combinações de interesses da maioria".[11] Quando menos isso exigia a constituição do poder governamental público, cuja própria essência jamais poderia derivar de algo que é uma mera negativa, isto é, o governo constitucional limitado, embora os constitucionalistas e elaboradores de constituições da Europa vissem nele a quintessência das virtudes da Constituição americana. O que admiravam, e do ponto de vista da história da Europa continental tinham razão, eram, de fato, as virtudes do "governo brando" tal como se desenvolvera organicamente a partir da história britânica, e, na medida em que essas virtudes não só foram incorporadas a todas as constituições do Novo Mundo, mas apresentadas muito enfaticamente como direitos inalienáveis de todos os homens, não conseguiram entender, de um lado, a importância enorme, suprema, da fundação de uma república e, de outro lado, o fato de que o conteúdo concreto da Constituição não era de maneira nenhuma a salvaguarda das liberdades civis, e sim o estabelecimento de um sistema de poder inteiramente novo.

Sob este aspecto, o registro da Revolução Americana fala uma linguagem muito clara e inequívoca. O que preocupava o espírito dos fundadores não era o constitucionalismo, no sentido de um governo legítimo "limitado". Nisso estavam de acordo, sem precisar discutir ou sequer esclarecer a questão, e, mesmo nos dias em que o sentimento de oposição ao rei e ao Parlamento da Inglaterra se alastrava com maior intensidade no país, continuavam de certa forma conscientes do fato de que ainda lidavam com uma "monarquia limitada", e não com um príncipe absoluto. Quando declararam a independência frente a esse governo, e depois de ter renegado sua lealdade à coroa, a questão principal para eles certamente não era como limitar o poder, e sim como estabelecê-lo, não como limitar o governo, e sim como instaurar um novo. A febre de elaborar constituições, que tomou conta do país logo após a Declaração de Independência, impediu que se desenvolvesse um vazio de poder, e o estabelecimento do novo poder não poderia se basear em que algo que sempre fora essencialmente uma negação ao poder, isto é, as declarações de direitos.

Confunde-se tanto e com tanta facilidade toda essa questão por causa do importante papel que a "Declaração dos Direitos do Homem e do Cidadão" veio a desempenhar durante a Revolução Francesa, em que, de fato, esses direitos foram entendidos não como marcos limitando todo governo legítimo, e sim, ao contrário, como sua própria base de fundação. Tirando o fato de que a declaração "Todos os homens nascem iguais", carregada de implicações realmente revolucionárias num país de organização social e política ainda feudal, jamais teve essa conotação no Novo Mundo, ainda mais importante é a diferença de ênfase quanto ao único aspecto absolutamente novo na enumeração dos direitos civis, a saber, que esses direitos eram agora solenemente declarados como direitos de todos os homens, fossem quem fossem e vivessem onde vivessem. Essa diferença de ênfase surgiu quando os americanos, embora plenamente convictos de que o que reivindicavam da Inglaterra eram "os direitos dos ingleses", já não podiam mais pensar em si mesmos em termos de "uma nação em cujas veias circula o sangue da liberdade" (Burke); aliás, mesmo a infiltração de linhagens não inglesas e não britânicas entre eles bastava para lembrar-lhes: "Sejam ingleses, irlandeses, alemães ou suecos... vocês têm direito a todas as liberdades dos ingleses e à liberdade desta constituição".[12] O que estão realmente dizendo e proclamando era que aqueles direitos até então gozados apenas por ingleses deveriam no futuro ser gozados por todos os homens —[13] em outras palavras, todos os homens deveriam viver sob um governo constitucional "limitado". A proclamação dos direitos humanos durante a Revolução Francesa, pelo contrário, significava muito literalmente que todos os homens, em virtude do nascimento, se tornavam detentores de determinados direitos. As consequências dessa mudança na ênfase são enormes, tanto na teoria quanto na prática. A versão americana, de fato, proclama apenas a necessidade do governo civilizado para toda a humanidade; a versão francesa, porém, proclama a existência de direitos fora e independentemente do corpo político, e então passa a igualar esses chamados direitos, a saber, os direitos do homem *qua* homem, aos direitos dos cidadãos. Em nosso contexto, não precisamos insistir nas dificuldades intrínsecas ao próprio conceito de direitos humanos, nem na triste ineficácia de todas as declarações, proclamações ou enumerações dos direitos humanos que não foram imediatamente incorporadas na lei positiva, a lei da terra, e aplicadas aos que lá moravam. O problema desses direitos sempre foi que só poderiam ser os direitos dos nacionais, e que eram invocados apenas como último recurso por aqueles que haviam perdido seus direitos normais enquanto cidadãos.[14] Basta afastarmos de nossas considerações o fatal equívoco, sugerido pelo curso da Revolução Francesa, de que a proclamação dos direitos humanos ou a garantia dos direitos civis poderia algum dia se converter em meta ou conteúdo da revolução.

O objetivo das constituições estaduais que precederam a Constituição da União — fossem redigidas pelos congressos provinciais, fossem por assembleias constituintes (como no caso de Massachusetts) — era criar novos centros de poder, depois que a Declaração da Independência tinha abolido a autoridade e o poder da coroa e do Parlamento. Para essa tarefa, a criação do novo poder, os fundadores e homens da Revolução recorreram a todo o arsenal daquilo que eles mesmos chamavam de "ciência política", pois a ciência política, em suas palavras, consistia em tentar descobrir "as formas e combinações de poder nas repúblicas".[15] Cientes de sua ignorância sobre o assunto, eles recorreram à história, reunindo com uma minúcia que beirava o formalismo todos os exemplos, antigos e modernos, reais e fictícios, de constituições republicanas; o que procuravam aprender para dissipar a ignorância não era de maneira alguma a salvaguarda das liberdades civis — tema sobre o qual certamente sabiam muito mais do que qualquer república anterior — e sim a constituição do poder. Era esta, também, a razão do enorme fascínio exercido por Montesquieu, cujo papel na Revolução Americana quase se iguala à influência de Rousseau sobre o curso da Revolução Francesa; pois o principal objeto da grande obra de Montesquieu, que era estudada e citada como autoridade sobre o governo pelo menos dez anos antes de estourar a revolução, era de fato "a constituição da liberdade política",[16] mas a palavra "constituição" nesse contexto perdia todas as conotações negativas de limitação e negação do poder; pelo contrário, o termo significa que o "grandioso templo da liberdade federal" deve se basear na fundação e distribuição correta do poder. Era exatamente porque Montesquieu — neste aspecto, único entre as fontes de onde os fundadores retiraram seus conhecimentos políticos — defendia que poder e liberdade caminhavam juntos; que, conceitualmente falando, a liberdade política consistia não no eu-quero e sim no eu-posso, e que, portanto, a esfera política devia ser entendida e constituída de maneira que combinasse o poder e a liberdade, que encontramos seu nome invocado em praticamente todos os debates sobre a Constituição.[17] Montesquieu confirmava o que os fundadores sabiam, pela experiência das colônias, que estava certo, a saber, que a liberdade era "um poder natural de fazer ou não fazer algo que temos em mente", e, quando lemos nos primeiros documentos da época colonial que "os deputados assim escolhidos terão *poder e liberdade* de indicar", ainda podemos ver como era natural para essas pessoas usar as duas palavras quase como sinônimos.[18]

Sabe-se que a questão que desempenhou o principal papel nesses debates foi o problema da separação ou equilíbrio dos poderes, e é plena verdade que a ideia dessa separação não foi de modo algum uma descoberta exclusiva de Montesquieu. Com efeito, a ideia em si — longe de ser resultado de uma concepção de mundo mecânica, newtoniana, como se tem sugerido ultimamente — é muito antiga; ela ocorre, pelo menos de maneira implícita, na discussão tradicional das formas mistas de governo e, assim, pode ser rastreada até Aristóteles ou, pelo menos, até Políbio, que foi talvez o primeiro a perceber as vantagens inerentes aos pesos e contrapesos mútuos. Montesquieu, ao que parece, não tinha conhecimento dessas origens históricas; ele havia se baseado na estrutura da Constituição inglesa, que julgava ser única, e hoje em dia não vem ao caso se ele a interpretou corretamente, e mesmo no século xviii isso não tinha grande importância. Pois a descoberta de Montesquieu se referia efetivamente à natureza do poder, e ela está em contradição tão flagrante com todas as ideias convencionais sobre o tema que quase caiu no esquecimento, mesmo tendo inspirado profundamente a fundação da república na América. A descoberta, sintetizada numa única frase, expõe o princípio esquecido que sustenta toda a estrutura dos poderes separados: apenas "o poder detém o poder" — isto é, cumpre acrescentar, sem o destruir, sem colocar a impotência no lugar do poder.[19] Pois, evidentemente, o poder pode ser destruído pela violência; é o que acontece nas tiranias, em que a violência de um destrói o poder de muitos, e assim, segundo Montesquieu, são destruídas por dentro: elas perecem porque geram impotência em vez de poder. Mas o poder, ao contrário do que tendemos a pensar, não pode ser refreado, pelo menos não de maneira confiável, pelas leis, pois o chamado poder do governante que é refreado no governo legal, constitucional, limitado, na verdade não é poder, e sim violência, é a força multiplicada de um que monopolizou o poder dos muitos. Por outro lado, as leis sempre correm o risco de ser abolidas pelo poder dos muitos, e num conflito entre lei e poder raramente a lei sai vitoriosa. Mas, mesmo supondo que a lei seja capaz de refrear o poder — e é sobre essa suposição que devem se fundar todas as formas realmente democráticas de governo, para que não degenerem na pior e mais arbitrária das tiranias —, a limitação que as leis podem impor ao poder só pode resultar num decréscimo de sua potência. O poder só pode ser refreado *e* ainda continuar intacto pelo poder, de forma que o princípio da separação do poder não só fornece uma garantia contra a monopolização do poder por uma parte do governo como também oferece efetivamente uma espécie de mecanismo, embutido no próprio núcleo interno do governo, que gera constantemente um novo poder, que, porém, não é capaz de crescer e se expandir em prejuízo de outros centros ou fontes de poder. A famosa percepção de Montesquieu de que mesmo a virtude requer limites, e que mesmo um excesso de razão é indesejável, aparece em sua discussão sobre a natureza do poder;[20] para ele, virtude e razão, mais do que meras faculdades, eram poderes, de modo que a preservação e o crescimento delas deveriam se sujeitar às mesmas condições que regem a preservação e o crescimento do poder. Certamente não era por querer menos virtude e menos razão que Montesquieu defendia a limitação delas.

Esse aspecto da questão geralmente é deixado de lado porque pensamos a divisão do poder apenas em termos de sua separação nos três ramos do governo. Mas o problema principal dos fundadores era como estabelecer a União a partir de treze repúblicas "soberanas", devidamente constituídas; a tarefa deles era fundar uma "república confederada" que — na linguagem da época, tomada a Montesquieu — reconciliasse as vantagens da monarquia nos assuntos estrangeiros e as vantagens do republicanismo na política interna.[21] E aqui, nesta tarefa da Constituição, não se tratava mais do constitucionalismo no sentido dos direitos civis — mesmo que então tivesse se incorporado à Constituição uma Declaração de Direitos sob a forma de emendas, como complemento necessário a ela —, e sim de criar um sistema de poderes que se refreassem e se equilibrassem de tal forma que nem o poder da União nem o poder de suas partes, os estados devidamente constituídos, viessem a se diminuir ou se destruir mutuamente.

Como entenderam bem essa parte da doutrina de Montesquieu nos dias da fundação da república! No plano da teoria, seu maior defensor foi John Adams, cujo pensamento político girava exclusivamente em torno do equilíbrio dos poderes. E quando ele escreveu: "Deve-se opor o poder ao poder, a força à força, a coerção à coerção, o interesse ao interesse, bem como a razão à razão, a eloquência à eloquência e a paixão à paixão", evidentemente acreditava que havia descoberto nesta oposição um instrumento para gerar mais poder, mais força, mais razão, e não para aboli-los.[22] No plano da prática e da formação de instituições, convém examinar o argumento de Madison sobre a proporção e o equilíbrio do poder entre o governo federal e os governos estaduais. Se ele acreditasse nas noções correntes da indivisibilidade do poder — que poder dividido é menos poder[23] —, teria concluído que o novo poder da União teria de se fundar em poderes cedidos pelos estados, e, assim, quanto mais forte ela fosse, mais fracas ficariam suas partes constituintes. Mas seu argumento era que o próprio estabelecimento da União havia fundado uma nova fonte de poder, que não extraía de maneira nenhuma sua força dos poderes dos estados, na medida em que não havia se estabelecido às expensas deles. Por isso insistia: "Não são os estados que devem ceder seus poderes ao governo nacional, e sim os poderes do governo central devem se ampliar largamente [...]. Ele serviria como um freio aos governos estaduais no exercício dos poderes consideráveis que ainda devem permanecer com eles".[24] Por isso, se os governos dos estados particulares "fossem abolidos, o governo geral seria obrigado pelo princípio da autopreservação a reinstaurá-los em sua jurisdição própria".[25] Neste aspecto, a grande — e a longo prazo talvez a maior — inovação americana na política como tal foi a abolição sistemática da soberania dentro do corpo político da república, a percepção de que, na esfera dos assuntos humanos, soberania e tirania se equivalem. O defeito da Confederação era que não havia nenhuma "partição do poder entre o governo geral e os governos locais", e que ela funcionava como a instância central de ação de uma aliança, e não como um governo; a experiência mostrara que havia nesta aliança de poderes uma tendência perigosa de que os poderes aliados atuassem não para se refrear, e sim para se anular mutuamente, ou seja, gerar impotência.[26] O que os fundadores receavam na prática era não o poder e sim a impotência, e seus receios se intensificavam diante da concepção de Montesquieu, constantemente citadas em seus debates, de que o governo republicano era eficiente apenas em territórios relativamente pequenos. Assim, a discussão girava em torno da própria viabilidade da forma republicana de governo, e tanto Hamilton como Madison chamavam a atenção para uma outra concepção de Montesquieu, segundo a qual uma confederação de repúblicas poderia resolver os problemas de países maiores, desde que os corpos constituídos — pequenas repúblicas — fossem capazes de constituir um novo corpo político, a República Confederada, em vez de se contentar com uma mera aliança.[27]

É evidente que o verdadeiro objetivo da Constituição americana não era limitar o poder, mas criar mais poder, de fato criar e constituir devidamente um centro de poder inteiramente novo, destinado a compensar a República Confederada, cuja autoridade seria exercida num grande território em expansão, pela perda do poder que ocorrera no momento em que as colônias se separaram da Coroa inglesa. Esse sistema complexo e delicado, deliberadamente concebido para manter intacto o poder potencial da república e impedir que qualquer das múltiplas fontes de poder se esgotasse em caso de expansão, "de crescer com a adição de outros membros", foi inteiramente fruto da revolução.[28] A Constituição americana finalmente consolidou o poder da revolução e, como o objetivo da revolução era a liberdade, de fato ela se tornou o que Bracton havia chamado de *constitutio libertatis*, a fundação da liberdade.

Crer que as efêmeras constituições europeias do pós-guerra ou mesmo suas predecessoras do século XIX, cujo princípio inspirador tinha sido a desconfiança frente ao poder em geral e o medo frente ao poder revolucionário do povo em particular, pudessem instaurar a mesma forma de governo que foi instaurada pela Constituição americana, que nascera da confiança de ter descoberto um princípio de poder com força suficiente para fundar uma união permanente, é se deixar enganar pelas palavras.

2.

Por mais detestáveis que possam ser, esses equívocos não são arbitrários e, portanto, não podem ser ignorados. Não teriam surgido não fosse pelo fato histórico de que as revoluções haviam se iniciado como restaurações, e era realmente difícil, dificílimo para os próprios atores, dizer quando e por que a tentativa de restauração havia se transformado no acontecimento irresistível da revolução. Como a intenção original deles não era a fundação da liberdade, e sim a recuperação dos direitos e liberdades do governo limitado, nada mais natural que os próprios homens da revolução, quando finalmente se viram diante da tarefa suprema do governo revolucionário, a fundação de uma república, tivessem a tentação de falar da nova liberdade, nascida no curso da revolução, em termos das antigas liberdades.

Ocorre algo muito parecido no que se refere aos outros termos fundamentais da revolução, e que guardam mútua relação: o poder e a autoridade. Mencionamos antes que nenhuma revolução teve êxito, e poucas rebeliões sequer tiveram início, onde a autoridade do corpo político estava realmente intacta. Assim, desde o começo, a recuperação das antigas liberdades veio acompanhada pela reinstituição da autoridade perdida e do poder perdido. E aqui também, assim como o antigo conceito de liberdades, por causa da tentativa de restauração, veio a exercer grande influência sobre a interpretação da nova experiência de liberdade, da mesma forma a antiga concepção de poder e autoridade, mesmo quando seus ex-representantes eram denunciados com o máximo vigor, fez com que a nova experiência de poder fosse quase automaticamente canalizada para conceitos que acabavam de ficar desocupados. É este fenômeno de influência automática que, de fato, autoriza os historiadores a afirmar: "A nação ocupou o lugar do príncipe" (F. W. Maitland), mas "não antes que o próprio príncipe tivesse ocupado o lugar do papa e do bispo" — e a concluir que foi por esta razão que "o Estado absoluto moderno, mesmo sem um príncipe, pôde ter as pretensões de uma Igreja".[29] Em termos históricos, a diferença mais evidente e decisiva entre a Revolução Americana e a Revolução Francesa era que a herança histórica da Revolução Americana consistia na "monarquia limitada" e a da Revolução Francesa num absolutismo que, até onde alcança a vista, remontava aos primeiros séculos de nossa era e aos últimos séculos do Império Romano. Com efeito, parece muito natural que uma revolução seja predeterminada pelo tipo de governo que ela derruba; assim, parece muito plausível explicar o novo absoluto, a revolução absoluta, pela monarquia absoluta que a precedeu, e concluir que, quanto mais absoluto for o governante, mais absoluta será a revolução que vem a substituí-lo. Não haveria dificuldade em ler os anais da Revolução Francesa no século xviii e os da Revolução Russa, que seguiu seus moldes no século xx, como uma sequência de demonstrações dessa plausibilidade. O que fez inclusive o próprio Sieyès, a não ser simplesmente colocar a soberania da nação no lugar que o rei soberano deixara desocupado? O que lhe poderia ter sido mais natural do que colocar a nação acima da lei, tal como a soberania do rei francês deixara muito tempo antes de significar a independência frente aos pactos e obrigações feudais e, pelo menos desde a época de Bodin, passara a significar o verdadeiro absoluto do poder real, uma *potestas legibus soluta*, um poder absolvido das leis? E, como não só a pessoa do rei tinha sido a fonte de todo o poder na terra mas também sua vontade fora a origem de toda a lei terrena, de agora em diante a vontade da nação teria, evidentemente, de ser a própria lei.[30] Neste ponto os homens da Revolução Francesa estavam totalmente de acordo, assim como os homens da Revolução Americana estavam totalmente de acordo com a necessidade de limitar o governo, e, assim como a teoria da separação dos poderes de

Montesquieu havia se tornado axiomática para o pensamento político americano, pois se inspirava na Constituição inglesa, da mesma forma a noção de Vontade Geral de Rousseau, inspirando e guiando a nação como se tivesse deixado de ser uma multidão e realmente formasse uma só pessoa, passou a ser axiomática para todas as facções e partidos da Revolução Francesa, porque era realmente o substituto teórico da vontade soberana de um monarca absoluto. O cerne da questão é que o monarca absoluto — à diferença do rei submetido à limitação constitucional — não só representava a vida potencialmente eterna da nação, de modo que "o rei está morto, viva o rei" na verdade significava que o rei "é uma corporação em si que vive para sempre",[31] como também encarnava na terra uma origem divina na qual coincidiam a lei e o poder. Sua vontade, na medida em que supostamente representava a vontade de Deus na terra, era a fonte da lei e do poder, e era essa origem comum a ambos que conferia poder à lei e legitimidade ao poder. Por isso, quando os homens da Revolução Francesa colocaram o povo no lugar do rei, era quase natural que vissem no povo, de acordo com a antiga teoria romana e de pleno acordo com os princípios da Revolução Americana, não só a fonte e o lócus de todo o poder, mas também a origem de todas as leis.

É inegável a excepcional fortuna da Revolução Americana. Ela se deu num país que não conhecia o problema da pobreza de massa, entre um povo que tinha uma ampla experiência de governar a si mesmo, e sem dúvida não menos importante foi que a revolução nasceu de um conflito com uma "monarquia limitada". No governo do rei e do Parlamento com o qual as colônias romperam, não havia nenhuma *potestas legibus soluta*, nenhum poder absoluto absolvido das leis. Por isso os elaboradores das constituições americanas, embora soubessem que deviam estabelecer uma nova fonte de direito e conceber um novo sistema de poder, nunca sequer sentiram a tentação de derivar a lei e o poder da mesma origem. Para eles, a sede do poder era o povo, mas a fonte da lei viria a ser a Constituição, um documento escrito, uma coisa objetiva duradoura, que certamente podia ser abordada de muitos ângulos diferentes e interpretada de muitas maneiras diversas, que podia ser modificada e emendada de acordo com as circunstâncias, mas que mesmo assim jamais era um estado de espírito subjetivo, como a vontade. Mantinha-se como uma entidade material tangível de maior durabilidade do que as eleições ou as consultas da opinião pública. Mesmo quando, em data relativamente adiantada e, presumivelmente, sob a influência da teoria constitucional do continente europeu, defendeu-se a supremacia da Constituição "pela razão exclusiva de seu enraizamento na vontade popular", considerou-se que, uma vez tomada a decisão, ela obrigaria o corpo político a que dera origem,[32] e, ainda que houvesse quem argumentasse que, num governo livre, o povo deve conservar o poder "de, a qualquer momento, por qualquer causa, ou por nenhuma causa, mas por seu próprio prazer soberano, alterar ou aniquilar o modo e a essência de qualquer governo anterior, e adotar um novo em seu lugar",[33] essas pessoas se mantiveram como figuras bastante isoladas na Assembleia. Neste, como em outros casos, o que se afigurava na França como autêntico problema político ou mesmo filosófico apareceu durante a Revolução Americana sob uma forma tão inequivocamente vulgar que logo foi desacreditado, antes mesmo que alguém se desse ao trabalho de montar uma teoria a respeito. Pois, evidentemente, nunca faltou quem esperasse da Declaração de Independência "uma forma de governo [em que], sendo independentes dos ricos, todos os homens então poderiam fazer o que lhes agradasse";[34] mas essas vozes não exerceram nenhuma influência na teoria ou na prática da revolução. E, no entanto, por mais excepcional que fosse sua fortuna, a Revolução Americana não foi poupada ao problema mais complicado do governo revolucionário, o problema de um absoluto.

Sem a Revolução Americana, talvez jamais viéssemos a saber que é inevitável que o problema do absoluto apareça numa revolução, que ele é intrínseco ao próprio acontecimento revolucionário. Se nos baseássemos apenas nas grandes revoluções europeias — desde a guerra civil inglesa no século XVII, a Revolução Francesa no século XVIII e a Revolução de Outubro no século XX —, ficaríamos talvez tão soterrados sob as provas históricas apontando unanimemente para a conexão entre a monarquia absoluta e as sucessivas ditaduras despóticas que concluiríamos que o problema de um absoluto na esfera política se devia exclusivamente à infeliz herança histórica, ao absurdo da monarquia absoluta, que havia introduzido no corpo político um absoluto, a pessoa do príncipe, um absoluto para o qual as revoluções então tentaram erroneamente, e em vão, encontrar um substituto. De fato é tentador culpar o absolutismo, o antecedente de todas as revoluções, exceto da Revolução Americana, pelo fato de que sua queda demoliu toda a estrutura do governo europeu, junto com a comunidade europeia das nações, e que as chamas da conflagração revolucionária, atiçadas pelos abusos dos *anciens régimes*, acabaram por atear fogo ao mundo inteiro. Por isso, hoje em dia, já não vem ao caso se o novo absoluto colocado no lugar do soberano absoluto foi a nação de Sieyès, dos inícios da Revolução Francesa, ou se ele se transformou com Robespierre, ao final de quatro anos de história revolucionária, na própria revolução. Pois o que acabou incendiando o mundo foi exatamente uma combinação de ambas, das revoluções nacionais ou do nacionalismo revolucionário, o nacionalismo falando a linguagem da revolução ou as revoluções erguendo as massas com lemas nacionalistas. E em nenhum dos casos se seguiu ou se repetiu o curso da Revolução Americana: a elaboração de uma Constituição jamais voltou a ser entendida como a ação mais nobre e suprema de todas as tarefas revolucionárias, e o governo constitucional, se e quando veio a surgir, teve a tendência de ser varrido pelo próprio movimento revolucionário que o levara ao poder. Assim, o que se tem revelado de longe como desfecho mais habitual da revolução moderna não são as constituições, fim e produto final das revoluções, e sim as ditaduras revolucionárias, com o objetivo de prosseguir e intensificar o movimento revolucionário — exceto quando a revolução é derrotada e a ela se segue algum tipo de restauração.

A falácia dessas reflexões históricas, por mais legítimas que sejam, é que elas tomam como pressuposto algo que, a um exame mais atento, demonstra não ser de maneira nenhuma um dado de fato. O absolutismo europeu na teoria e na prática, a existência de um soberano absoluto cuja vontade é a fonte do poder e da lei, era um fenômeno relativamente novo; ele foi a primeira e mais visível consequência do que chamamos de secularização, a saber, a emancipação do poder secular frente à autoridade da Igreja. A monarquia absoluta, normalmente e com razão tida como responsável por preparar o surgimento do Estado nacional, foi com isso responsável também pelo surgimento da esfera secular com dignidade e brilho próprios. A história efêmera e tumultuada das cidades-estado italianas, cuja afinidade com a história posterior das revoluções consiste num recurso frequente à Antiguidade, à antiga glória da esfera política, poderia ter sido um alerta e uma previsão das chances e dificuldades que aguardavam a época moderna na esfera da política, não fosse pelo detalhe, claro, de que não existem tais alertas e previsões na história. Além disso, foi exatamente o uso do absolutismo que encobriu durante séculos essas perplexidades porque ele parecia ter encontrado, dentro da própria esfera política, um substituto plenamente satisfatório para a extinta sanção religiosa da autoridade secular na pessoa do rei, ou melhor, na instituição da realeza. Mas essa solução, que logo as revoluções iriam desmascarar como pseudossolução, serviu apenas para esconder durante alguns séculos o problema mais elementar de todos os corpos políticos modernos: sua profunda instabilidade, decorrente de alguma falta elementar de autoridade.

A sanção específica que a religião e a autoridade religiosa tinham conferido à esfera secular não podia ser simplesmente substituída por uma soberania absoluta, que, não possuindo origem transcendente e supraterrena, só podia degenerar em tirania e despotismo. A verdade da questão era que, quando o príncipe "tivesse ocupado o lugar do papa e do bispo", nem por isso estaria assumindo a função e recebendo a santidade do bispo ou do papa; na linguagem da teoria política, ele não era um sucessor, mas um usurpador, a despeito de todas as novas teorias sobre a soberania e os direitos divinos dos príncipes. A secularização, a emancipação da esfera secular perante a tutela da Igreja, inevitavelmente levantava o problema de como fundar e constituir uma nova autoridade, sem a qual a esfera secular, longe de adquirir uma nova dignidade própria, perderia inclusive a importância derivada que possuíra sob os auspícios da Igreja. Em termos teóricos, é como se o absolutismo tentasse resolver esse problema da autoridade sem ter recurso aos meios revolucionários de uma nova fundação; em outras palavras, ele resolvia o problema dentro do quadro de referências já dado, no qual a legitimidade do governo em geral e da autoridade da lei e do poder secular em particular sempre tinha se justificado relacionando-os com uma fonte absoluta que não pertencia a este mundo. As revoluções, mesmo quando não carregavam a herança do absolutismo, como no caso da Revolução Americana, ainda se davam dentro de uma tradição que se baseava, em parte, num acontecimento em que "o verbo se tornou carne", isto é, num absoluto que havia aparecido no tempo histórico como uma realidade terrena. Foi por causa da natureza terrena deste absoluto que a autoridade como tal se tornara inconcebível sem alguma espécie de sanção religiosa, e, como era tarefa das revoluções instaurar uma nova autoridade, sem o auxílio dos costumes e precedentes e sem a aura dos tempos imemoriais, elas não podiam senão realçar com clareza ímpar o velho problema não da lei e do poder *per se*, mas da fonte da lei que conferiria legalidade às leis positivas e positivadas, e da origem do poder que conferiria legitimidade a todos os poderes.

Geralmente, quando se discute a secularização moderna, não se dá atenção à enorme importância da sanção religiosa para a esfera política, porque o surgimento da esfera secular, que foi o resultado inevitável da separação entre Igreja e Estado, da emancipação da política frente à religião, parece ter obviamente ocorrido em detrimento da religião; por meio da secularização, a Igreja perdeu grande parte de seus bens terrenos e, mais importante, a proteção do poder secular. No entanto, na verdade, essa separação se operou dos dois lados e, assim como se fala na emancipação do secular frente ao religioso, pode-se falar, e talvez ainda com maior razão, de uma emancipação da religião frente às exigências e encargos do secular, que tanto haviam pesado sobre o cristianismo desde que a desintegração do Império Romano obrigara a Igreja Católica a assumir responsabilidades políticas. Pois, como assinalou William Livingstone, "a verdadeira religião não quer o apoio dos príncipes deste mundo; pelo contrário, ela se enfraqueceu ou foi adulterada sempre que eles se envolveram com ela".[35] As inúmeras dificuldades e perplexidades, teóricas e práticas, que têm cercado a esfera política pública desde o surgimento do secular, o próprio fato de que a secularização veio acompanhada pelo surgimento do absolutismo e a queda do absolutismo seguida por revoluções cuja principal dificuldade era onde encontrar um absoluto de onde pudesse derivar a autoridade para a lei e o poder, podem ser tomadas como provas de que a política e o Estado precisavam da sanção religiosa com uma urgência ainda maior do que a religião e as igrejas jamais precisaram do apoio dos príncipes.

A necessidade de um absoluto se manifestou de muitas maneiras diferentes, assumiu diferentes feições e encontrou diferentes soluções. Mas sua função dentro da esfera política sempre foi a mesma: ele era necessário para quebrar dois círculos viciosos, um visivelmente intrínseco à criação humana de leis, o outro inerente à *petitio principii* que acompanha todo início novo, ou seja, em termos políticos, inerente à própria tarefa de fundação. O primeiro deles, a necessidade de todas as leis positivas feitas pelo homem de ter uma fonte externa que lhes confira legalidade e transcenda como uma "lei superior" o ato legislativo em si, é evidentemente muito conhecido e já tinha sido um fator importante na formação da monarquia absoluta. O que Sieyès declarava em relação à nação — que "seria ridículo supor que a nação é obrigada pelas formalidades ou pela Constituição à qual ela submete seus mandatários"[36] — aplica-se igualmente ao príncipe absoluto, que, da mesma forma que a nação de Sieyès, de fato tinha de "ser a origem de toda legalidade", a "fonte da justiça" e, portanto, não poderia estar submetido a nenhuma lei positiva. Foi por isso que mesmo Blackstone afirmava que um "poder despótico absoluto deve em todos os governos residir em alguma parte",[37] pelo que fica óbvio que este poder absoluto se torna despótico quando perde sua ligação com um poder superior a ele. O fato de Blackstone se referir a este poder como despótico indica claramente a que ponto o monarca absoluto tinha se desprendido, não da ordem política que comandava, mas da ordem divina ou do direito natural a que estivera submetido antes da época moderna. Todavia, se é verdade que as revoluções não "inventaram" as perplexidades de uma esfera política secular, é inegável que, com seu advento, isto é, com a necessidade de criar novas leis e fundar um novo corpo político, as "soluções" de outrora — como a esperança de que os costumes funcionassem como "lei superior", devido a uma "qualidade transcendental" atribuída à "sua vasta antiguidade",[38] ou a crença de que a posição elevada do monarca como tal cercaria toda a esfera governamental com uma aura sagrada, como o famoso elogio de Bagehot à monarquia britânica: "A monarquia inglesa fortalece nosso governo com a força da religião" — agora se mostravam como subterfúgios e expedientes fáceis. Essa revelação da natureza dúbia do governo na época moderna se deu de maneira nua e crua apenas onde e quando veio a estourar alguma revolução. Mas, no campo da opinião e da ideologia, ela passou a dominar a discussão política em todo o mundo, a dividir os debatedores entre radicais que reconheciam o fato da revolução sem entender seus problemas e conservadores que se prendiam à tradição e ao passado como fetiches para se precaver contra o futuro, sem entender que o próprio aparecimento da revolução no cenário político, como evento ou como ameaça, havia demonstrado concretamente que essa tradição perdera sua base, seu início e princípio, e agora vagava à solta.

Sieyès, que no campo teórico não teve igual entre os homens da Revolução Francesa, rompeu o círculo vicioso, e a *petitio principii* que ele comentava com tanta eloquência, primeiro traçando sua famosa distinção entre *pouvoir constituant* [poder constituinte] e *pouvoir constitué* [poder constituído] e, segundo, colocando o *pouvoir constituant*, isto é, a nação, num perpétuo "estado de natureza" — "*On doit concevoir les nations sur la terre, comme des individus, hors du lien social* [...] *dans l'état de nature*" [Deve-se conceber as nações na terra, como indivíduos, sem vínculo social (...) no estado de natureza]. Assim, aparentemente ele resolvia os dois problemas, o problema da legitimidade do novo poder, o *pouvoir constitué*, cuja autoridade não podia ser garantida pela Assembleia Constituinte, o *pouvoir constituant*, porque o poder da própria Assembleia não era e nunca poderia ser constitucional, na medida em que era anterior à Constituição; e o problema da legalidade das novas leis que exigiam uma "fonte e senhora suprema", a "lei superior" de onde derivariam sua validade. O poder e a lei se ancoravam na nação, ou melhor, na vontade da nação, que em si permanecia fora e acima de todos os governos e todas as leis.[39] A história constitucional da França, onde mesmo durante a revolução seguiu-se uma Constituição após a outra, enquanto os homens que estavam no poder não conseguiam colocar em vigor nenhuma das leis e decretos revolucionários, pode ser facilmente lida como um registro monótono ilustrando reiteradamente o que devia ter sido óbvio desde o início, a saber, que a chamada vontade de uma multidão (se for mais do que uma ficção jurídica) é por definição sempre variável, e que uma estrutura fundada sobre ela está fundada em areia movediça. O que salvou o Estado nacional da ruína e queda imediata foi a facilidade extraordinária com que se podia manipular e impor a vontade nacional sempre que alguém se dispusesse a tomar a si o fardo ou a glória da ditadura. Napoleão Bonaparte foi apenas o primeiro de uma longa série de estadistas nacionais que, aos aplausos de toda uma nação, podia declarar: "Eu sou o *pouvoir constituant*". Mas, ainda que o ditame de uma vontade única tenha alcançado por breves períodos o ideal fictício de unanimidade do Estado nacional, não foi a vontade e sim o interesse, a sólida estrutura de uma sociedade de classes, que deu ao Estado nacional seu critério de estabilidade pelos períodos mais prolongados. E esse interesse — o *intérêt du corps*, na terminologia de Sieyès, pelo qual o indivíduo, e não o cidadão, "se alia apenas a alguns outros" — nunca foi uma expressão da vontade, mas, ao contrário, a manifestação do mundo, ou melhor, daquelas partes do mundo que certos grupos, *corps* ou classes compartilhavam, porque elas estavam situadas entre eles.[40]

Teoricamente, é óbvio que a solução de Sieyès para os problemas da fundação, isto é, o estabelecimento de uma nova lei e a fundação de um novo corpo político, não resultou, e nem poderia resultar, na instauração de uma república no sentido de "um império de leis e não de homens" (Harrington), mas substituiu a monarquia, o governo de um só, pela democracia, o governo da maioria. Para nós é difícil entender tudo o que estava em jogo nessa passagem inicial da república para a forma democrática de governo, porque geralmente igualamos e confundimos o governo da maioria com a decisão da maioria. Esta, porém, é uma questão técnica, passível de ser adotada quase automaticamente em todos os tipos de assembleias e conselhos deliberativos, correspondam eles a todo o eleitorado, à reunião de uma câmara municipal ou a pequenas comissões de conselheiros seletos para os respectivos governantes. Em outras palavras, o princípio da maioria é inerente ao próprio processo de tomada de decisões e, assim, está presente em todas as formas de governo, incluindo o despotismo, com a possível exceção somente da tirania. Apenas quando a maioria, depois de tomada a decisão, passa a liquidar politicamente — e, em casos extremos, fisicamente — a minoria adversária é que o mecanismo técnico da decisão da maioria degenera em governo da maioria.[41] Sem dúvida, é possível interpretar essas decisões como expressões da vontade, e ninguém duvidará de que, nas condições modernas da igualdade política, elas apresentam e representam a vida política sempre variável de uma nação. Mas o cerne da questão é que, na forma republicana de governo, essas decisões são tomadas e implementadas dentro de um quadro constitucional e de acordo com os dispositivos de uma Constituição que, por sua vez, só pode ser tida como expressão de uma vontade nacional ou submetida à vontade de uma maioria a igual título que um edifício pode ser tido como expressão da vontade de seu arquiteto ou submetido à vontade de seus moradores. Provavelmente o que melhor demonstra o caráter elementar objetivo e terreno das constituições é a grande significação que lhes é atribuída nos dois lados do Atlântico. Na América, de qualquer modo, elas foram estruturadas com a intenção consciente e explícita de impedir, até onde fosse humanamente possível, que os procedimentos das decisões majoritárias se transformassem no "despotismo eletivo" do governo da maioria.[42]

3.

O grande e fatal infortúnio da Revolução Francesa foi que nenhuma das assembleias constituintes conseguiu arregimentar autoridade suficiente para instaurar a lei do país; a crítica corretamente lançada a elas era sempre a mesma: faltava-lhes, por definição, o poder de constituir; eram em si inconstitucionais. Teoricamente, o erro crasso dos homens da Revolução Francesa foi acreditar de maneira acrítica e quase automática que o poder e a lei brotam da mesma fonte. Inversamente, a grande sorte da Revolução Americana foi que o povo das colônias, antes do conflito com a Inglaterra, estava organizado em corpos com gestão própria, a revolução — para empregar a linguagem setecentista — não os lançou a um estado de natureza[43] e nunca houve qualquer questionamento sério do *pouvoir constituant* daqueles que elaboraram as constituições estaduais e, por fim, a Constituição dos Estados Unidos. O que Madison propôs em relação à Constituição americana, a saber, derivar sua "autoridade geral [...] inteiramente das autoridades subordinadas",[44] apenas reproduzia em escala nacional o que havia sido feito pelas próprias colônias, quando constituíram seus governos estaduais. Os delegados dos congressos provinciais ou das convenções populares que redigiram o projeto das constituições dos governos estaduais tinham derivado sua autoridade de uma série de corpos subordinados devidamente autorizados — distritos, condados, municípios; preservar intacto o poder desses corpos era preservar intacta a fonte de sua autoridade. Se a Convenção Federal, em vez de criar e constituir o novo poder federal, tivesse decidido restringir e abolir os poderes dos estados, os fundadores teriam se deparado imediatamente com as dificuldades de seus colegas franceses; teriam perdido seu *pouvoir constituant* — e provavelmente foi esta uma das razões pelas quais mesmo os defensores mais ferrenhos de um governo central forte não quiseram abolir totalmente os poderes dos governos estaduais.[45] O sistema federal não só era a única alternativa ao princípio do Estado nacional: era também a única maneira de não cair no círculo vicioso do *pouvoir constituant* e do *pouvoir constitué*.

O fato espantoso de estarem todas as treze colônias redigindo constituições antes, durante e depois da Declaração de Independência revelou de súbito até que ponto já se desenvolvera no Novo Mundo um conceito inteiramente novo de poder e autoridade, uma ideia inteiramente nova sobre as prioridades na esfera política, muito embora os habitantes desse mundo falassem e pensassem nos termos do Velho Mundo e se remetessem às mesmas fontes de inspiração e confirmação de suas teorias. O que faltava no Velho Mundo eram os municípios das colônias, e aos olhos de um observador europeu "estourou a Revolução Americana, e a doutrina da soberania do povo saiu das municipalidades e tomou posse do estado".[46] Os que receberam o poder de constituir, de elaborar constituições, eram delegados devidamente eleitos de corpos constituídos; receberam sua autoridade das bases, e, quando aderiram ao princípio romano de que a sede do poder reside no povo, não estavam pensando em termos de uma ficção e de um absoluto, a nação acima de qualquer autoridade e absolvida de todas as leis, e sim em termos de uma realidade existente, a multidão organizada cujo poder era exercido de acordo com as leis e limitado pelas leis. A insistência revolucionária americana sobre a diferença entre a república e a democracia ou governo da maioria se funda na separação radical entre lei e poder, reconhecendo claramente suas diferentes origens, diferentes legitimações e diferentes esferas de aplicação.

O que a Revolução Americana fez efetivamente foi trazer à luz a nova experiência americana e o novo conceito americano de poder. Assim como a prosperidade e a igualdade de condições, esse novo conceito de poder era mais antigo do que a revolução, mas, à diferença da felicidade social e econômica do Novo Mundo — que teria resultado em abundância e fartura praticamente sob qualquer forma de governo —, ele dificilmente sobreviveria sem a fundação de um novo corpo político, explicitamente destinado a preservá-lo; em outras palavras, sem revolução, o novo princípio de poder se manteria oculto, cairia no esquecimento ou seria lembrado como mera curiosidade, de interesse para antropólogos e historiadores locais, mas sem interesse para a arte de governar e para o pensamento político.

O poder — como o entendiam os homens da Revolução Americana, como algo natural e corriqueiro, pois estava encarnado em todas as instituições do autogoverno em todo o país — não só era anterior à revolução como também, em certo sentido, anterior à colonização do continente. O Pacto do *Mayflower* foi redigido no navio e assinado no desembarque. Para nossa discussão, talvez não venha muito ao caso, mas seria interessante saber se os Peregrinos se sentiram motivados a "pactuar" devido ao mau tempo, que os impediu de atracar mais ao sul, dentro da jurisdição da Companhia da Virgínia que lhes concedera os títulos, ou se sentiram a necessidade de "se combinar" porque os recrutados londrinos eram um "bando indesejável", que contestava a jurisdição da Companhia da Virgínia e ameaçava "usar seu próprio direito".[47] Seja como for, obviamente eles temiam o chamado estado de natureza, o agreste desconhecido, sem qualquer fronteira a limitá-lo, na mesma proporção em que temiam a iniciativa irrefreada de homens sem lei. Esse temor não surpreende; é o medo justificado de homens civilizados que, por qualquer razão, decidiram deixar a civilização e seguir entregues a si mesmos. O fato realmente espantoso em toda a história é que esse evidente medo mútuo vinha acompanhado pela não menos evidente confiança em seu próprio poder, dado e confirmado por ninguém e fundado em nenhuma violência, de se reunirem num "corpo político civil" que, mantido exclusivamente pela força da promessa mútua "na presença de Deus e uns dos outros", se supunha dotado de poder suficiente para "formular, constituir e regular" todas as leis e instrumentos de governo necessários. Este ato logo se tornou um precedente, e, quando alguns colonizadores de Massachusetts, nem passados vinte anos, foram para Connecticut, eles estabeleceram suas "Ordens Fundamentais" e o "pacto das fazendas" numa terra ainda virgem e inexplorada, de forma que, quando finalmente chegou a carta régia para unificar os novos assentamentos, formando a colônia de Connecticut, ele apenas sancionou e confirmou um sistema de governo já existente. E exatamente porque a carta régia de 1662 havia apenas sancionado as Ordens Fundamentais de 1639, foi possível adotar a mesmíssima carta em 1776, praticamente inalterada, como "a Constituição civil deste estado sob a autoridade exclusiva do povo daqui, independente de qualquer rei e príncipe que seja".

Dado que os pactos coloniais tinham sido feitos originalmente sem nenhuma referência a reis ou príncipes, era como se a revolução liberasse o poder do pacto e da elaboração de constituições, tal como ele se manifestara nos primeiros dias da colonização. A única diferença, e absolutamente decisiva, entre os assentamentos na América do Norte e todos os outros empreendimentos coloniais foi que apenas os emigrantes britânicos insistiram desde o começo que se constituiriam em "corpos políticos civis". Tais corpos, além disso, não eram concebidos como governos em sentido estrito; não implicavam um mando, nem a divisão do povo entre governantes e governados. A melhor prova disso é o simples fato de que o povo assim constituído pôde continuar por mais de 150 anos como súdito do governo monárquico da Inglaterra. Esses novos corpos políticos realmente eram "sociedades políticas", e sua grande importância para o futuro consistia na formação de uma esfera política que gozava de poder e estava habilitada a reivindicar direitos sem possuir ou reivindicar soberania.[48] A maior inovação revolucionária — a descoberta do princípio federativo para a fundação de repúblicas de grande extensão, feita por Madison — em parte derivava de uma experiência, de um conhecimento íntimo dos corpos políticos cuja estrutura interna predeterminava sua forma, por assim dizer, e condicionava seus membros a uma ampliação constante, cujo princípio não era o expansionismo nem a conquista, e sim a combinação continuada de poderes. Pois não só o princípio federativo básico de unir corpos separados e constituídos com independência entre si, mas também o nome "confederação" no sentido de "combinação" ou "coassociação" foi efetivamente descoberto nos primeiros tempos da história colonial, e mesmo o novo nome da união que viria a se chamar Estados Unidos da América foi sugerido pela efêmera Confederação da Nova Inglaterra, que pretendia ser "chamada pelo nome de Colônias Unidas da Nova Inglaterra".[49] E foi esta experiência, mais do que qualquer teoria, que incentivou Madison a defender e refinar um rápido comentário de Montesquieu, a saber, que a forma republicana de governo, se se baseasse no princípio federativo, seria apropriada para territórios extensos e em expansão.[50]

John Dickinson, que uma vez disse de maneira quase gratuita: "A experiência deve ser nosso único guia. A razão pode nos enganar",[51] talvez tivesse uma vaga compreensão dessa base histórica da experiência americana, única, mas não formulada em termos teóricos. Há quem diga que "a dívida dos Estados Unidos para com a ideia do contrato social é incalculável",[52] mas o ponto central é que foram os primeiros colonizadores, e não os homens da Revolução, que "puseram a ideia em prática", e certamente não tinham a menor noção de teoria alguma. Pelo contrário, se Locke afirma numa passagem famosa que "o que dá início e efetivamente constitui qualquer sociedade política é apenas o consentimento de um número qualquer de homens livres e capazes de formar maioria em se unir e se incorporar numa tal sociedade", e então define este ato como o "início de qualquer governo de lei no mundo", o que parece é que foi ele mais influenciado pelos fatos e acontecimentos na América, e talvez de maneira mais decisiva, do que teriam sido os fundadores influenciados por seus *Tratados sobre o governo civil*.[53] A prova disso — se é que podem existir provas em tais assuntos — está na maneira curiosa e como que inocente com que Locke interpretou esse "pacto original", em consonância com a teoria corrente do contrato social, entendendo-o como uma cessão dos direitos e poderes para o governo ou para a comunidade, ou seja, não como um contrato "mútuo", e sim como um acordo em que uma pessoa individual renuncia a seu poder em favor de alguma autoridade mais alta e consente ser governada em troca de uma proteção razoável de sua vida e de seus bens.[54]

Antes de prosseguir, convém lembrar que o século XVII fazia uma clara distinção teórica entre dois tipos de "contrato social". Um era firmado entre indivíduos e supostamente dava origem à sociedade; o outro era firmado entre um povo e seu governante e supostamente resultava num governo legítimo. No entanto, as diferenças decisivas entre essas duas espécies (cuja única coisa em comum praticamente se resume ao mesmo nome, aliás enganador) logo foram deixadas de lado porque os próprios teóricos estavam mais interessados em encontrar uma teoria universal que recobrisse todas as formas de relações públicas, tanto sociais quanto políticas, e todos os tipos de obrigações; assim, as duas alternativas possíveis de um "contrato social", que, como veremos, na verdade são mutuamente excludentes, foram entendidas, com maior ou menor clareza conceitual, como aspectos de um mesmo duplo contrato. Ademais, em teoria, os dois contratos eram ficções, explicações fictícias de relações existentes entre os membros de uma comunidade chamada sociedade, ou entre esta sociedade e seu governo; e, embora seja possível rastrear a história das ficções teóricas até um passado muito remoto, nunca tinha existido nenhum caso, antes do empreendimento colonial do povo britânico, que apresentasse a mais remota possibilidade de comprovar a validade de tais ficções na realidade concreta.

Esquematicamente, as principais diferenças entre esses dois tipos de contrato social podem ser enumeradas da seguinte maneira: o contrato mútuo pelo qual as pessoas se obrigam a unir para formar uma comunidade está baseado na reciprocidade e pressupõe a igualdade; seu conteúdo efetivo é uma promessa, e seu resultado é de fato uma "sociedade" ou "coassociação" na antiga acepção romana de *societas*, que significa aliança. Tal aliança reúne a força isolada dos parceiros aliados e os vincula dentro de uma nova estrutura de poder em virtude de "promessas livres e sinceras".[55] No chamado contrato social entre uma determinada sociedade e seu governante, por outro lado, estamos tratando de um ato fictício, primordial, por parte de cada membro, em virtude do qual ele renuncia à sua força e a seu poder isolado para constituir um governo; longe de ganhar novo poder, possivelmente maior do que o que possuía antes, ele renuncia a seu poder enquanto tal e, longe de se vincular e se obrigar por promessas, simplesmente expressa seu "consentimento" em ser governado pelo governo, cujo poder consiste na soma total das forças que todas as pessoas individuais canalizaram e foram monopolizadas pelo governo, para o alegado benefício de todos os súditos. No que se refere ao indivíduo, é evidente que ele ganha poder no sistema da promessa mútua, na mesma proporção em que perde poder ao dar seu consentimento ao monopólio de poder na figura do governante. Inversamente, os que "pactuam e se combinam" perdem, em virtude da reciprocidade, seu isolamento inicial, ao passo que, no outro caso, é exatamente esse isolamento que é protegido e resguardado.

O ato de consentimento, realizado por cada indivíduo em seu isolamento, de fato se realiza apenas "na presença de Deus", ao passo que o ato da promessa mútua é, por definição, realizado "na presença uns dos outros"; é, em princípio, independente de sanção religiosa. Além disso, um corpo político resultante do pacto e da "combinação" passa a ser a própria fonte de poder para cada indivíduo que, fora da esfera política constituída, fica impotente; o governo que, ao contrário, resulta do consentimento, adquire um monopólio de poder, de forma que os governados são politicamente impotentes enquanto não decidirem recuperar o poder original para mudar o governo e confiar seu poder a um outro governante.

Em outras palavras, o contrato mútuo pelo qual o poder é constituído por promessa contém *in nuce* tanto o princípio republicano, segundo o qual o poder reside no povo e onde uma "sujeição mútua" torna o mando do governo um absurdo — "se o povo governa, quem será governado?"[56] —, quanto o princípio federativo, o princípio de "uma República por acréscimo" (como Harrington denominou sua utópica *Oceana*), segundo o qual os corpos políticos constituídos podem se combinar e entrar em alianças duráveis sem perder suas identidades. É igualmente óbvio que o contrato social que exige a renúncia do poder ao governo e o consentimento a seu exercício do mando contém *in nuce* tanto o princípio do governo absoluto, um monopólio absoluto do poder "para intimidar todos" (Hobbes) — que, diga-se de passagem, se presta a ser interpretado à imagem do poder divino, visto que apenas Deus é onipotente —, quanto o princípio nacional, segundo o qual deve existir um só representante da nação como um

223

todo e onde se entende o governo como encarnação da vontade de todos que a integram.

"No começo, todo o mundo era a América", disse certa vez Locke. Para todas as finalidades práticas, a América deve ter representado para as teorias do contrato social aquele início da sociedade e do governo que elas tomavam como recurso hipotético para explicar e justificar as realidades políticas existentes. E o próprio fato de que o súbito surgimento e grande variedade de teorias do contrato social nos primeiros séculos da era moderna viessem precedidos e acompanhados por esses primeiros pactos, combinações, coassociações e confederações na América colonial devia ser realmente muito sugestivo, quando menos pelo outro inegável fato de que essa sucessão de teorias no Velho Mundo prosseguia sem mencionar jamais as realidades concretas no Novo Mundo. E tampouco estamos autorizados a afirmar que os colonizadores, saindo do Velho Mundo, levassem com eles o conhecimento das novas teorias, como se estivessem indo para novas terras no intuito de testá-las e aplicá-las a uma nova forma de comunidade. Pelo contrário, na mentalidade dos colonizadores, esse desejo de fazer experiências e a crença correspondente na possibilidade de algo totalmente novo, de um *novus ordo saeclorum*, primavam pela ausência, assim como, 150 anos depois, primariam pela presença no espírito dos homens que fariam a revolução. Se houve alguma influência teórica a contribuir para os pactos e acordos no começo da história americana, foi, claro, a fé dos puritanos no Antigo Testamento, e sobretudo sua redescoberta do conceito da aliança de Israel, o qual realmente passou a ser para eles um "instrumento para explicar quase todas as relações do homem com o homem e do homem com Deus". Mas, ainda que possa ser verdade que "a teoria puritana da origem da Igreja no consentimento dos fiéis conduziu diretamente à teoria corrente da origem do governo no consentimento dos governados",[57] ela não poderia conduzir àquela outra teoria muito menos corrente da origem de um "corpo político civil" na promessa mútua e na mútua obrigação de seus constituintes. Pois a aliança bíblica, como era entendida pelos puritanos, era um pacto entre Deus e Israel em virtude do qual Deus dava a lei e Israel consentia em observá-la, e, embora essa aliança implicasse um governo por consentimento, não implicava de maneira alguma um corpo político em que governantes e governados seriam iguais, isto é, em que todo o princípio do mando, ao fim e ao cabo, deixaria de se aplicar.[58]

Quando deixamos essas teorias e especulações sobre as influências e passamos aos documentos em si e à sua linguagem simples, direta e muitas vezes tosca, logo vemos que estamos diante de um acontecimento, e não de uma teoria ou tradição, um acontecimento da máxima magnitude e da máxima importância para o futuro, encenado sob a pressão do tempo e das circunstâncias, e ainda assim ponderado e avaliado com o maior cuidado e circunspeção. O que dispôs os colonizadores, "solenemente e mutuamente na presença de Deus e uns dos outros, [a] pactuar e nos reunir num corpo político civil [...]; e, em virtude deste aprovar, constituir e dispor leis, ordenações, decretos, constituições e cargos justos e iguais, periodicamente, conforme se julgar mais adequado e conveniente para o bem geral da colônia; a que prometemos toda a devida submissão e obediência" (como diz o Pacto do *Mayflower*) foram as "dificuldades e desencorajamentos que, com toda probabilidade, devem ser previstos quanto à execução desta tarefa". É evidente que os colonizadores, antes mesmo de embarcar, haviam ponderado com razão e cautela "que toda esta aventura se baseia na confiança conjunta que temos em nossa mútua fidelidade e resolução nisso, pois nenhum de nós teria se aventurado a ela sem a garantia dos demais". Foi única e exclusivamente a percepção simples e clara da estrutura elementar do empreendimento conjunto em si, a necessidade "do máximo encorajamento de nós mesmos e dos outros que se juntarem a nós nesta ação", que deixou esses homens tão obcecados com a noção de pacto e tão constantemente levados a "prometer e se obrigar" entre si.[59] Não foi nenhuma teoria, teológica, política ou filosófica, mas a decisão de sair do Velho Mundo e se arriscar num empreendimento por conta própria que levou a uma sequência de atos e ocorrências, em que teriam perecido se não tivessem refletido sobre o assunto com dedicação e tempo suficiente até descobrir, quase inadvertidamente, a gramática elementar da ação política e sua sintaxe mais complicada, cujas regras determinam a ascensão e a queda do poder humano. Gramáticas e sintaxes não eram totalmente novas na história da civilização ocidental; mas, para encontrar experiências de igual importância na esfera política e ler uma língua de tanta autenticidade e originalidade — a saber, tão incrivelmente isenta de fórmulas feitas e expressões convencionais — no imenso arsenal de documentos históricos, teríamos de recuar a um passado realmente muito remoto, um passado, de qualquer modo, totalmente desconhecido aos colonizadores.[60] O que eles descobriram, sem dúvida, não foi a teoria do contrato social em nenhuma das duas formas, mas sim as poucas verdades elementares sobre as quais se funda essa teoria.

Para nossa finalidade mais geral, e para nossa tentativa de determinar com algum grau de certeza a essência do espírito revolucionário em particular, talvez valha a pena fazer uma pausa, para tentar traduzir o núcleo dessas experiências pré-revolucionárias e mesmo pré-coloniais na linguagem menos direta, mas mais clara, do pensamento político. Podemos dizer que a experiência especificamente americana ensinou aos homens da revolução que a ação, mesmo que se inicie no isolamento e seja decidida por pessoas individuais pelos mais variados motivos, só pode ser efetivada com algum esforço conjunto em que a motivação de cada um — por exemplo, se são ou não um "bando indesejável" — deixa de contar, de modo que a homogeneidade de origem ou passado, que é o princípio decisivo do Estado nacional, deixa de ser um requisito. O esforço conjunto nivela com grande eficiência as diferenças de origem e qualidade. Aqui, ademais, podemos encontrar a raiz do surpreendente dito "realismo" dos Pais Fundadores em relação à natureza humana. Eles podiam ignorar a proposição revolucionária francesa de que o homem é bom fora da sociedade, em algum estado original fictício, que era, afinal, a proposição da era do Iluminismo. Podiam ser realistas e até pessimistas neste aspecto porque sabiam que os homens, como quer que fossem em sua singularidade, eram capazes de se unir numa comunidade, que, embora composta de "pecadores", não precisaria refletir necessariamente esse lado "pecaminoso" da natureza humana. Dessa maneira, o mesmo estado social que, para seus colegas franceses, tinha se tornado a raiz de toda a maldade humana, era para eles a única vida razoável em que poderiam se salvar do mal e da desgraça, vida à qual os homens eram capazes de aceder mesmo neste mundo, e mesmo por iniciativa própria, sem qualquer auxílio divino. Aqui, aliás, também podemos discernir a verdadeira origem da versão americana, sujeita a tantos mal-entendidos, da crença então corrente na perfectibilidade humana. Antes que a filosofia americana comum sucumbisse aos conceitos rousseaunianos a esse respeito — o que só veio a acontecer no século xix —, a fé americana não se baseava absolutamente numa confiança quase religiosa na natureza humana, mas, ao contrário, na possibilidade de refrear a natureza humana em sua singularidade graças a promessas mútuas e a obrigações comuns. A esperança para o homem em sua singularidade consistia no fato de que não é o homem, e sim os homens que habitam a terra e formam um mundo entre eles. É a mundanidade humana que salvará os homens das armadilhas da natureza humana. E por isso o argumento mais forte que John Adams pôde desferir contra um corpo político dominado por uma única assembleia foi que ele estaria "sujeito a todos os vícios, loucuras e fraquezas de um indivíduo".[61]

A isso se relaciona intimamente a percepção da natureza do poder humano. À diferença da força, que é dote e posse de cada homem isolado contra todos os outros homens, o poder só nasce se e quando os homens se unem com a finalidade de agir, e desaparece quando, por qualquer razão, eles se dispersam e abandonam uns aos outros. Assim, prometer e obrigar, unir e pactuar são os meios de manter a existência do poder; sempre que os homens conseguem preservar o poder nascido entre eles durante qualquer gesto ou ação particular, já se encontram em processo de fundação, em processo de constituir uma estrutura terrena estável que, por assim dizer, abrigue esse seu poder somado de ação conjunta. A faculdade humana de fazer e manter promessas guarda um elemento da capacidade humana de construir o mundo. Assim como as promessas e acordos tratam do futuro e oferecem estabilidade no oceano de incertezas do porvir, onde o imprevisível pode irromper de todos os lados, da mesma forma as capacidades humanas de constituir, fundar e construir o mundo sempre remetem mais a nossos "sucessores" e à "posteridade" do que a nós mesmos e à nossa época. A gramática da ação: a ação é a única faculdade humana que requer uma pluralidade de homens; a sintaxe do poder: o poder é o único atributo humano que se aplica exclusivamente ao entremeio mundano onde os homens se relacionam entre si, unindo-se no ato de fundação em virtude de fazer e manter promessas, o que, na esfera da política, é provavelmente a faculdade humana suprema.

Em outras palavras, o que aconteceu na América colonial antes da revolução (e que não havia acontecido em nenhuma outra parte do mundo, nem nos velhos países, nem nas novas colônias) foi, em termos teóricos, que a ação levou à formação do poder e a existência desse poder foi preservada pelos meios recém-descobertos da promessa e do pacto. A força desse poder, gerado pela ação e mantido por promessa, veio a se demonstrar quando — para a grande surpresa de todas as grandes potências — as colônias, isto é, os municípios e as províncias, os condados e as cidades, a despeito das inúmeras diferenças entre si, venceram a guerra contra a Inglaterra. Mas essa vitória foi uma surpresa somente para o Velho Mundo; os colonizadores, com uma bagagem de 150 anos de pactos, erguendo-se num país que era articulado de cima a baixo — de províncias ou estados a cidades e distritos, municípios, povoados e condados — em corpos devidamente constituídos, cada qual como uma comunidade em si, com representantes "livremente escolhidos pelo consentimento de vizinhos e amigos afetuosos",[62] cada qual, além disso, concebido "para crescer" na medida em que se baseava nas promessas mútuas daqueles "coabitantes" que, quando se constituíram "para ser um só estado público ou comunidade", haviam concebido aquele corpo não só para os "sucessores" mas também para "os que se adicionarem a nós a qualquer momento a partir de agora"[63] —, os homens que pela força ininterrupta dessa tradição "deram um adeus final à Grã-Bretanha" sabiam de suas chances desde o início; sabiam do enorme poder potencial que surge quando os homens "mutuamente empenham [suas] vidas, [suas] fortunas e sua honra sagrada".[64]

Tal foi a experiência que guiou os homens da revolução; ela ensinara não só a eles, mas ao povo que os escolheu e "assim confiou" neles, a estabelecer e fundar corpos políticos e, como tal, foi inédita, sem paralelo em nenhuma outra parte do mundo. Mas isso não se aplica de maneira nenhuma à razão, ou melhor, ao raciocínio deles, capaz, como bem temia Dickinson, de conduzi-los por vias equivocadas. Com efeito, o raciocínio deles, tanto no estilo quanto no conteúdo, era moldado pela era do Iluminismo, tal como se difundira dos dois lados do Atlântico; argumentavam nos mesmos termos que seus colegas franceses ou ingleses, e mesmo suas divergências eram, de modo geral, debatidas dentro do mesmo quadro de conceitos e referências. Assim, Jefferson podia falar no consentimento do povo de onde os governos "derivam seus poderes justos" na mesma Declaração que finaliza com o princípio do compromisso mútuo, sem que ele ou ninguém mais se desse conta da diferença básica e elementar entre "consentimento" e promessa mútua, ou entre os dois tipos de teorias contratualistas. Desde então, essa falta de precisão e clareza conceitual em relação às experiências e realidades existentes tem sido a praga da história ocidental desde que, após a era de Péricles, os homens de ação e os homens de reflexão se separaram e o pensamento começou a se emancipar totalmente da realidade, sobretudo da experiência e faticidade política. A grande esperança da época moderna, a revolução própria dessa época foi, desde o início, procurar sanar essa ruptura; uma das razões pelas quais essa esperança ainda não se concretizou, e nem mesmo o Novo Mundo, nas palavras de Tocqueville, foi capaz de gerar uma nova ciência política, está na enorme força e resistência de nossa tradição do pensamento, que enfrentou todas as inversões e transformações de valores com que os pensadores oitocentistas tentaram miná-la e destruí-la.

Seja como for, o fato é que, no que se refere à Revolução Americana, a experiência ensinara aos colonizadores que as cartas régias e as concessões das companhias não instauraram nem fundaram, e sim confirmaram e legalizaram suas "comunidades" [commonwealth]; que eles estavam "sujeitos às leis que adotaram em seu primeiro assentamento, e a outras que depois disso foram feitas por suas respectivas legislaturas", e que tais liberdades foram "confirmadas pelas constituições políticas que assumiram respectivamente, e também por várias cartas da Coroa".[65] É verdade que "os teóricos coloniais escreveram muito sobre a Constituição britânica, os direitos dos ingleses e mesmo as leis da natureza, mas aceitavam o postulado britânico de que os governos coloniais derivavam das cartas e licenças britânicas".[66] Mas o ponto essencial mesmo nessas teorias era a curiosa interpretação, ou falha de interpretação, da Constituição britânica como uma lei fundamental capaz de limitar os poderes legislativos do Parlamento. Isso, evidentemente, significava entendê-la à luz dos pactos e acordos americanos, que de fato eram uma "lei fundamental", uma autoridade "fixada", cujos "limites" nem mesmo a legislatura suprema poderia "passar por cima [...] sem destruir sua própria base". Era exatamente porque os americanos acreditavam com tanta solidez em seus pactos e acordos que podiam apelar a uma Constituição britânica e a seu "direito constitucional", com a "exclusão de qualquer consideração de direitos das cartas régias"; com isso, nem vem a importar muito que, seguindo o estilo da época, eles o tomassem como um "direito inalterável, em natureza", visto que, pelo menos para eles, esse direito só havia se tornado lei porque o consideravam "não enxertado na Constituição britânica, enquanto lei fundamental".[67]

E aqui também a experiência havia ensinado aos colonizadores o suficiente sobre a natureza do poder humano para concluir, dos abusos de poder absolutamente intoleráveis praticados por um rei específico, que a monarquia em si é uma forma de governo própria para escravos, e que "uma república americana [...] é o único governo que queremos ver estabelecido; pois nunca poderemos nos sujeitar voluntariamente a qualquer outro rei além daquele que, possuindo infinita sabedoria, bondade e retidão, é o único capaz de possuir poder ilimitado";[68] mas os teóricos coloniais ainda estavam discutindo longamente as vantagens e desvantagens das várias formas de governo — como se houvesse alguma escolha neste assunto. Por fim, foi a experiência — "a sabedoria unificada da América do Norte [...] reunida num congresso geral"[69] —, mais do que a teoria ou a erudição, que ensinou aos homens da revolução o significado genuíno da expressão romana *potestas in populo*, o poder reside no povo. Eles sabiam que o princípio do *potestas in populo* só é capaz de inspirar uma forma de governo se se acrescentar, como fizeram os romanos, que *auctoritas in senatu*, a autoridade reside no Senado, de forma que o governo em si consiste em poder e autoridade, ou, como diziam os romanos, *senatus populusque Romanus*. O que as cartas régias e a lealdade das colônias ao rei e ao Parlamento na Inglaterra fizeram para o povo na América foi lhe fornecer seu poder e o peso adicional da autoridade; deste modo, o principal problema da Revolução Americana, depois de cortada a fonte de autoridade do corpo político colonial no Novo Mundo, passou a ser o estabelecimento e a fundação não do poder, e sim da autoridade.

5. Fundação II: *Novus ordo saeclorum*

Magnus ab integro saeclorum nascitur ordo.

Virgílio

1.

O poder e a autoridade não são iguais, como tampouco são iguais o poder e a violência. Já sugerimos esta segunda distinção, e agora vamos retomá-la. Tais distinções e diferenças se tornam ainda mais cabíveis quando consideramos os resultados concretos, tão imensamente e tão calamitosamente diversos, do único postulado que foi compartilhado pelos homens das duas revoluções setecentistas: a convicção de que a fonte e a origem do poder político legítimo residem no povo. Pois a concordância era apenas aparente. O povo na França, *le peuple* na acepção revolucionária, não era organizado nem estava constituído; todos os "corpos constituídos" que existiam no Velho Mundo — dietas e parlamentos, ordens e estamentos — se baseavam no privilégio, no nascimento e na profissão. Eles representavam interesses privados particulares e deixavam o interesse público ao monarca, que, num despotismo esclarecido, supostamente agiria como "uma só pessoa esclarecida contra muitos interesses privados",[1] com o que se entendia que esses corpos, numa "monarquia limitada", tinham o direito de manifestar queixas e negar consentimento. Nenhum dos parlamentos europeus era um corpo legislativo; tinham no máximo o direito de dizer "sim" ou "não", mas não lhes cabia a iniciativa ou o direito de agir. Sem dúvida, o primeiro lema da Revolução Americana, "Nada de tributação sem representação", ainda fazia parte dessa esfera da "monarquia limitada", cujo princípio fundamental era o consentimento dos súditos. Hoje, para nós é difícil perceber a grande potência desse princípio, porque a íntima ligação entre propriedade e liberdade não é mais algo evidente. Para o século xviii, tal como antes para o século xvii e depois para o século xix, a função primária das leis não era garantir as liberdades, e sim proteger a propriedade; o que garantia a liberdade não era a lei enquanto tal, e sim a propriedade. Antes do século xx, o povo não estava diretamente exposto, sem qualquer proteção pessoal, às pressões do Estado ou da sociedade; somente quando surgiu um povo livre sem propriedades que lhes protegessem as liberdades é que se fizeram necessárias leis que protegessem diretamente as pessoas e a liberdade pessoal, em vez de proteger meramente suas propriedades. No século xviii, porém, e sobretudo nos países de língua inglesa, a propriedade e a liberdade ainda coincidiam; quem dizia propriedade dizia liberdade, e recuperar ou defender os direitos de propriedade equivalia a lutar pela liberdade. Era exatamente nessa tentativa de recuperar "antigas liberdades" que a Revolução Americana e a Revolução Francesa encontravam suas semelhanças mais manifestas.

A razão única e exclusiva pela qual o conflito entre o rei e o Parlamento na França teve um desfecho totalmente diverso do conflito entre os corpos constituídos americanos e o governo na

Inglaterra reside na extrema diferença entre esses corpos constituídos. A ruptura entre o rei e o Parlamento de fato lançou toda a nação francesa a um "estado de natureza"; ela desmontou automaticamente a estrutura política do país e dissolveu os vínculos entre os habitantes, que se baseavam não em promessas mútuas, mas nos vários privilégios conferidos a cada ordem e a cada estado da sociedade. Estritamente falando, não existiam corpos constituídos em nenhum lugar do Velho Mundo. O próprio corpo constituído já era uma inovação nascida das necessidades e da engenhosidade daqueles europeus que tinham decidido sair do Velho Mundo, não só para colonizar um novo continente, mas também com a intenção de instaurar uma nova ordem mundial. O conflito das colônias com o rei e o Parlamento na Inglaterra não anulou senão as cartas régias concedidas aos colonizadores e os privilégios de que gozavam por serem ingleses; o conflito privou o país de seus governadores, mas não de suas assembleias legislativas, e o povo, ao renunciar à lealdade ao rei, nem por isso se sentiu desobrigado de seus inúmeros pactos, acordos, promessas mútuas e "coassociações".[2]

Assim, quando os homens da Revolução Francesa diziam que todo o poder reside no povo, por poder eles entendiam uma força "natural" cuja fonte e origem estavam fora da esfera política, força esta que, em sua própria violência, tinha sido desencadeada pela revolução e varrera como um furacão todas as instituições do *ancien régime*. Essa força parecia de um ímpeto sobre-humano, e foi vista como resultado da violência acumulada de uma multidão fora de qualquer vínculo e de qualquer organização política. As experiências da Revolução Francesa com um povo lançado a um "estado de natureza" mostraram para além de qualquer dúvida que a força multiplicada de uma multidão, sob a pressão da miséria, podia explodir com uma violência a que nenhum poder controlado e institucionalizado era capaz de resistir. Mas essas experiências também ensinaram que, ao contrário de todas as teorias,

235

essa multiplicação jamais geraria o poder, que a força e a violência nesse estado pré-político eram abortivas. Os homens da Revolução Francesa, sem saber distinguir entre violência e poder, e convencidos de que todo o poder deve provir do povo, abriram a esfera política a essa força natural e pré-política da multidão e foram varridos por ela, tal como antes ocorrera com o rei e os antigos poderes. Os homens da Revolução Americana, pelo contrário, entendiam o poder como o exato oposto de uma violência natural pré-política. Para eles, o poder nascia onde e quando o povo se reunia e se unia por meio de promessas, pactos e compromissos mútuos; apenas esse poder, baseado na reciprocidade e na mutualidade, era real e legítimo, ao passo que o chamado poder dos reis, dos príncipes ou dos aristocratas, na medida em que não brotava da reciprocidade e sim, na melhor das hipóteses, baseava-se apenas no consentimento, era espúrio e usurpado. Eles mesmos ainda sabiam claramente o que lhes permitia vencer onde todas as outras nações iriam falhar; nas palavras de John Adams, foi o poder da "confiança recíproca e no povo comum que permitiu aos Estados Unidos atravessar uma revolução".[3] Além disso, essa confiança nascia não de uma ideologia em comum, mas de promessas mútuas, e, como tal, tornou-se a base para "associações" — a reunião de pessoas para uma determinada finalidade política. É melancólico dizer (mas infelizmente, em boa medida, é verdade) que essa noção de "confiança recíproca" como princípio de ação organizada tem se feito presente em outras partes do mundo apenas para fins conspiratórios e em sociedades de conspiradores.

No entanto, se o poder, enraizado num povo que havia se vinculado por promessas mútuas e vivia em corpos constituídos por pacto, bastava para "atravessar uma revolução" (sem desencadear a violência ilimitada das multidões), por outro lado não bastava de maneira alguma para instaurar uma "união perpétua", isto é, para fundar uma nova autoridade. O pacto e a promessa sobre a qual se fundam os pactos não são suficientes para assegurar a perpetuidade, isto é, para conferir aos assuntos humanos aquele grau de estabilidade sem o qual não poderiam construir um mundo para a posteridade, concebido e destinado para sobreviver a suas vidas mortais. Para os homens da revolução, que se orgulhavam de fundar repúblicas, isto é, governos "de lei e não de homens", o problema da autoridade surgiu sob os traços da chamada "lei superior", que sancionaria as leis positivas e positivadas. As leis, sem dúvida, deviam sua existência factual ao poder do povo e de seus representantes nas legislaturas; mas esses homens não podiam representar ao mesmo tempo a fonte mais alta de onde deveriam derivar essas leis para ter autoridade e validade para todos, para as maiorias e as minorias, as gerações do presente e do futuro. Assim, a própria tarefa de estabelecer uma nova lei da terra, que encarnaria para as gerações futuras a "lei superior" que confere validade a todas as leis feitas pelos homens, trouxe ao primeiro plano, na América e na França, a necessidade de um absoluto, e a única razão pela qual essa necessidade não levou os homens da Revolução Americana aos mesmos absurdos a que levou os homens da Revolução Francesa, em particular o próprio Robespierre, foi que aqueles distinguiram claramente, sem qualquer equívoco, entre a origem do poder, que brota de debaixo, das "bases" do povo, e a fonte da lei, cuja sede fica "acima", em alguma região mais elevada e transcendente.

Em termos teóricos, o endeusamento do povo na Revolução Francesa foi consequência inevitável da tentativa de derivar a lei e o poder da mesma fonte. A invocação dos "direitos divinos" em que se fundava a monarquia absoluta moldara o governo secular à imagem de um deus onipotente e legislador do universo, ou seja, à imagem do Deus cuja Vontade *é* Lei. A "vontade geral" de Rousseau ou de Robespierre ainda é essa Vontade divina, à qual basta querer para criar uma lei. Historicamente, não existe maior diferença de princípio entre a Revolução Americana e a Revolução Francesa do que a convicção unânime desta última de que "a lei é a expressão da vontade geral" (como consta no artigo VI da Déclaration des Droits de l'Homme et du Citoyen, de 1789), formulação que buscaríamos inutilmente na Declaração de Independência e na Constituição dos Estados Unidos. Em termos práticos, como vimos antes, evidenciou-se que nem foi o povo com sua "vontade geral", e sim o próprio processo da revolução em si que se tornou a fonte de todas as "leis", fonte que produzia incessantemente novas "leis", a saber, decretos e ordenações, que ficavam obsoletas no mesmo instante em que eram lançadas, varridas pela Lei Superior da revolução que acabara de gerá-las. Disse Condorcet, resumindo quase quatro anos de experiência revolucionária: "*Une loi révolutionnaire est une loi qui a pour objet de maintenir cette révolution, et d'en accélerer ou régler la marche*" [Uma lei revolucionária é uma lei cujo objeto é manter esta revolução e acelerar ou regular seu andamento].[4] É verdade que Condorcet também manifestava a esperança de que a lei revolucionária, ao acelerar o curso da revolução, prenunciaria o momento em que a revolução teria se "completado" e chegaria até a "precipitar seu fim definitivo"; mas era uma esperança vã. Na teoria e na prática, apenas um contramovimento, uma *contrerévolution*, seria capaz de deter um processo revolucionário que se tornara uma lei em si mesmo.

"O grande problema na política, que comparo ao problema da quadratura do círculo na geometria [... é]: como encontrar uma forma de governo que coloque a lei acima do homem."[5] Teoricamente, o problema de Rousseau é muito parecido com o círculo vicioso de Sieyès: os que se reúnem para constituir um novo governo são inconstitucionais, isto é, não têm autoridade para fazer o que estão prestes a fazer. O círculo vicioso no legislar se apresenta não na elaboração comum das leis, mas no lançamento da lei fundamental, a lei da terra ou a Constituição que, a partir daquele momento, encarnaria a "lei superior" da qual todas as leis, em última instância, derivam sua autoridade. E este problema, apresentando-se como necessidade urgente de algum absoluto, colocou-se não só na França, mas também aos homens da Revolução Americana. O problema — citando mais uma vez Rousseau — era que, para colocar a lei acima do homem e assim estabelecer a validade das leis humanas, *il faudrait des dieux* [seria preciso deuses].

A necessidade de deuses no corpo político de uma república apareceu durante a Revolução Francesa na tentativa desesperada de Robespierre de fundar um culto inteiramente novo, o culto a um Ser Supremo. Quando ele fez sua proposta, a principal função do culto parecia ser refrear a revolução, que se convertera num frenesi de sangue. Nessa função, a grande festividade — esse substituto irrisório e fatalmente condenado da Constituição que a revolução não conseguira criar — malogrou fragorosamente; ficou claro que a nova divindade não tinha poder suficiente sequer para inspirar a proclamação de uma anistia geral e mostrar um mínimo de clemência, e muito menos de misericórdia. Foi tão grande o ridículo da coisa que deve ter ficado evidente para os que compareceram às cerimônias de iniciação, tanto quanto ficou para as gerações posteriores; já naquela ocasião, devia parecer que era como se "o deus dos filósofos", que já havia sido objeto do desdém de Lutero e Pascal, tivesse finalmente decidido se revelar sob os traços de um palhaço de circo. Se fosse preciso ter alguma confirmação de que as revoluções da época moderna, a despeito de sua eventual linguagem deísta, pressupõem não o fim dos credos religiosos em si, mas certamente a perda completa de qualquer pertinência sua na esfera política, bastaria o culto do Ser Supremo de Robespierre. Mas mesmo Robespierre, com sua famosa falta de senso de humor, poderia ter se esquivado a tal ridículo, não fosse sua necessidade tão desesperada. Pois o necessário para ele não era, de maneira nenhuma, apenas um "Ser Supremo" — expressão que não era sua —, e sim aquilo que ele chamava de "Legislador Imortal" e, em outro contexto, também chamou de "apelo contínuo à Justiça".[6] Nos termos da Revolução Francesa, ele precisava de uma fonte transcendente e sempre presente de autoridade que não podia se identificar com a vontade geral, fosse da nação ou da própria revolução, de maneira que uma Soberania absoluta — o "poder despótico" de Blackstone — pudesse conceder soberania à nação, que uma Imortalidade absoluta pudesse garantir, se não a imortalidade, pelo menos certa permanência e estabilidade à república, e finalmente que alguma Autoridade absoluta pudesse funcionar como fonte original da justiça, da qual as leis do novo corpo político pudessem derivar sua legitimidade.

Foi a Revolução Americana que demonstrou que, entre estas três necessidades, a de um Legislador Imortal era a mais premente e a menos predeterminada pelas condições históricas particulares da nação francesa. Pois podemos perder toda vontade de rir com o palhaço de circo quando vemos as mesmas noções, despidas de qualquer ridículo, em John Adams, que também defendia a veneração de um Ser Supremo, que, ele também, chamou de "o grande Legislador do Universo",[7] ou quando lembramos a solenidade com que Jefferson, na Declaração de Independência, apelou às "leis da natureza e ao Deus da natureza". Além disso, a necessidade de um princípio divino para dar alguma sanção transcendente à esfera política, bem como o fato curioso de que tal necessidade se fizesse sentir mais intensamente no caso de uma revolução, isto é, quando deveria se estabelecer um novo corpo político, já haviam sido claramente anunciados por quase todos os precursores teóricos das revoluções — com a única exceção, talvez, de Montesquieu. Por conseguinte, mesmo Locke, que acreditava tão convictamente que "um princípio de ação [foi plantado no homem] por Deus mesmo" (e assim os homens teriam apenas de seguir a voz de uma consciência interior dada por Deus, sem precisar recorrer especialmente ao plantador transcendente), estava convencido de que apenas um "apelo a Deus no Céu" poderia ajudar os que saíam do "estado de natureza" e se preparavam para lançar a lei fundamental de uma sociedade civil.[8] Assim, na teoria e na prática, mal conseguimos evitar o paradoxo de que foram precisamente as revoluções, com suas crises e emergências, que levaram os homens tão "esclarecidos" do século XVIII a pleitear uma sanção religiosa no mesmo exato momento em que estavam prestes a emancipar totalmente a esfera secular das influências das igrejas e a separar definitivamente a política e a religião.

Para uma compreensão mais precisa da natureza do problema presente nesta necessidade de um absoluto, talvez caiba lembrar que a Antiguidade grega e a Antiguidade romana nunca sequer se incomodaram com isso. É ainda mais notável que John Adams — que, mesmo antes de estourar a revolução, havia insistido nos "direitos antecedentes a todo governo terreno [...] derivados do grande Legislador do universo" e então colaborou em "considerar e insistir sobre [a lei da natureza] como recurso a que podemos ser levados pelo Parlamento muito antes de percebermos"[9] — acreditasse que "era a opinião geral das nações antigas que somente a Divindade era adequada para a importante tarefa de dar leis aos homens".[10] Pois o ponto central da questão é que Adams estava errado, e que o νόμος grego e a *lex* romana não eram de origem divina, e o conceito de legislação dos gregos e dos romanos não precisava de inspiração divina.[11] A própria noção de legislação divina supõe que o legislador deve estar fora e acima de suas leis, mas na Antiguidade não era sinal da divindade, e sim característica do tirano impor ao povo leis a que ele não estaria sujeito.[12] Mas é verdade que, na Grécia, considerava-se que o legislador não provinha da comunidade e podia ser um estrangeiro convocado de fora; mas isso significava apenas que estabelecer a lei era um gesto pré-político, anterior à existência da pólis, assim como a construção dos muros em torno da cidade era anterior ao surgimento da própria cidade. O legislador grego estava fora, mas não acima, do corpo político, e não era divino. A própria palavra νόμος, que, afora seu significado etimológico, adquire seu pleno sentido enquanto o contrário de φύσις, ou coisas que são naturais, ressalta o caráter "artificial", convencional, de lavra humana, das leis. Além disso, embora a palavra νόμος tenha vindo a adquirir diversos sentidos ao longo dos séculos da civilização grega, ela nunca perdeu inteiramente seu "significado espacial" original, a saber, "a noção de uma área ou província dentro da qual um poder definido pode ser legitimamente exercido".[13] É óbvio que jamais faria sentido qualquer ideia de uma "lei superior" em relação a este νόμος, e mesmo as leis de Platão não derivam de uma "lei superior" que não só determinaria a utilidade deles, mas constituiria sua própria validade e legalidade.[14] O único vestígio que encontramos dessa noção do papel e posição do Legislador em relação ao corpo político na história das revoluções e uma fundação moderna parece ser a famosa proposta de Robespierre, para que os "membros da Assembleia Constituinte se comprometam formalmente a deixar a outrem o encargo de construir o templo da liberdade cujas fundações foram por eles lançadas; que se desqualifiquem gloriosamente para a próxima eleição". E a fonte real dessa sugestão de Robespierre é tão pouco conhecida nos tempos modernos "que os historiadores têm sugerido todas as espécies de segundas intenções para [sua] ação".[15]

O direito romano, embora muito diferente do νόμος grego, ainda não precisava de nenhuma fonte transcendente de autoridade, e, se o ato de legislar demandava algum auxílio dos deuses — o sinal de cabeça em anuência com que, segundo a religião romana, os deuses aprovavam as decisões tomadas pelos seres humanos —, era em igual medida de outras ações políticas importantes. À diferença do νόμος grego, a *lex* romana não era contemporânea da fundação da cidade, e a legislação romana não era uma atividade pré-política. O sentido original da palavra *lex* é relação ou "ligação íntima", ou seja, algo que liga duas coisas ou dois parceiros reunidos por circunstâncias externas. Portanto, a existência de um povo no sentido de uma unidade orgânica, étnica, tribal, é completamente independente de todas as leis. Os naturais da Itália, conta-nos Virgílio, eram "o povo de Saturno, que nenhuma lei prendia à justiça, justo por vontade própria e seguindo o costume dos deuses de outrora".[16] Somente depois que Eneias e seus guerreiros chegaram vindos de Troia, e estourou uma guerra entre os invasores e os nativos, é que se fizeram necessárias as "leis". Essas "leis" não se destinavam apenas a restabelecer a paz; eram tratados e acordos com que se constituía uma nova aliança, uma nova unidade: a unidade de duas entidades completamente distintas que a guerra unira em conflito e que agora se associavam. Quanto aos romanos, o fim da guerra não era apenas a derrota do inimigo ou a instauração da paz; a guerra se concluía satisfatoriamente apenas quando os ex-inimigos se tornavam "amigos" e aliados (*socii*) de Roma. A ambição de Roma não era submeter o mundo todo ao poder e ao *imperium* romano, e sim propagar o sistema romano de alianças por todos os países do mundo. E isso não era mera fantasia do poeta. O próprio povo de Roma, o *populus Romanus*, devia sua existência a essa associação nascida da guerra, isto é, à aliança entre patrícios e plebeus, cuja guerra civil interna foi concluída com as famosas leis das Doze Tábuas. E nem mesmo esse antiquíssimo e admirabilíssimo documento da história romana os romanos julgavam inspirado pelos deuses; preferiam crer que Roma enviara uma comissão à Grécia para estudar seus diversos sistemas de legislação.[17] Assim, a república romana, baseando-se na aliança perpétua entre patrícios e plebeus, usava o instrumento da *leges* principalmente para os tratados e para governar as províncias e comunidades que faziam parte do sistema romano de alianças, isto é, ao grupo sempre crescente de *socii* romanos que formavam a *societas Romana*.

Comentei que, entre os teóricos pré-revolucionários, apenas Montesquieu jamais julgou necessário introduzir um absoluto, um poder divino ou despótico, na esfera política. Isso está intimamente ligado ao fato de que apenas ele, até onde sei, usou a palavra "lei" neste sentido antigo estritamente romano, definindo-a no primeiro capítulo de *L'esprit des lois* como o *rapport*, a relação que subsiste entre entidades diferentes. Sem dúvida, ele também pressupõe um "criador e conservador" do universo, ele também fala de um "estado de natureza" e de "leis naturais", mas os *rapports* que subsistem entre o Criador e a criação, ou entre os homens no estado de natureza, não passam de "regras" ou *règles* que determinam o governo do mundo e sem as quais não existiria um mundo.[18] Portanto, para Montesquieu, as leis religiosas e as leis naturais não constituem, estritamente falando, uma "lei superior"; elas não passam de relações que existem e preservam diferentes esferas do ser. E como uma lei, tanto para Montesquieu quanto para os romanos, é apenas aquilo que relaciona duas coisas, sendo portanto relativa por definição, ele não precisava de nenhuma fonte absoluta de autoridade e podia descrever o "espírito das leis" sem jamais colocar a incômoda questão da validade absoluta delas.

Essas reflexões e reminiscências históricas pretendem indicar que todo o problema de um absoluto que conferisse validade a leis positivas feitas pelos homens era, em parte, uma herança do absolutismo, que, por sua vez, havia se tornado herdeiro daqueles muitos séculos em que não existira nenhuma esfera secular no Ocidente que, em última instância, não se radicasse na sanção dada pela Igreja, e portanto as leis seculares eram entendidas como expressão terrena de uma lei ordenada por Deus. Mas esta é apenas uma parte da história. De importância e impacto ainda maior era que a própria palavra "lei" havia adquirido um significado completamente distinto ao longo desses séculos. O importante era que — não obstante a enorme influência da legislação e jurisprudência romana sobre o desenvolvimento das interpretações e sistemas jurídicos medievais e modernos — as próprias leis eram entendidas como mandamentos, eram concebidas de acordo com a voz de Deus, que diz aos homens: Não farás. É evidente que tais mandamentos não poderiam obrigar sem uma sanção superior, religiosa. Somente quando entendemos como lei um mandamento ao qual os homens devem obediência, sem ter em conta o consentimento e os acordos mútuos, é que a lei requer uma fonte transcendente de autoridade para ter validade, isto é, requer uma origem que deve estar além do poder humano.

Isso não significa que o antigo *ius publicum*, a lei da terra que mais tarde recebeu o nome de "constituição", ou o *ius privatum*, que então passou a ser nosso direito civil, tenham as características de mandamentos divinos. Mas o modelo pelo qual a humanidade ocidental concebeu a quintessência de todas as leis, mesmo daquelas de origem indubitavelmente romana, e mesmo na interpretação jurídica que utilizava todos os termos da jurisdição romana — este modelo não era, em si, absolutamente romano; era, na origem, hebraico e representado pelos mandamentos divinos do Decálogo. E o próprio modelo em si não se alterou quando o direito natural, nos séculos XVII e XVIII, veio a ocupar o lugar da divindade — ou seja, o lugar que outrora fora ocupado pelo Deus hebraico que era legislador porque era o Criador do Universo, lugar depois ocupado por Cristo, a encarnação física e o representante visível de Deus na terra, de quem, a partir daí, os vigários de Cristo, tanto os bispos e papas romanos quanto os reis que se seguiram a eles, haviam derivado sua autoridade, até que finalmente os protestantes rebeldes voltaram às alianças e leis hebraicas e à figura do próprio Cristo. Pois o problema da lei natural era exatamente que ela não tinha autor, e só podia ser entendida como uma lei da natureza no sentido de uma força impessoal e sobre-humana que obrigaria os homens de toda maneira, sem importar o que fizessem ou pretendessem fazer ou deixar de fazer. Para ser uma fonte de autoridade e conferir validade a leis feitas pelo homem, era preciso acrescentar à "lei da natureza", como fez Jefferson, o "Deus da natureza", não vindo muito ao caso se, no espírito daquela época, esse deus falava a suas criaturas pela voz da consciência ou se os iluminava com a luz da razão, ao invés da revelação bíblica. A questão era a mesma de sempre: a lei natural precisava de sanção divina para obrigar os homens.[19]

A sanção religiosa para as leis feitas pelo homem agora passava a exigir muito mais do que uma mera construção teórica de uma "lei superior", e mais ainda do que a crença num Legislador Imortal e a adoração de um Ser Supremo; ela exigia uma fé sólida num "futuro estado de recompensas e castigos" como a "única fundação verdadeira da moral".[20] O importante é que isso valia não só para a Revolução Francesa, em que o povo ou a nação estava para se substituir ao príncipe absoluto e Robespierre tinha simplesmente "virado o antigo sistema pelo avesso".[21] (Lá, de fato, era indispensável a noção de uma "alma imortal" que servisse como *rappel continuel à la justice*;[22] era o único freio possível, tangível, capaz de impedir que o novo soberano, este governante absoluto absolvido de suas próprias leis, cometesse atos criminosos. Tal como o príncipe absoluto, agora a nação, em termos de direito público, não poderia praticar nenhuma falta porque era o novo vigário de Deus na terra; mas, como na realidade de fato, a exemplo do príncipe, ela podia e era bem capaz de praticar muitas e muitas faltas, teria também de estar sujeita ao castigo que haveria de "ser cobrado por ninguém menos que Deus, o vingador" — na expressiva formulação de Bracton.) Valia ainda mais para a Revolução Americana, na qual todas as constituições dos estados trazem menção explícita a um "futuro estado de recompensas e castigos", embora não encontremos nenhum vestígio seu na Declaração de Independência ou na Constituição dos Estados Unidos. Mas disso não devemos concluir que os redatores das constituições dos estados fossem menos "esclarecidos" do que Jefferson ou Madison. Qualquer que possa ter sido a influência do puritanismo sobre o desenvolvimento de uma índole americana, os fundadores da república e os homens da revolução pertenciam à era do Iluminismo; todos eram deístas, e a insistência deles em acreditar em "futuros estados" destoava bastante de suas convicções religiosas. Certamente não foi o fervor religioso, e sim as apreensões estritamente políticas quanto aos enormes riscos inerentes à esfera secular dos assuntos humanos que os levaram a recorrer ao único elemento religioso tradicional dotado de indubitável utilidade política como instrumento de governo.

Nós, que tivemos ampla oportunidade de assistir a crimes políticos numa escala sem precedentes, cometidos por pessoas que haviam se libertado de qualquer crença em "futuros estados" e tinham perdido o antigo medo de um "Deus vingador", pelo visto não estamos em posição de contestar a sabedoria política dos fundadores. Mas foi a sabedoria política e não a convicção religiosa que levou John Adams a escrever as seguintes palavras, estranhamente proféticas:

> Há possibilidade de que o governo das nações possa cair nas mãos de homens que pregam o mais desconsolado de todos os credos, que os homens não passam de pirilampos e que *tudo* isso não tem um pai? É esta a maneira de tornar o homem enquanto homem um objeto de respeito? Ou é tornar o próprio assassinato tão indiferente quanto atirar em passarinhos, e o extermínio da nação rohilla tão inocente quanto comer os ácaros de um pedaço de queijo?[23]

Pelas mesmas razões, isto é, nossas experiências pessoais, também sentimos a tentação de rever a opinião corrente de que Robespierre seria contrário ao ateísmo só porque este era um credo usual entre os aristocratas; não há razão para não acreditar nele quando dizia que julgava impossível entender como um legislador poderia ser ateísta, se necessariamente precisaria confiar num "sentimento religioso que imprime na alma a ideia de uma sanção conferida aos preceitos morais por um poder maior do que o homem".[24]

Finalmente, e talvez seja o mais importante para o futuro da república americana, o preâmbulo da Declaração de Independência traz mais uma frase, além do apelo ao "Deus da natureza", que remete a uma fonte transcendente de autoridade para as leis do novo corpo político, e essa frase não destoa das crenças deístas dos fundadores nem do espírito do iluminismo oitocentista. As famosas palavras de Jefferson "Consideramos estas verdades autoevidentes" somam de uma maneira historicamente única a base de acordo entre os que se lançaram à revolução, um acordo necessariamente relativo porque relacionava os homens que entraram em acordo, e um absoluto, a saber, uma verdade que não precisa de acordo pois, devido à sua autoevidência, ela coage sem precisar de uma demonstração argumentativa ou de uma persuasão política. Por serem autoevidentes, essas verdades são pré-racionais — informam a razão, mas não resultam dela — e, como estão além da revelação e da argumentação, graças à sua autoevidência, em certo sentido são tão coercitivas quanto o "poder despótico" e tão absolutas quanto as verdades reveladas da religião ou as verdades axiomáticas da matemática. Nas palavras de Jefferson, elas são "as opiniões e crenças dos homens [que] dependem não da vontade deles, mas seguem involuntariamente a evidência apresentada a suas mentes".[25]

Talvez não haja nada de surpreendente no fato de que a era do Iluminismo veio a perceber a natureza coercitiva da verdade axiomática ou autoevidente, cujo exemplo paradigmático, desde Platão, tem sido o tipo de asserção que vemos na matemática. Mercier de la Rivière estava coberto de razão quando escreveu: "*Euclide est un véritable despote et les vérités géométriques qu'il nous a transmises sont des lois véritablement despotiques. Leur despotisme légal et le despotisme personnel de ce Législateur n'en font qu'un, celui de la force irrésistible de l'évidence*" [Euclides é um verdadeiro déspota e as verdades geométricas que nos transmitiu são leis verdadeiramente despóticas. Seu despotismo legal e o despotismo pessoal desse Legislador são um só, o da força irresistível da evidência];[26] e Grotius, mais de cem anos antes, já insistira que "nem Deus pode fazer com que dois vezes dois não sejam quatro". (Quaisquer que possam ser as implicações teológicas e filosóficas da fórmula de Grotius, sua intenção política era visivelmente obrigar e limitar a vontade soberana de um príncipe absoluto que alegava encarnar a onipotência divina na terra, declarando que nem mesmo o poder de Deus era ilimitado. Deve ter se afigurado de grande pertinência teórica e prática para os pensadores políticos do século XVII, pela simples razão de que o poder divino, sendo por definição o poder de Um, só poderia aparecer na terra como uma força sobre-humana, isto é, a força multiplicada e que se fazia irresistível por meio da violência. Em nosso contexto, é importante notar que apenas as leis matemáticas eram consideradas suficientemente irresistíveis para refrear o poder dos déspotas.) A falácia dessa posição não consistia apenas em igualar essa evidência coercitiva com a reta razão — o *dictamen rationis* ou um autêntico ditame da razão —, mas em crer que essas "leis" matemáticas eram da mesma natureza das leis de uma comunidade, ou que aquelas poderiam de alguma maneira inspirar estas últimas. Jefferson devia ter uma vaga consciência disso, pois do contrário não teria se dado a esse torneio um tanto incongruente — "*Consideramos* estas verdades autoevidentes" — e teria dito: Estas verdades são autoevidentes, ou seja, possuem um poder de coagir que é tão irresistível quanto o poder despótico; não são sustentadas por nós, mas nós é que somos sustentados por elas; não têm nenhuma necessidade de concordância. Ele sabia muito bem que a afirmativa "Todos os homens são criados iguais" jamais poderia ter o mesmo poder coercitivo da asserção "dois vezes dois é igual a quatro", pois a primeira é de fato uma proposição da razão, e mesmo uma proposição raciocinada que requer concordância, a menos que se suponha que a razão humana é divinamente informada para reconhecer certas verdades como autoevidentes; a segunda, ao contrário, está radicada na estrutura física do cérebro humano e é, portanto, "irresistível".

Se fôssemos entender o corpo político da república americana exclusivamente nos termos de seus dois maiores documentos, a Declaração de Independência e a Constituição dos Estados Unidos, o preâmbulo da Declaração seria a única fonte de autoridade de onde a Constituição, não como ato de constituir o governo, mas como lei da terra, deriva sua legitimidade; pois a Constituição em si, tanto no preâmbulo quanto nas emendas que formam a Declaração de Direitos, curiosamente cala sobre essa questão da autoridade última. A autoridade da verdade autoevidente pode ser menos poderosa do que a autoridade de um "Deus vingador", mas certamente ainda traz claros sinais de origem divina; tais verdades são, como escreveu Jefferson no esboço original da Declaração de Independência, "sagradas e inegáveis". Não foi somente a razão que Jefferson promoveu ao nível de "lei superior" que conferiria validade tanto à nova lei da terra quanto às velhas leis da moral; era uma razão divinamente informada, a "luz da razão", como gostavam de dizer na época, e suas verdades também iluminavam a consciência dos homens, para que fossem receptivos a uma voz interior que ainda era a voz de Deus e respondessem "Sim" sempre que a voz da consciência lhes dissesse "Farás" e, mais importante, "Não farás".

2.

Sem dúvida existem muitas maneiras de interpretar a configuração histórica em que teve aparecimento o incômodo problema de um absoluto. Quanto ao Velho Mundo, mencionamos a continuidade de uma tradição que parece nos conduzir diretamente aos últimos séculos do Império Romano e aos primeiros séculos do cristianismo, quando, depois que "o Verbo se tornou carne", a encarnação de um absoluto divino na terra foi representada inicialmente pelos vigários do próprio Cristo, pelo bispo e pelo papa, aos quais se sucederam os reis que invocavam direitos divinos para a realeza, até que por fim à monarquia absoluta se sucedeu a soberania não menos absoluta da nação. Os colonizadores do Novo Mundo haviam escapado ao peso e à carga dessa tradição não quando cruzaram o Atlântico, mas quando, sob a pressão das circunstâncias — com medo da vastidão inexplorada do novo continente e amedrontados com a escuridão inexplorável do coração humano —, haviam se constituído em "corpos políticos civis", obrigando-se mutuamente num empreendimento para o qual não existia nenhuma outra obrigação, e assim criaram um novo início em pleno centro da história da humanidade ocidental. De uma perspectiva histórica, hoje sabemos o que significou essa saída, para o bem e para o mal, sabemos como ela afastou a América do desenvolvimento do Estado nacional europeu, interrompendo a unidade original de uma civilização atlântica por mais de cem anos, atirando a América de volta ao "ermo desconhecido" do novo continente e privando-a da grandeza cultural da Europa. Ao mesmo tempo, porém, e mais importante em nosso contexto, a América foi poupada da mais barata e mais perigosa fisionomia que o absoluto assumiu na esfera política, a fisionomia da nação. Talvez o preço dessa saída, o preço do "isolamento", quando se cortaram as origens e as raízes no Velho Mundo, não fosse demasiado alto se esse corte político também trouxesse uma libertação do quadro intelectual e conceitual da tradição ocidental, libertação esta que, evidentemente, não devia ser confundida com um esquecimento do passado. Mas não era o caso, claro; a novidade do desenvolvimento político do Novo Mundo não foi acompanhada em lugar algum por um desenvolvimento correspondente de um novo pensamento. Assim, não havia como evitar o problema do absoluto — mesmo que nenhuma das instituições e corpos instituídos do país remontasse à evolução factual do absolutismo —, porque ficou demonstrado que ele era inerente ao conceito tradicional de lei. Se a essência da lei secular era um mandamento, fazia-se necessária uma divindade — não a natureza, mas o Deus da natureza; não a razão, mas uma razão divinamente informada — para lhe conferir validade.

No entanto, no que se referia ao Novo Mundo, era assim apenas teoricamente. É bem verdade que os homens da Revolução Americana continuaram ligados ao quadro conceitual e intelectual da tradição europeia, e para eles era difícil formular em termos teóricos a experiência colonial da imensa força presente nas promessas mútuas, tanto quanto lhes era difícil admitir em princípio, e não apenas de vez em quando, a íntima relação entre "felicidade" e ação — que "é a ação, não o descanso, que constitui nosso prazer" (John Adams). Se esse vínculo com a tradição tivesse determinado os destinos concretos da república americana na mesma medida em que orientava a mente dos teóricos, a autoridade desse novo corpo político poderia, na realidade concreta, ter desmoronado sob as investidas da modernidade — em que a perda da sanção religiosa para a esfera política é um fato consumado —, tal como desmoronou em todas as outras revoluções. O fato é que não foi este o caso, e o que salvou a Revolução Americana desse destino não foi o "Deus da natureza" nem a verdade autoevidente, e sim o ato de fundação em si.

Nota-se muitas vezes que as ações dos homens das revoluções foram em altíssimo grau inspiradas e guiadas pelos exemplos da Antiguidade romana, e isso se aplica não só à Revolução Francesa, cujos agentes realmente tinham um talento extraordinário para o teatral; os americanos talvez não se enxergassem tanto em termos da grandeza da Antiguidade — embora Thomas Paine gostasse de imaginar que "o que Atenas foi em miniatura a América será em magnitude" —, mas certamente tinham consciência de que estavam emulando a virtude antiga. Quando Saint-Just exclamou: "O mundo está vazio desde os romanos, e está ocupado apenas com a memória deles, que agora é nossa única profecia de liberdade", estava retomando John Adams, para quem "a Constituição romana formou o povo mais nobre e o poder mais grandioso que jamais existiram", assim como a observação de Paine foi precedida pela declaração de James Wilson, prevendo que "a glória da América irá rivalizar — irá superar a glória da Grécia".[27] Comentei como era estranho esse entusiasmo pelos antigos, como destoava dos tempos modernos, como era inesperado que os homens das revoluções recorressem a um passado remoto que fora denunciado com tanta veemência pelos cientistas e filósofos do século XVII. E, no entanto, quando lembramos o entusiasmo pela "prudência antiga" com que a breve ditadura de Cromwell foi saudada por Harrington e Milton no próprio século XVII, e a infalível precisão com que Montesquieu, na primeira metade do século XVIII, mais uma vez voltou a atenção para os romanos, bem podemos concluir que, sem o exemplo clássico reluzindo pelos séculos, nenhum dos homens das revoluções dos dois lados do Atlântico teria tido a coragem para aquilo que se demonstrou ser uma ação sem precedentes. Em termos históricos, foi como se a revivescência da Antiguidade no Renascimento, que chegara bruscamente ao fim com o surgimento da era moderna, de repente tivesse voltado à vida, como se o ardor republicano das efêmeras cidades-estado italianas — fadadas a desaparecer, como tão bem sabia Maquiavel, com o advento do Estado nacional — tivesse apenas adormecido para dar tempo às nações da Europa, por assim dizer, para crescer sob a tutela de príncipes absolutos e déspotas esclarecidos.

Seja como for, a razão pela qual os homens das revoluções recorreram à Antiguidade para se inspirar e buscar orientação não era absolutamente um anelo romântico pelo passado e pela tradição. O conservadorismo romântico — e que conservadorismo tem alguma atração se não for romântico? — foi consequência das revoluções, e mais especificamente da derrota da revolução na Europa; e esse conservadorismo se voltou para a Idade Média, não para a Antiguidade; glorificava aqueles séculos quando a esfera secular da política terrena recebia suas luzes do esplendor da Igreja, isto é, quando a esfera pública vivia a uma luz de empréstimo. Os homens das revoluções tinham orgulho de ser "esclarecidos", de ser intelectualmente livres em relação à tradição, e, como ainda não haviam descoberto as perplexidades espirituais dessa situação, ainda não tinham sido afetados pelo sentimentalismo em relação ao passado e às tradições em geral que se tornaria tão característico da atmosfera intelectual do começo do século xix. Quando recorriam aos antigos, era porque viam neles uma dimensão que não fora transmitida pela tradição — nem pelas tradições dos costumes e instituições, nem pela grande tradição do pensamento e do conceito ocidentais. Assim, o que os levava aos inícios da história ocidental não era a tradição e sim, ao contrário, suas experiências pessoais, para as quais precisavam de modelos e precedentes. E o grande modelo e precedente, a despeito de toda a eventual retórica sobre a glória de Atenas e da Grécia, era para eles, como havia sido para Maquiavel, a república romana e sua grandeza histórica.

Para entender com maior clareza quais eram as lições e precedentes específicos que os homens das revoluções procuravam no grande exemplo romano, cabe lembrar um outro fato, amiúde observado, mas que desempenha um papel distinto apenas na república americana. Muitos historiadores, sobretudo no século xx, consideram desconcertante que a Constituição — que, nas palavras de John Quincy Adams, "fora arrancada da necessidade premente de uma nação relutante" — tivesse se tornado da noite para o dia objeto de "uma veneração indiscriminada e quase cega", como certa vez disse Woodrow Wilson.[28] De fato, poderíamos parafrasear Bagehot falando do governo da Inglaterra e dizer que a Constituição fortalece o governo americano "com a força da religião", com a ressalva de que a força com que o povo americano se ligava à sua Constituição não era a fé cristã num Deus revelado, nem a obediência hebraica ao Criador que também era o Legislador do universo. Para chamar de religiosa a atitude dos americanos em relação à revolução e à Constituição, é preciso entender a palavra "religião" em seu sentido romano original, e então a devoção deles consistiria em *religare*, em se ligar de volta a um início, tal como a *pietas* romana consistia em voltar a se vincular ao início da história romana, à fundação da cidade eterna. Em termos históricos, os homens da Revolução Americana, a exemplo de seus colegas do outro lado do Atlântico, erravam ao pensar que estavam simplesmente voltando a um "período inicial" para reencontrar antigos direitos e liberdades. Mas, em termos políticos, estavam certos, ao derivar a estabilidade e autoridade de qualquer corpo político de seus inícios, e o problema deles era que não conseguiam conceber um início, exceto como algo que devia ter ocorrido num passado remoto. Para Woodrow Wilson, mesmo sem o saber, a veneração americana pela Constituição era cega e indiscriminada porque suas origens não estavam envoltas na aura do tempo; talvez o gênio político do povo americano, ou a imensa sorte que sorriu à república americana, consistisse exatamente nessa cegueira ou, em outras palavras, consistisse na capacidade extraordinária de olhar o passado com os olhos dos séculos futuros.

Sentimo-nos tentados a pensar que o enorme grau de sucesso que os fundadores americanos podiam registrar para si, o simples fato de que sua revolução deu certo onde todas as outras falhariam, isto é, a fundação de um novo corpo político com estabilidade suficiente para sobreviver às investidas dos séculos seguintes, foi decidido no exato momento em que a Constituição começou a ser "venerada", mesmo que acabasse de entrar em vigor. E, visto que foi nesse aspecto que a Revolução Americana se diferenciou com maior nitidez de todas as outras revoluções que se seguiriam, sentimo-nos tentados a concluir que foi a autoridade que o ato de fundação trazia dentro de si, mais do que a crença num Legislador Imortal, ou nas promessas de recompensa e ameaças de castigo num "futuro estado", ou mesmo na duvidosa autoevidência das verdades enumeradas no preâmbulo da Declaração de Independência, que assegurou a estabilidade da nova república. Essa autoridade, sem dúvida, é completamente diferente do absoluto que os homens das revoluções procuravam tão desesperadamente introduzir como fonte de validade de suas leis e manancial de legitimidade do novo governo. Aqui também, em última análise, era o grande modelo romano que se afirmava de modo quase automático e cego no espírito daqueles que, com plena consciência e deliberação, haviam recorrido à história romana e às instituições políticas romanas a fim de se preparar para a própria tarefa.

Pois a autoridade romana não estava posta nas leis, e a validade das leis não derivava de uma autoridade superior a elas. Ela estava incorporada numa instituição política, o Senado romano — *potestas in populo*, mas *auctoritas in senatu* —, e o fato de que a câmara mais alta tenha recebido o nome dessa instituição romana é muito sugestivo, visto que o Senado americano pouco se assemelha ao modelo romano ou mesmo veneziano; isso mostra claramente o valor que a palavra adquirira na mente de homens que haviam sintonizado com o espírito da "prudência antiga". Entre "as numerosas inovações apresentadas no teatro americano" (Madison), talvez a mais importante e certamente a mais evidente tenha sido a mudança do lócus da autoridade, passando do Senado (romano) para a esfera judiciária do governo; mas o que continuou próximo ao espírito romano foi que julgaram necessário e criaram uma instituição concreta que, distinguindo-se claramente dos poderes do legislativo e do executivo, era especificamente destinada aos fins da autoridade. Foi precisamente no uso incorreto da palavra "senado", ou melhor, na relutância em conferir autoridade a um ramo da legislatura, que os Pais Fundadores mostraram quão bem tinham entendido a distinção romana entre poder e autoridade. Pois a razão pela qual Hamilton insistiu que "a majestade da autoridade nacional deve se manifestar por meio dos tribunais de justiça"[29] foi que, em termos de poder, o setor judiciário, "não possuindo força nem vontade, mas meramente julgamento [...], [era] sem comparação o mais fraco dos três departamentos do poder".[30] Em outras palavras, sua própria autoridade o fazia inapto para o poder, assim como, inversamente, o próprio poder da legislatura fazia o Senado inapto para exercer a autoridade. Mesmo o controle judiciário, segundo Madison, "a única contribuição da América para a ciência do governo", não deixa de ter seu equivalente antigo no cargo romano da censura, e foi um "Conselho de Censores que [...] na Pensilvânia em 1783 e 1784 iria [...] averiguar 'se a Constituição tinha sido violada, e se os departamentos do legislativo e do executivo tinham invadido suas respectivas áreas'".[31] Mas a questão é que, quando esta "experiência nova e importante em política" foi incorporada à Constituição dos Estados Unidos, ela perdeu, junto com o nome, suas características antigas — de um lado o poder dos *censores*, de outro lado a rotatividade do cargo. Institucionalmente, é a falta de poder, somada à permanência no cargo, que indica que a verdadeira sede de autoridade na república americana é o Supremo Tribunal. E essa autoridade é exercida numa espécie de elaboração constitucional contínua, pois de fato o Supremo Tribunal é, como diz Woodrow Wilson, "uma espécie de Assembleia Constituinte em sessão contínua".[32]

Mas, se a diferenciação institucional americana entre poder e autoridade possui traços nitidamente romanos, por outro lado seu conceito de autoridade é completamente diverso. Em Roma, a função da autoridade era política e consistia em dar conselhos, ao passo que na república americana a função da autoridade é jurídica e consiste na interpretação. O Supremo Tribunal deriva sua autoridade da Constituição como documento escrito, enquanto o Senado romano, os *patres* ou pais da república romana detinham autoridade porque representavam, ou melhor, reencarnavam os ancestrais, cuja única base de pretensão à autoridade no corpo político era exatamente o fato de o terem fundado, de serem os "pais fundadores". Por meio dos senadores romanos, os fundadores da cidade de Roma se faziam presentes, e presente com eles o espírito da fundação, o início, o *principium* e o princípio, daquelas *res gestae* de que veio a se formar a história do povo de Roma. Pois a *auctoritas*, cuja raiz etimológica é *augere*, aumentar e crescer, dependia da vitalidade do espírito da fundação, em virtude da qual era possível aumentar, crescer e alargar as fundações, tal como haviam sido lançadas pelos ancestrais. A continuidade ininterrupta desse aumento e sua autoridade intrínseca só poderiam se dar pela tradição, isto é, pela transmissão ao longo de uma linha contínua de sucessores do princípio estabelecido no início. Manter-se nessa linha ininterrupta de sucessores significava, em Roma, estar na autoridade, e permanecer ligado ao início dos ancestrais com piedosa rememoração e conservação significava ter *pietas* romana, ser "religioso" ou estar "religado" aos próprios inícios.

Assim, não era legislando, embora legislar fosse bastante importante em Roma, nem governando que se possuía a mais alta virtude humana, mas fundando novos estados ou conservando e aumentando os que já tinham sido fundados: "*Neque enim est ulla res in qua proprius ad deorum numen virtus accedat humana, quam civitates aut condere novas aut conservare iam conditas*".[33] Essa própria coincidência entre autoridade, tradição e religião, simultaneamente brotando do ato de fundação, constituiu a espinha dorsal da história romana, do começo ao fim. Como a autoridade significava o aumento das fundações, Catão podia dizer que a *constitutio rei publicae* não era "a obra de um único homem nem de uma única época". Em virtude da *auctoritas*, a permanência e a mudança estavam unidas, e por isso, para o bem e para o mal, a mudança ao longo de toda a história romana só podia significar o crescimento e o alargamento do antigo. Para os romanos, pelo menos, a conquista da Itália e a construção de um império eram legítimas na medida em que os territórios conquistados alargavam a fundação da cidade e se mantinham ligados a ela.

Este último aspecto, a saber, que a fundação, a ampliação e a conservação estão intimamente relacionadas, pode ter sido o conceito mais importante que os homens da Revolução adotaram, não por uma reflexão consciente, mas porque se nutriam dos clássicos e frequentaram a escola da Antiguidade romana. Dessa escola saiu a noção de Harrington de uma "república por acréscimo", pois era exatamente isso que a república romana sempre tinha sido, assim como séculos antes Maquiavel já repetira quase literalmente a grande asserção de Cícero, citada antes, embora sem se dar ao trabalho de mencionar seu autor: "E nada traz tanta honra a um homem que quer afirmar-se quanto fazer novas leis e novas instituições inventadas por ele: tais coisas [...] o tornam reverenciado e fonte de admiração".[34] No que se refere ao século XVIII, para os homens da revolução devia parecer que o principal problema imediato — que tornava a questão teórica e legal do absoluto tão incômoda e complicada na política prática —, o problema de como "perpetuar" a União,[35] como conferir permanência a uma fundação, como obter a sanção de legitimidade para um corpo político que não podia pretender a sanção da antiguidade (e o que, se não a antiguidade, tinha até então gerado "a opinião de direito", como dizia Hume?), retomando, devia parecer que tudo isso encontrara uma solução simples e como que automática na Roma antiga. O próprio conceito de autoridade romana sugere que o ato de fundação desenvolve inevitavelmente sua própria estabilidade e permanência, e neste contexto a autoridade não é senão uma espécie de "aumento" necessário, em virtude do qual todas as inovações e mudanças continuam ligadas à fundação que, ao mesmo tempo, elas aumentam e ampliam. Assim, as emendas à Constituição aumentam e ampliam as fundações originais da república americana; desnecessário dizer, a própria autoridade da Constituição americana reside em sua capacidade intrínseca de ser emendada e aumentada. Essa noção de uma coincidência entre a fundação e a preservação por meio do aumento — que o ato "revolucionário" de iniciar algo inteiramente novo está relacionado com o cuidado de conservação que protegerá este novo início ao longo dos séculos — estava profundamente arraigada no espírito romano e podia ser lida em quase todas as páginas da história romana. Essa coincidência em si encontra uma boa ilustração na palavra latina para "fundar", que é *condere*, derivada de um antigo deus rupestre latino chamado Conditor, cuja principal função era presidir ao crescimento e à colheita; evidentemente, era fundador e preservador ao mesmo tempo.

Uma prova de que não é arbitrária essa interpretação do êxito da Revolução Americana em termos do espírito romano reside no curioso fato de que não somos apenas nós que designamos os homens da revolução com o título de "Pais Fundadores", e que eles mesmos se viam assim. Ultimamente, esse fato deu origem à ideia um tanto desagradável de que eles julgariam possuir mais virtude e sabedoria do que seria razoável esperar de seus sucessores.[36] Mas mesmo um contato superficial com o pensamento e o estilo da época basta para mostrar quão alheia ao espírito deles seria essa arrogância premeditada. A questão é muito mais simples: eles se consideravam fundadores porque haviam decidido conscientemente imitar o exemplo romano e emular o espírito romano. Quando Madison fala dos "sucessores" aos quais "caberá [...] aperfeiçoar e perpetuar" o grande projeto formado pelos ancestrais, ele previa "aquela veneração que o tempo confere a todas as coisas, e sem a qual o governo mais sábio e mais livre não possui a estabilidade requerida".[37] Sem dúvida, os fundadores americanos tinham vestido os trajes dos *maiores* romanos, aqueles ancestrais que por definição eram "os maiores", mesmo antes que o povo os reconhecesse como tais. Mas essa pretensão não nascia de um espírito de arrogância; ela brotava do simples reconhecimento de que eram fundadores e, portanto, viriam a ser ancestrais, ou do contrário teriam falhado. O que contava não eram a sabedoria nem a virtude, mas exclusivamente o ato em si, que era indiscutível. O que tinham feito, eles sabiam muito bem, e sabiam o suficiente de história para se sentir gratos por "terem vindo à vida numa época em que os maiores legisladores da Antiguidade desejariam viver".[38]

Comentamos anteriormente que a palavra "constituição" tem um duplo significado. Ainda podemos entendê-la, nos termos de Thomas Paine, como o ato constituinte, "antecedente ao governo", pelo qual um povo se constitui num corpo político, mesmo que geralmente entendamos a palavra como o resultado deste ato, a Constituição como documento escrito. Se agora examinarmos mais uma vez a "veneração cega e indiscriminada" com que desde então o povo dos Estados Unidos vê sua "constituição", poderemos entender o quanto essa veneração sempre foi ambígua, na medida em que seu objeto era, pelo menos em igual medida, o ato constituinte e o próprio documento escrito. Em vista do estranho fato de que a veneração pela Constituição na América sobreviveu a mais de cem anos de cerrado escrutínio e implacável ridicularização crítica do documento, bem como de todas as "verdades" a que os fundadores atribuíam autoevidência, sentimo-nos tentados a concluir que a rememoração do acontecimento em si — um povo fundando deliberadamente um novo corpo político — continua a envolver o resultado concreto deste ato, o documento em si, numa atmosfera de admiração e reverência que tem protegido tanto o acontecimento quanto o documento contra as investidas do tempo e da mudança de circunstâncias. E podemos nos sentir tentados inclusive a predizer que a autoridade da república continuará incólume e segura enquanto o ato em si, o início como tal, for rememorado sempre que surgirem questões constitucionais no sentido mais estrito da palavra.

O próprio fato de que os homens da Revolução Americana se vissem como "fundadores" indica até que ponto eles deviam saber que seria o ato de fundação em si, e não um Legislador Imortal, uma verdade autoevidente ou qualquer outra fonte transcendente e supraterrena, que acabaria por se tornar a fonte de autoridade no novo corpo político. Disso decorre que é inútil procurar um absoluto para romper o círculo vicioso em que todo início se encontra inevitavelmente preso, porque este "absoluto" reside no próprio ato de iniciar em si. Em certo sentido sempre se soube disso, embora nunca tenha sido plenamente formulado no pensamento conceitual pela simples razão de que o próprio início, antes da era da revolução, sempre esteve envolto em mistério e se manteve como objeto de especulação. A fundação que agora, pela primeira vez, ocorrera em plena luz do dia, para ser testemunhada por todos os que estavam ali presentes, durante milênios tinha sido objeto de lendas de fundação, nas quais a imaginação tentava recuar a um passado e a um acontecimento que a memória não podia alcançar. Não vem ao caso o que possamos vir a descobrir sobre a verdade factual dessas lendas: sua significação histórica reside na maneira como a mente humana tentou resolver o problema do início, de um novo acontecimento avulso irrompendo na sequência contínua do tempo histórico.

Quanto aos homens da revolução, havia apenas duas lendas de fundação que lhes eram familiares: a história bíblica do êxodo das tribos de Israel saindo do Egito e a história de Virgílio sobre as andanças de Eneias depois de fugir de Troia em chamas. Ambas são lendas de libertação, a primeira sobre a libertação da escravidão e a segunda sobre a fuga à destruição, e ambas têm como centro uma promessa futura de liberdade, a conquista de uma terra prometida ou a fundação de uma nova cidade — *dum conderet urbem*, como Virgílio, já no início, apresenta o conteúdo concreto de seu grande poema. Quanto à revolução, essas histórias parecem encerrar uma lição importante; numa estranha coincidência, as duas insistem num hiato entre o fim da velha ordem e o início da nova, de forma que não importa muito, neste contexto, se o hiato é preenchido pelas erranças desoladas das tribos de Israel no deserto ou pelas aventuras e perigos que Eneias enfrenta antes de chegar à costa italiana. Se essas lendas ensinam alguma coisa, é que a liberdade não é o resultado automático da libertação, da mesma forma que o novo início não é a consequência automática do fim. A revolução — pelo menos assim devia se afigurar àqueles homens — era precisamente esse hiato lendário entre o fim e o início, entre um não-mais e um ainda-não. E esses tempos de transição entre a servidão e a liberdade deviam exercer um grande apelo à imaginação deles, porque as lendas são unânimes em nos falar de grandes líderes que aparecem no palco da história precisamente nesses lapsos do tempo histórico.[39] Além disso, esse hiato se insinua em todas as especulações temporais que se desviam da noção usualmente aceita do tempo como um fluxo contínuo; era, portanto um objeto quase natural de imaginação e especulação humana, na medida em que estas tocavam no problema do início; mas o que se conhecia no pensamento especulativo e nas histórias lendárias, pelo visto, aparecia pela primeira vez como uma realidade concreta. Se alguém datasse a revolução, era como se tivesse feito o impossível, ou seja, havia datado o hiato temporal em termos cronológicos, isto é, do tempo histórico.[40]

Faz parte da própria natureza de um início que ele traga em si uma dose de completa arbitrariedade. Não só o início não está ligado a uma sólida cadeia de causas e efeitos, uma cadeia em que cada efeito se torna imediatamente a causa de futuros desenvolvimentos, como ainda não há nada, por assim dizer, a que ele possa se segurar; é como se saísse do nada no tempo e no espaço. Por um momento, o momento do início, é como se o iniciador tivesse abolido a própria sequência da temporalidade, ou como se os atores fossem lançados fora da ordem temporal e de sua continuidade. O problema do início, claro, aparece primeiramente na reflexão e especulação sobre a origem do universo, e conhecemos a solução hebraica para tais perplexidades — o postulado de um Deus Criador que está fora de sua criação, da mesma forma como o artesão está fora do objeto que fez. Em outras palavras, o problema do início é resolvido com a introdução de um iniciador cujo próprio início não está mais sujeito a indagações pois vai "da eternidade à eternidade". Essa eternidade é o absoluto da temporalidade, e na medida em que o início do universo retrocede a essa região do absoluto, ele deixa de ser arbitrário e se enraíza em algo que, mesmo que possa ultrapassar as capacidades racionais do homem, possui uma razão, um fundamento racional próprio. O curioso fato de que os homens das revoluções se sentissem levados a buscar freneticamente um absoluto no mesmo exato momento em que eram forçados a agir podia derivar, pelo menos em parte, da influência de velhos hábitos intelectuais dos homens do Ocidente, segundo os quais cada início inteiramente novo precisa de um absoluto do qual tenha brotado e pelo qual seja "explicado".

Por mais que as reações mentais involuntárias dos homens das revoluções ainda pudessem estar dominadas pela tradição hebraico-cristã, não resta dúvida de que o esforço consciente deles em lidar com as perplexidades do início, tais como aparecem no próprio ato de fundação, recorreu não ao "No início Deus criou o céu e a terra", mas sim à "antiga prudência", à sabedoria política da Antiguidade, em especial a Antiguidade romana. Não é um acaso da tradição que a retomada do pensamento antigo e o grande esforço de recuperar os elementos da vida política antiga tenham deixado de lado (ou entendido mal) os gregos e tomado suas referências quase exclusivamente em exemplos romanos. A história romana tinha como centro a ideia de fundação, e é impossível entender qualquer dos grandes conceitos políticos romanos, como autoridade, tradição, religião, lei etc., sem considerar o grande feito que está no início da história e da cronologia de Roma, o fato da *urbs condita*, a fundação da cidade eterna. A solução romana corrente do problema, inerente a esse início, encontra talvez sua melhor indicação no famoso apelo de Cícero a Cipião, para que se torne *dictator rei publicae constituendae*, que estabeleça a ditadura para o momento crucial de constituir — ou melhor, reconstituir — a esfera pública, a república em sua acepção original.[41] Essa solução romana foi a fonte efetiva de inspiração para o "despotismo da liberdade" de Robespierre, que, se quisesse justificar sua ditadura em defesa da constituição da liberdade, poderia muito bem recorrer a Maquiavel: "Fundar uma nova república, ou reformar inteiramente as velhas instituições de uma república existente, deve ser trabalho de um homem só";[42] ele também poderia reforçar seu argumento com James Harrington, que, referindo-se "aos antigos e seu douto discípulo Maquiavel (o único político dos tempos mais recentes)",[43] também afirmara "que o legislador" (que, para Harrington, coincidia com o fundador) "deve ser um só homem, e [...] o governo deve ser feito de uma vez só ou de imediato. [...] Causa pela qual um legislador sábio [...] pode se empenhar justamente em tomar o poder soberano nas próprias mãos. Nenhum homem na posse de sua razão irá condenar tais meios extraordinários no caso em que forem necessários, sendo o fim tão somente a constituição de uma comunidade bem ordenada".[44]

Por mais que os homens das revoluções tivessem se aproximado do espírito romano, por mais cuidadosamente que possam ter seguido o conselho de Harrington de "esquadrinhar os arquivos da antiga prudência"[45] — e ninguém dedicou mais tempo a isso do que John Adams —, quanto à sua tarefa principal, a constituição de algum corpo político inteiramente novo e sem vínculos, esses arquivos devem ter mantido um estranho silêncio. É bastante singular que encontremos no cerne do conceito romano de fundação a ideia de que não só todas as mudanças políticas decisivas durante a história romana foram reconstituições, ou seja, reformas das antigas instituições e a recuperação do ato original de fundação, mas que mesmo esse primeiro ato já tinha sido um restabelecimento, por assim dizer, uma regeneração e restauração. Na linguagem de Virgílio, a fundação de Roma foi o restabelecimento de Troia, Roma seria efetivamente uma segunda Troia. Mesmo Maquiavel, em parte porque era italiano e em parte porque ainda era próximo da história romana, podia acreditar que a nova fundação de uma esfera política exclusivamente secular, como tinha em mente, na verdade não passaria de uma reforma radical da "velha instituição", e até Milton, muitos anos depois, ainda sonhava não em fundar uma nova Roma, e sim construir "Roma de novo". Mas isso não se aplica a Harrington, e a melhor prova disso está no fato de que ele começa a introduzir nesse debate imagens e metáforas completamente diversas, absolutamente alheias ao espírito romano. Pois, enquanto está defendendo os "meios extraordinários" necessários para o estabelecimento da República de Cromwell, de súbito afirma: "E, assim como não se conhece nenhum livro ou edifício que tenha atingido a perfeição se não tiver tido apenas um autor ou arquiteto, uma comunidade, quanto à sua fabricação, é da mesma natureza".[46] Em outras palavras, aqui ele introduz os meios da violência que, de fato, são correntes e necessários para todas as finalidades de fabricação, exatamente porque algo é criado não do nada, e sim de um determinado material que precisa ser violentado para se render aos processos de fabricação dos quais surge uma coisa, um objeto fabricado. O ditador romano, porém, não era de maneira nenhuma um fabricador, e os cidadãos sobre os quais ele detinha poderes extraordinários durante o período de uma emergência tampouco eram um material humano para se "construir" alguma coisa. Sem dúvida Harrington ainda não estava em posição de conhecer os enormes perigos inerentes ao empreendimento oceânico, e não fazia nenhuma ideia do emprego que Robespierre daria aos meios extraordinários da violência, quando acreditava estar na posição de um "arquiteto" que construía com material humano uma nova casa, a nova república, para os seres humanos. O que aconteceu foi que, junto com o novo início, reapareceu no palco da política europeia o crime lendário primordial da humanidade ocidental, como se mais uma vez o fratricídio devesse ser a origem da fraternidade e a bestialidade o nascedouro da humanidade, só que agora, em franca oposição aos velhos sonhos e aos novos conceitos do homem, a violência não dava origem a algo novo e estável, mas, muito pelo contrário, afogava início e iniciadores numa "torrente revolucionária".

Foi talvez por causa da afinidade interna entre a arbitrariedade inerente a todos os inícios e as potencialidades humanas para o crime que os romanos decidiram derivar sua descendência não de Rômulo, que havia matado Remo, e sim de Eneias[47] — *Romanae stirpis origo* ("fonte da estirpe romana") —, que chegara *Ilium in Italiam portans victosque Penates*, "à Itália trazendo Ílium e seus penates conquistados".[48] Certamente essa empresa também veio acompanhada de violência, a violência da guerra entre Eneias e os italianos autóctones, mas essa guerra, na interpretação de Virgílio, era necessária para anular a guerra contra Troia; visto que o ressurgimento de Troia em solo italiano — *illic faz regna resurgere Troiae* — estava destinado a salvar "os restos deixados pelos gregos e pela cólera de Aquiles" e assim ressuscitar a *gens Hectorea*,[49] que, segundo Homero, havia desaparecido da face da terra, a guerra troiana precisaria ser encenada mais uma vez, e isso significava inverter a ordem dos acontecimentos, tal como fora apresentada nos poemas de Homero. O grande poema de Virgílio inverte Homero total e deliberadamente: há de novo um Aquiles possuído por uma ira incontrolável; Turnus se apresenta com as palavras "Aqui também contarás que um Príamo encontrou seu Aquiles";[50] há "um segundo Páris, uma outra fogueira para as torres renascidas de Troia".[51] O próprio Eneias é evidentemente um outro Heitor, e no centro de tudo, "a fonte de toda aquela desgraça", de novo uma mulher, Lavínia, em lugar de Helena. E, depois de reunir todos os velhos personagens, Virgílio passa a inverter a história homérica: desta vez é Turnus-Aquiles que foge diante de Eneias-Heitor, Lavínia é uma noiva e não uma adúltera, e o final da guerra não é a vitória e a partida de um lado, o extermínio, a escravidão e a total destruição para os outros, mas "as duas nações, invictas, se unem num tratado perpétuo sob leis iguais"[52] e se assentam juntas, como Eneias anunciou antes mesmo que se iniciasse a batalha.

Aqui não estamos interessados na demonstração virgiliana da famosa *clementia* de Roma — *parcere subiectis et debellare superbos* —, nem no conceito romano de guerra por trás dela, essa noção única e grandiosa de uma guerra cuja paz é predeterminada não pela vitória ou pela derrota, e sim por uma aliança entre as partes beligerantes, que agora se associam como *socii* ou aliados, em virtude da nova relação estabelecida no próprio combate e confirmada pelo instrumento da *lex*, a lei romana. Como Roma foi fundada sobre esse tratado com força de lei entre dois povos diferentes e naturalmente *hostis*, a missão de Roma se tornaria "colocar todo o mundo sob leis" — *totum sub leges mitteret orbem*. O gênio da política romana — não apenas segundo Virgílio, mas, de modo geral, de acordo com a interpretação dos próprios romanos — residia nos mesmos princípios que acompanham a fundação lendária da cidade.

Em nosso contexto, porém, é mais importante observar que, nesta interpretação de Roma pelos próprios romanos, nem mesmo a fundação era entendida como um início absolutamente novo. Roma — ela era o ressurgimento de Troia e o restabelecimento de alguma cidade-estado que existira antes e cujo fio de continuidade e tradição nunca se rompera. E basta lembrar o outro grande poema político de Virgílio, a quarta Écloga, para perceber como era importante para essa interpretação romana enxergar a constituição e fundação em termos de uma restauração e restabelecimento. Pois, se no reinado de Augusto "nasce de novo o grande ciclo dos períodos" (como todas as traduções correntes em línguas modernas transpõem a grande linha mestra do poema: *Magnus ab integro saeclorum nascitur ordo*), é exatamente porque a "ordem dos períodos" não é o *novus ordo saeclorum* americano no sentido de um "início absolutamente novo"[53] — como se aqui ele falasse, no campo da política, daquilo que ele fala nas *Geórgicas*, em contexto totalmente diverso, a saber, "o primeiro alvorecer do mundo nascente".[54] A ordem da quarta Écloga é grande porque remonta e se inspira num início que a antecede: "Agora retorna a Virgem, retorna o reino de Saturno", como diz explicitamente o verso seguinte. Disso se segue, claro, que a criança a cujo nascimento é dedicado o poema não é absolutamente um θεός σωτηρ, um salvador divino descendo de alguma esfera transcendente e supraterrena. Esta criança, muito explicitamente, é uma criança humana nascida dentro do contínuo da história, e o menino precisa aprender *heroum laudes et facta parentis*, "as glórias dos heróis e os feitos do pai", para ser capaz de fazer aquilo que se espera de todos os meninos romanos — "governar o mundo a que as virtudes dos ancestrais trouxeram a paz". Sem dúvida o poema é um hino à natividade, um louvor ao nascimento de uma criança e o anúncio de uma nova geração, uma *nova progenies*; mas, longe de ser a profecia da vinda de um salvador divino, é, ao contrário, a afirmação da divindade do nascimento em si, e de que a salvação potencial do mundo está no próprio fato de que a espécie humana se regenera sempre e para sempre.

Detive-me no poema de Virgílio porque me parece que o poeta do século I a. C. desenvolveu à sua maneira aquilo que o filósofo cristão Agostinho iria, no século V d. C., enunciar em linguagem conceitual e cristianizada: *Initium ergo ut esset, creatus est homo* — "Para haver um início, criou-se o homem",[55] e que finalmente deve ter se evidenciado durante as revoluções da era moderna. O que importa em nosso contexto não é tanto a noção profundamente romana de que todas as fundações são restabelecimentos e reconstruções, e sim a ideia em certa medida relacionada, mas distinta, de que os homens estão capacitados para a tarefa, que é um paradoxo em termos lógicos, de criar um novo início porque eles mesmos são novos inícios e, portanto, iniciadores, que a própria capacidade de iniciar se radica na natalidade, no fato de que os seres humanos aparecem no mundo em virtude do nascimento. Não foi a propagação de cultos estrangeiros — o culto de Ísis ou as seitas cristãs — no império em declínio que levou os romanos a aceitar o culto do "menino" com mais facilidade do que outras coisas das culturas estranhas pertencentes aos povos conquista-dos;[56] foi o contrário: como a política e a civilização romanas mantinham essa ligação única e íntima com a integridade de um início na fundação de sua cidade, as religiões asiáticas que tinham como eixo o nascimento de um menino salvador exerciam uma forte atração; para os homens de formação e cultura romana, deve ter sido fascinante não a estranheza em si dessas religiões, mas a afinidade de origem e de fundamento, isto é, o surgimento de um pensamento familiar sob traços estranhos e mais profundos.

Seja como for, ou como tenha sido, quando os americanos decidiram criar uma variante do *magnus ordo saeclorum* virgilia-no, alterando-o para *novus ordo saeclorum*, admitiam que não se tratava mais de fundar "Roma de novo", e sim de fundar uma "nova Roma", que a linha de continuidade que unia a política oci-dental à fundação da cidade eterna e ligava esta fundação, por sua vez, às memórias pré-históricas da Grécia e de Troia tinha se rom-pido e não poderia ser restaurada. E era inevitável admiti-lo. A Revolução Americana, sob este aspecto única até a derrocada do sistema colonial europeu e o surgimento de novas nações em nosso século xx, foi em larga medida não apenas a fundação de um novo corpo político como também o início de uma história nacio-nal específica. Por maior que possa ter sido a influência da expe-riência colonial e da história pré-colonial sobre o curso da revolu-ção e a formação de instituições públicas neste país, sua história como entidade independente só se inicia com a revolução e a fundação da república. Assim, pelo visto, os homens da Revolução Americana, que tinham uma percepção quase obsessiva quanto à absoluta novidade daquele empreendimento, viram-se inevitavel-mente apanhados em algo para o qual a verdade histórica e a ver-dade lendária de suas tradições não podiam oferecer nenhum au-xílio ou precedente. E, no entanto, lendo a quarta Écloga de Virgílio, eles podem ter percebido vagamente que existe uma solução para as perplexidades do início, a qual não requer nenhum absoluto para romper o círculo vicioso em que parecem presas todas as primeiras coisas. O que salva o ato de iniciar de sua própria arbitrariedade é que ele traz dentro de si seu próprio princípio, ou, em termos mais precisos, que o início e o princípio, *principium* e princípio, não só estão relacionados entre si, mas são simultâneos. O absoluto do qual o início há de derivar sua validade e que, por assim dizer, deve salvá-lo de sua arbitrariedade intrínseca é o princípio que faz seu aparecimento no mundo junto com ele. A maneira como o iniciador começa o que pretende fazer estabelece a lei da ação para os que se uniram a ele a fim de participar e realizar o empreendimento. Como tal, o princípio inspira os atos que se seguirão e continua a aparecer enquanto dura a ação. E não é apenas nossa língua que ainda deriva o "princípio" do latim *principium*, sugerindo assim tal solução para o problema que, de outra maneira, seria insolúvel, a saber, o problema de um absoluto na esfera dos assuntos humanos, que é relativa por definição; o idioma grego, numa semelhança impressionante, diz a mesma coisa. Pois a palavra grega para início é ἀρχὴ, e ἀρχὴ significa ao mesmo tempo início e princípio. Nenhum poeta ou filósofo posterior exprimiu o significado profundo dessa coincidência com maior beleza e concisão do que Platão quando, no final da vida, observou de maneira quase fortuita: ἀρχὴ γὰρ καὶ θεὸς ἐν ἀνθρώποις ἱδρύμενη σώζει πάντα[57] — o que, num esforço para captar o significado original, podemos parafrasear da seguinte forma: "Pois o início, porque contém seu próprio princípio, é também um deus que, enquanto mora entre os homens, enquanto inspira seus feitos, a tudo salva". É a mesma experiência que, séculos mais tarde, fez Políbio dizer: "O início não é meramente a metade do todo, mas se estende ao fim".[58] E foi também a mesma percepção da identidade entre *principium* e princípio que finalmente persuadiu a comunidade americana a buscar "em suas origens uma explicação de suas qualidades próprias e, assim, uma indicação do que traria seu futuro",[59] da mesma forma que, antes, levara Harrington — sem qualquer conhecimento de Agostinho e provavelmente sem qualquer noção consciente da frase de Aristóteles — à seguinte convicção: "Assim como ninguém me mostrará uma comunidade nascida reta que tenha algum dia se entortado, da mesma forma ninguém me mostrará uma comunidade nascida torta que tenha algum dia se endireitado".[60]

Por grandiosas e significativas que sejam tais percepções, elas só passam a se aplicar à esfera política depois de se reconhecer que estão em flagrante oposição com as velhas noções, mas ainda correntes, sobre o papel dominante da violência, necessária para todas as fundações e, portanto, supostamente inevitável em todas as revoluções. Sob este aspecto, o curso da Revolução Americana conta uma história inesquecível e pode ensinar uma lição sem igual; pois essa revolução não eclodiu, mas foi feita por homens deliberando em conjunto e com a força dos compromissos mútuos. O princípio que veio à luz naqueles anos cruciais quando foram lançadas as fundações — não pela força de um arquiteto, mas pelo poder somado de muitos — era o princípio da promessa mútua e da deliberação comum; e de fato foi o próprio acontecimento que decidiu, como havia insistido Hamilton, que os homens "são realmente capazes [...] de estabelecer um bom governo a partir da reflexão e da escolha", que não estão "destinados para sempre a depender do acaso e da força para suas constituições políticas".[61]

6. A tradição revolucionária e seu tesouro perdido

Notre héritage n'est précédé d'aucun testament.
[*Nossa herança não é precedida de nenhum testamento.*]
René Char

1.

Se existiu algum acontecimento que destruiu os vínculos entre o Novo Mundo e os países do velho continente, foi a Revolução Francesa, que, na opinião dos contemporâneos, talvez nunca tivesse ocorrido sem o glorioso exemplo do outro lado do Atlântico. Não foi o fato da revolução, mas seu curso catastrófico e a derrocada da república francesa que acabaram levando ao rompimento dos sólidos laços espirituais e políticos entre a América e a Europa, que haviam predominado durante os séculos XVII e XVIII. Assim, a obra de Condorcet *Influence de la Révolution d'Amérique sur l'Europe* [Influência da Revolução da América sobre a Europa], publicada três anos antes da tomada da Bastilha, marcaria, pelo menos por algum tempo, o final e não o início de uma civilização atlântica. Tenta-nos a esperança de que essa fenda que se abriu no final do século XVIII venha a se fechar na metade do século XX, quando está mais do que evidente que a última chance de sobrevivência da civilização ocidental consiste numa comunidade atlântica; entre os sinais que justificam tal esperança está, talvez, o fato de que os historiadores, desde a Segunda Guerra Mundial, têm se mostrado mais propensos do que no começo do século XIX a considerar o mundo ocidental como uma totalidade.

Seja o que for o que nos reserva o futuro, o afastamento entre os dois continentes após as revoluções setecentistas continua a ser um fato de grande importância. Foi sobretudo naquela época que o Novo Mundo perdeu sua significação política aos olhos dos estratos dirigentes da Europa, a América deixou de ser a terra dos livres e passou a ser quase exclusivamente a terra prometida dos pobres. Sem dúvida, a atitude da elite europeia em relação ao pretenso materialismo e vulgaridade do Novo Mundo era uma decorrência quase automática do esnobismo social e cultural das classes médias ascendentes e, como tal, sem grande importância. O importante foi que a tradição revolucionária europeia no século XIX mostrou apenas um interesse fugaz pela Revolução Americana ou pelo desenvolvimento da república americana. Num forte contraste com o século XVIII, quando o pensamento político dos *philosophes*, muito antes de estourar a Revolução Americana, estava sintonizado com os eventos e instituições do Novo Mundo, o pensamento político revolucionário dos séculos XIX e XX se conduziu como se nunca tivesse ocorrido uma revolução no Novo Mundo e como se nunca tivesse surgido nenhuma noção ou experiência americana na esfera da política e do governo merecedora de alguma reflexão.

Em tempos recentes, quando a revolução se tornou uma das ocorrências mais comuns na vida política de quase todos os países e continentes, a omissão em incorporar a Revolução Americana à tradição revolucionária rebateu como um bumerangue na política externa dos Estados Unidos, que começa a pagar um preço exorbitante pela ignorância mundial e pelo esquecimento local. Essa questão fica desagradavelmente clara quando mesmo as revoluções no continente americano falam e agem como se conhecessem de cor e salteado os textos das revoluções na França, na Rússia e na China, mas nunca tivessem ouvido falar de uma Revolução Americana. Menos clamorosas talvez, mas certamente não menos reais são as consequências da contribuição americana para a ignorância do mundo, sua omissão em lembrar que foi uma revolução que deu origem aos Estados Unidos e que a república nasceu não por "necessidade histórica" nem por um desenvolvimento orgânico, e sim por um ato deliberado: a fundação da liberdade. Essa falta de memória é responsável em larga medida pelo enorme medo americano às revoluções, pois é exatamente esse medo que prova ao mundo em geral que ele está certo em pensar a revolução apenas em termos da Revolução Francesa. O medo da revolução tem sido o *leitmotif* oculto da política externa americana do pós--guerra, em suas tentativas desesperadas de estabilizar o *status quo*, resultando daí que o poder e o prestígio dos Estados Unidos têm sido usados e abusados para apoiar regimes políticos corruptos e obsoletos, que há muito tempo são odiados e desprezados por seus cidadãos.

A falta de memória e, com ela, a falta de entendimento se fazem flagrantes nos raros momentos em que o diálogo aguerrido com a União Soviética toca em questões de princípio. Quando nos disseram que por liberdade entendemos livre-iniciativa, pouquíssimo fizemos para desmentir essa falsidade monstruosa, e de modo geral agimos como se também acreditássemos que era a riqueza e a fartura que estavam em jogo no conflito do pós-guerra entre os países "revolucionários" do Leste e o Ocidente. Afirmamos que a riqueza e o bem-estar econômico são frutos da liberdade, e deveríamos ser os primeiros a saber que esse tipo de "felicidade" já abençoava a América antes da revolução, e que a causa dessa felicidade era a fartura da natureza sob um "governo brando", e não a liberdade política nem a "iniciativa privada" sem peias nem limites do capitalismo, a qual, na ausência da fartura natural, levou todos os países à infelicidade e à pobreza de massa. A livre-iniciativa, em outras palavras, tem sido uma autêntica bênção apenas nos Estados Unidos, e é secundária em comparação às verdadeiras liberdades políticas, como a liberdade de expressão e pensamento, de reunião e associação, mesmo sob as melhores condições. O crescimento econômico algum dia pode se revelar uma maldição, e não uma bênção, e em nenhuma hipótese ele pode levar à liberdade ou constituir prova de sua existência. Portanto, uma rivalidade entre os Estados Unidos e a Rússia no que se refere à produção econômica e aos padrões de vida, a viagens à Lua e descobertas científicas pode ser muito interessante sob vários aspectos; o resultado dessa rivalidade pode até ser entendido como demonstração do vigor e dos talentos das duas nações envolvidas, e do valor de seus usos e costumes sociais diferentes. Há uma única questão que esse resultado, seja qual for, nunca poderá decidir, a saber: qual é a melhor forma de governo, uma tirania ou uma república livre. Assim, em termos da Revolução Americana, a reação à aposta comunista de alcançar e superar os países ocidentais na produção de bens de consumo e no crescimento econômico seria a satisfação diante das novas perspectivas favoráveis que se abrem ao povo da União Soviética e dos países-satélites, o alívio em ver que pelo menos o fim da pobreza em escala mundial pode constituir uma preocupação comum, e então a iniciativa de lembrar a nossos oponentes que os conflitos sérios não nascem da disparidade entre dois sistemas econômicos, e sim exclusivamente do conflito entre liberdade e tirania, entre as instituições da liberdade, nascidas da vitória triunfal de uma revolução, e as várias formas de dominação (da ditadura do partido único de Lênin ao totalitarismo de Stálin e às tentativas de Kruschev de um despotismo esclarecido) surgidas na esteira da derrota revolucionária.

Por fim, é plena verdade e um triste fato que as chamadas revoluções, em sua maioria, longe de alcançar a *constitutio libertatis*, não têm sido capazes sequer de criar garantias constitucionais de direitos e liberdades civis, as bênçãos do "governo limitado", e não podemos de maneira nenhuma esquecer, em nossas relações com outras nações e seus respectivos governos, que a distância entre a tirania e o governo constitucional limitado é tão grande ou talvez ainda maior do que a distância entre o governo limitado e a liberdade. Mas tais considerações, por mais que se apliquem à prática, não devem nos induzir ao erro de confundir direitos civis com liberdade política, nem de pensar que essas preliminares do governo civilizado equivalem à substância efetiva de uma república livre. Pois a liberdade política, em termos gerais, significa o direito de "ser participante no governo" — afora isso, não é nada.

Enquanto as consequências da ignorância, do esquecimento e da falta de memória são evidentes e de natureza muito simples e elementar, não se pode dizer o mesmo em relação aos processos históricos que deram origem a tudo isso. Há pouco tempo, voltou-se a argumentar, e de maneira bastante convincente e por vezes até plausível, que um dos traços característicos de uma "estrutura mental americana", em termos genéricos, seria o desinteresse pela "filosofia" e que a revolução, em termos específicos, seria o resultado não de uma cultura "livresca" nem da era do Iluminismo, e sim das experiências "práticas" do período colonial, que por si sós teriam dado nascimento à república. A tese, proposta com amplitude e competência por Daniel Boorstin, tem seus méritos porque enfatiza devidamente o grande papel da experiência colonial na preparação da revolução e no estabelecimento da república, mas dificilmente resiste a um exame mais atento.[1] Sem dúvida, os Pais Fundadores traziam em sua herança inglesa uma certa desconfiança por generalidades filosóficas, mas mesmo um contato superficial com seus escritos mostra claramente que eles eram, para dizer o mínimo, mais versados na "antiga e moderna prudência" do que seus colegas do Velho Mundo, e tinham maior disposição em buscar nos livros um guia de ação. Além disso, os livros que consultavam eram exatamente os mesmos que, na época, influenciavam as correntes dominantes do pensamento europeu, e, se é verdade que a experiência concreta de ser um "participante no governo" era bastante conhecida na América antes da revolução, enquanto os letrados europeus ainda se debatiam para descobrir o significado disso construindo utopias ou "esquadrinhando a história antiga", também é verdade que o conteúdo daquilo que, de um lado, era uma realidade concreta e o conteúdo daquilo que, no outro lado, era um mero sonho se mostravam curiosamente parecidos. Não há como negar o importantíssimo fato político de que, mais ou menos no mesmo momento histórico, nos dois lados do Atlântico caía por terra a veneranda forma monárquica de governo e erguiam-se repúblicas.

Porém, se é inegável que a erudição e o pensamento conceitual, de fato de altíssimo nível, é que ergueram a estrutura da república americana, também é verdade que esse interesse pela teoria e pelo pensamento político desapareceu quase de imediato, depois de concluída a tarefa.[2] Como indiquei antes, penso que essa perda de um interesse pretensamente apenas teórico por questões políticas não foi o "gênio" da história americana, mas, ao contrário, a principal razão pela qual a Revolução Americana se demonstrou estéril em termos de política mundial. Da mesma forma, tendo a pensar que foi exatamente a grande quantidade de interesse teórico e de pensamento conceitual prodigamente distribuída pelos pensadores e filósofos europeus à Revolução Francesa que contribuiu decisivamente para seu sucesso mundial, apesar do desfecho catastrófico. A falta de memória americana pode ser rastreada até essa fatídica omissão do pensamento pós-revolucionário.[3] Pois, se é verdade que todo pensamento se inicia pela lembrança, também é verdade que nenhuma lembrança está a salvo, a menos que se condense e se destile num quadro de noções conceituais em que ela pode se exercer ainda mais. As experiências e mesmo as histórias do que são e do que sofrem os homens, dos acasos e acontecimentos, recaem na futilidade intrínseca da palavra viva e do gesto vivo, a menos que sejam comentadas constantemente. O que salva os assuntos dos mortais humanos à sua futilidade intrínseca não é senão o comentário incessante a respeito deles, que por sua vez é fútil a menos que dele surjam certos conceitos, certos pontos de referência para uma futura lembrança e mesmo uma simples menção.[4] De todo modo, da aversão "americana" ao pensamento conceitual resultou que, desde Tocqueville, a interpretação da história americana sucumbiu a teorias cujas raízes na experiência estavam alhures, até que em nosso século o país mostrou uma deplorável tendência a se render e a engrandecer todo e qualquer modismo e charlatanismo intelectual que veio a ganhar destaque após a desintegração, não do Ocidente, mas da estrutura social e política europeia após a Primeira Guerra Mundial. O estranho engrandecimento e a ocasional distorção de uma série de absurdos pseudocientíficos — em particular nas ciências sociais e psicológicas — talvez decorram do fato de que essas teorias, ao cruzar o Atlântico, perderam suas bases de realidade e, com isso, todas as limitações do bom senso. Mas a razão pela qual os Estados Unidos têm mostrado tanta receptividade a ideias forçadas e noções grotescas pode ser simplesmente porque a mente humana sempre precisa de conceitos para funcionar; assim, ela aceitará praticamente qualquer coisa quando sua principal tarefa, a compreensão abrangente e a aceitação da realidade, corre o risco de ficar comprometida.

Obviamente, o que se perdeu com essa falha do pensamento e da lembrança foi o espírito revolucionário. Se deixarmos de lado os motivos pessoais e os objetivos práticos e identificarmos esse espírito com os princípios que originalmente inspiraram os homens das revoluções nos dois lados do Atlântico, teremos de admitir que a tradição da Revolução Francesa — e é a única tradição revolucionária com alguma importância — não os preservou melhor do que as correntes liberais, democráticas e, em geral, francamente antirrevolucionárias do pensamento político nos Estados Unidos.[5] Já mencionamos antes esses princípios, aos quais, seguindo a linguagem política setecentista, chamamos de liberdade pública, felicidade pública, espírito público. O que restou deles nos Estados Unidos, depois de se esquecer o espírito revolucionário, foram as liberdades civis, o bem-estar individual da maioria e a opinião pública como a maior força a governar uma sociedade democrática e igualitária. Essa transformação corresponde com grande precisão à invasão da esfera pública pela sociedade, como se os princípios originalmente políticos tivessem se traduzido em valores sociais. Mas tal transformação não foi possível nos países afetados pela Revolução Francesa. Nessa escola, os revolucionários aprenderam que os antigos princípios inspiradores tinham sido invalidados pelas forças nuas e cruas da escassez e da necessidade, e concluíram o aprendizado plenamente convictos de que foi a própria revolução que revelou o que de fato seriam esses princípios — um monte de asneiras. Denunciar essas "asneiras" como preconceitos pequeno-burgueses lhes era muito mais fácil porque a sociedade havia realmente monopolizado esses princípios, desvirtuando-os e convertendo-os em "valores". Sempre premidos pela urgência desesperada da "questão social", isto é, pelo espectro das imensas multidões dos pobres que todas as revoluções visavam libertar, eles se baseavam invariavelmente — e talvez inevitavelmente — nos acontecimentos mais violentos da Revolução Francesa, esperando contra todas as esperanças que a violência derrotaria a pobreza. Sem dúvida era o conselho do desespero; pois, se tivessem admitido que a lição mais evidente da Revolução Francesa era que *la terreur* como meio de alcançar *le bonheur* condenava as revoluções à ruína, também teriam de admitir que nenhuma revolução, nenhuma fundação de um novo corpo político, seria possível onde as massas eram oprimidas pela miséria.

Os revolucionários dos séculos xix e xx, num acentuado contraste com seus antecessores do século xviii, eram homens desesperados, e a causa da revolução, portanto, atraía cada vez mais os marginais, isto é, "um espécime infeliz da população [...] que, em condições de normalidade de um governo, está afundado a um nível sub-humano; mas que, nas cenas turbulentas da violência civil, pode emergir como figura humana e garantir uma superioridade numérica a qualquer partido a que possa se associar".[6] Essas palavras de Madison são bastante verdadeiras, desde que se acrescente, se formos aplicá-las aos assuntos das revoluções europeias, que essa mistura entre os miseráveis e os piores elementos teve a oportunidade de reaparecer "como figura humana" a partir do desespero dos melhores, que, após os desastres da Revolução Francesa, devem ter percebido que todas as chances estavam contra eles, mas mesmo assim não podiam abandonar a causa da revolução — em parte porque eram movidos pela compaixão e por um profundo senso de justiça constantemente frustrado, em parte porque eles também sabiam que "é a ação, não o descanso, que constitui nosso prazer". Neste sentido, a máxima de Tocqueville — "Na América, os homens têm as opiniões e as paixões da democracia; na Europa, nós ainda temos as paixões e as opiniões da revolução"[7] — continua válida pelo século xx adentro. Mas essas paixões e opiniões tampouco conseguiram preservar o espírito revolucionário, pela simples razão de que nunca o representaram; pelo contrário, foram exatamente essas paixões e opiniões, com rédeas soltas na Revolução Francesa, que já então sufocaram seu espírito original, isto é, os princípios da liberdade pública, da felicidade pública e do espírito público que haviam inspirado originalmente seus atores.

Em termos abstratos e superficiais, parece bastante fácil enfrentar a principal dificuldade para se chegar a uma definição plausível do espírito revolucionário sem precisar recorrer exclusivamente, como fizemos antes, a uma terminologia cunhada antes das revoluções. Na medida em que o maior acontecimento em toda revolução é o ato de fundação, o espírito da revolução contém dois elementos que nos parecem irreconciliáveis, e até contraditórios. O ato de fundar o novo corpo político, de conceber a nova forma de governo, supõe uma séria preocupação com a estabilidade e durabilidade da nova estrutura; por outro lado, a experiência vivida pelos homens empenhados neste grave assunto é a percepção revigorante de que os seres humanos têm a capacidade de iniciar alguma coisa, o entusiasmo que sempre acompanha o nascimento de algo novo na terra. O próprio fato de que esses dois elementos, a preocupação com a estabilidade e o espírito do novo, vieram a se opor na reflexão e na terminologia política — a primeira identificada com o conservadorismo e o segundo apresentado como monopólio do liberalismo progressista — talvez tenha de ser reconhecido como um dos sintomas de nossa perda. Afinal, hoje em dia, nada compromete mais seriamente o entendimento e o debate significativo das questões políticas do que os reflexos mentais automáticos e condicionados pelas trilhas batidas das ideologias nascidas, todas elas, nas pegadas e na esteira da revolução. Pois não é absolutamente insignificante que nosso vocabulário político ou remonte à Antiguidade clássica, grega e romana, ou possa ser rastreado inequivocamente até as revoluções setecentistas. Em outras palavras, se há algo de moderno em nossa terminologia política, é de origem revolucionária. E a principal característica desse vocabulário moderno revolucionário é, ao que parece, o emprego constante de pares opostos — direita e esquerda, reacionário e progressista, conservadorismo e liberalismo, para citar apenas alguns ao acaso. Pode-se ver o quanto esse hábito de pensamento se arraigou com o surgimento das revoluções se observarmos o desenvolvimento dos novos sentidos atribuídos a velhos termos, como democracia e aristocracia, pois a noção de democratas *versus* aristocratas não existia antes das revoluções. Tais opostos, sem dúvida, têm sua origem e, em última instância, sua justificação na experiência revolucionária como um todo, mas o cerne da questão é que, no ato da fundação, não eram opostos mutuamente excludentes, e sim os dois lados do mesmo acontecimento, e foi somente depois que as revoluções chegaram ao fim, na vitória ou na derrota, que eles se separaram, solidificaram-se em ideologias e começaram a se contrapor.

Do ponto de vista terminológico, o trabalho de recapturar o espírito perdido da revolução deve consistir, em certa medida, em tentar pensar e encontrar significado para a soma e conjugação daquilo que nosso atual vocabulário nos apresenta em termos de oposição e contradição. Para isso, podemos voltar mais uma vez ao espírito público que, como vimos, precedia as revoluções e que teve sua primeira realização teórica em James Harrington e Montesquieu, mais do que em Locke e Rousseau. Embora seja verdade que o espírito revolucionário nasceu nas revoluções, e não antes, não será inútil examinar aqueles grandes exercícios de pensamento político, praticamente simultâneos à época moderna, com os quais os homens se prepararam para um acontecimento cuja verdadeira magnitude mal podiam prever. E, o que é bastante interessante e significativo, esse espírito da época moderna estava preocupado desde o início com a estabilidade e a durabilidade de uma esfera puramente terrena e secular — o que significa, entre outras coisas, que sua expressão política estava em flagrante contradição com as manifestações científicas, filosóficas e mesmo artísticas da época, todas elas muito mais interessadas na novidade em si do que em qualquer outra coisa. Em outras palavras, o espírito político da modernidade nasceu quando os homens deixaram de se satisfazer com a ideia de que os impérios surgiam e desapareciam num ciclo de mudanças eternas; é como se eles quisessem instaurar um mundo que durasse para sempre, exatamente porque sabiam como era novo tudo o que a época estava tentando fazer.

Assim, a forma republicana de governo se afigurava desejável aos pensadores políticos pré-revolucionários, não por causa de seu caráter igualitário (a equiparação entre governo republicano e governo democrático, que é confusa e gera confusão, surgiu no século xix), e sim devido à sua promessa de grande durabilidade. Isso também explica o surpreendente respeito dos séculos xvii e xviii por Esparta e Veneza, duas repúblicas que, mesmo para o limitado conhecimento histórico da época, pouco tinham que as recomendasse além de serem tidas como os governos mais estáveis e duradouros da história documentada. Daí, também, a curiosa predileção dos homens das revoluções pelos "senados", palavra que atribuíam a instituições que não tinham nada em comum com o modelo romano e sequer com o modelo veneziano, mas que apreciavam porque lhes sugeria uma estabilidade sem igual, com base na autoridade.[8] Mesmo os conhecidos argumentos dos Pais Fundadores contra o governo democrático quase nem mencionam seu caráter igualitário; a objeção a ele era que a história e a teoria antigas tinham demonstrado a natureza "turbulenta", a instabilidade da democracia — as democracias "têm sido em geral tão efêmeras na vida quão violentas na morte"[9] — e a volubilidade de seus cidadãos, a falta de espírito público e a tendência de serem

285

levados pela opinião pública e pelos sentimentos de massa. Assim, "nada, a não ser um corpo permanente, é capaz de refrear a imprudência da democracia".[10]

A democracia, para o século XVIII ainda uma forma de governo e não uma ideologia ou uma indicação de preferências de classe, era abominada, portanto, porque se considerava que a opinião pública dominaria onde deveria prevalecer o espírito público, e o sinal dessa distorção era a unanimidade entre os cidadãos: pois "quando os homens exercem sua razão com serenidade e liberdade sobre uma série de diversas questões, inevitavelmente chegam a opiniões diferentes em algumas delas. Quando são governados por uma paixão comum, suas opiniões, se é que podem ser assim chamadas, serão as mesmas".[11] Esse texto é admirável sob vários aspectos. Sem dúvida sua simplicidade é um pouco enganadora, pois se deve a uma oposição "esclarecida", e na verdade mecânica, entre razão e paixão que não nos "esclarece" muito sobre o grande tema das capacidades humanas, embora tenha o grande mérito prático de deixar de lado a faculdade da vontade — a mais ardilosa e perigosa de todas as noções e concepções errôneas da época moderna.[12] Mas não é o que aqui nos interessa; em nosso contexto, é muito mais importante que essas frases ao menos insinuem a incompatibilidade decisiva entre o domínio de uma "opinião pública" unânime e a liberdade de opinião, pois a verdade é que nem sequer é possível se formar alguma opinião onde todas as opiniões se tornaram iguais. Como ninguém é capaz de formar opinião própria sem o benefício de uma multiplicidade de opiniões dos outros, o papel da opinião pública coloca em risco mesmo a opinião daqueles poucos que possam ter a força de discordar dela. Esta é uma das razões do negativismo curiosamente estéril de todas as opiniões que se opõem a uma tirania aclamada pelo povo. Nessas circunstâncias, a voz da minoria perde qualquer força e plausibilidade não só, ou talvez nem principalmente, por causa do poder esmagador da maioria; a opinião pública, devido à sua própria unanimidade, provoca uma oposição também unânime e desse modo mata as verdadeiras opiniões por toda parte. É por isso que os Pais Fundadores tendiam a equiparar o governo baseado na opinião pública e a tirania; para eles, a democracia nesta acepção não passava de uma nova forma de despotismo. Assim, se abominavam a democracia, não era tanto pelo velho medo da licenciosidade ou da possibilidade de lutas de facção, e sim pelo receio quanto à instabilidade básica de um governo esvaziado de espírito público e dominado por "paixões" unânimes.

A instituição originalmente concebida para prevenir o domínio da opinião pública ou da democracia era o Senado. À diferença do controle judiciário, usualmente entendido como "a única contribuição da América à ciência do governo",[13] é mais difícil identificar a novidade e originalidade do Senado americano — em parte por não se reconhecer que o antigo nome era uma designação incorreta (ver p. 256), em parte porque uma câmara alta era automaticamente equiparada à Câmara dos Lordes no governo da Inglaterra. O declínio político da Câmara dos Lordes no governo inglês durante o último século, decorrência inevitável da ampliação da igualdade social, deveria bastar como prova de que tal instituição jamais faria sentido num país sem aristocracia hereditária ou numa república que insistia na "proibição absoluta de títulos de nobreza".[14] E, com efeito, não foi por imitação do governo inglês, mas por suas percepções muito originais quanto ao papel da opinião no governo que os fundadores se inspiraram para acrescentar à câmara baixa, em que estava representada a "multiplicidade de interesses", uma câmara alta, inteiramente dedicada à representação da opinião sobre a qual, em última análise, "todos os governos se assentam".[15] A multiplicidade de interesses e a diversidade de opiniões estavam entre as características do "governo livre"; sua representação pública constituía uma república, distinguindo-se de uma democracia, na qual "um pequeno número de cidadãos [...] se reúnem e administram em pessoa o governo". Mas o governo representativo, de acordo com os homens da revolução, era muito mais do que um expediente técnico para governar populações numerosas; a limitação a um pequeno corpo seleto de cidadãos serviria como o grande purificador tanto dos interesses quanto das opiniões, prevenindo "contra a confusão de uma multidão".

O interesse e a opinião são fenômenos políticos totalmente diversos. Em termos políticos, os interesses são cabíveis apenas enquanto interesses de grupo, e para a purificação desses interesses de grupo aparentemente basta que sejam representados de maneira que seu caráter parcial fique resguardado em todas as circunstâncias, mesmo quando o interesse de um grupo vem a ser o interesse da maioria. As opiniões, ao contrário, nunca pertencem a grupos, e sim apenas a indivíduos, que "exercem sua razão com serenidade e liberdade", e nenhuma multidão, seja a multidão de uma parte ou de toda a sociedade, jamais será capaz de formar uma opinião. As opiniões surgem sempre que os homens se comunicam livremente e têm o direito de expressar suas posições em público; mas essas posições, em sua infinita variedade, também parecem precisar de purificação e representação, e a função original específica do Senado era ser o "meio" por onde deveriam passar todas as posições públicas.[16] Ainda que as opiniões sejam formadas por indivíduos e devam se manter, digamos, como que propriedade deles, nenhum indivíduo sozinho — nem o sábio dos filósofos, nem a razão divinamente informada do Iluminismo, comum a todos os homens — jamais está à altura da tarefa de peneirar as opiniões, de passá-las pelo crivo de uma inteligência que separe o arbitrário e a mera idiossincrasia, e assim purificá-las e convertê-las em posições públicas. Pois "a razão do homem, como o próprio homem, é tímida e cautelosa quando sozinha, e adquire firmeza e confiança em proporção ao número a que se associa".[17] Como as opiniões se formam e se testam num processo de troca de opiniões contrárias, suas diferenças só podem ser mediadas por um corpo de homens, escolhidos para este fim; tais homens, tomados individualmente, não são sábios, mas têm como finalidade comum a sabedoria — a sabedoria nas condições da falibilidade e fragilidade da mente humana.

Em termos históricos, a opinião — sua pertinência na esfera política em geral e seu papel no governo em particular — foi descoberta durante a própria ocorrência e o curso da revolução. Isso nada tem de surpreendente. Em última análise, toda autoridade se assenta na opinião, e nada demonstra isso mais claramente que o fato de que uma recusa universal em obedecer pode dar início, de súbito e inesperadamente, a algo que então se converte numa revolução. É claro que esse momento — talvez o mais dramático em toda a história — abre as portas a todos os tipos e espécies de demagogos, mas o que demonstra a demagogia revolucionária, se não a necessidade de que todos os regimes, velhos e novos, se assentem "na opinião"? À diferença da razão humana, o poder humano não é apenas "tímido e cauteloso quando sozinho": ele simplesmente não existe enquanto não se apoiar em outros; o rei mais poderoso e o mais inescrupuloso de todos os tiranos são impotentes se ninguém lhes obedecer, isto é, se ninguém os apoiar por meio da obediência — pois, em política, obediência é igual a apoio. A opinião foi descoberta pelas duas revoluções, a americana e a francesa, mas apenas a primeira — e isso mostra uma vez mais o alto nível de sua criatividade política — soube construir uma instituição duradoura para a formação das posições públicas dentro da própria estrutura da república. A alternativa, conhecemos muito bem pelo curso da Revolução Francesa e das demais subsequentes. Em todos esses casos, o caos das opiniões sem representação e sem purificação, pois não existia nenhum meio para filtrá-las,

289

sob a pressão da emergência cristalizou-se numa série de sentimentos de massa contraditórios, esperando um "homem forte" que as moldasse numa "opinião pública" unânime, que significaria a morte de todas as opiniões. Na verdade, a alternativa era o plebiscito, a única instituição que corresponde de perto ao domínio incontido da opinião pública; e, assim como a opinião pública é a morte das opiniões, o plebiscito põe fim ao direito do cidadão em votar, escolher e controlar o governo.

Em termos de novidade e originalidade, a instituição do Senado se equipara à descoberta do controle judiciário, tal como é representado na instituição dos Supremos Tribunais. Teoricamente, cabe apenas notar que os Pais Fundadores, nessas duas conquistas da revolução — uma instituição duradoura para a opinião e uma instituição duradoura para o julgamento —, ultrapassaram o próprio quadro conceitual, que, evidentemente, era anterior à revolução; assim, eles reagiram ao horizonte de experiências mais amplo que o acontecimento em si lhes abrira. Pois os três conceitos centrais que serviam de eixo ao pensamento setecentista pré-revolucionário, e que continuaram a dominar teoricamente os debates revolucionários, eram o poder, a paixão e a razão: o poder do governo controlaria a paixão dos interesses sociais e seria controlado, por sua vez, pela razão individual. Neste esquema, é evidente que a opinião e o julgamento fazem parte das faculdades da razão, mas o cerne da questão é que essas duas faculdades racionais, as mais importantes em termos políticos, tinham sido negligenciadas quase por completo na tradição do pensamento político e do pensamento filosófico. É claro que não foi um interesse filosófico ou teórico que levou os homens da revolução a tomar consciência da importância dessas duas faculdades; podem ter lembrado vagamente os sérios golpes que primeiro Parmênides e depois Platão haviam desfechado contra a aura que cercava a opinião, que, desde então, foi entendida como o oposto da verdade, mas com certeza não tentaram deliberadamente reafirmar a dignidade e o nível da opinião na hierarquia das capacidades racionais humanas. O mesmo vale para a faculdade de julgamento, e aqui temos de recorrer à filosofia de Kant, e não aos homens das revoluções, se quisermos aprender alguma coisa sobre seu caráter essencial e seu alcance surpreendente na esfera dos assuntos humanos. O que permitiu aos Pais Fundadores ir além do quadro estreito e tradicionalista de seus conceitos gerais foi o desejo premente de assegurar estabilidade à sua nova criação e de estabilizar todos os fatores da vida política dentro de uma "instituição duradoura".

O sinal mais claro de que as revoluções trouxeram à luz os novos anseios da época moderna, mundanos e seculares, é talvez essa preocupação ubíqua com a permanência, com um "estado perpétuo" que, como os colonizadores nunca se cansavam de repetir, devia ser assegurado à "posteridade". Seria um profundo equívoco confundir essas pretensões com o desejo burguês posterior de prover ao futuro dos filhos e netos. O que estava por trás delas era o profundo desejo de uma Cidade Eterna na terra, somado à convicção de que "uma comunidade corretamente ordenada pode, por causas internas, ser tão imortal ou duradoura quanto o mundo".[18] Essa convicção era tão não cristã, tão basicamente estranha ao espírito religioso de todo o período que se estende entre o fim da Antiguidade e a época moderna, que temos de recuar até Cícero para encontrar algo que se assemelhe na ênfase e na perspectiva. Pois a noção paulina de que "a paga do pecado é a morte" apenas reproduzia para o indivíduo aquilo que Cícero havia definido como lei das comunidades — *Civitatibus autem mors ipsa poena est, quae videtur a poena singulos vindicare; debet enim constituta sic esse civitas ut aeterna sit* ["Como um corpo político deve ser constituído de molde a ser eterno, a morte é a pena para as comunidades [por seus erros], a mesma morte que parece anular a pena para os indivíduos"].[19] Politicamente, a principal característica da era cristã foi a inversão dessa antiga concepção do mundo e do homem: os homens possuindo vida eterna viviam num mundo sempre mutável cujo destino derradeiro era a morte; e a principal característica da era moderna era o retorno à Antiguidade para encontrar um precedente para sua nova preocupação com o futuro do mundo criado pelo homem na Terra. Evidentemente, a melhor maneira de avaliar a secularidade do homem e a mundanidade dos homens em qualquer época é o grau em que a preocupação pelo futuro do mundo prevalece, no espírito dos homens, sobre a preocupação com o destino no além. Assim, era um sinal da secularidade da nova era que mesmo pessoas extremamente religiosas desejassem não só um governo que as deixasse em liberdade para cuidar da própria salvação, mas também quisessem "estabelecer um governo [...] mais condizente com a dignidade da natureza humana, [...] e transmitir tal governo à posteridade com os meios para garanti-lo e preservá-lo para sempre".[20] Esse era, pelo menos, o motivo mais profundo que John Adams atribuía aos puritanos, e o grau de seu acerto corresponde ao grau em que os próprios puritanos já não eram meros peregrinos na terra, e sim "Pais Peregrinos" — fundadores de colônias com suas pretensões e reivindicações não no além, mas aqui neste mundo dos mortais.

O que era verdadeiro para o pensamento político moderno pré-revolucionário e para os fundadores das colônias passou a ser ainda mais verdadeiro para as revoluções e para os Pais Fundadores. Foi a preocupação moderna "com o estado perpétuo", tão evidente nos escritos de Harrington,[21] que levou Adams a qualificar de "divina" a nova ciência política que tratava de "instituições que duram por muitas gerações", e foi na máxima de Robespierre, "A morte é o início da imortalidade", que a ênfase especificamente moderna sobre a política, evidenciada nas revoluções, encontrou sua definição mais concisa e grandiosa. Num nível menos elevado, mas certamente não menos significativo, encontramos a preocupação com a permanência e a estabilidade percorrendo os debates constitucionais como um fio contínuo, com Hamilton e Jefferson ocupando os dois polos opostos que ainda se correspondem — Hamilton sustentando que as constituições "devem necessariamente ser permanentes e não podem levar em conta a possível mudança das coisas",[22] enquanto Jefferson, embora não menos preocupado com a "base sólida para uma república livre, duradoura e bem administrada", tinha a firme convicção de que "nada é imutável a não ser os direitos inerentes e inalienáveis do homem", porque não são obra do homem e sim de seu Criador.[23] Assim, toda a discussão da divisão e do equilíbrio do poder, questão central dos debates constitucionais, ainda era em parte conduzida nos termos da velha noção de uma forma mista de governo que, combinando os elementos da monarquia, da aristocracia e da democracia no mesmo corpo político, seria capaz de deter o ciclo da mudança perpétua, o surgimento e a queda dos impérios, e de estabelecer uma cidade imortal.

A opinião popular e a opinião douta concordam que os dois recursos institucionais absolutamente novos da república americana, o Senado e o Supremo Tribunal, representam os fatores mais "conservadores" no corpo político, e sem dúvida elas têm razão. A única questão é se o que contribuiu para a estabilidade e respondeu tão bem à preocupação moderna inicial com a permanência bastaria para preservar o espírito que se manifestara durante a revolução. É evidente que não foi este o caso.

2.

A falha do pensamento pós-revolucionário em lembrar o espírito revolucionário e entendê-lo conceitualmente foi precedida pela falha da revolução em lhe fornecer uma instituição duradoura. A revolução, a não ser que desembocasse na catástrofe do terror, chegava ao fim com o estabelecimento de uma república que, segundo os homens das revoluções, era "a única forma de governo que não está eternamente em guerra aberta ou oculta contra os direitos da humanidade".[24] Mas nesta república, como agora se patenteava, não havia nenhum espaço reservado para o exercício daquelas mesmas qualidades que tinham sido úteis para construí--la. E evidentemente não era um mero descuido, como se aqueles que tão bem sabiam como prover ao poder da comunidade e às liberdades dos cidadãos, ao julgamento e à opinião, aos interesses e direitos, simplesmente tivessem esquecido aquilo que, na verdade, valorizavam acima de todo o restante: as potencialidades da ação e o precioso privilégio de ser iniciadores de algo inteiramente novo. Sem dúvida não queriam negar esse privilégio a seus sucessores, mas também não iriam querer negar a própria obra, embora Jefferson, o que mais se preocupava com esse problema, quase tenha chegado a tal extremo. O problema era muito simples e, formulado em termos lógicos, parecia insolúvel: se a fundação era o objetivo e o fim da revolução, então o espírito revolucionário não era apenas espírito de iniciar algo novo, e sim o de começar algo permanente e sólido; uma instituição duradoura, encarnando e incentivando esse espírito a novas realizações, seria autodestrutiva. Daí infelizmente parece decorrer que não existe ameaça mais perigosa e mais aguda contra as próprias realizações da revolução do que o espírito que as empreendeu. Teria de ser a liberdade, em seu sentido mais elevado de liberdade de agir, o preço a pagar pela fundação? Esse problema, ou seja, que o princípio da liberdade pública e da felicidade pública sem o qual jamais existiria nenhuma revolução teria de se manter como privilégio da geração dos fundadores, não só levou Robespierre a criar as teorias mais desconcertantes e desesperadas sobre a diferença entre governo revo-

294

lucionário e governo constitucional que mencionamos acima como também, desde então, tem perseguido todo o pensamento revolucionário.

No cenário americano, ninguém percebeu essa falha aparentemente inevitável na estrutura da república com maior clareza e preocupação mais intensa do que Jefferson. Sua ocasional oposição, às vezes virulenta, contra a Constituição e especialmente contra aqueles que "olham as constituições com uma reverência que beira a veneração e as consideram como a arca da aliança, sagrada demais para ser tocada",[25] era movida por um sentimento de revolta contra a injustiça de que apenas à sua geração coubesse "iniciar o mundo de novo"; para ele, assim como para Paine, era simples "vaidade e presunção [governar] do além-túmulo"; era, ademais, a "mais ridícula e insolente de todas as tiranias".[26] Quando ele disse: "Até agora não aperfeiçoamos nossas constituições a ponto de arriscar torná-las imutáveis", acrescentou imediatamente, com evidente receio diante de tal possível perfeição: "Podem ser feitas imutáveis? Penso que não"; pois, concluindo: "Nada é imutável, a não ser os direitos inerentes e inalienáveis do homem", entre os quais ele incluía os direitos de rebelião e revolução.[27] Quando estava em Paris e soube da rebelião de Shay em Massachusetts, Jefferson não se mostrou nem um pouco alarmado, mesmo admitindo que os motivos da revolta eram "fundados na ignorância", e, pelo contrário, acolheu a notícia com entusiasmo: "Deus não permita que tenhamos vinte anos sem uma rebelião dessas". Bastava-lhe o simples fato de que o povo tivesse decidido se levantar e agir, independentemente dos erros ou acertos da causa. Pois "a árvore da liberdade precisa ser regada, de tempos em tempos, com o sangue de patriotas e tiranos. É seu adubo natural".[28]

Essas últimas frases, escritas dois anos antes de estourar a Revolução Francesa e que, sob esta forma, não encontram paralelo nos textos posteriores de Jefferson,[29] podem nos dar uma pista sobre a falácia que viria a toldar todo o tema da ação no pensamento dos homens das revoluções. Fazia parte da natureza de suas experiências enxergar o fenômeno da ação apenas com imagens de demolição e construção. Embora antes da revolução tivessem conhecido a liberdade pública e a felicidade pública, em sonho ou na realidade, o impacto da experiência revolucionária havia superado todas as noções de uma liberdade que não viesse precedida pela libertação, que não extraísse seu *páthos* do ato de libertação. Ao mesmo tempo, na medida em que tinham uma noção positiva da liberdade que transcendia a ideia de uma libertação vitoriosa da tirania e da necessidade, essa noção era identificada com o ato de fundação, isto é, com a montagem de uma Constituição. Portanto, depois de aprender a lição com as catástrofes da Revolução Francesa, na qual a violência da libertação havia frustrado todas as tentativas de fundar um espaço seguro para a liberdade, Jefferson deixou de identificar a ação com a rebelião, como fazia antes, e passou a identificar o agir com o fundar de novo e o construir. Assim, ele propôs prover na própria Constituição "sua revisão em períodos determinados" que correspondiam aproximadamente ao decurso de uma geração. Sua justificativa — cada nova geração tem "o direito de escolher por si a forma de governo que acredita mais adequada para promover sua felicidade" — soa mirabolante demais (sobretudo se considerarmos os índices de mortalidade da época, que mostravam "uma nova maioria" a cada dezenove anos) para ser levada a sério; além disso, é bastante improvável que justamente Jefferson, entre todos eles, fosse conceder às gerações futuras o direito de estabelecer formas não republicanas de governo. O que ele tinha em mente não era nenhuma mudança efetiva da forma de governo, nem mesmo um dispositivo constitucional para transmitir a Constituição, "com reparos periódicos, de geração a geração, até o fim dos tempos"; era antes a tentativa mais ou menos canhestra de assegurar a cada geração o "direito de designar representantes para uma convenção", encontrar meios e maneiras para que as opiniões de todo o povo fossem, "de maneira justa, completa e pacífica, expressas, discutidas e decididas pela razão comum da sociedade".[30] Em outras palavras, o que ele queria prover era uma réplica exata de todo o processo de ação que havia acompanhado o curso da revolução, e, embora em seus textos anteriores ele visse essa ação basicamente em termos de libertação, em termos da violência que precedera e acompanhara a Declaração de Independência, depois passou a se preocupar muito mais com a elaboração da Constituição e o estabelecimento de um novo governo, isto é, com aquelas atividades que constituíam por si mesmas o espaço da liberdade.

Decerto somente uma grande perplexidade e uma verdadeira calamidade podem explicar que Jefferson — tão cioso de seu bom senso e tão famoso por seu pragmatismo — tivesse proposto esses projetos de revoluções recorrentes. Mesmo em sua forma menos extrema, recomendadas como remédio contra "o círculo interminável de opressão, rebelião, reforma", elas resultariam numa de duas coisas: ou paralisariam periodicamente todo o corpo político ou, mais provável, rebaixariam o ato de fundação a uma mera encenação de rotina, caso em que se perderia até a memória do que mais se desejava salvar — "até o final dos tempos, se alguma coisa humana é capaz de durar tanto". Mas a razão pela qual Jefferson, durante toda a sua longa vida, foi movido por tais ideias impraticáveis era que ele sabia, mesmo vagamente, que a revolução tinha dado liberdade ao povo, mas falhara em fornecer um espaço onde se pudesse exercer essa liberdade. Apenas os representantes do povo, e não o próprio povo, tinham oportunidade de se engajar naquelas atividades de "expressar, discutir e decidir" que, em sentido positivo, são as atividades próprias da liberdade. E, como os governos estaduais e o governo federal, frutos mais preciosos da revolução, fatalmente iriam obscurecer, pelo próprio mero peso de suas incumbências, a importância dos municípios e de suas assembleias — até vir a desaparecer o que ainda Emerson considerava "a unidade da república" e "a escola do povo"[31] —, pode-se até concluir que havia menos oportunidade para o exercício da liberdade pública e o gozo da felicidade pública na república dos Estados Unidos do que existira antes nas colônias da América britânica. Lewis Mumford apontou recentemente que os fundadores nunca perceberam a importância política da municipalidade, e que a falha em incluí-la nas constituições dos estados ou da federação foi "uma das omissões trágicas do desenvolvimento político pós-revolucionário". Entre os fundadores, apenas Jefferson teve uma clara premonição dessa tragédia, pois seu maior medo era, de fato, que "o sistema político abstrato da democracia carecesse de órgãos concretos".[32]

A falha dos fundadores em incorporar o município e a assembleia municipal na Constituição, ou melhor, sua falha em encontrar meios e maneiras de transformá-los sob circunstâncias radicalmente transformadas, não deixava de ser bastante compreensível. A atenção deles estava voltada sobretudo para o principal problema imediato, a saber, a questão da representação, e a tal ponto que vieram a definir as repúblicas, distinguindo-as das democracias, como governos representativos. Obviamente a democracia direta não funcionaria, quando menos porque "o espaço não dará para todos" (como Selden, mais de cem anos antes, explicara a principal causa do nascimento do Parlamento). Com efeito, era ainda nesses termos que se discutia o princípio da representação na Filadélfia; a representação deveria ser um mero substituto da ação política direta do próprio povo, e os representantes eleitos deveriam agir de acordo com as instruções dadas por seus eleitores, e não tratar os assuntos de acordo com as opiniões pessoais que formavam durante o processo.[33] Mas os fundadores, à diferença dos representantes eleitos dos tempos coloniais, devem ter sido os primeiros a ver como essa teoria estava distante da realidade. "Quanto aos sentimentos do povo", James Wilson, na época da convenção, "achava difícil dizer exatamente quais são", e ele sabia muito bem que "nenhum membro da convenção sabia dizer quais eram as opiniões de seus eleitores neste momento; muito menos ele saberia dizer o que pensariam se estivessem em posse das informações e luzes que aqui possuíam os membros."[34] Assim, podiam ouvir e aprovar, embora talvez não sem algumas apreensões, quando Benjamin Rush propôs a nova e perigosa doutrina segundo a qual "todo o poder deriva do povo, [mas] o povo só o possui no dia das eleições. Depois disso, ele é propriedade de seus governantes".[35]

Essas rápidas citações mostram sinteticamente que toda a questão da representação, um dos problemas mais difíceis e cruciais da política moderna desde as revoluções, na verdade implica uma decisão sobre a própria dignidade da esfera política em si. A alternativa tradicional entre a representação como simples substituta da ação direta do povo e a representação como um domínio popularmente controlado dos representantes do povo sobre o povo constitui um daqueles dilemas que não admitem solução. Se os representantes eleitos estão tão presos às instruções que se reúnem apenas para se desincumbir da vontade de seus senhores, ainda têm uma escolha e podem se ver como bons meninos de recados ou como especialistas contratados que, à maneira de advogados, dedicam-se a representar os interesses de seus clientes. Mas, em ambos os casos, o pressuposto é que os assuntos do eleitorado são mais urgentes e mais importantes do que os deles próprios; são os agentes pagos de pessoas que, por qualquer razão, não podem ou não querem cuidar dos assuntos públicos. Se, ao contrário, os representantes são percebidos como os dirigentes, designados por um prazo limitado, daqueles que os elegeram — com a rotatividade no cargo, é claro que não existe um governo representativo em termos estritos —, a representação significa que os votantes abrem mão de seu poder, ainda que voluntariamente, e o velho adágio "Todo o poder reside no povo" é válido apenas para o dia da eleição. No primeiro caso, o governo se reduz a mera administração e a esfera pública desaparece; não há espaço para ver e ser visto em ação, o *spectemur agendo* de John Adams, nem para a discussão e a decisão, o orgulho de Jefferson de ser "um participante no governo"; os assuntos políticos são os ditados pela necessidade e que devem ser decididos por especialistas, e não estão abertos a opiniões nem a uma autêntica escolha; por isso não há nenhuma necessidade do "meio de um corpo seleto de cidadãos", de Madison, que filtre e purifique as opiniões, convertendo-as em posições públicas. No segundo caso, um pouco mais próximo da realidade, volta a se afirmar a velha distinção entre governante e governados que a revolução pretendera abolir com o estabelecimento de uma república; aqui, mais uma vez o povo não é admitido na esfera pública, mais uma vez o assunto do governo se torna privilégio de poucos, os únicos que podem "exercer [suas] disposições virtuosas" (como ainda se referia Jefferson aos talentos políticos dos homens). O resultado é que o povo ou se afunda na "letargia, precursora da morte da liberdade pública", ou "preserva o espírito de resistência" a qualquer governo que eleja, visto que o único poder que ele ainda mantém é "o poder de reserva da revolução".[36]

Para tais males não havia remédio, visto que a rotação dos cargos, tão valorizada e tão cuidadosamente elaborada pelos fundadores, pouco podia fazer além de impedir que a minoria governante se constituísse em grupo separado com interesses próprios. A rotatividade jamais poderia oferecer a todos ou mesmo a uma parcela considerável do povo a oportunidade de ser temporariamente "um participante no governo". Se esse mal se restringisse ao povo em geral, já seria bastante ruim, pois toda a questão do governo republicano em oposição ao governo monárquico ou aristocrático girava em torno dos direitos de igual admissão à esfera pública; no entanto, é de se suspeitar que os fundadores tenham se consolado facilmente com a ideia de que a revolução abrira a esfera política pelo menos àqueles que tinham uma forte propensão para a "disposição virtuosa", uma ardorosa paixão pela distinção suficiente para se lançarem aos extraordinários riscos de uma carreira política. Mas Jefferson recusou o consolo. Ele temia um "despotismo eletivo", considerando-o tão ruim ou até pior do que a tirania contra a qual tinham se levantado: "Se alguma vez [nosso povo] ficar desatento aos assuntos públicos, vocês e eu, o Congresso e as assembleias, os juízes e governadores, todos nós viraremos lobos".[37] E, se é verdade que os desdobramentos históricos nos Estados Unidos dificilmente vieram a corroborar esse receio, por outro lado também é verdade que isso se deve quase exclusivamente à "ciência política" dos fundadores, ao estabelecer um governo em que as divisões dos poderes constituem seu próprio mecanismo de controle, por meio de pesos e contrapesos. O que acabou salvando os Estados Unidos dos perigos temidos por Jefferson foi a máquina do governo; mas essa máquina não poderia salvar o povo da letargia e da indiferença aos assuntos públicos, pois a própria Constituição fornecia espaço público apenas para os representantes do povo, e não para o próprio povo.

Pode parecer estranho que, entre os homens da Revolução Americana, somente Jefferson tenha se indagado sobre o tema óbvio de como preservar o espírito revolucionário após o fim da revolução, mas a explicação de tal desinteresse não é porque eles não fossem revolucionários. Ao contrário, o problema era que eles tomavam esse espírito revolucionário como um dado assente, pois se formara e se desenvolvera ao longo de todo o período colonial. Como, além disso, o povo conservava imperturbavelmente as mesmas instituições que tinham sido as sementeiras da revolução, dificilmente perceberia a omissão fatídica da Constituição, deixando de incorporar e devidamente constituir ou refundar as fontes originais de seu poder e felicidade pública. Foi exatamente por causa do enorme peso da Constituição e das experiências em fundar um novo corpo político que essa omissão em incorporar os municípios e as assembleias municipais, nascedouros originais de toda a atividade política no país, veio a significar uma sentença de morte para eles. Por paradoxal que possa parecer, de fato foi sob o impacto da revolução que o espírito revolucionário na América começou a definhar, e foi a própria Constituição, essa grandiosa realização do povo americano, que acabou por defraudá-lo de seu bem mais precioso.

Para entender esses assuntos com mais clareza e também para avaliar corretamente a extraordinária sabedoria das propostas esquecidas de Jefferson, convém voltarmos uma vez mais ao curso da Revolução Francesa, na qual ocorreu exatamente o contrário. O que para o povo americano tinha sido uma experiência pré-revolucionária e, portanto, parecia não precisar de um reconhecimento formal e de uma institucionalização, para a França foi uma consequência inesperada e em larga medida espontânea da própria revolução. As famosas 48 seções da Comuna de Paris nasceram da ausência de corpos populares devidamente constituídos para eleger representantes e enviar delegados à Assembleia Nacional. Essas seções, porém, imediatamente se constituíram como corpos de gestão própria, e não elegeram nenhum delegado entre suas fileiras para enviar à Assembleia Nacional, mas formaram o conselho municipal revolucionário, a Comuna de Paris, que iria desempenhar um papel tão decisivo no curso da revolução. Além disso, ao lado desses corpos municipais, e sem sofrer qualquer influência deles, encontramos uma grande quantidade de clubes e sociedades — as *sociétés populaires* — formados espontaneamente, cuja origem não remonta de maneira nenhuma à tarefa de representação, de envio de delegados devidamente apontados para a Assembleia Nacional, mas cujos únicos objetivos eram, nas palavras de Robespierre, "instruir, esclarecer seus concidadãos sobre os verdadeiros princípios da Constituição, e difundir uma luz sem a qual a Constituição não será capaz de sobreviver"; pois a sobrevivência dela dependia do "espírito público", que, por sua vez, existia apenas em "assembleias onde os cidadãos se ocupam em comum desses assuntos [públicos], dos mais caros interesses da pátria". Para Robespierre, discursando em setembro de 1791 perante a Assembleia Nacional para impedir que os delegados restringissem o poder político dos clubes e das sociedades, esse espírito público era idêntico ao espírito revolucionário. Pois o pressuposto da Assembleia naquele momento era que a revolução chegara ao fim, as sociedades nascidas com ela não eram mais necessárias e "era hora de quebrar o instrumento que havia servido tão bem". Não que Robespierre negasse esse pressuposto, embora acrescentando que não entendia em absoluto o que a Assembleia pretendia dizer com aquilo: pois, se supunham, como ele, que o fim da revolução era "a conquista e a conservação da liberdade", então, insistia Robespierre, as sociedades populares eram os únicos lugares no país onde essa liberdade podia realmente se mostrar e ser exercida pelos cidadãos. Assim, tais associações eram os verdadeiros "pilares da Constituição", não só porque dentre elas saíra "um grande número de homens que logo irão nos substituir", mas também porque constituíam as próprias "fundações da liberdade"; quem interferisse com suas reuniões estaria "atacando a liberdade" e, entre os crimes contra a revolução, "o maior era a perseguição às sociedades".[38] No entanto, tão logo Robespierre subiu ao poder e se tornou o líder político do novo governo revolucionário — o que ocorreu no verão de 1793, em questão não de meses, mas de semanas após algumas das declarações que acabo de citar —, ele inverteu totalmente sua posição. Agora era ele que combatia incansavelmente aquilo que resolveu designar como "as chamadas sociedades populares", invocando contra elas "a grande sociedade popular de todo o povo francês", uno e indivisível. Esta, porém, à diferença das pequenas sociedades populares de artesãos ou moradores, nunca poderia se reunir num local só, pois não haveria "espaço para todos"; a única maneira seria sob a forma de representação, numa Câmara de Deputados que alegadamente tomaria nas mãos o poder indivisível e centralizado na nação francesa.[39] A única exceção que Robespierre agora se dispunha a abrir era em favor dos jacobinos, e não apenas porque o clube dos jacobinos pertencia ao partido dele, mas, ainda mais importante, porque nunca tinha sido um clube ou uma sociedade "popular"; ele se desenvolvera em 1789 a partir da reunião original dos Estados Gerais, e desde então era um clube de deputados.

É óbvio, e nem requer maiores demonstrações, que esse conflito entre o governo e o povo, entre os que estavam no poder e os que haviam ajudado a conduzi-los ao poder, entre os representantes e os representados, transformou-se no velho conflito entre dominantes e dominados, sendo essencialmente uma luta pelo poder. O próprio Robespierre, antes de se tornar chefe do governo, costumava denunciar "a conspiração dos deputados do povo contra o povo" e a "independência dos representantes" diante de seus representados, tomando-as como formas de opressão.[40] Tais acusações, sem dúvida, seriam naturais para os discípulos de Rousseau, que, para começar, nem acreditavam na representação — "um povo que é representado não é livre, porque a vontade não pode ser representada";[41] mas, como a doutrina de Rousseau requeria a *union sacrée*, a eliminação de todas as diferenças e distinções, inclusive entre o povo e o governo, o mesmo argumento, teoricamente, também poderia ser usado às avessas. E, quando Robespierre inverteu sua posição e passou a atacar as sociedades, poderia recorrer mais uma vez a Rousseau e dizer com Couthon que, enquanto existissem sociedades, "não poderia existir uma opinião unificada".[42] Na verdade, Robespierre não precisou de grandes teorias, mas apenas de uma avaliação realista do curso da revolução para concluir que a Assembleia dificilmente teria alguma participação em suas negociações e acontecimentos mais importantes, e que o governo revolucionário estivera submetido a um grau de pressão das sociedades e seções parisienses a que nenhum governo e nenhuma forma de governo conseguiria resistir. Uma rápida vista de olhos nas inúmeras petições e discursos daqueles anos (que agora foram publicados pela primeira vez)[43] realmente basta para entendermos a difícil situação do governo revolucionário. Eles chamavam à lembrança dos membros do governo que "apenas os pobres os tinham ajudado", e que agora os pobres queriam "começar a ganhar os frutos" de seu trabalho; que era "sempre culpa do legislador" se "a pele [do pobre] tinha a cor da penúria e da miséria" e se sua alma "caminhava sem energia e sem virtude"; que era hora de mostrar ao povo que a Constituição "os faria realmente felizes, pois não basta dizer que a felicidade está próxima". Em suma, o povo, organizado fora da Assembleia Nacional em suas próprias associações políticas, informava a seus representantes que "a república deve assegurar a cada indivíduo os meios de subsistência" e que a tarefa primária dos legisladores era decretar a extinção da miséria.

Mas há um outro aspecto nessa questão, e Robespierre não estava errado quando saudou nas sociedades a primeira manifestação de liberdade e de espírito público. Ao lado dessas reivindicações violentas de uma "felicidade" que é, de fato, um pré-requisito da liberdade, mas que infelizmente não pode ser gerada por nenhuma ação política, encontramos um espírito totalmente diferente e definições totalmente diferentes das tarefas das sociedades populares. Nos regimentos de uma das seções parisienses, por exemplo, vemos como o povo se organizou numa sociedade —

com presidente e vice-presidente, quatro secretários, oito censores, um tesoureiro e um arquivista; com reuniões periódicas, três a cada dez dias; com rotatividade nos cargos, tendo o da presidência o prazo de um mês; com a definição de sua tarefa principal: "A sociedade tratará de tudo o que diz respeito à liberdade, igualdade, unidade, indivisibilidade da república; [seus membros] irão se instruir mutuamente e especialmente se informarão sobre o respeito devido às leis e aos decretos que são promulgados"; a ordem nos debates: se um orador fizer muitas digressões ou ficar cansativo, os ouvintes se levantarão. Em outra seção, é mencionado um discurso "sobre o desenvolvimento dos princípios republicanos que devem animar as sociedades populares", feito por um dos cidadãos e impresso por ordem dos associados. Havia sociedades que adotavam no regimento a proibição explícita de "invadir ou tentar influenciar a Assembleia Geral", e estas, evidentemente, consideravam como principal, se não única, tarefa discutir todos os temas referentes aos assuntos públicos, conversar sobre eles e trocar opiniões sem precisar necessariamente chegar a propostas, petições, discursos e coisas do gênero. Não parece casual que tenha sido exatamente uma dessas sociedades que rejeitavam a pressão direta sobre a Assembleia a fazer o elogio mais eloquente e comovente da instituição em si: "Cidadãos, a palavra 'sociedade popular' se tornou uma palavra sublime [...]. Se fosse possível abolir ou mesmo alterar o direito de nos unirmos numa sociedade, a liberdade não passaria de um nome vão, a igualdade seria uma quimera e a república perderia seu mais sólido bastião [...] A Constituição imortal que acabamos de aceitar [...] concede a todos os franceses o direito de se reunir em sociedades populares".[44]

Era nestes novos órgãos promissores da república, mais do que nos grupos de pressão dos sans-culottes, que Saint-Just — escrevendo mais ou menos na mesma época em que Robespierre ainda defendia os direitos das sociedades contra a Assembleia —

pensava ao declarar: "Os distritos de Paris constituíam uma democracia que teria mudado tudo se, em vez de cair nas garras das facções, tivessem se conduzido de acordo com seu espírito próprio. O distrito dos Cordeliers, que havia se tornado o mais independente, foi também o mais perseguido", pois estava na oposição e contrariava os projetos dos que ocupavam o poder naquele momento.[45] Mas, chegando ao poder, Saint-Just, tanto quanto Robespierre, inverteu sua posição e passou a atacar as sociedades. Em consonância com a política do governo jacobino, que conseguiu transformar as seções em órgãos do governo e em instrumentos de terror, ele pediu numa carta à sociedade popular de Estrasburgo que lhe desse "sua opinião sobre o patriotismo e as virtudes republicanas de cada um dos membros na administração" daquela província. Não obtendo resposta, Saint-Just passou a prender todos os integrantes do corpo administrativo, e então recebeu uma vigorosa carta de protesto da sociedade popular ainda não defunta. Ao responder, deu a explicação estereotipada de que se tratava de uma "conspiração"; estava evidente que agora, para ele, a única utilidade das sociedades populares seria espionar para o governo.[46] E como consequência imediata dessa guinada Saint-Just insistiu, de forma bastante natural, que: "A liberdade do povo está em sua vida privada; não a perturbem. Que o governo [...] não seja uma força senão para proteger esse estado de simplicidade contra a própria força".[47] Na verdade, essas palavras decretam a sentença de morte para todos os órgãos populares e decretam com uma rara clareza o fim de todas as esperanças para a revolução.

Sem dúvida a Comuna de Paris, suas seções e as sociedades populares que tinham se alastrado por toda a França durante a revolução constituíam os poderosos grupos de pressão dos pobres, a "ponta adamantina" da necessidade premente "a que nada era capaz de resistir" (lorde Acton); mas elas também traziam os germes, os primeiros débeis inícios de um novo tipo de organização política, de um sistema que permitiria ao povo se tornar "participante no governo", como dizia Jefferson. Por causa desses dois aspectos, e muito embora o primeiro supere de longe o segundo, o conflito entre o movimento comunal e o governo revolucionário está aberto a uma dupla interpretação. De um lado, é o conflito entre a rua e o corpo político, entre o povo que "não agia para a elevação de ninguém, e sim para o rebaixamento de todos"[48] e os que haviam sido alçados pelas ondas da revolução a tão grande altura em suas esperanças e aspirações que podiam exclamar com Saint-Just: "O mundo estava vazio desde os romanos, e agora sua memória é nossa única profecia de liberdade", ou declarar com Robespierre: "A morte é o início da imortalidade". De outro lado, é o conflito entre o povo e um aparato de poder impiedosamente centralizado que, a pretexto de representar a soberania da nação, na verdade privava o povo de seu poder e por isso tinha de perseguir todos aqueles frágeis órgãos espontâneos de poder que haviam nascido com a revolução.

Em nosso contexto, o que nos interessa é basicamente este segundo aspecto do conflito e, assim, é importante notar que as sociedades, à diferença dos clubes e sobretudo do clube jacobino, eram em princípio apartidárias, e "visavam abertamente ao estabelecimento de um novo federalismo".[49] Como Robespierre e o governo jacobino odiavam a simples ideia de uma separação e divisão dos poderes, tiveram de acabar com as sociedades e as seções da Comuna; com a centralização do poder, as sociedades, cada qual uma pequena estrutura de poder em si, e a autogestão das comunas constituíam um evidente perigo para o poder de Estado centralizado.

Em termos esquemáticos, o conflito entre o governo jacobino e as sociedades revolucionários se deu em três questões diversas: a primeira era a luta da república para sobreviver à pressão do sans-culottismo, isto é, a luta pela liberdade pública contra a superioridade esmagadora da miséria privada. A segunda era a luta da facção jacobina pelo poder absoluto contra o espírito público das sociedades; teoricamente, para uma opinião pública unificada, uma "vontade geral", era a luta contra o espírito público, contra a diversidade inerente na liberdade de pensamento e de expressão; em termos práticos, era a luta de poder do partido e dos interesses partidários contra la chose publique, o bem-estar comum. A terceira era a luta do monopólio de poder do governo contra o princípio federativo com sua separação e divisão do poder, isto é, a luta do Estado nacional contra os primeiros inícios de uma verdadeira república. O choque nessas três questões revelou um fosso profundo entre os homens que haviam feito a revolução, e por meio dela tinham se alçado à esfera pública, e as noções do povo sobre o que a revolução podia e devia fazer. Sem dúvida, entre as noções revolucionárias do povo se destacava a felicidade, aquele *bonheur* que, como disse Saint-Just com razão, era uma nova palavra na Europa; e cumpre admitir que, neste aspecto, o povo logo derrotou os motivos anteriores, pré-revolucionários, de seus líderes, que não entendia nem compartilhava. Vimos antes que, "entre todas as ideias e sentimentos que prepararam a revolução, a noção e o gosto da liberdade pública, estritamente falando, foram os primeiros a desaparecer" (Tocqueville), porque não podiam resistir ao assalto furioso da miséria que a revolução trouxe à luz do dia e, psicologicamente falando, morreram sob o impacto da compaixão pela desgraça humana. Mas, enquanto a revolução dava aos homens em posição de destaque uma aula de felicidade, evidentemente também ensinava ao povo uma lição inicial sobre "a noção e o gosto da liberdade pública". Desenvolveu-se nas seções e nas sociedades uma enorme disposição para o debate, a instrução, o mútuo esclarecimento e troca de opiniões, mesmo que não tenham exercido uma influência imediata sobre os homens no poder; quando, por um decreto vindo de cima, as pessoas das seções tiveram de se calar para apenas ouvir os discursos do partido e obedecer, elas simplesmente deixaram de aparecer. Por fim, e de modo bastante inesperado, o princípio federativo — praticamente desconhecido na Europa e, quando não o era, rejeitado quase unanimemente — veio à frente apenas nas tentativas espontâneas de organização do próprio povo, que o descobriu sem sequer saber como se chamava. Pois, se é verdade que as seções parisienses tinham sido formadas de cima, com vistas às eleições para a Assembleia, também é verdade que essas assembleias de eleitores se transformaram, por sua própria iniciativa e acordo, em corpos municipais que viriam a constituir, entre seus integrantes, o grande conselho municipal da Comuna de Paris. Foi este sistema de conselhos comunais, e não de assembleias de eleitores, que se propagou sob a forma de sociedades revolucionárias por toda a França.

Cabe dizer algumas palavras sobre o triste fim desses primeiros órgãos de uma república que nunca chegou a nascer. Foram esmagados pelo governo central e centralizado, não porque representassem uma verdadeira ameaça a ele, mas porque de fato, em virtude da própria existência, eram rivais concorrendo ao poder público. Ninguém na França iria esquecer as palavras de Mirabeau: "Dez homens agindo juntos podem fazer tremer 100 mil separados". Os métodos empregados para liquidá-los foram tão simples e engenhosos que não se inventou praticamente nada de novo nas várias revoluções que seguiriam o grande exemplo da Revolução Francesa. Um fato bastante interessante é que, entre todos os pontos de atrito entre as sociedades populares e o governo, o único que acabou se demonstrando decisivo foi o caráter apartidário delas. Os partidos, ou melhor, as facções, que tiveram um papel tão calamitoso na Revolução Francesa e depois se tornaram as raízes de todo o sistema partidário continental, nasceram na Assembleia, e as ambições e fanatismos que surgiram entre elas

— ainda mais do que os motivos pré-revolucionários dos homens da revolução — eram coisas que o povo em geral não entendia nem compartilhava. Mas, como não existia nenhum campo de concordância entre as facções parlamentares, para cada uma tornou-se questão de vida ou morte dominar todas as demais, e a única maneira para isso era organizar as massas fora do Parlamento e aterrorizar a Assembleia com essa pressão externa a suas bancadas. Assim, a forma de dominar a Assembleia foi se infiltrarem e depois assumirem o controle nas sociedades populares, para declarar que apenas uma facção parlamentar, a dos jacobinos, era genuinamente revolucionária, que somente as sociedades filiadas a eles eram confiáveis e todas as outras eram "sociedades bastardas". Aqui podemos ver, já desde o início do sistema partidário, como um sistema pluripartidário veio a dar origem a uma ditadura monopartidária. Pois o governo de terror de Robespierre não era, na verdade, senão a tentativa de organizar todo o povo francês dentro de uma única máquina partidária gigantesca — "a grande sociedade popular é o povo francês" — por meio da qual o clube jacobino espalharia uma rede de células partidárias por toda a França; a tarefa dos associados não era mais discutir e trocar opiniões, propiciar a mútua instrução e partilhar informações sobre os assuntos públicos, mas se espionar uns aos outros e denunciar filiados e não filiados.[50]

Essas coisas se tornaram muitos familiares no decorrer da Revolução Russa, em que o Partido Bolchevique castrou e deturpou o sistema de sovietes revolucionários utilizando exatamente os mesmos métodos. Mas essa triste familiaridade não deve nos impedir de ver que, mesmo em plena Revolução Francesa, estamos diante do conflito entre o sistema partidário moderno e os novos órgãos revolucionários da autogestão. Esses dois sistemas, tão profundamente díspares e mesmo contraditórios entre si, nasceram no mesmo momento. O sucesso espetacular do sistema partidário e o fracasso não menos espetacular do sistema de conselhos se devem, ambos, ao surgimento do Estado nacional, que alçou o primeiro e esmagou o segundo, com o que os partidos esquerdistas e revolucionários se demonstraram tão avessos ao sistema de conselhos quanto a direita conservadora ou reacionária. Acostumamo-nos tanto a pensar na política interna em termos de política partidária que tendemos a esquecer que o conflito entre os dois sistemas sempre foi, na verdade, um conflito entre o Parlamento, fonte e sede do poder do sistema partidário, e o povo, que entregou o poder a seus representantes; por mais que um partido, ao decidir tomar o poder e instaurar uma ditadura monopartidária, possa se aliar às massas nas ruas e se volte contra o sistema parlamentar, ele nunca pode negar que sua origem está na luta de facções do Parlamento e, portanto, continua a ser um corpo que aborda o povo a partir de fora e de cima.

Quando Robespierre estabeleceu a força tirânica da facção jacobina contra o poder não violento das sociedades populares, ele também afirmou e restabeleceu o poder da Assembleia francesa com todas as suas discórdias internas e lutas de facções. A sede do poder, soubesse ele ou não, estava de novo na Assembleia e não, a despeito de toda a retórica revolucionária, no povo. Por isso ele destruiu a principal ambição política do povo tal como se manifestou nas sociedades, a ambição de igualdade, a pretensão ao direito de escrever todas as moções e petições dirigidas aos delegados ou ao conjunto da Assembleia com o orgulho de assinar como "seus iguais". E, ainda que o Terror jacobino pudesse ter consciência, e consciência até extremada, da fraternidade social, com toda certeza aboliu essa igualdade — daí resultando que, quando foi a vez de os jacobinos perderem na incessante luta de facções na Assembleia Nacional, o povo ficou indiferente e as seções de Paris não acorreram em auxílio deles. Estava claro que a fraternidade não substituía a igualdade.

3.

"Tal como Catão concluía todos os seus discursos com as palavras *Carthago delenda est*, assim termino todas as minhas colocações com o comando: 'Dividam-se os condados em distritos'."[51] Foi como Jefferson resumiu certa vez a apresentação de sua ideia política favorita, que, infelizmente, continua tão incompreendida pela posteridade quanto o foi por seus contemporâneos. A referência a Catão não era uma tirada gratuita de uma língua acostumada a citações latinas; com ela, Jefferson queria ressaltar que, a seu ver, a ausência de uma subdivisão do país era uma ameaça mortal à própria existência da república. Assim como Roma, segundo Catão, não estaria segura enquanto existisse Cartago, da mesma forma a república, segundo Jefferson, não estaria firme nos alicerces sem o sistema distrital. "Se algum dia pudesse vê-lo, eu o tomaria como o alvorecer da salvação da república e diria com o velho Simeão: *Nunc dimittis Domine*".[52]

Tivesse sido implantado o plano das "repúblicas elementares" de Jefferson, ele teria superado em muito os frágeis germes de uma nova forma de governo que podemos discernir nas seções da Comuna de Paris e nas sociedades populares durante a Revolução Francesa. Mas, se a imaginação política de Jefferson ia além delas em abrangência e profundidade, seus pensamentos ainda seguiam na mesma direção. Tanto o projeto de Jefferson quanto as *sociétés révolutionnaires* francesas anteciparam com assombrosa precisão aqueles conselhos, sovietes e *Räte* que viriam a aparecer em todas as revoluções genuínas ao longo dos séculos XIX e XX. Sempre que apareciam, elas brotavam como órgãos espontâneos do povo, não só fora de todos os partidos revolucionários mas também de maneira inesperada para eles e seus dirigentes. Assim como as propostas de Jefferson, elas foram completamente negligenciadas por políticos, historiadores, teóricos políticos e, mais importante, pela própria tradição revolucionária. Mesmo aqueles historiadores cujas simpatias se alinhavam nitidamente ao lado da revolução e não podiam deixar de incluir o surgimento dos conselhos populares no registro de suas histórias, tratavam-lhes como meros órgãos essencialmente passageiros na luta revolucionária pela libertação, isto é, não entendiam em que medida o sistema de conselhos lhes mostrava uma forma de governo inteiramente nova, com um novo espaço público para a liberdade que se constituía e se organizava durante o curso da própria revolução.

Essa afirmativa requer algumas ressalvas. Há duas exceções referentes a ela, a saber, alguns breves comentários de Marx por ocasião do ressurgimento da Comuna de Paris durante a efêmera revolução de 1871, e algumas reflexões de Lênin baseadas não no texto de Marx, mas no curso concreto da Revolução de 1905 na Rússia. Mas, antes de nos dirigirmos para esses temas, convém tentar entender no que pensava Jefferson quando declarou com a máxima segurança: "O engenho do homem não pode conceber base mais sólida para uma república livre, duradoura e bem administrada".[53]

Talvez caiba observar que não encontramos nenhuma menção ao sistema distrital em nenhuma obra formal de Jefferson, e um detalhe ainda mais importante é que as poucas cartas nas quais ele discorreu sobre o tema com tanta veemência pertencem à fase final de sua vida. É verdade que uma vez ele expressou seus votos de que a Virgínia, por ser "a primeira das nações do mundo que reuniu pacificamente seus homens judiciosos para formar uma Constituição fundamental", também viesse a ser a primeira "a adotar a subdivisão de nossos condados em distritos",[54] mas o ponto central é que a ideia como um todo parece ter lhe ocorrido apenas numa época em que já tinha se retirado da vida pública e se afastado dos assuntos de Estado. Jefferson, que fizera críticas tão explícitas à Constituição por não ter incorporado uma Declaração de Direitos, nunca comentou a omissão em incorporar os municípios, que eram tão obviamente os modelos originais de suas "repúblicas elementares", nas quais "a voz de todo o povo seria, de maneira justa, completa e pacífica, expressa, discutida e decidida pela razão comum" de todos os cidadãos.[55] Do ponto de vista do papel que ele desempenhou nos assuntos de seu país e no cenário que se seguiu à revolução, é evidente que a ideia do sistema distrital deriva de uma reflexão posterior; do ponto de vista de sua evolução pessoal, a insistência reiterada no caráter "pacífico" desses distritos demonstra que, para ele, esse sistema era a única alternativa não violenta à sua ideia anterior de que seria desejável haver revoluções recorrentes. Em todo caso, a única descrição detalhada do que ele tinha em mente se encontra em cartas escritas em 1816, que mais se repetem do que propriamente se complementam.

O próprio Jefferson sabia muito bem que o que ele propunha como a "salvação da república" era, na verdade, a salvação do espírito revolucionário por meio da república. Suas exposições do sistema distrital sempre começavam lembrando que "o vigor dado à nossa revolução em seu começo" se devia às "pequenas repúblicas", que elas "lançaram a nação inteira a uma ação enérgica" e, numa ocasião posterior, que sentira "os alicerces do governo se abalarem sob [seus] pés devido aos municípios da Nova Inglaterra", sendo tão grande "a energia dessa organização" que "não existia um indivíduo em seus estados que não tivesse se lançado à ação com todo o seu ímpeto físico". Assim, ele esperava que os distritos permitissem aos cidadãos continuar a fazer o que tinham sido capazes de fazer durante os anos da revolução, isto é, agir por iniciativa própria e participar nos assuntos públicos, conforme eram encaminhados dia a dia. Por força da Constituição, os assuntos públicos da nação como um todo haviam sido transferidos para Washington, sendo encaminhados pelo governo federal, que Jefferson ainda entendia como "o ramo dos assuntos externos" da república, enquanto seus assuntos internos eram atendidos pelos governos estaduais.[56] Mas a máquina do governo estadual e mesmo a máquina administrativa do condado eram pesadas e atravancadas demais para permitir a participação direta; em todas essas instituições, eram os delegados do povo, e não o próprio povo, que constituíam a esfera pública, enquanto os indivíduos que lhes haviam delegado a representação, e que teoricamente eram a fonte e a sede do poder, ficavam definitivamente fora desse espaço público. Tal ordem das coisas bastaria se Jefferson de fato acreditasse (como às vezes dizia) que a felicidade do povo residia exclusivamente no bem-estar privado; pois, pela maneira como estava constituído o governo da União — com sua divisão e separação dos poderes, com mecanismos de controle, pesos e contrapesos embutidos no próprio cerne —, era altamente improvável, embora, claro, não impossível, que pudesse surgir uma tirania. O que poderia acontecer, e de fato tem acontecido volta e meia desde aquela época, era que "os órgãos de representação se corromperiam e se deturpariam",[57] mas seria improvável (e raramente tem acontecido) que tal corrupção nascesse de uma conspiração dos órgãos representativos contra o povo neles representado. Nesse tipo de governo, era muito mais provável que a corrupção brotasse no meio da sociedade, isto é, do próprio povo.

A corrupção e a distorção são mais perniciosas e, ao mesmo tempo, mais prováveis de ocorrer numa república igualitária do que em qualquer outra forma de governo. Em termos esquemáticos, elas surgem quando os interesses privados invadem o domínio público, ou seja, vêm de baixo e não de cima. É exatamente porque a república excluía por princípio a velha dicotomia entre governantes e governados que a corrupção do corpo político não deixava o povo ileso, como em outras formas de governo, em que apenas os governantes ou as classes dirigentes precisavam ser atingidas e, portanto, em que o povo "inocente" podia de início sofrer e depois, algum dia, promover uma insurreição, terrível mas necessária. A corrupção do próprio povo — à diferença da corrupção de seus representantes ou de uma classe dirigente — só é possível sob um governo que lhe concedeu uma parcela do poder público e ensinou a manipulá-lo. Onde se fechou a brecha entre governantes e governados, sempre é possível que a linha divisória entre o público e o privado se faça indistinta e venha a se apagar. Antes da era moderna e do surgimento da sociedade, este risco, inerente ao governo republicano, costumava brotar da esfera pública, da tendência do poder público de se ampliar e invadir os interesses privados. O velho remédio para tal risco era o respeito pela propriedade privada, isto é, a montagem de um sistema jurídico que garantia publicamente os direitos de privacidade e protegia legalmente a linha divisória entre público e privado. A Declaração de Direitos na Constituição americana é o último e mais exaustivo baluarte jurídico protegendo a esfera privada contra o poder público, e é bem conhecida a preocupação de Jefferson com os perigos do poder público e esse respectivo antídoto. Todavia, em condições, não de prosperidade propriamente dita, mas de rápido e constante crescimento econômico, ou seja, de uma ampliação cada vez maior da esfera privada — e tais têm sido, evidentemente, as condições da época moderna —, era muito maior a probabilidade de que tais perigos de distorção e corrupção nascessem entre os interesses privados, e não no poder público. E uma prova do alto gabarito de Jefferson como estadista é que ele foi capaz de perceber esses riscos, a despeito de sua preocupação com as ameaças mais antigas e mais conhecidas de corrupção nos corpos políticos.

Os únicos remédios contra o abuso do poder público por parte de indivíduos privados estão na própria esfera pública, na luz que ilumina cada ato realizado dentro de seus limites, na visibilidade que confere a todos os que ingressam nela. Embora naquela época ainda não se conhecesse o voto secreto, Jefferson ao menos pressentiu como seria perigoso permitir ao povo uma participação no poder público sem fornecer ao mesmo tempo um espaço público maior do que a urna eleitoral e uma oportunidade mais ampla de expressar suas opiniões em público, que não se resumisse ao dia das eleições. O que ele viu como um perigo mortal para a república foi que a Constituição dera todo o poder aos cidadãos sem lhes dar a oportunidade de *ser* republicanos e de *agir* como cidadãos. Em outras palavras, o perigo era que todo o poder fora dado ao povo em sua qualidade privada e não se estabelecera um espaço para o povo em sua qualidade de cidadania. Quando Jefferson, no final da vida, resumiu o que, para ele, era claramente a essência da moral privada e pública — "Ama a teu próximo como a ti mesmo, e a teu país mais do que a ti mesmo"[58] —, ele sabia que essa máxima seria uma exortação vazia a menos que o "país" se fizesse presente para o "amor" de seus cidadãos, da mesma forma como o "próximo" se apresentava ao amor de seus semelhantes. Pois, assim como não pode haver muito conteúdo num amor ao próximo se nosso vizinho só aparece uma vez a cada dois anos, também não pode haver muito conteúdo para o conselho de amar o próprio país mais do que a si mesmo se esse país não for uma presença viva entre os cidadãos.

Assim, para Jefferson, era o próprio princípio do governo republicano que exigia "a subdivisão dos condados em distritos", ou seja, a criação de "pequenas repúblicas" por meio das quais "cada homem no estado" se tornaria "um membro atuante do governo comum, tratando pessoalmente de uma grande parcela dos direitos e deveres desse governo, de fato subordinado, mas importante, e plenamente dentro de sua competência".[59] Eram "essas pequenas repúblicas [que] seriam a força principal da grande";[60] pois, na medida em que o governo republicano da União se baseava no pressuposto de que a fonte do poder estava no povo, a condição mesma de seu devido funcionamento residia no projeto "de dividir [o governo] entre os muitos, distribuindo a cada um exatamente as funções para as quais ele [tem] competência". Sem isso, o próprio princípio do governo republicano nunca se materializaria, e o governo dos Estados Unidos seria republicano apenas no nome.

Pensando em termos da segurança da república, a questão era como impedir "a degeneração de nosso governo", e para Jefferson era degenerado todo governo em que todos os poderes se concentravam "nas mãos de um, dos poucos, dos bem-nascidos ou dos muitos". Assim, o sistema distrital se destinava a fortalecer não o poder dos muitos, e sim o poder de "cada um" dentro dos limites de sua competência; e apenas dividindo "os muitos" em assembleias, onde cada um contasse no conjunto e o conjunto contasse com cada um, "seremos tão republicanos quanto pode ser uma sociedade numerosa". Em termos da segurança dos cidadãos da república, a questão era como fazer com que cada um sentisse "que é um participante no governo dos assuntos, não apenas num único dia de eleição durante o ano, mas todos os dias; quando não houver um só homem no estado que não seja membro de um de seus conselhos, grande ou pequeno, ele preferirá que lhe arranquem o coração do corpo a ter seu poder arrebatado por um César ou um Bonaparte". Por fim, quanto à questão de como integrar esses órgãos minúsculos, concebidos para cada um, à estrutura governamental da União, concebida para todos, a resposta de Jefferson foi: "As repúblicas elementares dos distritos, as repúblicas dos condados, as repúblicas dos estados e a república da União formariam uma gradação de autoridades, cada qual com base na lei, todas elas tendo sua parcela delegada de poderes e constituindo verdadeiramente um sistema de pesos e contrapesos fundamentais para o governo". Mas num ponto Jefferson manteve um curioso silêncio, e é a questão das funções específicas que caberiam às repúblicas elementares. Algumas vezes ele mencionou como "uma das vantagens das divisões distritais que proponho" o fato de oferecerem um mecanismo melhor para ouvir a voz do povo do que a máquina do governo representativo; mas, de modo geral, ele acreditava que bastaria alguém "dar início a elas apenas com uma única finalidade", e iriam "logo mostrar para quais outras finalidades [eram] os melhores instrumentos".[61]

Essa vagueza, longe de resultar de uma falta de clareza, é talvez o melhor indicador, mais do que qualquer outro aspecto da proposta de Jefferson, de que essa sua reflexão tardia, com a qual ele depurou e deu conteúdo às suas mais caras lembranças da revolução, de fato se referia a uma nova forma de governo, e não a uma simples reforma ou mero complemento das instituições existentes. Se o fim último da revolução era a liberdade e a constituição de um espaço público onde a liberdade fizesse sua aparição, a *constitutio libertatis*, então as repúblicas elementares dos distritos, único local tangível onde cada um podia ser livre, efetivamente constituíam a finalidade da grande república, cujo principal propósito nos assuntos internos deveria consistir em oferecer ao povo esses locais de liberdade e protegê-los adequadamente. O pressuposto básico do sistema distrital, soubesse Jefferson ou não, era que ninguém poderia se dizer feliz sem ter sua parcela na felicidade pública, ninguém poderia se dizer livre sem ter sua experiência própria na liberdade pública, ninguém poderia se dizer feliz ou livre sem participar e ter uma parcela no poder público.

4.

É uma história triste e estranha que ainda está por ser contada e relembrada. Não é a história da revolução em cujo fio o historiador pode amarrar a história do século XIX na Europa,[62] cujas origens podem ser rastreadas na Idade Média, cujos avanços foram irresistíveis "durante séculos, apesar de todos os obstáculos", segundo Tocqueville, e que Marx, generalizando as experiências de várias gerações, chamou de "a locomotiva de toda a história".[63] Não duvido de que a revolução tenha sido o *leitmotif* oculto do século xix, embora duvide das generalizações de Tocqueville e de Marx, e sobretudo da certeza deles de que a revolução foi resultante de uma força irresistível, e não a consequência de atos e eventos específicos. O que parece indubitável e inquestionável é que nenhum historiador poderá contar a história de nosso século sem amarrá-la "no fio das revoluções"; mas ela ainda não está pronta para ser contada, pois o final ainda está encoberto pelas névoas do futuro.

Em certa medida, o mesmo se aplica ao aspecto específico da revolução que abordaremos agora. Esse aspecto é o surgimento recorrente, durante o curso da revolução, de uma nova forma de governo que guardava uma semelhança assombrosa com o sistema distrital de Jefferson e parecia repetir, em todas as circunstâncias, as sociedades revolucionárias e os conselhos municipais que tinham se alastrado por toda a França após 1789. Entre as razões que recomendam esse aspecto à nossa atenção, cabe mencionar em primeiro lugar que aqui tratamos do fenômeno que mais impressionou os dois maiores revolucionários de todo esse período, Marx e Lênin, quando presenciaram seu surgimento espontâneo, Marx durante a Comuna de Paris de 1871 e Lênin durante a primeira Revolução Russa, em 1905. O que os impressionou foi não só o fato de estarem totalmente desprevenidos para tais acontecimentos, mas também porque sabiam estar diante de uma repetição que não podia ser atribuída a nenhuma imitação consciente e nem mesmo a uma simples rememoração do passado. É claro que eles dificilmente conheceriam o sistema distrital de Jefferson, mas conheciam bastante bem o papel revolucionário das seções da primeira Comuna de Paris na Revolução Francesa, com a ressalva de que jamais pensaram nelas como possíveis germes de uma nova forma de governo, tomando-as como meros instrumentos a serem descartados quando a revolução chegasse ao fim. Agora, porém, estavam diante de órgãos populares — as comunas, os conselhos, os *Räte*, os sovietes — que visivelmente pretendiam sobreviver à revolução. Isso contrariava todas as suas teorias e, ainda mais importante, estava em flagrante conflito com aqueles pressupostos sobre a natureza do poder e da violência que compartilhavam, embora de maneira inconsciente, com os dirigentes dos regimes condenados ou já defuntos. Com firmes raízes na tradição do Estado nacional, eles viam a revolução como um meio para tomar o poder, e identificavam o poder com o monopólio dos meios da violência. Mas o que realmente aconteceu foi uma rápida desintegração do velho poder, a súbita perda de controle sobre os meios da violência e, ao mesmo tempo, a formação surpreendente de uma nova estrutura de poder que devia sua existência única e exclusivamente aos impulsos organizacionais do próprio povo. Em outras palavras, chegado o momento da revolução, descobriu-se que não havia mais um poder a ser tomado, de modo que os revolucionários se viram diante da alternativa bastante incômoda de colocar seu próprio "poder" pré-revolucionário, isto é, a organização do aparato do partido, no centro vacante de poder do governo defunto ou simplesmente se unir aos novos centros revolucionários de poder que haviam nascido sem o auxílio deles.

Por um breve momento, enquanto era mera testemunha de algo que jamais havia imaginado, Marx entendeu que a *Kommunalverfassung* da Comuna de Paris de 1871, capaz de se tornar "a forma política mesmo da mais minúscula aldeia", bem que poderia ser "a forma política, finalmente descoberta, para a libertação econômica do trabalho". Mas logo percebeu a que ponto essa forma política contrariava todas as noções de uma "ditadura do proletariado" exercida por um partido socialista ou comunista, cujo monopólio do poder e da violência seguia os moldes dos governos altamente centralizados dos Estados nacionais, e chegou à conclusão de que os conselhos comunais não passavam, afinal, de órgãos temporários da revolução.[64] É quase a mesma sequência de atitudes que, uma geração depois, encontramos em Lênin, que esteve duas vezes na vida, em 1905 e em 1917, sob o impacto direto dos acontecimentos, ou seja, esteve temporariamente liberto da influência perniciosa de uma ideologia revolucionária. Foi assim que em 1905 ele pôde elogiar muito sinceramente "a criatividade revolucionária do povo", que começara espontaneamente a implantar uma estrutura de poder inteiramente nova em plena revolução,[65] assim como, doze anos depois, pôde desencadear e vencer a Revolução de Outubro com o lema "Todo o poder aos sovietes". Mas, nos anos que separam as duas revoluções, ele não tinha feito nada para reorientar seu pensamento e incorporar os novos órgãos a algum dos inúmeros programas partidários, daí resultando que o mesmo desenvolvimento espontâneo em 1917 apanhou Lênin e o partido tão desprevenidos quanto estavam em 1905. Por fim, durante a revolta de Kronstadt, quando os sovietes se insurgiram contra a ditadura do partido e ficou evidente a incompatibilidade dos novos conselhos com o sistema partidário, ele decidiu quase de imediato esmagar os conselhos, pois ameaçavam o monopólio de poder do Partido Bolchevique. Desde então, o nome "União Soviética" para a Rússia pós-revolucionária não passa de uma mentira, mas desde então essa mentira também traz em si o reconhecimento relutante da imensa popularidade não do Partido Bolchevique, e sim do sistema de sovietes que o partido reduziu à impotência.[66] Perante a alternativa de adaptar seus pensamentos e ações ao novo e ao inesperado ou de seguir para os extremos da tirania e da eliminação, os bolcheviques praticamente nem hesitaram em escolher a segunda opção; a não ser por raros momentos sem maiores consequências, a conduta deles foi ditada, do começo ao fim, por considerações de disputas partidárias, que não desempenhavam nenhum papel nos conselhos, mas que de fato tinham sido de suprema importância nos parlamentos pré-revolucionários. Quando os comunistas decidiram em 1919 "esposar apenas a causa de uma república soviética em que os sovietes possuem maioria comunista",[67] na verdade estavam se comportando como políticos partidários comuns. Tão grande era o medo dos homens, mesmo dos mais radicais e menos convencionais, por coisas nunca vistas, ideias nunca pensadas, instituições nunca provadas antes.

A falha da tradição revolucionária em conceder qualquer reflexão séria à única nova forma de governo nascida da revolução pode ser explicada, em parte, pela obsessão de Marx com a questão social e sua relutância em prestar atenção mais seriamente a questões de Estado e de governo. Mas é uma explicação frágil e chega a ser, em certa medida, uma petição de princípio, pois toma como postulado a influência tremenda de Marx sobre a tradição e o movimento revolucionário, influência esta que ainda requer explicação. Afinal, entre os revolucionários, não foram apenas os marxistas que se mostraram totalmente despreparados para as realidades concretas dos acontecimentos revolucionários. E esse despreparo é tanto mais digno de nota na medida em que certamente não pode ser atribuído à falta de interesse ou de reflexão sobre a revolução. É fato sabido que a Revolução Francesa tinha dado origem a uma figura totalmente nova no cenário político, o revolucionário profissional, que passava a vida não na agitação revolucionária, para a qual eram raras as oportunidades, e sim em estudos e reflexões, em teorias e debates, tendo como único tema a revolução. Com efeito, nenhuma história das classes ociosas europeias estaria completa sem uma história dos revolucionários profissionais dos séculos XIX e XX, que, junto com os artistas e escritores modernos, vieram a ser os autênticos herdeiros dos *hommes de lettres* dos séculos XVII e XVIII. Os artistas e escritores se somaram aos revolucionários porque "a própria palavra *bourgeois* veio a ter um sentido abominável tanto na estética quanto na política";[68] juntos, criaram a Boêmia, aquela ilha de ócio paradisíaco em pleno século febril e febricitante da Revolução Industrial. Mesmo entre os membros dessa nova classe ociosa, o revolucionário profissional gozava de privilégios especiais, visto que seu modo de vida não exigia absolutamente nenhum trabalho em particular. Se havia uma coisa da qual ele não poderia se queixar, era de falta de tempo para pensar, e por isso pouca diferença faz se essa vida essencialmente teórica se passava nas famosas bibliotecas de Londres e de Paris, nos cafés de Viena e Zurique ou nas prisões relativamente confortáveis e tranquilas dos vários *anciens régimes*.

O papel dos revolucionários profissionais em todas as revoluções modernas é grande e bastante importante, mas não consistia em preparar revoluções. Eles observavam e analisavam a desintegração gradual do Estado e da sociedade; dificilmente faziam, ou estavam em condições de fazer, muita coisa para acelerar e direcionar o processo. Mesmo a onda de greves que se espalhou pela Rússia em 1905 e levou à primeira revolução foi totalmente espontânea, sem o apoio de quaisquer organizações políticas ou sindicais, que, aliás, só surgiram durante o curso da revolução.[69] A maioria das revoluções, ao explodir, pegou de surpresa os grupos e partidos revolucionários, tanto quanto todos os demais, e não há praticamente nenhuma revolução que se possa dizer fruto das atividades deles. Em geral, era o inverso: a revolução estourava e, por assim dizer, soltava os revolucionários profissionais de onde estivessem — da cadeia, do café ou da biblioteca. Nem mesmo o partido de revolucionários profissionais de Lênin jamais conseguiria "fazer" uma revolução; o máximo que podiam fazer era estar ali por perto ou ir correndo para casa na hora certa, isto é, na hora da queda. A observação de Tocqueville em 1848, dizendo que a monarquia caiu "na frente e não debaixo dos golpes dos vitoriosos, que ficaram tão atônitos com o triunfo quanto os vencidos com a derrota", viria a ser corroborada várias vezes.

O papel dos revolucionários profissionais geralmente não é fazer uma revolução, e sim subir ao poder depois que ela estoura, e a grande vantagem deles nessa luta pelo poder reside menos em suas teorias e preparo mental ou organizacional do que no simples fato de serem os únicos com nomes conhecidos publicamente.[70] Com toda certeza não é a conspiração que é a causa da revolução, e as sociedades secretas — embora possam conseguir cometer alguns crimes espetaculares, normalmente com o auxílio da polícia secreta[71] — são, como regra, secretas demais para se fazer ouvir em público. A perda de autoridade do poder existente, que de fato precede todas as revoluções, não é segredo para ninguém, visto que suas manifestações são claras e concretas, embora não necessariamente espetaculares; mas seus sintomas, a insatisfação geral, o mal-estar generalizado e o desprezo pelos homens no poder, são difíceis de identificar, porque o significado deles nunca é inequívoco.[72] Mesmo assim, o desprezo, que dificilmente se inclui entre os motivos do revolucionário profissional típico, é sem dúvida uma das molas mais poderosas da revolução; na verdade, não há quase nenhuma revolução para a qual o comentário de Lamartine sobre 1848, "a revolução do desprezo", seja totalmente inadequado.

Mas, se o papel desempenhado pelo revolucionário profissional para deflagrar a revolução geralmente é insignificante a ponto de ser nulo, por outro lado sua influência sobre o curso efetivo a ser tomado por uma revolução tem se mostrado enorme. E, como ele fez seu aprendizado na escola das revoluções passadas, invariavelmente irá exercer essa influência não em favor do novo e do inesperado, e sim em favor de alguma ação que esteja de acordo com o passado. Como sua tarefa é assegurar a continuidade da revolução, sua tendência será argumentar em termos de precedentes históricos e, pelo menos em certa medida, faz parte da própria natureza de sua profissão defender a imitação consciente e deletéria dos acontecimentos passados. Muito antes que os revolucionários profissionais tivessem encontrado no marxismo o guia oficial para interpretar e comentar toda a história passada, presente e futura, Tocqueville, em 1848, já podia notar: "A imitação [i. e., de 1789 pela Assembleia revolucionária] era tão evidente que ocultava a terrível originalidade dos fatos; eu tinha a impressão contínua de que eles estavam empenhados em representar a Revolução Francesa, muito mais do que em dar continuidade a ela".[73] E outra vez, durante a Comuna de Paris de 1871, sobre a qual Marx e marxistas não tiveram sombra de influência, pelo menos uma das novas revistas, *Le Père Duchêne*, adotou os nomes do velho calendário revolucionário para os meses do ano. É deveras estranho que nessa atmosfera, em que cada episódio das revoluções do passado era objeto de reflexão como se fizesse parte da história sagrada, a única instituição totalmente nova e totalmente espontânea na história revolucionária tenha sido descurada a ponto de ser esquecida.

Armados com a sabedoria da visão retrospectiva, nossa tentação é levantar algumas ressalvas. Existem alguns parágrafos nos textos dos socialistas utópicos, principalmente em Proudhon e Bakúnin, nos quais é relativamente fácil encontrar uma certa consciência do sistema de conselhos. Mas a verdade é que esses pensadores políticos de essência anarquista estavam especialmente desaparelhados para lidar com um fenômeno que demonstrava com grande clareza que uma revolução não terminava com a abolição do Estado e do governo, mas, ao contrário, visava à fundação de um novo Estado e ao estabelecimento de uma nova forma de governo. Em data mais recente, os historiadores têm apontado as semelhanças bastante evidentes entre os conselhos e os burgos medievais, os cantões suíços, os "agitadores" — ou melhor, "ajustadores", como eram chamados originalmente — do século XVII na Inglaterra e o Conselho Geral do exército cromwelliano, mas a questão é que nenhum deles, à possível exceção do burgo medieval,[74] teve a mais ínfima influência sobre o espírito das pessoas que se organizavam espontaneamente em conselhos durante uma revolução.

Portanto, não se pode invocar nenhuma tradição, revolucionária ou pré-revolucionária, para explicar o surgimento e ressurgimento metódico do sistema de conselhos desde a Revolução Francesa. Se deixarmos de lado a revolução de fevereiro de 1848 em Paris, quando uma *commission pour les travailleurs*, montada pelo próprio governo, tratou quase exclusivamente de questões da legislação social, as principais datas de aparecimento desses órgãos de ação e germes de um novo Estado são as seguintes: o ano de 1870, quando a capital francesa sitiada pelo Exército prussiano "se reorganizou espontaneamente num corpo federal em miniatura", que depois veio a formar o núcleo do governo da Comuna de Paris na primavera de 1871;[75] o ano de 1905, quando a onda de greves espontâneas na Rússia de súbito desenvolveu uma liderança política própria, fora de todos os grupos e partidos revolucionários, e os operários das fábricas se organizaram em conselhos, os sovietes, para uma autogestão representativa; a Revolução de Fevereiro de 1917 na Rússia, quando, "apesar das diferentes tendências políticas entre os trabalhadores russos, a organização em si, isto é, o soviete, nem sequer foi posta em discussão";[76] os anos de 1918 e 1919 na Alemanha, quando, após a derrota do Exército, soldados e trabalhadores em rebelião aberta se constituíram em *Arbeiter- und Soldatenräte*, exigindo em Berlim que esse *Rätesystem* se tornasse a pedra fundamental da nova Constituição alemã e estabelecendo, junto com os boêmios dos cafés em Munique, na primavera de 1919, a efêmera *Räterepublick* bávara;[77] e, por fim, o outono de 1956, quando a Revolução Húngara, desde o início, criou novamente o sistema de conselhos em Budapeste, de onde se propagou por todo o país "com incrível rapidez".[78]

A simples enumeração dessas datas sugere uma continuidade que nunca existiu de fato. É precisamente por causa da falta de continuidade, de tradição e de influência organizada que o fenômeno é tão impressionante. Entre as características comuns aos conselhos, a mais destacada é, claro, a espontaneidade com que surgem, pois ela contraria de maneira flagrante e evidente "o modelo [teórico] de revolução do século xx — planejada, preparada e executada com frieza e precisão quase científica pelos revolucionários profissionais".[79] É verdade que, em todos os lugares onde a revolução não foi derrotada e não se seguiu alguma espécie de restauração, acabou por prevalecer a ditadura monopartidária, isto é, o modelo do revolucionário profissional, mas prevaleceu somente depois de uma luta encarniçada com os órgãos e instituições da própria revolução. Ademais, os conselhos sempre foram órgãos não só de ação mas também de ordem, e de fato a aspiração deles era implantar a nova ordem que gerava conflito com os grupos de revolucionários profissionais, que queriam rebaixá-los a meros órgãos executivos da atividade revolucionária. É verdade também que os membros dos conselhos não se contentavam em discutir e "se esclarecer" sobre medidas tomadas por partidos ou assembleias; os conselhos desejavam explicitamente a participação direta de todos os cidadãos nos assuntos públicos do país,[80] e enquanto duraram não há dúvida de que "todo indivíduo encontrou sua esfera de ação e pôde observar com os próprios olhos, por assim dizer, sua contribuição pessoal para os acontecimentos do dia".[81] Os que testemunharam o funcionamento dos conselhos geralmente concordavam que a revolução tinha permitido uma "regeneração direta da democracia", no que estava implícito que todas essas regenerações infelizmente estavam condenadas a malograr em vista do óbvio, isto é, que seria impossível o povo conduzir diretamente os assuntos públicos nas condições modernas. Esses observadores viam os conselhos como um sonho romântico, alguma espécie de utopia fantástica que se materializava por um rápido instante apenas para mostrar como eram fantasiosos os anseios românticos do povo, que parecia desconhecer as realidades da vida. Esses realistas se respaldavam no sistema partidário, tomando como um dado de fato que não existia nenhuma outra alternativa ao governo representativo e esquecendo convenientemente que a queda do velho regime se devia, entre outras coisas, justamente a esse sistema.

Pois o que havia de admirável nos conselhos era, claro, não só que transpunham todas as linhas partidárias e que membros de vários partidos se sentavam juntos nos mesmos conselhos, mas também que a filiação partidária não desempenhava absolutamente nenhum papel. Eram de fato os únicos órgãos políticos para quem não pertencia a nenhum partido. Assim, invariavelmente entravam em conflito com todas as assembleias, tanto com os velhos parlamentos quanto com as novas "assembleias constituintes", pela simples razão de que estas, mesmo em suas alas mais radicais, ainda eram filhas do sistema partidário. Nessa fase dos acontecimentos, isto é, em plena revolução, o que mais afastava os conselhos dos partidos eram precisamente os programas partidários; pois esses programas, por mais revolucionários que fossem, eram todos "fórmulas prontas" que não requeriam ação, mas apenas execução — "ser colocados energicamente em prática", como apontou Rosa Luxemburgo com uma assombrosa clareza sobre as questões em jogo.[82] Hoje sabemos com que rapidez a fórmula teórica desapareceu na execução prática, mas, se a fórmula tivesse sobrevivido à sua execução, e mesmo que tivesse se demonstrado como a panaceia para todos os males políticos e sociais, os conselhos fatalmente se rebelariam contra qualquer linha de ação desse gênero, porque a própria clivagem entre os especialistas do partido que "sabiam" e a massa do povo que supostamente deveria colocar em prática esse saber não levava em conta a capacidade do cidadão médio de agir e formar opinião própria. Em outras palavras, os conselhos fatalmente se tornariam supérfluos caso prevalecesse o espírito do partido revolucionário. Sempre que o conhecer e o agir se separam, perde-se o espaço de liberdade. Os conselhos, claro, eram espaços de liberdade. Como tais, invariavelmente não aceitavam ser considerados como órgãos temporários da revolução e, muito pelo contrário, se empenhavam ao máximo para se estabelecer como órgãos permanentes do governo. Longe de querer tornar a revolução permanente, o objetivo explícito deles era "lançar as fundações de uma república proclamada com todas as suas consequências, o único governo que encerrará para sempre a era das invasões e guerras civis"; não o paraíso na terra, não uma sociedade sem classes, não o sonho da fraternidade socialista ou comunista, mas a instauração da "verdadeira República": tal era a "recompensa" que se esperava como fim da luta.[83] E o que tinha sido verdade em Paris em 1871 continuava a ser verdade para a Rússia em 1905, quando as intenções "não meramente destrutivas, e sim construtivas" dos primeiros sovietes eram tão evidentes que as testemunhas da época "podiam sentir o surgimento e a formação de uma força que um dia poderá ser capaz de efetuar a transformação do Estado".[84]

Foi precisamente essa esperança de transformação do Estado, de uma nova forma de governo que permitisse a cada membro da sociedade igualitária moderna se tornar um "participante" nos assuntos públicos, que foi sepultada pelas catástrofes das revoluções do século xx. As causas foram múltiplas e, claro, variaram entre um país e outro, mas o que se costuma chamar de forças da reação e da contrarrevolução não tiveram papel de destaque. Lembrando o registro da revolução em nosso século, o impressionante é a fraqueza, e não o poder dessas forças, a frequência de suas derrotas, o exemplo da revolução e — por fim, mas igualmente importante — a extraordinária instabilidade e falta de autoridade da maioria dos governos europeus restaurados após a queda da Europa hitleriana. De qualquer forma, o papel dos revolucionários profissionais e dos partidos revolucionários nessas calamidades foi bastante importante, e em nosso contexto ele é o decisivo. Sem o lema de Lênin, "Todo o poder aos sovietes", nunca teria havido uma Revolução de Outubro na Rússia, mas, fosse Lênin sincero ou não ao proclamar a república soviética, o fato central era que, mesmo naquele momento, o lema estava em franca contradição com os objetos revolucionários explícitos do Partido Bolchevique de "tomar o poder", isto é, substituir a máquina de Estado pelo aparato do partido. Se Lênin realmente quisesse dar todo o poder aos sovietes, ele condenaria o Partido Bolchevique à mesma impotência que agora é a característica dominante do Parlamento soviético, cujos deputados filiados e não filiados são indicados pelo partido e, na ausência de qualquer outra lista, nem sequer são escolhidos, e sim apenas aclamados pelos eleitores. Mas, embora o conflito entre partido e conselho tenha se acirrado muito devido às pretensões rivais de ser cada qual o único representante "verdadeiro" da revolução e do povo, a questão em jogo é de significação muito mais abrangente.

O que os conselhos contestavam era o sistema partidário em si, em todas as suas formas, e esse conflito se acentuava sempre que os conselhos, nascidos da revolução, se voltavam contra o partido ou os partidos cujo único objetivo sempre havia sido a revolução. Do ponto de vista de vanguarda de uma verdadeira república soviética, o Partido Bolchevique era apenas mais perigoso, mas tão reacionário quanto todos os outros partidos do regime defunto. No que se refere à forma de governo — e por toda parte os conselhos, à diferença dos partidos revolucionários, alimentavam um interesse infinitamente maior pelo aspecto político do que pelo aspecto social da revolução[85] —, a ditadura do partido único é apenas o último estágio no desenvolvimento do Estado nacional em geral e do sistema pluripartidário em particular. Isso pode parecer um truísmo em plenos meados do século xx, quando as democracias pluripartidárias na Europa entraram em tal decadência que, a cada eleição francesa ou italiana, eram postos em jogo "os próprios alicerces do Estado e a natureza do regime".[86] Assim, é esclarecedor ver que, em princípio, o mesmo conflito já existia em 1871, durante a Comuna de Paris, quando Odysse Barrot formulou com rara precisão a diferença principal, em termos da história francesa, entre a nova forma de governo pretendida pela Comuna e o antigo regime que logo seria restaurado sob outros traços, não monárquicos: "*En tant que révolution sociale, 1871 procède directement de 1793, qu'il continue et qu'il doit achever.* [...] *En tant que révolution politique, au contraire, 1871 est réaction contre 1793 et un retour à 1789* [...]. Il a effacé du programme les mots 'une et indivisible' *et rejetté l'idée autoritaire qui est une idée toute monarchique* [...] pour se rallier à l'idée fédérative, qui est par excellence l'idée libérale et républicaine" (grifo meu) [Enquanto revolução social, 1871 procede diretamente de 1793, a que dá continuidade e deve concluir. (...) Enquanto revolução política, pelo contrário, 1871 é reação contra 1793 e um retorno a 1789 (...). *Ele eliminou do programa as palavras "una e indivisível"* e rejeitou a ideia autoritária que é uma ideia inteiramente monárquica (...) *para se unir à ideia federativa, que é por excelência a ideia liberal e republicana*].[87]

Essas palavras são surpreendentes porque foram escritas numa época em que mal existia qualquer indício — pelo menos não para as pessoas pouco familiarizadas com o curso da Revolução Americana — da íntima ligação entre o espírito da revolução e o princípio da federação. Para demonstrar o que parecia verdadeiro a Odysse Barrot, devemos passar para a Revolução de Fevereiro de 1917 na Rússia e a Revolução Húngara de 1956, que duraram apenas o suficiente para mostrar em linhas gerais como seria um governo e como funcionaria uma república se se fundassem sobre os princípios do sistema de conselhos. Em ambos os casos, os conselhos ou sovietes tinham brotado em todas as partes, totalmente independentes entre si, conselhos de operários, soldados e camponeses no caso da Rússia, e os mais díspares tipos de conselhos no caso da Hungria: conselhos de moradores que surgiram em todos os bairros residenciais, os chamados conselhos revolucionários que nasceram das lutas nas ruas, conselhos de escritores e artistas, nascidos nos cafés de Budapeste, conselhos de estudantes e jovens nas universidades, conselhos de operários nas fábricas, conselhos nas Forças Armadas, entre os funcionários públicos e assim por diante. A formação de um conselho em cada um desses vários grupos converteu uma aproximação mais ou menos fortuita numa instituição política. O aspecto mais marcante desses desenvolvimentos espontâneos é que bastaram poucas semanas, no caso da Rússia, ou poucos dias, no caso da Hungria, para que esses órgãos independentes e extremamente díspares dessem início a um processo de coordenação e integração por meio da formação de conselhos superiores, de caráter regional ou provincial, dos quais finalmente eram escolhidos os delegados para uma assembleia representando o país inteiro.[88] Como no caso dos primeiros pactos, "coassociações" e confederações na história colonial da América do Norte, aqui vemos como o princípio federativo, o princípio da liga e da aliança entre unidades separadas, brota das condições elementares da própria ação, sem nenhuma influência de qualquer especulação teórica sobre as possibilidades do governo republicano em territórios extensos, e mesmo sem nenhuma ameaça de um inimigo comum a forçar uma coesão entre elas. O objetivo comum era a fundação de um novo corpo político, um novo tipo de governo republicano que se basearia em "repúblicas elementares" de tal forma que o poder central não privaria os corpos constituintes de seu poder original de constituir. Em outras palavras, os conselhos, ciosos de sua capacidade de agir e formar opinião, inevitavelmente descobririam a divisibilidade do poder e sua consequência mais importante, a necessária separação dos poderes no governo.

Nota-se com frequência que os Estados Unidos e a Grã-Bretanha são dos poucos países onde o sistema partidário funciona de maneira razoável e suficiente para assegurar estabilidade e autoridade. É assim porque o sistema bipartidário coincide com uma Constituição baseada na divisão do poder entre os vários ramos do governo, e a principal razão de sua estabilidade é, sem dúvida, o reconhecimento da oposição como uma instituição do governo. Mas esse reconhecimento só é possível com o pressuposto de que a nação não é *une et indivisible*, e que uma separação dos poderes, longe de resultar em impotência, gera e estabiliza o poder. Em última análise, é o mesmo princípio que permitiu à Grã-Bretanha organizar suas vastas possessões e colônias numa Comunidade Britânica, o Commonwealth, e que possibilitou às colônias britânicas na América do Norte se unirem num sistema federativo de governo. Apesar de todas as diferenças entre ambos, o que estabelece uma distinção decisiva entre os sistemas bipartidários desses países e os sistemas pluripartidários dos Estados nacionais europeus não é de maneira nenhuma um simples detalhe técnico, e sim um conceito de poder radicalmente diferente que perpassa todo o corpo político.[89] Se fôssemos classificar os regimes contemporâneos de acordo com o princípio de poder sobre o qual se baseiam, a distinção entre as ditaduras de partido único e os sistemas pluripartidários se mostraria muito menos decisiva do que a distinção que os separa dos sistemas bipartidários. Depois que a nação "ocupou o lugar do príncipe absoluto" no século XIX, foi a vez de o partido, durante o século XX, ocupar o lugar da nação. Assim, é quase inevitável que as características mais destacadas do partido moderno — a estrutura autocrática e oli-

335

gárquica, a falta de liberdade e democracia interna, a tendência de "se tornar totalitário", a pretensão de infalibilidade — se destaquem pela ausência nos Estados Unidos e, em menor grau, na Grã-Bretanha.[90]

Mas, mesmo que possa ser verdade que, como instrumento de governo, apenas o sistema bipartidarista se demonstrou viável e capaz de garantir as liberdades constitucionais, também é igualmente verdade que o máximo que ele conseguiu foi um certo controle dos governados sobre seus governantes, mas não permitiu de maneira alguma que o cidadão se tornasse um "participante" nos assuntos públicos. O máximo que o cidadão pode esperar é ser "representado", sendo evidente que a única coisa que pode ser representada e delegada é o interesse ou o bem-estar dos constituintes, mas não suas ações nem suas opiniões. Neste sistema é realmente impossível auscultar as opiniões do povo, pela simples razão de não existirem. As opiniões se formam num processo de discussão aberta e debate público, e onde não existe oportunidade de formar opiniões podem existir estados de ânimo — ânimo das massas, ânimo dos indivíduos, este tão volúvel e inconfiável quanto aquele —, mas não opinião. Portanto, o máximo que o representante pode fazer é agir como seus eleitores agiriam se eles mesmos tivessem a oportunidade para tanto. Não é o caso em questões de interesse e bem-estar, que podem ser verificadas objetivamente e nas quais a necessidade de ação e decisão surge dos vários conflitos entre grupos de interesse. Usando grupos de pressão, lobbies e outros mecanismos, os eleitores realmente podem influir nas ações de seus representantes em relação aos interesses, isto é, podem forçar seus representantes a executar seus desejos em detrimento dos desejos e interesses de outros grupos de eleitores. Em todos esses casos, o eleitor age pela preocupação com seu bem-estar e sua vida privada, e o resquício de poder que ainda conserva em mãos se assemelha mais à coerção implacável com que um chantagista obriga sua vítima a obedecer do que ao poder nascido da ação em comum e da deliberação conjunta.

Seja como for, nem o povo em geral nem os cientistas políticos em particular deixam muitas dúvidas de que os partidos, devido a seu monopólio das indicações, não podem ser vistos como órgãos populares, sendo, muito pelo contrário, instrumentos muito eficientes para restringir e controlar o poder do povo. É fato que o governo representativo se tornou um governo oligárquico, mas não no sentido clássico de um governo de poucos para poucos; o que hoje chamamos de democracia é uma forma de governo em que poucos governam no interesse, pelo menos supostamente, da maioria. Esse governo é democrático no sentido em que o bem-estar popular e a felicidade privada são seus objetivos principais; mas pode ser chamado de oligárquico no sentido em que a felicidade pública e a liberdade pública voltaram a ser privilégios de uma minoria.

Os defensores desse sistema, que atualmente é o sistema do Estado de bem-estar social, precisam negar, se são liberais e possuem convicções democráticas, a própria existência da felicidade e da liberdade públicas; precisam insistir que a política é um fardo e que seu fim não é político em si. Concordam com Saint-Just: "*La liberté du peuple est dans sa vie privée; ne la troublez point. Que le gouvernement [...] ne soit une force que pour protéger cet état de simplicité contre la force même*" [A liberdade do povo está em sua vida privada; não a perturbem. Que o governo (...) não seja uma força senão para proteger esse estado de simplicidade contra a própria força]. Se, por outro lado, aprendendo a lição do grande turbilhão deste século, vieram a perder sua ilusão liberal sobre alguma bondade inata do povo, são capazes de concluir que "nunca se soube que algum povo tenha governado a si mesmo", que "a vontade do povo é profundamente anárquica: ele quer fazer o que bem lhe agrada", que a atitude do povo em relação a qualquer governo é de "hostilidade" porque "governo e coerção são inseparáveis", e a coerção é, por definição, "externa aos coagidos".[91]

Tais asserções, difíceis de demonstrar, são ainda mais difíceis de refutar, mas não é difícil apontar quais são seus pressupostos. Teoricamente, o mais presente e pernicioso entre eles é a equiparação entre "povo" e massas, que parece muito plausível para qualquer pessoa que viva numa sociedade de massas, constantemente exposta a seus inúmeros atritos. Isso é válido para todos nós, mas o autor que citei, ademais, mora num daqueles países onde há muito tempo os partidos degeneraram em movimentos de massa, que operam fora do Parlamento e invadiram os domínios sociais e privados da vida familiar, da educação e de questões culturais e econômicas.[92] E nesses casos a plausibilidade de tal equiparação beira a autoevidência. É verdade que o princípio de organização dos movimentos corresponde à existência das massas modernas, mas a enorme atração deles consiste na suspeita e hostilidade do povo em relação ao sistema partidário vigente e à representação dominante no Parlamento. Onde essa desconfiança não existe, como por exemplo nos Estados Unidos, as condições da sociedade de massas não leva à formação de movimentos de massa, ao passo que até mesmo aqueles países onde a sociedade de massas ainda está muito longe de ser desenvolvida, como por exemplo a França, caem vítimas de movimentos de massa, se houver hostilidade suficiente ao sistema partidário e parlamentar. Terminologicamente falando, pode-se dizer que, quanto mais flagrantes são as falhas do sistema partidário, mais fácil será que um movimento não só tenha apelo para o povo e venha a organizá-lo como também transforme o povo em massa. Em termos práticos, o atual "realismo", a descrença nas capacidades políticas do povo, não muito diferente do realismo de Saint-Just, está solidamente fundado na determinação consciente ou inconsciente de ignorar a realidade dos conselhos e tomar como dado assente que não existe e jamais existiu alternativa alguma ao sistema presente.

A verdade histórica dessa questão é que o sistema partidário e o sistema de conselhos são quase contemporâneos; ambos eram desconhecidos antes das revoluções e ambos são consequências do postulado moderno e revolucionário de que todos os habitantes de um determinado território têm o direito de ser admitidos à esfera pública política. Os conselhos, no que se distinguem dos partidos, sempre surgiram durante a própria revolução e brotaram do povo como órgãos espontâneos de ação e ordem. Vale frisar este último ponto; com efeito, nada contraria mais incisivamente o velho adágio das inclinações "naturais" anarquistas e sem lei de um povo isento da coerção do governo do que o surgimento dos conselhos, que, sempre que apareceram, e de modo mais acentuado durante a Revolução Húngara, estavam empenhados na reorganização da vida política e econômica do país e no estabelecimento de uma nova ordem.[93] Até hoje, os partidos — no que se distinguem das facções, típicas de todos os parlamentos e assembleias, sejam hereditárias, sejam representativas — nunca surgiram durante uma revolução; ou são anteriores, como no século xx, ou se desenvolveram com a ampliação do voto popular. Assim, o partido, seja como extensão de uma facção parlamentar, seja como criação externa ao Parlamento, tem sido uma instituição que fornece ao governo parlamentar o apoio necessário do povo, com o que sempre se entendeu que o povo dava o apoio por meio do voto, enquanto a ação se mantinha como prerrogativa do governo. Se os partidos passam a ser militantes e entram ativamente no campo da ação política, violam seu próprio princípio e sua função no governo parlamentar, isto é, tornam-se subversivos, e isso independentemente de suas doutrinas e ideologias. A desintegração do governo parlamentar — por exemplo na Itália e na Alemanha depois da Primeira Guerra Mundial, ou na França após a Segunda Guerra — tem demonstrado repetidamente que mesmo os partidos que apoiam o *status quo* de fato ajudam a enfraquecer as bases do regime no momento em que ultrapassam seus limites institucionais. Obviamente, a ação e a participação nos assuntos públicos, aspiração natural dos conselhos, não são sinais de saúde e vitalidade, e sim de decadência e distorção de uma instituição cuja função primária sempre foi a representação.

Pois é realmente verdade que a característica essencial dos sistemas partidários, que sob outros aspectos se diferenciam amplamente, é "que eles 'indicam' candidatos para cargos eletivos ou para o governo representativo", e pode até ser correto dizer que "o ato de indicar basta por si só para dar origem a um partido político".[94] Portanto, desde o início, o partido como instituição pressupunha ou que a participação do cidadão nos assuntos públicos era garantida por outros órgãos públicos, ou que tal participação não era necessária e as camadas da população recém-admitidas deveriam se contentar com a representação ou, por fim, que todas as questões políticas no Estado de bem-estar social são, em última análise, problemas administrativos, a ser tratados e decididos por especialistas, caso em que nem mesmo os representantes do povo chegam a dispor de uma autêntica área de ação, mas são funcionários administrativos, cujo encargo, embora no interesse público, não se diferencia na essência dos encargos de uma administração privada. Se este último for o pressuposto correto — e quem há de negar a que ponto a esfera pública em nossas sociedades de massa se encolheu e está sendo substituída por aquela "administração das coisas" que Engels previa para uma sociedade sem classes? —, então sem dúvida os conselhos teriam de ser considerados como instituições atávicas sem qualquer relação com a esfera dos assuntos humanos. Mas aí o mesmo, ou algo muito parecido, também logo se demonstraria verdadeiro em relação ao sistema partidário; pois a administração e o gerenciamento, visto que seus encargos são ditados pelas necessidades subjacentes a todos os processos econômicos, são de essência apolítica e mesmo apartidária. Numa sociedade sob o signo da abundância, os conflitos entre interesses de grupos não precisam mais ser dirimidos em detrimento mútuo, e o princípio da oposição só é válido enquanto existem escolhas autênticas, que transcendem as opiniões objetivas e demonstravelmente válidas dos especialistas. Quando o governo se torna efetivamente uma administração, o sistema partidário só há de resultar em desperdício e incompetência. A única função não obsoleta que o sistema partidário ainda poderia desempenhar num regime desses seria preservá-lo contra a corrupção dos funcionários públicos, e mesmo essa função seria desempenhada com muito maior eficiência e confiabilidade pela polícia.[95]

O conflito entre os dois sistemas, os partidos e os conselhos, ocupou o primeiro plano em todas as revoluções do século xx. A questão em jogo era representação *versus* ação e participação. Os conselhos eram órgãos de ação, os partidos revolucionários eram órgãos de representação, e, ainda que os partidos revolucionários timidamente reconhecessem os conselhos como instrumentos da "luta revolucionária", mesmo em plena revolução tentaram dominá-los internamente; eles sabiam muito bem que nenhum partido, por mais revolucionário que fosse, conseguiria sobreviver à transformação do governo numa verdadeira república soviética. Para os partidos, a própria necessidade de ação era transitória, e não tinham nenhuma dúvida de que qualquer ação adicional, após a vitória da revolução, simplesmente se mostraria desnecessária ou subversiva. A má-fé e a sede de poder não foram os fatores decisivos que levaram os revolucionários profissionais a se opor aos órgãos revolucionários do povo; foram antes as convicções elementares que os partidos revolucionários compartilhavam com todos os demais partidos. Concordavam que o fim do governo era o bem-estar do povo, e que a essência da política não era a ação, e sim a administração. Neste aspecto, é simples questão de justiça dizer que todos os partidos da direita à esquerda têm muito mais em comum entre si do que jamais os grupos revolucionários tiveram com os conselhos. Além disso, o que acabou decidindo a questão em favor do partido e da ditadura monopartidária não foi de maneira nenhuma apenas um maior poder ou determinação em liquidar os conselhos com o recurso a uma violência implacável.

Se é verdade que os partidos revolucionários nunca entenderam até que ponto o sistema de conselhos equivalia ao surgimento de uma nova forma de governo, também é verdade que os conselhos foram incapazes de entender até que ponto e a que enorme extensão a máquina do governo nas sociedades modernas realmente deve executar funções administrativas. O equívoco fatal dos conselhos sempre foi o problema que eles mesmos não distinguiam claramente entre a participação nos assuntos públicos e a administração ou gerenciamento das coisas no interesse público. Na forma de conselhos operários, tentaram várias vezes assumir a direção das fábricas, e todas essas tentativas fracassaram redondamente. Como nos informam, "o desejo da classe trabalhadora foi realizado. As fábricas serão dirigidas pelos conselhos operários".[96] Esse dito desejo da classe trabalhadora parece muito mais uma tentativa do partido revolucionário de neutralizar as aspirações políticas dos conselhos, de afastar seus membros da esfera política e levá-los de volta para as fábricas. E essa suspeita se baseia em dois fatos: os conselhos sempre foram primariamente políticos, com reivindicações sociais e econômicas desempenhando um papel muito secundário, e era exatamente esse desinteresse por questões sociais e econômicas que, aos olhos do partido revolucionário, era um sinal seguro da mentalidade "pequeno-burguesa abstrata e liberal" deles.[97] Na verdade, era um sinal de sua maturidade política, ao passo que o desejo dos operários de dirigir pessoalmente as fábricas era um sinal do desejo dos indivíduos de se alçar a posições que, até então, eram acessíveis apenas à classe média, desejo este muito compreensível, mas sem qualquer relação com a esfera política.

Sem dúvida não devia faltar talento administrativo a pessoas de origens proletárias; o problema era apenas que os conselhos operários certamente seriam os piores órgãos possíveis para detectar tal talento. Pois os homens em quem eles confiavam e que escolhiam entre suas fileiras eram selecionados de acordo com critérios políticos, por sua probidade, integridade pessoal, capacidade de discernimento, e muitas vezes pela coragem física. Os mesmos homens, plenamente capazes de agir na alçada política, fatalmente falhariam se fossem incumbidos de gerenciar uma fábrica ou atender a outras obrigações administrativas. Pois as qualidades do político ou estadista e as qualidades do gerente ou administrador não só são diferentes como muito raramente se encontram na mesma pessoa; o primeiro deve saber lidar com as pessoas num campo de relações humanas, cujo princípio é a liberdade, e o segundo deve saber gerir coisas e pessoas numa esfera da vida cujo princípio é a necessidade. Os conselhos das fábricas introduziram um elemento de ação na administração das coisas, e de fato isso só poderia gerar o caos. Foram exatamente essas tentativas condenadas de antemão que trouxeram desprestígio ao sistema de conselhos. Mas, embora seja verdade que eles foram incapazes de organizar, ou melhor, de reconstruir o sistema econômico do país, também é verdade que a principal razão para o fracasso do sistema de conselhos não foi nenhuma ilicitude das pessoas, e sim suas qualidades políticas. Por outro lado, a razão pela qual os aparatos partidários, apesar de inúmeros defeitos — corrupção, incompetência, desperdício inacreditável —, acabaram se saindo bem onde os conselhos haviam falhado residia exatamente em sua estrutura original oligárquica e até autocrática, a mesma que os fazia tão absolutamente inconfiáveis para todos os fins políticos.

* * *

A liberdade, em todos os lugares onde existiu como realidade concreta, sempre teve limites espaciais. Isso fica muito claro em relação à maior e mais elementar de todas as liberdades negativas, a liberdade de movimento; as fronteiras do território nacional ou os muros da cidade-estado abrangiam e protegiam um espaço dentro do qual os homens podiam se mover livremente. Os tratados e garantias internacionais oferecem uma ampliação dessa liberdade territorialmente delimitada aos cidadãos fora do país, mas, mesmo sob essas condições modernas, continua evidente a coincidência elementar entre liberdade e espaço limitado. O que vale para a liberdade de movimento vale também, em larga medida, para a liberdade em geral. A liberdade em sentido positivo só é possível entre iguais, e a própria igualdade não é de maneira nenhuma um princípio de validade universal, sendo, ela também, aplicável apenas com limitações e até dentro de certos limites espaciais. Se equipararmos esses espaços de liberdade — que, seguindo a essência, embora não o vocabulário, de John Adams, também podemos chamar de espaços de aparecimento — com a própria esfera política, tenderemos a pensá-los como ilhas no oceano ou oásis num deserto. Penso que essa imagem nos é sugerida não apenas por uma coerência metafórica, mas também pelo registro da história.

O fenômeno que aqui abordo geralmente é denominado "elite", e, se discordo deste termo, não é porque duvide que o modo de vida político nunca foi e nunca será o modo de vida da maioria, muito embora a atividade política por definição abranja mais do que a maioria, ou seja, estritamente falando, abranja a soma completa de todos os cidadãos. As paixões políticas — a coragem, a busca da felicidade pública, o gosto pela liberdade pública, uma ambição que luta pela excelência, independentemente não só da posição social e dos cargos administrativos, mas até da realização e do reconhecimento — talvez não sejam tão raras quanto costumamos pensar, vivendo numa sociedade que distorceu e converteu todas as virtudes em valores sociais; mas certamente são extraordinárias em qualquer circunstância. Discordo do termo "elite" porque ele implica uma forma oligárquica de governo, a dominação da maioria sob o domínio de uma minoria. A partir daí só se pode concluir — como de fato toda a nossa tradição de pensamento político concluiu — que a essência da política seria o domínio e a principal paixão política seria a paixão de dominar. A meu ver, isso está extremamente distante da verdade. O fato de que as "elites" políticas sempre tenham determinado os destinos políticos da maioria e, na maioria dos casos, tenham exercido dominação sobre ela, indica, por outro lado, a aguda exigência que se impõe à minoria de se proteger contra a maioria, ou melhor, de proteger a ilha de liberdade onde vieram a morar ao abrigo do oceano da necessidade; e indica também a responsabilidade que recai automaticamente sobre aqueles que cuidam dos destinos dos demais que não se importam. Mas essa exigência e essa responsabilidade não afetam a essência, o conteúdo mesmo de suas vidas, que é a liberdade; ambas são circunstanciais e secundárias em relação ao que efetivamente ocorre dentro do espaço limitado da ilha. Em termos das instituições atuais, é no Parlamento e no Congresso, onde ele se move entre seus pares, que se materializa a vida política de um membro do governo representativo, não importa quanto tempo possa passar em campanha, tentando angariar votos e ouvir o eleitorado. O ponto central da questão não é apenas que isso não passa de uma óbvia imitação barata de diálogo no governo partidário moderno, no qual o eleitor só pode consentir ou recusar ratificar uma escolha que (à exceção das primárias americanas) é feita sem ele, e nem mesmo consiste nos flagrantes abusos, como a introdução na política de métodos próprios do comércio das elites, em que a relação entre representante e eleitor se transforma na relação entre vendedor e comprador. Mesmo que exista comunicação entre representante e eleitor, entre nação e Parlamento — e a existência dessa comunicação marca a principal diferença entre os governos dos ingleses e americanos, de um lado, e os governos da Europa Ocidental, de outro —, essa comunicação nunca é entre iguais, e sim entre os que pretendem governar e os que concordam em ser governados. Com efeito, faz parte da própria natureza do sistema partidário substituir "a fórmula 'governo do povo pelo povo' por esta fórmula: 'governo do povo *por uma elite saída do povo*'".[98]

Já se disse que "a significação mais profunda dos partidos políticos" consiste no fato de que eles fornecem "a estrutura necessária permitindo às massas que recrutem dentre elas mesmas suas próprias elites",[99] e é bem verdade que foram basicamente os partidos que abriram a carreira política a indivíduos das classes baixas. Sem dúvida, o partido como principal instituição do governo democrático corresponde a uma das grandes tendências da era moderna, o nivelamento crescente, constante e universal da sociedade; mas isso não significa de maneira nenhuma que corresponda também à significação mais profunda da revolução na era moderna. A "elite surgida do povo" substituiu as elites pré-modernas de berço e riqueza; em momento ou lugar algum habilitou o povo *qua* povo a ingressar na vida política e a se tornar participante nos assuntos públicos. A relação entre uma elite dirigente e o povo, entre os poucos, que entre si constituem um espaço público, e os muitos, que passam a vida fora desse espaço, na obscuridade, continuou inalterada. Do ponto de vista da revolução e da sobrevivência do espírito revolucionário, o problema não reside no surgimento concreto de uma nova elite: não é o espírito revolucionário e sim a mentalidade democrática de uma sociedade igualitária que tende a negar a evidente incapacidade e flagrante desinteresse de grandes parcelas da população pelos assuntos políticos em si. O problema, em outras palavras, é que a política passou a ser uma profissão e uma carreira, e portanto a "elite" tem sido escolhida de acordo com padrões e critérios que são, em si mesmos, profundamente apolíticos. Faz parte da natureza de todos os sistemas partidários que apenas em raros casos os talentos políticos autênticos consigam se afirmar, e é ainda mais raro que as qualificações políticas específicas sobrevivam às manobras mesquinhas da política partidária, com suas exigências de meras habilidades comerciais. É claro que os homens que formavam os conselhos também eram uma elite do povo e surgida do povo, e até a única elite política do povo que o mundo jamais conheceu, mas não eram indicados de cima e apoiados em baixo. Quanto aos conselhos elementares que surgiam em qualquer lugar onde os indivíduos do povo morassem ou trabalhassem juntos, pode-se dizer que foram escolhidos por eles mesmos; organizaram-se os que se importavam e tomaram a iniciativa; eram a elite política do povo que a revolução trouxe à luz do dia. Dentro dessas "repúblicas elementares", os membros dos conselhos então escolhiam seus delegados para o conselho logo acima, e esses delegados também eram escolhidos por seus pares, sem estar sujeitos a qualquer pressão de cima ou de baixo. Tal posição era conferida a título exclusivo da confiança de seus iguais, e essa igualdade não era natural e sim política, não era nada que lhes fosse inato; era a igualdade daqueles que haviam se comprometido e agora estavam engajados num empreendimento conjunto. Uma vez eleito e enviado ao conselho logo acima, o delegado estava de novo entre seus pares, pois os delegados em todos os níveis deste sistema eram os que tinham recebido um voto de especial confiança. Sem dúvida, essa forma de governo, se se desenvolvesse por completo, voltaria a ter a forma de uma pirâmide, que, claro, é a forma de um governo essencialmente autoritário. Mas, enquanto a autoridade em todos os governos autoritários que conhecemos vem de cima para baixo, neste caso a autoridade não se teria gerado nem em cima nem em baixo, e sim a cada camada da pirâmide; e evidentemente poderia constituir a solução para um dos problemas mais sérios de toda a política moderna, que não é como reconciliar liberdade e igualdade, e sim como reconciliar igualdade e autoridade.

(Para evitar mal-entendidos: os princípios de escolha dos melhores, tais como são sugeridos no sistema de conselhos, o princípio da autosseleção nos órgãos políticos de base e o princípio da confiança pessoal em sua transformação numa forma federativa de governo não são universalmente válidos; eles se aplicam apenas dentro da esfera política. As elites culturais, literárias e artísticas, científicas, profissionais e mesmo sociais de um país estão sujeitas a critérios muito diferentes, entre os quais o critério de igualdade prima pela ausência. Mas tal é o princípio da autoridade. O grau de um poeta, por exemplo, não é decidido por um voto de confiança de seus pares poetas nem por um decreto do mestre consagrado; ao contrário, é decidido por aqueles que apenas gostam de poesia e são incapazes de escrever um único verso. O grau de um cientista, por outro lado, é de fato determinado por seus colegas cientistas, mas não com base em qualidades e qualificações altamente subjetivas; os critérios, neste caso, são objetivos e não cabe discussão ou persuasão. E por último as elites sociais, pelo menos numa sociedade igualitária em que não importam nem o berço nem a riqueza, surgem por meio de processos de discriminação.)

Seria tentador continuar desfiando outras potencialidades dos conselhos, mas com certeza é mais sensato repetir com Jefferson: "Deem início a eles apenas com uma única finalidade", e irão "logo mostrar para quais outras finalidades são os melhores instrumentos" — os melhores instrumentos, por exemplo, para romper a sociedade de massas moderna, com sua perigosa propensão a formar movimentos de massa pseudopolíticos, ou ainda, os melhores e mais naturais instrumentos para entremeá-la nas bases com uma "elite" que não é escolhida por ninguém, mas constitui a si mesma. Então as alegrias da felicidade pública e as responsabilidades pelos assuntos públicos se tornarão o quinhão daqueles poucos, de todos os campos da vida, que têm gosto pela liberdade pública e não podem ser "felizes" sem ela. Politicamente, são eles os melhores, e é tarefa do bom governo e sinal de uma república bem ordenada garantir-lhes seu devido lugar na esfera pública. Certamente, essa forma "aristocrática" de governo significaria o fim do sufrágio universal como o conhecemos hoje; pois somente aqueles que, como membros voluntários de uma "república elementar", demonstraram que se importam com algo além de sua felicidade privada e se interessam pelo estado do mundo teriam o direito de ser ouvidos na condução dos assuntos da república. Mas essa exclusão da política não seria depreciativa, pois uma elite política não equivale de maneira nenhuma a uma elite social, cultural ou profissional. A exclusão, ademais, não dependeria de um corpo externo; se os que fazem parte são autoescolhidos, os que não fazem parte são autoexcluídos. E essa autoexclusão, longe de ser uma discriminação arbitrária, na verdade daria conteúdo e realidade a uma das liberdades negativas mais importantes que usufruímos desde o fim da Antiguidade, a saber, a liberdade em relação à política, que era desconhecida em Roma ou Atenas e que é talvez a parcela de nossa herança cristã mais atinente à política.

Tudo isso e provavelmente muito mais veio a se perder quando o espírito da revolução — um novo espírito e o espírito de iniciar algo novo — não conseguiu encontrar a instituição que lhe seria apropriada. Não há nada que possa compensar essa falha ou impedir que ela se torne definitiva, a não ser a memória e a lembrança. E como quem mantém e cuida do depósito da memória são os poetas, cuja tarefa é encontrar e criar as palavras com que vivemos, como conclusão talvez seja o caso de recorrermos a dois deles (um moderno, outro antigo) para encontrar uma expressão aproximada do conteúdo concreto de nosso tesouro perdido. O poeta moderno é René Char, talvez o mais expressivo entre os inúmeros artistas e escritores franceses que participaram da Resistência durante a Segunda Guerra Mundial. Ele escreveu seu livro de aforismos no último ano da guerra, muito apreensivo ao antever a libertação, pois sabia que, para eles, não seria apenas a desejada libertação da ocupação alemã, mas também a libertação do "fardo" dos assuntos públicos. Teriam de voltar ao *épaisseur triste* de suas vidas e interesses privados, à "tristeza estéril" dos anos anteriores à guerra, quando parecia pesar uma maldição sobre tudo o que faziam: "Se eu escapar, sei que terei de romper com o aroma desses anos essenciais, silenciosamente lançar longe de mim (não rejeitar) meu tesouro". O tesouro era que ele tinha "*descoberto* sua verdade", não suspeitava mais de uma "insinceridade" pessoal, não precisava mais de máscaras e subterfúgios para aparecer, aonde ia ele aparecia como era para si e para os outros, podia se permitir "andar nu".[100] Essas reflexões são bastante significativas no que atestam do discurso involuntário sobre si mesmo, das alegrias, inerentes à ação, de aparecer em atos e palavras sem evasivas e introspecções. Mas talvez sejam "modernas" demais, egocêntricas demais para atingir de modo certeiro o centro daquela "herança [que] não é precedida de nenhum testamento".

Sófocles, em *Édipo em Colono*, sua última peça na velhice, escreveu estes versos célebres e inquietantes:

Μὴ φῦ) ναι τὸν ἅ παντα νι-
κᾶ λόγον. τὸ δὲπεὶ φανῇ,
βῆναι κεῖσ' ὁπόθεν περ ἥ-
κει πολὺ δεύτερον ὡς τάχιστα.

"Não nascer supera tudo o que a palavra expressa; mas, tendo a vida nascido, o melhor é que volte o mais depressa para de onde veio." Na mesma peça, Sófocles nos revela pela boca de Teseu, o fundador lendário e por isso o porta-voz de Atenas, o que permitia ao comum dos mortais, jovens e velhos, suportar o fardo da vida: era a pólis, o espaço dos atos livres e das palavras vivas dos homens, capaz de conferir esplendor à vida — τὸν βίον λαμπρὸν ποιεῖσθαι.

Notas

INTRODUÇÃO: GUERRA E REVOLUÇÃO [pp. 35-46]

1. Até onde sei, a única discussão da questão da guerra que ousa enfrentar simultaneamente os horrores das armas nucleares e a ameaça do totalitarismo e, assim, está totalmente isenta de reservas mentais é Karl Jaspers, *The future of mankind*, Chicago, 1961.

2. Ver Raymond Aron, "Political action in the shadow of atomic apocalypse", in Harold D. Lasswell e Harlan Cleveland (orgs.), *The ethics of power*, Nova York, 1962.

3. Foi como De Maistre, em *Considérations sur la France*, 1796, respondeu a Condorcet, que havia definido a contrarrevolução como "*une révolution au sens contraire*". Ver seu *Sur le sens du mot révolutionnaire* (1793), in *Oeuvres*, 1847-9, vol. XII.

1. O SIGNIFICADO DE REVOLUÇÃO [pp. 47-91]

1. Os classicistas sabem que "nossa palavra 'revolução' não corresponde exatamente a στάσις nem a μεταβολὴ πολιτείων" (W. L. Newman, *The politics of Aristotle*, Oxford, 1887-1902). Para uma discussão detalhada, ver Heinrich Ryffel, *Metabolé politeion*, Berna, 1949.

2. Ver sua *Dissertation on the canon and the feudal law* (1765), *Works*, 1850-6, vol. III, p. 452.

3. É por isso que Políbio diz que a transformação de um governo em outro ocorre κατά φύσιν, de acordo com a natureza. *Histórias*, vi, 5.1.

4. Para uma discussão da influência da Revolução Americana sobre a Revolução Francesa de 1789, ver Alphonse Aulard, "Révolution française, et révolution américaine", in *Études et leçons sur la Révolution Française*, vol. viii, 1921. Para a descrição da América feita pelo abade Raynal, ver *Tableau et révolutions des colonies anglaises dans l'Amérique du Nord*, 1781.

5. John Adams escreveu *A defense of the constitutions of government of the United States of America* em resposta ao ataque de Turgot, numa carta a dr. Price em 1778. O ponto em questão era a insistência de Turgot sobre a necessidade de um poder centralizado, contra a separação dos poderes da Constituição. Ver em especial as "Preliminary observations", de Adams, em que ele cita extensamente a carta de Turgot. *Works*, vol. iv.

6. De J. Hector St. John de Crèvecoeur, *Letters from an American farmer* (1782), Dutton, brochura, 1957, ver em especial as cartas iii e xii.

7. São paráfrases das seguintes frases de Lutero, in *De servo arbitrio* (*Werke*, edição Weimar, vol. xviii, p. 626): "*Fortunam constantissimam verbi Dei, ut ob ipsum mundus tumultuetur. Sermo enim Dei venit mutaturus et innovaturus orbem, quotiens venit*" (O destino mais constante da palavra de Deus é tumultuar o mundo por causa dela. Pois o sermão de Deus vem para mudar e renovar toda a terra até onde a alcança).

8. Eric Voegelin, in *A new science of politics*, Chicago, 1952; e Norman Cohn, in *The pursuit of millennium*, Fair Lawn, N. J., 1947.

9. Políbio, vi, 9.5 e xxxi, 23-5.1, respectivamente.

10. Condorcet, *Sur le sens du mot révolutionnaire, Oeuvres*, 1847-9, vol. xii.

11. Sigo aqui os famosos parágrafos nos quais Heródoto define — ao que parece, pela primeira vez — as três principais formas de governo, o domínio de um, o domínio dos poucos, o domínio dos muitos, e discute seus méritos (livro iii, 80-2). Ali, o porta-voz da democracia ateniense, mas chamada de isonomia, declina o reino que lhe é oferecido e apresenta como razão: "Não quero dominar nem ser dominado". Com isso, Heródoto afirma que sua casa se tornou a única casa livre em todo o Império Persa.

12. Quanto ao significado de isonomia e seu uso no pensamento político, ver Victor Eherenberg, "Isonomia", in Pauly-Wissowa, *Realenzyklopädie des klassischen Altertums, Supplement*, vol. vii. Especialmente expressiva parece ser uma observação de Tucídides (iii, 82, 8), que comenta que os líderes partidários na luta de facções gostavam de ser chamados por "nomes altissonantes", alguns preferindo invocar a isonomia e outros a aristocracia moderada, mas, conforme sugere Tucídides, aqueles representando a democracia e estes a oligarquia. (Devo esta referência ao gentil interesse do professor David Greene, da Universidade de Chicago.)

13. Como disse sir Edward Coke em 1627: "Que palavra é esta, franquia? O senhor pode impor uma taxa grande ou pequena a seu servo; mas é contra a franquia da terra taxar os homens livres, a não ser por seu consentimento no Parlamento. *Franchise* é uma palavra francesa, e em latim é *Libertas*". Citado a partir de Charles Howard McIlwain, *Constitutionalism ancient and modern*, Ithaca, 1940.

14. Aqui e adiante sigo Charles E. Shattuck, "The true meaning of the term 'liberty' [...] in the federal and state constitutions [...]", *Harvard Law Review*, 1891.

15. Ver Edward S. Corwin, *The Constitution and what it means today*, Princeton, 1958, p. 203.

16. Jefferson, *The anas*, citado a partir de *Life and selected writings*, Modern Library, p. 117.

17. As citações vêm de John Adams, op. cit. (*Works*, vol. IV, p., 293), e de suas observações "On Machiavelli" (*Works*, vol. V, p. 40), respectivamente.

18. *O príncipe*, trad. Maurício Santana Dias, São Paulo, Companhia das Letras, 2010, capítulo XV.

19. Ver *Oeuvres*, ed. Laponneraye, 1840, vol. 3, p. 540.

20. Ao que parece, esta frase surge pela primeira vez nos *Ricordi*, de Gino Capponi, de 1420: "*Faites membres de la* Balia *des hommes expérimentés, et aimant leur commune plus que leur propre bien et plus que leur âme*" [Escolham como membros da *Balia* homens experientes, e que amem sua comuna mais do que a seu próprio bem e mais que à sua alma]. (Ver Maquiavel, *Oeuvres complètes*, ed. Pléiade, p. 1535.) Maquiavel utiliza uma expressão parecida nas *Histórias florentinas*, III, 7, em que elogia os patriotas florentinos que ousaram desafiar o papa, mostrando assim "quão mais alto colocavam a cidade acima de suas almas". A seguir, ele utiliza a mesma expressão para si, no final da vida, quando escreve ao amigo Vettori: "Amo minha cidade natal mais do que à minha própria alma" (citado a partir de *The letters of Machiavelli*, Allan Gilbert, Nova York, 1961, nº 225).

A nós, que não mais acreditamos piamente na imortalidade da alma, pode passar despercebida a pungência dessa profissão de fé de Maquiavel. Na época em que ele escreveu, essa formulação não era um clichê, mas significava literalmente que o indivíduo estava disposto a perder a vida eterna ou se arriscar aos castigos do inferno por amor à sua cidade. A questão, como a via Maquiavel, não era se o indivíduo amava a Deus acima de todas as coisas do mundo, e sim se era capaz de amar o mundo mais do que a seu próprio eu. De fato, essa decisão sempre foi a decisão crucial para todos os que dedicaram a vida à política. Os argumentos de Maquiavel contra a religião têm como alvo, em larga medida, os que amam mais a si mesmos, isto é, à própria salvação, do que ao mundo; não visam aos que realmente amam a Deus acima de si ou do mundo.

21. In *Letters*, op. cit., nº 137.

22. Sigo aqui o livro recente de Lewis Mumford, *The city in history*, Nova York, 1961, que desenvolve a teoria extremamente sugestiva e interessante de que o pequeno povoado da Nova Inglaterra é, na verdade, uma "feliz mutação" do burgo medieval, que "a ordem medieval se renovou, por assim dizer, com a colonização" no Novo Mundo e que, enquanto "a multiplicação das cidades cessava" no Velho Mundo, "essa atividade foi largamente transferida para o Novo Mundo entre os séculos xvi e xix". (Ver pp. 328 ss. e p. 356.)

23. Ver *The discourses*, livro i, 11. Sobre a questão do lugar de Maquiavel na cultura renascentista, tendo a concordar com J. H. Whitfield, que afirma em seu livro *Machiavelli*, Oxford, 1947, p. 18, que Maquiavel "não representa a dupla degeneração da política e da cultura. Pelo contrário, ele representa a cultura que nasce do humanismo, adquirindo consciência dos problemas políticos porque estão em crise. É por isso que ele procura resolvê-los a partir dos elementos que o humanismo havia fornecido à mentalidade ocidental". Para os homens das revoluções setecentistas, porém, não era mais o "humanismo" que os remetia aos antigos em busca de uma solução para seus problemas políticos. Para uma discussão detalhada dessa questão, ver capítulo 5.

24. A palavra *stato* vem da expressão latina *status rei publicae*, cujo equivalente é "forma de governo", no sentido que ainda encontramos em Bodin. O elemento característico é que *stato* deixa de significar "forma" ou um dos "estados" possíveis da esfera política, e passa a significar aquela unidade política subjacente de um povo, que pode sobreviver à sucessão dos governos e também das formas de governo. Maquiavel, evidentemente, pensava no Estado nacional, isto é, no fato, que é trivial apenas para nós, de que a Itália, a Rússia, a China e a França, dentro de suas fronteiras históricas, não deixam de coexistir, independentemente de qualquer forma de governo.

25. Em todo este capítulo, recorri extensamente à obra do historiador alemão Karl Griewank, que infelizmente ainda não está disponível em inglês. Seu artigo anterior "Staatsumwälzung und Revolution in der Auffassung der Renaissance und Barockzeit", que apareceu in *Wissenschaftliche Zeitschrift der Friedrich-Schiller--Universität Jena*, 1952-3, *Heft* i, e seu livro posterior *Der neuzeitliche Revolutionsbegriff*, 1955, superam todas as demais obras da bibliografia sobre o tema.

26. Ver "revolution" no *Oxford English dictionary*.

27. Clinton Rossiter, *The first American Revolution*, Nova York, 1956, p. 4.

28. *L'ancien régime*, Paris, 1953, vol. ii, p. 72.

29. Na introdução à segunda parte de *The rights of man*.

30. Ver Fritz Schulz, *Prinzipen des römischen Rechts*, Berlim, 1954, p. 147.

31. Griewank, no artigo citado na nota 25, observa que a frase "É uma revolução" foi aplicada pela primeira vez a Henrique iv da França e sua conversão ao

catolicismo. Ele cita como fonte a biografia de Henrique IV escrita por Hardouin de Péréfixe (*Histoire du roy Henri le grand*, Amsterdam, 1661), que comenta os acontecimentos da primavera de 1594 com as seguintes palavras: "O governador de Poitiers, *voyant qu'il ne pouvait pas empêcher cette révolution, s'y laissa entraîner et composa avec le roy*" [vendo que não podia impedir essa revolução, deixou--se arrastar e fez acordo com o rei]. Como aponta Griewank, aqui a noção de irresistibilidade ainda vem solidamente associada ao significado astronômico original de um movimento que "retorna circularmente" a seu ponto de partida. Pois "Hardouin considerava todos esses acontecimentos como um retorno dos franceses a seu *prince naturel* [príncipe natural]". Não foi isso, de maneira alguma, que Liancourt quis dizer.

32. As palavras de Robespierre, apresentadas em 17 de novembro de 1793 na Convenção Nacional, que aqui parafraseei, são as seguintes: "*Les crimes de la tyrannie accélérèrent les progrès de la liberté, et les progrès de la liberté multiplièrent les crimes de la tyrannie [...] une réaction continuelle dont la violence progressive a opéré en peu d'années l'ouvrage de plusieurs siècles*" [Os crimes da tirania aceleraram os progressos da liberdade, e os progressos da liberdade multiplicaram os crimes da tirania [...] uma reação contínua cuja violência progressiva realizou em poucos anos a obra de vários séculos]. *Oeuvres*, ed. Laponneraye, 1840, vol. III, p. 446.

33. Citado a partir de Griewank, op. cit., p. 243.

34. Em seu discurso de 5 de fevereiro de 1794, op. cit., p. 543.

35. *The Federalist* (1787), ed. Jacob E. Cooke, Meridian, 1961, nº 11.

36. Citado a partir de Theodor Schieder, "Das Problem der Revolution im 19. Jahrhundert", *Historische Zeitschrift*, vol. 170, 1950.

37. Ver "Introdução do autor" a *Democracy in America*: "É necessária uma nova ciência da política para um mundo novo".

38. Griewank, em seu artigo citado na nota 25, observou o papel do espectador no nascimento de um conceito de revolução: "*Wollen wir dem Bewusstsein des revolutionäen Wandels in seiner Entstehung nachgehen, so finden wir es nicht so sehr bei den Handelnden selbst wie bei ausserhalb der Bewegung stehenden Beobachtern zuerst klar erfasst*". Ele fez essa descoberta provavelmente por influência de Hegel e Marx, embora aplique-a aos historiadores florentinos — indevidamente, a meu ver, porque essas histórias foram escritas por políticos e estadistas florentinos. Maquiavel e Guicciardini não eram espectadores no sentido em que o foram Hegel e outros historiadores oitocentistas.

39. Sobre a posição de Saint-Just e também, de passagem, de Robespierre sobre essas questões, ver Albert Ollivier, *Saint-Just et la force des choses*, Paris, 1954.

40. Citado a partir de Edward S. Corwin, "The 'higher law' background of American constitutional law", in *Harvard Law Review*, vol. 42, 1928.

41. Tocqueville, op. cit., vol. II, livro IV, capítulo 8.

42. Essa posição forma um grande contraste com a conduta dos revolucionários em 1848. Escreve Jules Michelet: "*On s'identifiait à ces lugubres ombres. L'un était Mirabeau, Vergniaud, Danton, un autre Robespierre*" [As pessoas se identificavam com essas sombras lúgubres. Um era Mirabeau, Vergniaud, Danton, outro era Robespierre]. In *Histoire de la Révolution Française*, 1868, vol. I, p. 5.

2. A QUESTÃO SOCIAL [pp. 92-157]

1. *Oeuvres*, ed. Laponneraye, 1840, vol. 3, p. 514.

2. Boisset, amigo de Robespierre, propôs uma "Declaração dos Direitos dos Sans-Culottes". Ver J. M. Thompson, *Robespierre*, Oxford, 1939, p. 365.

3. *Le but de la révolution est le bonheur du peuple* [O fim da revolução é a felicidade do povo], como declarou o manifesto de sans-culottismo em novembro de 1793. Ver nº 52 in *Die Sanskulotten von Paris. Dokumente zur Geschichte der Volksbewegun 1793-1794*, ed. Walter Markov e Albert Soboul, Berlim (Oriental), 1957.

4. James Monroe in J. Elliot, *Debates in the several state conventions on the adoption of the federal Constitution [...]*, vol. 3, 1861.

5. As duas citações foram extraídas de lorde Acton, *Lectures on the French Revolution* (1910), Noonday, brochura, 1959.

6. Em carta a mrs. Trist, de Paris, 18 de agosto de 1785.

7. Jefferson em carta a mr. Wythe, de Paris, 13 de agosto de 1786; John Adams em carta a Jefferson, 13 de julho de 1813.

8. Em carta a John Adams, 28 de outubro de 1813.

9. Thomas Paine, *The rights of man* (1791), Everyman's Library, pp. 48, 77.

10. John Adams, *Discourses on Davila, Works*, Boston, 1851, vol. VI, p. 280.

11. Ibid., pp. 267 e 279.

12. Ibid., pp. 239-40.

13. Ibid., p. 234.

14. Citado a partir de D. Echeverria, *Mirage in the West: A history of the French image of American society to 1815*, Princeton, 1957, p. 152.

15. Ver Jefferson, "A bill for the more general diffusion of knowledge", de 1779, e "Plan for an educational system", de 1814, in *The complete Jefferson*, ed. Saul K. Padover, 1943, pp. 1048 e 1065.

16. Um estudo recente a respeito das opiniões de trabalhadores sobre o tema da igualdade, feito por Robert E. Lane — "The fear of equality", in *American Political Science Review*, vol. 53, março de 1959 —, por exemplo, interpreta a falta de ressentimento do trabalhador como "medo da igualdade", sua noção de que os

ricos não são mais felizes do que os outros como uma tentativa de "se precaver contra uma inveja ilegítima e corrosiva", a recusa em desprezar os amigos quando enriquecem como falta de "segurança", e assim por diante. O breve ensaio consegue transformar todas as virtudes em vícios disfarçados — um *tour de force* na arte de caçar segundas intenções inexistentes.

17. Robespierre, *Oeuvres complètes*, ed. G. Laurent, 1939, vol. iv; *Le défenseur de la Constitution* (1792), n⁰ 11, p. 328.

18. *Le peuple* era idêntico a *menu* ou *petit peuple*, e consistia em "pequenos empresários, merceeiros, artesãos, operários, empregados, vendedores, criados, diaristas, *lumpenproletariern*, mas também atores, pintores pobres, escritores sem um tostão". Ver Walter Markov, "Uber das Ende der Pariser Sansculotten-bewegung", in *Beiträge zum neuen Geschichtsbild, zum 60. Geburtstag von Alfred Meusel*, Berlim, 1956.

19. Robespierre em "Adresse aux français" de julho de 1791, citado a partir de J. M. Thompson, op. cit., 1939, p. 176.

20. Ibid., p. 365, e discurso diante da Convenção Nacional em fevereiro de 1794.

21. Ver *Du contrat social* (1762), trad. G. D. H. Cole, Nova York, 1950, livro ii, capítulo 3.

22. Ibid., livro ii, capítulo 1.

23. Albert Ollivier, *Saint-Just et la force des choses*, Paris, 1954, p. 203.

24. Essa frase contém a chave do conceito de vontade geral de Rousseau. O fato de aparecer numa simples nota de rodapé (op. cit., ii, 3) apenas mostra que a experiência concreta de onde Rousseau derivou sua teoria tinha se tornado tão natural para ele que nem lhe parecia digna de menção. Para essa dificuldade bastante comum na interpretação de obras teóricas, o pano de fundo empírico e bastante simples para o complicado conceito de vontade geral é muito instrutivo, visto que são pouquíssimos os conceitos de teoria política cercados por uma aura mistificadora de absurdos tão flagrantes.

25. A expressão clássica dessa versão revolucionária da virtude republicana se encontra na teoria da magistratura e da representação popular de Robespierre, que ele mesmo resumiu da seguinte maneira: "*Pour aimer la justice et l'égalité le peuple n'a pas besoin d'une grande vertue; il lui suffit de s'aimer lui-même. Mais le magistrat est obligé d'immoler son intérêt à l'intérêt du peuple, et l'orgueil du pouvoir à l'égalité. [...] Il faut donc que le corps représentatif commence par soumettre dans son sein toutes les passions privées à la passion générale du bien public [...]*" [Para amar a justiça e a igualdade, o povo não precisa de uma grande virtude; basta-lhe amar a si mesmo. Mas o magistrado é obrigado a imolar seu interesse ao interesse do povo, e o orgulho do poder à igualdade. (...) Portanto, é preciso que o corpo representativo comece por submeter em seu seio todas as paixões

privadas à paixão geral do bem público (...)]. Discurso à Convenção Nacional, 5 de fevereiro de 1794; ver *Oeuvres*, ed. Laponneraye, 1840, vol. III, p. 548.

26. Para Rousseau, ver *Discours sur l'origine de l'inégalité parmi les hommes* (1755), trad. G. D. H. Cole, Nova York, 1950, p. 226. Saint-Just é citado a partir de Albert Ollivier, op. cit., p. 19.

27. R. R. Palmer, *Twelve Who Ruled: The Year of the Terror in the French Revolution*, Princeton, 1941, de onde foi extraída a citação de Robespierre (p. 265), é, junto com a biografia de Thompson citada anteriormente, o estudo mais sólido e mais meticulosamente objetivo de Robespierre e de seus companheiros na bibliografia recente. Em especial o livro de Palmer é uma contribuição de grande importância para a discussão sobre a natureza do Terror.

28. Citado de Zoltán Haraszti, *John Adams and the prophets of progress*, Harvard, 1952, p. 205.

29. Rousseau, *A discourse on the origin of inequality*, p. 226.

30. Os documentos das seções parisienses, agora publicados pela primeira vez em edição bilíngue (francês-alemão) na obra citada à nota 3, vêm repletos de formulações semelhantes. Extraí a citação do n⁰ 57. Em termos gerais, pode-se dizer que, quanto mais sanguinário era o orador, mais provavelmente insistia em *ces tendres affections de l'âme* — essas ternas afeições da alma.

31. Thompson (op. cit., p. 108) lembra que Desmoulins, já em 1790, dizia a Robespierre: "Você é fiel a seus princípios, ainda que não o seja para com seus amigos".

32. Para dar um exemplo, Robespierre, ao falar sobre o tema do governo revolucionário, insistia: "*Il ne s'agit point d'entraver la justice du peuple par des formes nouvelles; la loi pénale doit nécessairement avoir quelque chose de vague, parce que le caractère actuel des conspirateurs étant la dissimulation et l'hypocrisie, il faut que la justice puisse les saisir sous toutes les formes*" [Não se trata em absoluto de obstruir a justiça do povo com formas novas; o direito penal deve necessariamente guardar algo de vago, porque, sendo a característica atual dos conspiradores a dissimulação e a hipocrisia, é preciso que a justiça possa capturá-los sob todas as formas]. Discurso na Convenção Nacional, 26 de julho de 1794; *Oeuvres*, ed. Laponneraye, vol. III, p. 723. Sobre o problema da hipocrisia com que Robespierre justificava a ausência de legalidade da justiça popular, ver mais adiante.

33. A expressão aparece como princípio na "Instrução às Autoridades Constituídas", formulada pela comissão provisória encarregada da aplicação da lei revolucionária em Lyons. Muito tipicamente, a revolução aqui era feita exclusivamente para "a imensa classe dos pobres". Ver Markov e Soboul, op. cit., n⁰ 52.

34. Crèvecoeur, *Letters from an American farmer* (1782), Dutton, brochura, 1957, carta III.

35. Em carta a Madison, de Paris, 16 de dezembro de 1786.

36. *The Federalist* (1787), ed. Jacob E. Cooke, Meridian, 1961, nº 10.

37. R. R. Palmer, op. cit., p. 163.

38. Citado a partir de lorde Acton, op. cit., apêndice.

39. A falta de provas empíricas para a famosa teoria de Beard foi recentemente demonstrada por R. E. Brown, *Charles Beard and the Constitution*, Princeton, 1956, e Forrest McDonald, *We the People: The Economic Origins of the Constitution*, Chicago, 1958.

40. As citações das *Máximas* de La Rochefoucauld constam da recente tradução de Louis Kronenberger, Nova York, 1959.

41. J. M. Thompson se refere à Convenção na época do Reinado do Terror como "uma Assembleia de atores teatrais políticos" (op. cit., p. 334), comentário provavelmente sugerido não só pela retórica dos oradores como também pela quantidade de metáforas teatrais.

42. Embora a raiz etimológica de *persona* pareça derivar de *per-zonare*, do grego ξωνη, e portanto signifique originalmente "disfarce", somos tentados a crer que a palavra soava a ouvidos latinos com o significado de *per-sonare*, "soar através de", de maneira que a voz que soava através da máscara, em Roma, certamente era a voz dos ancestrais, e não a voz do ator individual.

43. Ver a discussão muito esclarecedora de Ernest Barker em sua introdução à tradução inglesa de Otto Gierke, *Natural Law and the Theory of Society 1500 to 1800*, Cambridge, 1950, pp. lxx ss.

44. Ibid., p. lxxiv.

45. *Discourse on the origin of inequality*, prefácio.

46. Acton, op. cit., capítulo 9.

47. Ibid., capítulo 14.

48. Robespierre em seu discurso à Convenção Nacional em 17 de novembro de 1793, *Oeuvres*, ed. Laponneraye, 1840, vol. III, p. 336.

49. A Revolução Húngara também foi única no sentido de que o Discurso de Gettysburg foi transmitido pelo rádio ao povo durante a rebelião. Ver Janko Musulin em sua introdução a *Proklamationen der Freiheit, von der Magna Charta bis zur ungarischen Volkserhebung*, Frankfurt, 1959.

50. Acton, op. cit., capítulo 9.

51. *Democracy in America*, vol. II, capítulo 20.

3. A BUSCA DA FELICIDADE [pp. 158-187]

1. Aqui parafraseio a seguinte passagem de *L'esprit des lois* (livro VIII, capítulo 8): "*La plupart des peuples d'Europe sont encore gouvernés par les moeurs. Mais si par un long abus du pouvoir, si, par une grande conquête, le despotisme s'établissait*

à un certain point, il n'y aurait pas de moeurs ni de climat qui tinssent; et, dans cette belle partie du monde, la nature humaine souffrirait, au moins pour un temps, les insultes qu'on lui fait dans les trois autres" [A maioria dos povos da Europa ainda é governada pelos costumes. Mas, se por um longo abuso do poder, se por uma grande conquista o despotismo se estabelecesse num determinado momento, não haveria costumes nem clima que resistissem; e, nesta bela parte do mundo, a natureza humana sofreria, pelo menos por algum tempo, os insultos que lhe são feitos nas três outras partes].

2. A citação de Hume foi extraída de Wolfgang H. Kraus, "Democratic community and publicity", in *Nomos* (Community), vol. II, 1959; Burke é citado a partir de lorde Acton, *Lectures on the French Revolution*, 2ª conferência.

3. *L'ancien régime et la Révolution* (1856), *Oeuvres complètes*, Paris, 1952, p. 197.

4. Em carta a Niles, 14 de janeiro de 1818.

5. Em carta ao abade Mably, 1782.

6. *Discourses on Davila, Works*, Boston, 1851, vol. VI, pp. 232-3.

7. Em especial John Adams ficou impressionado com o fato de que "os autonomeados filósofos da Revolução Francesa" eram como "monges" e "conheciam muito pouco do mundo". (Ver *Letters to John Taylor on the American Constitution* (1814), *Works*, vol. VI, p. 453 ss.)

8. J. M. Thompson, *Robespierre*, Oxford, 1939, pp. 53-4.

9. Ver Wolfgang H. Kraus, op. cit., artigo excelente e esclarecedor, que eu não conhecia quando este livro saiu em sua primeira edição.

10. Cícero, *De Natura Deorum*, I, 7, e *Academica*, I, II.

11. Tocqueville, op. cit., p. 195, falando sobre *la condition des écrivains* [a condição dos escritores] e seu *éloignement presque infini [...] de la pratique* [afastamento quase infinito (...) da prática], insiste: "*L'absence complète de toute liberté politique faisait que le monde des affaires ne leur était pas seulement mal connu, mais invisible*" [A ausência completa de qualquer liberdade política fazia com que o mundo dos assuntos públicos lhes fosse não só mal conhecido mas também invisível]. E, depois de explicar como essa falta de experiência tornava suas teorias mais radicais, ele ressalta explicitamente: "*La même ignorance leur livrait l'oreille et le coeur de la foule*" [A mesma ignorância lhes ganhava os ouvidos e o coração da multidão]. Kraus, op. cit., mostra que por toda a Europa Ocidental e Central uma nova "curiosidade sobre os assuntos públicos" se difundiu não só entre a "elite intelectual" como também entre as camadas inferiores do povo.

12. A "felicidade" dos súditos do rei pressupunha um rei que cuidasse de seu reino como um pai cuida da família; como tal, ela decorria em última instância, nas palavras de Blackstone, de um "criador [que] [...] graciosamente reduziu a

regra da obediência a este único preceito paterno: 'o homem deve buscar sua própria felicidade'". (Citado a partir de Howard Mumford Jones, *The pursuit of happiness*, Harvard, 1953.) É evidente que esse direito garantido por um pai na terra não poderia sobreviver à transformação do corpo político numa república.

13. Ver *A summary view of the rights of British America, 1774*, in *The life and selected Writings*, Modern Library, p. 293 ss.

14. Sob este aspecto, é interessante o filósofo moral escocês Adam Ferguson (em seu *Essay on the history of civil society*, 3ª ed., 1768), que, ao escrever sobre a ordem adequada na sociedade civil, guarda muita semelhança com John Adams. Ele comenta que a noção de ordem, "sempre retirada da analogia com objetos mortos e inanimados, frequentemente é falsa. [...] A boa ordem das pedras num muro é estarem devidamente assentadas nos lugares para os quais foram talhadas; se se moverem, o edifício cai: mas *a boa ordem dos homens em sociedade é estarem colocados onde estão devidamente qualificados para agir*. [...] Quando buscamos na sociedade a ordem da mera inércia e tranquilidade, esquecemos a natureza de nosso objeto e encontramos a ordem de escravos, não a de homens livres". Citado a partir de Wolfgang H. Kraus, op. cit. (grifo meu).

15. Na importante carta sobre a "república dos guardiães" a Joseph C. Cabell, 2 de fevereiro de 1816. Ibid., p. 661.

16. Ver James Madison in *The Federalist*, nº 14. Quanto à facilidade de escrever de Jefferson, pode-se constatá-la no fato de que seu "direito" recém-descoberto veio a ser incluído em "cerca de dois terços das constituições de estado entre 1776 e 1902", independentemente do fato de que, antes ou agora, "não [era] nada fácil saber o que Jefferson ou o comitê queriam dizer com busca da felicidade". Com efeito, somos tentados a concluir com Howard Mumford Jones, de cuja monografia extraí a citação, que "o direito de buscar a felicidade na América tinha surgido, por assim dizer, num acesso de distração mental [...]".

17. Jones, op. cit., p. 16.

18. Clinton Rossiter, *The first American Revolution*, Nova York, 1956, pp. 229-30.

19. Vernon L. Parrington afirma ser "o princípio primário da filosofia política [de Jefferson] que o 'cuidado com a vida humana e a felicidade, e não a destruição delas, é o primeiro e único objetivo legítimo do bom governo'". *Main currents in American thought*, Harvest Books, vol. I, p. 354.

20. São as palavras de John Dickinson, mas havia um consenso teórico geral entre os homens da Revolução Americana a esse respeito. Assim, mesmo John Adams defendia que "a felicidade da sociedade é o fim do governo [...] assim como a felicidade do indivíduo é o fim do homem" (in "Thoughts on government", *Works*, 1851, vol. IV, p. 193), e todos concordariam com a famosa fórmula de Madison: "Se os homens fossem anjos, não haveria necessidade de nenhum

governo. Se os anjos governassem os homens, não haveria necessidade de nenhum controle externo ou interno sobre o governo" (*The Federalist*, nº 51).

21. Em carta a Madison, 9 de junho de 1793, op. cit., p. 523.

22. Assim John Adams, em Paris, numa carta de 1780 à esposa, faz uma curiosa alteração na velha hierarquia ao escrever: "Tenho de estudar a política e a guerra para que meus filhos possam ter liberdade para estudar matemática e filosofia. Meus filhos devem estudar matemática e filosofia, geografia, história natural e construção naval, navegação, comércio e agricultura, para dar aos filhos deles o direito de estudar pintura, poesia, música, arquitetura, estatuária, tapeçaria e porcelana" (*Works*, vol. II, p. 68).

George Mason, o principal autor da Declaração de Direitos da Virgínia, parece mais convincente quando exorta os filhos, em seu testamento, "a preferir a felicidade de uma posição privada aos problemas e incômodos dos assuntos públicos", embora nunca se possa ter plena certeza, em vista do imenso peso da tradição e da convenção contra a "intromissão" nos assuntos públicos, a ambição e o amor à glória. Provavelmente foi necessária toda a coragem de espírito e caráter de John Adams para vencer os clichês sobre "as bênçãos de uma posição privada" e admitir experiências pessoais muito diferentes. (Para George Mason, ver Kate Mason Rowland, *The life of George Mason, 1725-1792*, vol. I, p. 166.)

23. Ver a carta de Jefferson a John Adams, 5 de julho de 1814, in *The Adams-Jefferson letters*, ed. L. J. Cappon, Chapel Hill, 1959.

24. Ver Carl L. Becker na introdução à sua 2ª edição de *The Declaration of Independence*, Nova York, 1942.

25. Ver a carta de Jefferson a Henry Lee, 8 de maio de 1825.

26. Não era uma conclusão necessária que as revoluções terminassem com a instauração de repúblicas, e mesmo em 1776 um correspondente de Samuel Adams ainda escrevia: "Agora temos uma boa oportunidade de escolher a forma de governo que julgamos adequada, e combinar com a nação que quisermos um rei para reinar sobre nós". Ver William S. Carpenter, *The development of American political thought*, Princeton, 1930, p. 35.

27. Ver carta citada na nota 25.

28. *Adams-Jefferson*, op. cit., carta de 11 de abril de 1823, p. 594.

29. Ver a carta a Madison citada na nota 21.

30. Sobre Tomás de Aquino, ver *Summa Theologica* I, qu. 1, 4 c e qu. 12, 1 c. Ver também ibid., I 2, qu. 4, 8 o.

31. Tocqueville, *Ancien régime*, capítulo 3.

32. Em seu discurso à Convenção Nacional sobre "Os princípios do governo revolucionário". Ver *Oeuvres*, ed. Laponneraye, 1840, vol. III. Para a tradução em inglês, usei Robert R. Palmer, *Twelve who ruled*, Princeton, 1958.

33. O fato de haver uma semelhança entre essas palavras de Madison e a

percepção de John Adams quanto ao papel da "paixão pela distinção" num corpo político apenas indica como era realmente ampla a área de concordância entre os Pais Fundadores.

34. Ver carta XII, "Distress of a frontier man", em *Letters from an American farmer* (1782), Dutton, brochura, 1957.

35. Havia fortes traços de violência, anarquia e ausência de lei na América, como em outros países coloniais. Existe o famoso episódio que John Adams conta em sua autobiografia (*Works*, vol. II, pp. 420-21): ele encontrou um sujeito, "um negociante de cavalos comum [...] que estava sempre às voltas com a justiça, e tinha sido processado em muitas ações em quase todos os tribunais. Logo que ele me viu, veio até mim e sua primeira saudação foi: 'Oh!, mr. Adams, que coisas ótimas o senhor e seus colegas têm feito por nós! Nunca poderemos agradecer o suficiente. Agora não há mais tribunais na província, e tomara que nunca mais volte a ter' [...]. É este o objetivo pelo qual venho lutando?, perguntei a mim mesmo [...]. São estes os sentimentos dessa gente, e quantos deles existem no país? Metade da nação, pelo que sei; pois metade da nação é de devedores, se não mais, e estes são os sentimentos dos devedores em todos os países. Se o poder do país cair nessas mãos, e há um grande perigo de que isso ocorra, para que finalidade sacrificamos nosso tempo, nossa saúde e todo o resto? Certamente devemos nos precaver contra esse espírito e esses princípios, ou nos arrependeremos de nossa conduta". Esse episódio aconteceu em 1775, e o ponto principal da questão é que esse espírito e esses princípios desapareceram por causa da guerra e da revolução, e a melhor prova disso é que os devedores ratificaram a Constituição.

36. Ver "On the advantages of a monarchy", in James Fenimore Cooper, *The American democrat* (1838).

37. Edward S. Corwin, in *Harvard Law Review*, vol. 42, p. 395.

38. Madison, *The Federalist*, nº 45.

39. Nas palavras de John Adams, in *Discourses on Davila, Works*, 1851, vol. VI, p. 233.

40. *Ancien régime*, loc. cit.

41. Ver nota 32.

42. Em Niles, *Principles and acts of the Revolution*, Baltimore, 1822, p. 404.

43. Ver Robert R. Palmer, *The age of the democratic revolution*, Princeton, 1959, p. 210.

44. Este foi o veredito de Parrington. Mas existe um excelente ensaio de Clinton Rossiter, "The legacy of John Adams" (*Yale Review*, 1957), escrito com clara compreensão e apreço pelo homem, que faz plena justiça a essa singularíssima figura da revolução. "No campo das ideias políticas, ele não teve nenhum mestre — e penso que nenhum igual — entre os Pais Fundadores."

45. John Stuart Mill, *On liberty* (1859).

4. FUNDAÇÃO I: *CONSTITUTIO LIBERTATIS* [pp. 188-232]

1. A coisa talvez mais prejudicial a uma compreensão da revolução é o pressuposto usual de que o processo revolucionário finda quando se alcança a libertação, e o turbilhão e a violência, inerentes a todas as guerras de independência, chegam ao fim. Essa ideia não é nova. Em 1787, Benjamin Rush lamentava que "não existe nada mais comum do que confundir o término da *Revolução Americana* com o da recente *guerra americana*. A guerra americana acabou: mas está longe de ser este o caso da *Revolução Americana*. Pelo contrário, apenas o primeiro ato do grande drama terminou. Ainda resta estabelecer e aperfeiçoar nossas novas formas de governo". (In Niles, *Principles and acts of the revolution*, Baltimore, 1822, p. 402.) Podemos acrescentar que também não existe nada mais comum do que confundir o trabalho de libertação com a fundação da liberdade.

2. Esses temores foram expressos em 1765, numa carta a William Pitt em que Dickinson manifestava sua certeza de que as colônias venceriam uma guerra contra a Inglaterra. Ver Edmund S. Morgan, *The birth of the republic, 1763-1789*, Chicago, 1956, p. 136.

3. Em carta a James Madison, 20 de dezembro de 1787.

4. Raramente se reconhece o fato razoavelmente importante de que, nas palavras de Woodrow Wilson, "o poder é uma coisa positiva, o controle uma coisa negativa", e "chamar essas duas coisas pelo mesmo nome é simplesmente empobrecer a linguagem, fazendo com que uma só palavra sirva para uma variedade de significados" (*An old master and other political essays*, 1893, p. 91). Essa confusão entre o poder de agir e o direito de controlar os "órgãos de iniciativa" é de natureza mais ou menos semelhante à confusão entre libertação e liberdade, antes mencionada. A citação no texto foi extraída de James Fenimore Cooper, *The American democrat* (1838).

5. Esta é a posição de Carl Joachim Friedrich, *Constitutional government and democracy*, ed. rev., 1950. Quanto à primeira — que "as cláusulas em nossas constituições americanas são [...] meras cópias do artigo 39 da Magna Carta" —, ver Charles E. Shattuck, "The true meaning of the term 'liberty' in the federal and state constitutions", *Harvard Law Review*, 1891.

6. Citado a partir de Charles Howard McIlwain, *Constitutionalism, ancient and modern*, Ithaca, 1940. Quem quiser ver esse tema em perspectiva histórica pode lembrar o destino da constituição de Locke para a Carolina, que foi talvez a primeira Constituição montada por um especialista, e então oferecida a um povo. O veredito de William C. Morey — "Foi criada do nada, e logo recaiu no nada" — é válido para quase todas elas ("The genesis of a written Constitution", in *American Academy of Politics and Social Science*, Annals I, abril de 1891).

7. O melhor estudo desse tipo de elaboração constitucional é o de Karl

Loewenstein, "Verfassungsrecht und Verfassungsrealität" (in *Beiträge zur Staws-soziologie*, Tübingen, 1961), que lamento não ter consultado para a edição original deste livro. O artigo de Loewenstein trata da "enxurrada de constituições" após a Segunda Guerra Mundial, poucas delas ratificadas pelo povo. Ele ressalta "a profunda desconfiança do povo" nessas constituições que, nas mãos de "grupos relativamente pequenos de estudiosos e especialistas", tornaram-se na grande maioria "meios para um fim", instrumentos para "obter ou manter os privilégios especiais de vários grupos ou classes a cujos interesses elas servem".

8. Ou, numa outra formulação: "Uma Constituição é uma coisa *antecedente* a um governo, e um governo é apenas a criatura de uma Constituição". As duas frases estão na segunda parte de *The rights of man*.

9. Segundo Morgan, op. cit., "Muitos estados permitiram que seus congressos provinciais assumissem a tarefa de redigir uma Constituição e de colocá-la em vigor. O povo de Massachusetts parece ter sido o primeiro a ver o perigo desse procedimento [...]. Assim, foi realizada uma convenção especial em 1780 e estabelecida uma Constituição pelo povo agindo independentemente do governo [...]. Embora desta vez fosse tarde demais para os estados o usarem, o novo método logo foi seguido para criar um governo para os Estados Unidos" (p. 91). Mesmo Forrest McDonald, que afirma que as legislaturas estaduais eram "contornadas" e elegiam-se convenções homologadoras porque "a ratificação [seria] muito mais difícil [...] se a Constituição tivesse de vencer as maquinações [...] das legislaturas", reconhece numa nota de rodapé: "Em termos de teoria jurídica, a ratificação pelas legislaturas dos estados não valeria mais do que qualquer outra lei e poderia ser rejeitada por legislaturas posteriores". Ver *We the people: The economic origins of the Constitution*, Chicago, 1958, p. 114.

10. Citado a partir de Zoltán Haraszti, *John Adams and the prophets of progress*, Cambridge, Massachusetts, 1952, p. 221.

11. Ver *The Federalist*, nº 51.

12. São as palavras de um morador da Pensilvânia, e "a Pensilvânia, a colônia mais profundamente cosmopolita, tinha uma quantidade de descendentes de ingleses quase igual à de todas as outras nacionalidades somadas". Ver Clinton Rossiter, *The first American Revolution*, Nova York, 1956, pp. 20 e 228.

13. Mesmo no começo dos anos 1860, "James Otis concebia a transformação dentro da Constituição britânica dos direitos consuetudinários dos ingleses nos direitos naturais do homem, mas também via esses direitos naturais como limitações à autoridade do governo". William S. Carpenter, *The development of American political thought*, Princeton, 1930, p. 29.

14. Sobre as perplexidades históricas e conceituais dos Direitos do Homem, ver a ampla discussão em meu *Origins of totalitarianism*, ed. rev., Nova York, 1958, pp. 290-302 [*Origens do totalitarismo*].

15. As palavras são de Benjamin Rush, in Niles, op. cit., p. 402.

16. Não há passagem dos "escritos divinos" do "grande Montesquieu" citada com maior frequência nos debates do que a famosa frase sobre a Inglaterra: "*Il y a aussi une nation dans le monde qui a pour objet direct de sa Constitution la liberté politique*" [Há também uma nação no mundo que tem como objeto direto de sua Constituição a liberdade política] (*L'esprit des lois*, xi, 5). Sobre a enorme influência de Montesquieu no curso da Revolução Americana, ver em especial Paul Merrill Spurlin, *Montesquieu in America, 1760-1801*, Baton Rouge, Louisiana, 1940, e Gilbert Chinard, *The commonplace book of Thomas Jefferson*, Baltimore e Paris, 1926.

17. Montesquieu distingue entre liberdade filosófica, que consiste "no exercício da vontade" (*L'esprit des lois*, xii, 2), e liberdade política, que consiste em *pouvoir faire ce que l'on doit vouloir* [poder fazer o que se deve querer] (ibid., xi, 3), em que a tônica recai na palavra *pouvoir*. O elemento de poder na liberdade política é especialmente marcado no idioma francês, em que a mesma palavra, *pouvoir*, significa "poder" e "ser capaz" [como em português, diga-se de passagem — N. T.].

18. Ver Rossiter, op. cit., p. 231, e "The Fundamental Orders of Connecticut", de 1639, in *Documents of American history*, ed. Henry Steele Commager, Nova York, 1949, 5ª ed.

19. A frase está em xi, 4, e diz o seguinte: "*Pour qu'on ne puisse abuser du pouvoir, il faut que, par la disposition des choses, le pouvoir arrête le pouvoir*" [Para que não se possa abusar do poder, é preciso que, pela disposição das coisas, o poder detenha o poder]. À primeira vista, mesmo em Montesquieu isso parece significar apenas que o poder das leis deve refrear o poder dos homens. Mas essa primeira impressão é enganosa, pois Montesquieu não fala de leis no sentido de ordens e normas impostas, mas entende por leis, em pleno acordo com a tradição romana, *les rapports qui se trouvent entre [une raison primitive] et les différents êtres, et les rapports de ces divers êtres entre eux* [as relações que se encontram entre (uma razão primitiva) e os diferentes seres, e as relações desses diversos seres entre si] (i, 1). A lei, em outras palavras, é o que relaciona, de maneira que a lei religiosa é o que relaciona o homem com Deus e a lei humana o que relaciona os homens com seus semelhantes. (Ver também livro xxvi, no qual os primeiros parágrafos de toda a obra são tratados detalhadamente.) Sem lei divina, não existiria relação entre o homem e Deus; sem lei humana, o espaço entre os homens seria um deserto, ou melhor, não haveria nenhum entremeio. É neste domínio de *rapports*, ou de legalidade, que se exerce o poder; a indivisão do poder não é a negação da legalidade, é a negação da liberdade. Segundo Montesquieu, pode muito bem ocorrer um abuso do poder dentro dos limites da lei; a necessidade de limitação — *la vertu même a besoin de limites* [a própria virtude precisa

de limites] (xi, 4) — surge da natureza do poder humano, e não de um antagonismo entre lei e poder.

A divisão do poder de Montesquieu, estando tão intimamente ligada à teoria dos pesos e contrapesos, tem sido amiúde atribuída ao espírito científico newtoniano da época. Mas nada era mais alheio a Montesquieu do que o espírito da ciência moderna. É verdade que este se encontra em James Harrington e seu "equilíbrio da propriedade", e também em Hobbes; sem dúvida, essa terminologia extraída das ciências, mesmo naquela época, trazia uma grande plausibilidade — como quando John Adams elogiava a doutrina de Harrington por ser "uma máxima tão infalível na política quanto a ação e a reação são iguais na mecânica". Todavia, pode-se suspeitar que foi exatamente a linguagem política, não científica de Montesquieu que contribuiu em muito para sua influência; seja como for, foi com um espírito não científico e não mecânico, e sob a óbvia influência de Montesquieu, que Jefferson afirmou que "o governo pelo qual lutamos [...] não só deve se fundar em princípios livres", entendendo por eles os princípios do governo limitado, "mas no qual os poderes do governo devem estar divididos e equilibrados entre vários corpos de magistratura, de modo que nenhum possa ultrapassar seus limites legais sem ser eficazmente refreado e restringido pelos outros". *Notes on the state of Virginia*, questão xiii.

20. *L'esprit des lois*, xi, 4 e 6.

21. Assim, James Wilson defendia que "uma República Federal [...] como uma espécie de governo [...] assegura todas as vantagens internas de uma república; ao mesmo tempo que mantém a força e a dignidade externa de uma monarquia" (citado a partir de Spurlin, op. cit., p. 206). Hamilton, *The Federalist*, nº 9, objetando aos adversários da nova Constituição que, "com grande assiduidade, citavam e faziam circular as observações de Montesquieu sobre a necessidade de um território pouco extenso para um governo republicano", fez uma longa citação de *O espírito das leis* para mostrar que Montesquieu "trata explicitamente de uma República Confederada como o expediente para ampliar a esfera do governo popular e reconciliar as vantagens da monarquia com as do republicanismo".

22. Haraszti, op. cit., p. 219.

23. Tais noções, claro, também eram muito correntes na América. Assim, John Taylor, da Virgínia, argumentou a John Adams da seguinte maneira: "Mr. Adams considera nossa divisão do poder como um princípio igual a seu equilíbrio do poder. Nós consideramos estes princípios contrários e inimigos [...]. Nosso princípio da divisão é utilizado para reduzir o poder àquele grau de temperatura que possa torná-lo uma bênção e não uma maldição [...]. Mr. Adams luta por um governo de ordens, como se o poder pudesse ser uma sentinela segura do poder, ou o demônio de Lúcifer [...]". (Ver William S. Carpenter, op. cit.). Taylor, devido à sua desconfiança em relação ao poder, tem sido considerado o

filósofo da democracia jeffersoniana; mas a verdade é que Jefferson, tanto quanto Adams ou Madison, defendia enfaticamente que era o equilíbrio dos poderes, e não a divisão do poder, que constituía o antídoto adequado ao despotismo.

24. Ver Edward S. Corkin, "The progress of constitutional theory between the Declaration of Independence and the meeting of the Philadelphia convention", *American Historical Review*, vol. 30, 1925.

25. *The Federalist*, nº 14.

26. Madison em carta a Jefferson, 24 de outubro de 1787, in Max Farrand, *Records of the federal convention of 1787*, New Haven, 1937, vol. 3, p. 137.

27. Para Hamilton, ver nota 21; para Madison, *The Federalist*, nº 43.

28. James Wilson, comentando a República Federal de Montesquieu, menciona explicitamente que "ela consiste em reunir sociedades distintas que são consolidadas num novo corpo, capaz de aumentar com o acréscimo de novos membros — tipo de ampliação especialmente adequado às condições da América" (Spurlin, op. cit., p. 206).

29. Ernst Kantorowiz, in "Mysteries of State: An absolute concept and its late medieval origin", *Harvard Theological Review*, 1955.

30. Dizia Sieyès: "*La nation existe avant tout, elle est l'origine de tout. Sa volonté est toujours légale, elle est la loi elle-même*" [A nação existe antes de tudo, ela é a origem de tudo. Sua vontade é sempre legal, ela é a própria lei]. "*Le gouvernement n'exerce un pouvoir réel qu'autant qu'il est constitutionnel. [...] La volonté nationale, au contraire, n'a besoin que de sa réalité pour être toujours légale, elle est l'origine de toute légalité*" [O governo exerce um poder real apenas na medida em que é constitucional. [...] A vontade nacional, pelo contrário, não precisa senão de sua realidade para ser sempre legal, ela é a origem de toda legalidade]. Ver *Qu'est-ce que le Tiers-État?*, 2ª ed., 1789, pp. 79, 82 ss.

31. Ernst Kantorowicz, *The king's two bodies: A study in medieval theology*, Princeton, 1957, p. 24.

32. Edward S. Corwin, in "The 'higher law' background of American constitutional law", *Harvard Law Review*, vol. 42, 1928, p. 152, observa o seguinte: "A atribuição da supremacia à Constituição devido apenas a seu enraizamento na vontade popular representa [...] um desdobramento relativamente tardio da teoria constitucional americana. Antes a supremacia conferida às constituições era atribuída menos à sua fonte putativa do que a seu suposto conteúdo, à sua encarnação da justiça essencial e imutável".

33. Benjamin Hitchborn, assim citado por Niles, op. cit., p. 27, realmente soa muito francês. Mas é curioso notar que ele começa dizendo: "Defino a liberdade civil não como 'um governo por leis', [...] mas um poder existindo no povo em geral"; em outras palavras, ele também, como praticamente todos os americanos, traça uma distinção clara entre lei e poder, e assim entende que um gover-

no que se baseia exclusivamente no poder do povo não pode mais ser considerado um governo por leis.

34. Ver Merrill Jensen, "Democracy and the American Revolution", *Huntington Library Quarterly*, vol. xx, nº 4, 1957.

35. Niles, op. cit., p. 307.

36. Sieyès, op, cit., p. 81.

37. Citado a partir de Corwin, op. cit., p. 407.

38. Ibid., p. 170.

39. Ver Sieyès, op. cit., em especial pp. 83 ss.

40. Para Sieyès, ver a *Seconde partie*, op. cit., 4ª ed., 1789, p. 7.

41. Conhecemos, é claro, tantos exemplos na história recente que não é possível sequer começar a enumerar os casos desse tipo de democracia na acepção original de governo da maioria. Assim, talvez baste lembrar ao leitor que a curiosa pretensão da chamada "democracia do povo" do outro lado da Cortina de Ferro em representar a verdadeira democracia, à diferença do governo constitucional e limitado do mundo ocidental, poderia se justificar nessas bases. A eliminação política, embora não mais física, da minoria vencida em todos os conflitos é uma prática corrente dentro dos partidos comunistas. Mais importante, a própria noção de um governo monopartidário se baseia no governo da maioria — a tomada do poder por meio do partido que, num determinado momento, conseguiu alcançar uma maioria absoluta.

42. Jefferson, normalmente tido como o fundador mais democrático, falava com grande frequência e eloquência sobre os riscos do "despotismo eletivo", quando "173 déspotas certamente seriam tão opressores quanto um só" (op. cit., loc. cit). E Hamilton notava desde cedo que "os membros mais obstinados do republicanismo eram os mais veementes em perorar contra os vícios da democracia". Ver William S. Carpenter, op. cit., p. 77.

43. É claro que o fato de que tenham existido alguns casos isolados em que foram aprovadas resoluções de que "todo o procedimento do Congresso era inconstitucional", e que, "quando ocorreu a Declaração de Independência, as colônias se encontravam absolutamente num estado de natureza", não é nenhum argumento contra isso. Para as resoluções de algumas cidades de New Hampshire, ver Jensen, op. cit.

44. Na carta a Jefferson de 24 de outubro de 1787, citada na nota 26.

45. Winton U. Solberg, em sua introdução a *The federal convention and the formation of the Union of the American States*, Nova York, 1958, destaca corretamente que os federalistas "desejavam definitivamente subordinar os estados, mas, salvo duas exceções, não queriam destruir os estados" (p. cii). O próprio Madison disse certa vez que "preservaria os direitos dos estados tão ciosamente quanto os julgamentos com júri" (ibid., p. 196).

46. Tocqueville, *Democracy in America*, Nova York, 1945, vol. i, p. 56. Pode-se entender o extraordinário grau de articulação política do país lembrando-se que, em 1776, havia mais de 550 povoados desses apenas na Nova Inglaterra.

47. A teoria do mau tempo, que me parece bastante sugestiva, está no verbete "Massachusetts" da *Encyclopaedia Britannica*, 11ª ed., vol. xvii. Para a alternativa talvez mais provável, ver a introdução a "*Mayflower* Compact" in Commager, op. cit.

48. A importante distinção entre estados que são soberanos e estados que são "apenas sociedades políticas" foi feita por Madison num discurso na convenção federal. Ver Solberg, op. cit., p. 189, nota 8.

49. Ver "The Fundamentals Orders of Connecticut", de 1639, e "The New England confederation", de 1643, in Commager, op. cit.

50. Benjamin F. Wright — em especial o importante artigo "The origins of the separation of powers in America", in *Economica*, maio de 1933 — argumenta numa linha parecida que "os elaboradores das primeiras constituições americanas estavam impressionados com a teoria da separação dos poderes somente porque a experiência deles [...] confirmava a sabedoria dela"; e outros têm seguido esse argumento. Sessenta ou setenta anos atrás, era corriqueiro que os estudiosos americanos insistissem numa continuidade ininterrupta e autônoma da história americana, culminando na revolução e na criação dos Estados Unidos. Desde que Bryce relacionou a elaboração constitucional americana com as cartas régias coloniais que autorizavam a implantação dos primeiros assentamentos ingleses, tornou-se usual explicar a origem de uma Constituição escrita e a ênfase inédita sobre a legislação estatutária pelo fato de que as colônias eram corpos políticos subordinados, que derivavam de companhias mercantis e só eram capazes de assumir poderes que fossem delegados por patentes, alvarás e concessões especiais. (Ver William C. Morey, "The first state constitutions", in *Annals of the American Academy of Political and Social Science*, setembro de 1893, vol. iv, e seu ensaio sobre a Constituição escrita, citado na nota 6.) Hoje essa abordagem é muito menos usual, e adota-se mais amplamente uma ênfase sobre as influências europeias, britânicas ou francesas. São várias as razões dessa mudança de ênfase na historiografia americana, entre elas a grande influência recente da história das ideias, que obviamente enfoca mais os precedentes intelectuais do que os eventos políticos, bem como a renúncia um pouco anterior a atitudes isolacionistas. Tudo isso é muito interessante, mas não diz muito respeito a nosso assunto neste contexto. O que eu gostaria de frisar aqui é que a importância das cartas régias ou dos alvarás das companhias parece ter sido destacada em detrimento dos pactos e acordos muito mais originais e interessantes que os colonizadores estabeleceram entre eles. Pois parece-me que Merril Jensen — em seu artigo mais recente, op. cit. — tem toda razão ao afirmar: "A questão central na Nova Inglaterra seis-

centista [...] era a fonte de autoridade para o estabelecimento do governo. A posição inglesa era que não poderia existir nenhum governo numa colônia sem uma concessão de poder da Coroa. A posição contrária, adotada por alguns dissidentes ingleses na Nova Inglaterra, era que um grupo de pessoas poderia criar um governo válido para elas por meio de um acordo, pacto ou Constituição. Os autores do Pacto do *Mayflower* e das Ordens Fundamentais de Connecticut operaram sobre este pressuposto [...]. É o pressuposto básico da Declaração de Independência, uma parte da qual é muito parecida com as palavras de Roger Williams, escritas 132 anos antes".

51. Citado a partir de Solberg, op. cit., p. xcii.

52. Rossiter, op. cit., p. 132.

53. A originalidade do Pacto do *Mayflower* foi novamente objeto de destaque nesse período da história americana. Assim, referindo-se a ele numa palestra em 1790, James Wilson lembra aos ouvintes que está apresentando "o que as nações no mundo transatlântico hão de buscar em vão — um pacto original de uma sociedade, ao chegar pela primeira vez a esta parte do globo". E as primeiras histórias da América ainda insistem muito explicitamente no "espetáculo [...] que raramente ocorre, de contemplar uma sociedade no primeiro instante de sua existência política", como disse o historiador escocês William Robertson. Ver W. F. Craven, *The legend of the Founding Fathers*, Nova York, 1956, pp. 57 e 64.

54. Ver em especial op. cit., seção 131.

55. Ver o Acordo de Cambridge de 1629 in Commager, op. cit.

56. Foi com estas palavras que John Cotton, pastor puritano e "O Patriarca da Nova Inglaterra" na primeira metade do século XVII, levantou sua objeção à democracia, governo que não seria próprio "nem para a Igreja nem para a comunidade [*commonwealth*]". Aqui e no que se segue, tento evitar ao máximo uma discussão sobre a relação entre o puritanismo e as instituições políticas americanas. Acredito ser válida a distinção de Clinton Rossiter "entre puritanos e puritanismo, entre os grandes autocratas de Boston e Salem e seu modo de viver e pensar intrinsecamente revolucionário" (op. cit., p. 91), consistindo este último na convicção puritana de que, mesmo nas monarquias, Deus "remete a soberania a Si" e em serem eles "obcecados pelo acordo ou contrato". Mas o problema é que esses dois postulados são em certa medida incompatíveis, pois a noção de acordo pressupõe a não soberania e o não domínio, ao passo que a crença de que Deus conserva Sua soberania e não a delega a nenhum poder terreno "estabelece a teocracia [...] como a melhor forma de governo", como concluiu corretamente John Cotton. E a questão central é que essas influências e movimentos estritamente religiosos, incluindo o Grande Despertar, não exerceram nenhuma influência sobre as ideias ou ações dos homens da revolução.

57. Rossiter, op. cit., loc. cit.

58. Um magnífico exemplo da noção puritana de pacto se encontra num sermão de John Winthrop, escrito a bordo do *Arbella*, em viagem para a América: "Assim fica a causa entre Deus e nós: entramos em acordo com Ele para esta obra, recebemos uma comissão, o Senhor nos deu licença para redigir nossos próprios artigos, professamos empreender estas ações para tais e tais fins, depois disto rogamos Seu favor e bênção: agora, se aprouver ao Senhor nos ouvir e nos conduzir em paz ao local que desejamos, então ele terá ratificado este acordo e selado nossa comissão" (citado a partir de Perry Miller, *The New England mind: The seventeenth century*, Cambridge, Massachusetts, 1954, p. 477).

59. Cf. o Acordo de Cambridge de 1629, redigido por alguns dos principais membros da Companhia da Baía de Massachusetts antes de embarcar para a América. Commager, op. cit.

60. A linguagem aparentemente semelhante no famoso *Bund der Waldstätte*, de 1291, na Suíça, é enganosa; nenhum "corpo civil político", nenhuma nova instituição, nenhuma nova lei nasceu dessas "promessas mútuas".

61. Ver *Thoughts on government* (1776), *Works*, Boston, 1851, iv, 195.

62. Cf. o Pacto das Fazendas em Providence, que fundou a cidade de Providence em 1640 (Commager, op. cit.). É de especial interesse, pois aqui se encontra pela primeira vez o princípio da representação, e também porque aqueles que foram "assim confiados" concordaram, "depois de muitas considerações e consultas de nosso estado e também de estados no estrangeiro sobre o governo", que nenhuma forma de governo seria tão "compatível com sua condição quanto o governo por meio de arbitragem".

63. Cf. as Ordens Fundamentais de Connecticut, de 1639 (Commager, op. cit.), que Bryce (*American Commonwealth*, vol. i, p. 414, nota) definiu como "a Constituição realmente política mais antiga da América".

64. O "adeus final à Grã-Bretanha" ocorre nas Instruções da Cidade de Malden, Massachusetts, para uma Declaração de Independência, 27 de maio de 1776 (Commager, op. cit.). A linguagem veemente dessas instruções, a cidade renunciando "com desdém à nossa ligação com um reino de escravos", mostra até que ponto Tocqueville tinha razão ao rastrear a origem da Revolução Americana até o espírito das municipalidades. Sobre a força popular do sentimento republicano nos estados, também é interessante o testemunho de Jefferson em *The anas*, 4 de fevereiro de 1818 (*The complete Jefferson*, ed. Saul Padover, Nova York, 1943, pp. 1206 ss.); mostra de forma muito convincente que, se "as disputas daquela época eram disputas de princípio entre os defensores do governo republicano e os do monárquico", foram as opiniões republicanas do povo que acabaram acertando as diferenças de opinião entre os políticos. Fica evidente nos primeiros escritos de John Adams como eram intensos os sentimentos republicanos, mesmo antes da revolução, por causa dessa experiência americana inédita. Numa

série de artigos escritos em 1774 para a *Boston Gazette*, ele escreveu: "Os primeiros fazendeiros de Plymouth foram 'nossos ancestrais' no sentido mais estrito. Não tinham cartas nem títulos para a terra que ocuparam; e não derivaram nenhuma autoridade da Coroa ou do Parlamento inglês para implantar o governo deles. Compraram terra dos índios e montaram um governo próprio, sobre o princípio simples da natureza; [...] e continuaram a exercer todos os poderes do governo, legislativo, executivo e judiciário, sobre a base simples de um *contrato original entre indivíduos independentes*" (grifo meu). Ver *Novanglus, Works*, vol. IV, p. 110.

65. De uma resolução dos Posseiros Livres [Freeholders] do Condado Albemarle, Virgínia, 26 de julho de 1774, que foi redigida por Jefferson. As cartas régias são mencionadas como que um acréscimo posterior, e a curiosa expressão "caráter de pacto", que parece uma contradição nos termos, mostra claramente que era o pacto, e não a carta régia, que Jefferson tinha em mente (Commager, op. cit.). E essa insistência no pacto em detrimento das cartas régias ou dos títulos das companhias não é de maneira nenhuma um resultado da revolução. Quase dez anos antes da Declaração de Independência, Benjamin Franklin afirmava "que o Parlamento esteve tão longe de contribuir no trabalho de assentamento original das colônias que na verdade nem prestou qualquer atenção a elas, até muitos anos depois de terem se estabelecido" (Craven, op. cit., p. 44).

66. Merrill Jensen, op. cit.

67. Da Carta Circular de Massachusetts, protestando contra os Decretos de Townshend de 11 de fevereiro de 1768, redigida por Samuel Adams. Segundo Commager, essas declarações ao ministério britânico apresentam "uma das primeiras formulações da doutrina da lei fundamental na Constituição britânica".

68. Das Instruções da Cidade de Malden (nota 64).

69. Cf. formulado nas Instruções da Virgínia ao Congresso Continental de 1º de agosto de 1774 (Commager, op. cit.).

5. FUNDAÇÃO II: *NOVUS ORDO SAECLORUM* [pp. 233-273]

1. Nas palavras de Pietro Verri, referindo-se à versão austríaca do absolutismo esclarecido durante o reinado de Maria Teresa e José II, citado a partir de Robert Palmer, *The age of democratic revolution*, Princeton, 1959, p. 105.

2. Estou ciente de que aqui discordo da importante obra de Robert Palmer, citada acima. Tenho uma grande dívida para com seu trabalho, e uma simpatia ainda maior por sua tese central de uma civilização atlântica, "expressão provavelmente mais próxima da realidade no século XVIII do que no século XX" (p. 4). Mas parece-me que ele não vê que uma das razões dessa ressalva é a diferença nos

desfechos da revolução na Europa e na América. E essa diferença nos desfechos se deve basicamente à profunda diferença entre os "corpos constituídos" nos dois continentes. Os corpos constituídos que possam ter existido na Europa antes das revoluções — estamentos, parlamentos, ordens privilegiadas de toda espécie — de fato faziam parte da velha ordem e foram varridos pela revolução; ao passo que na América, pelo contrário, foram os velhos corpos constituídos do período colonial que, por assim dizer, foram libertados pela revolução. Essa diferença me parece tão decisiva que receio ser um tanto enganoso até utilizar o mesmo termo, "corpos constituídos", para as municipalidades e assembleias coloniais de um lado e as instituições feudais europeias, com seus privilégios e liberdades, de outro.

3. Citado a partir de Palmer, op. cit., p. 322.

4. *Sur le sens du mot révolutionnaire* (1793). Ver *Oeuvres*, 1847-9, vol. xii.

5. Rousseau em carta do marquês de Mirabeau, 26 de julho de 1767.

6. Ver J. M. Thompson, *Robespierre*, Oxford, 1939, p. 489.

7. No preâmbulo a "The report of a Constitution or form of government for the Commonwealth of Massachusetts", 1779. *Works*, Boston, 1851, vol. iv. É ainda nesse sentido que dizia o juiz Douglas: "Somos um povo religioso cujas instituições pressupõem um Ser Supremo" (citado a partir de Edward Corwin, *The Constitution and what it means today*, Princeton, 1958, p. 193).

8. *Civil government*, Tratado i, seção 86, e Tratado ii, seção 20.

9. In *Dissertation on canon and feudal law*.

10. In *A defense of the constitutions of government of the United States of America*, 1778, *Works*, vol. iv, p. 291.

11. Por isso o mais alto louvor a um legislador antigo era que suas leis estavam tão admiravelmente dispostas que pareciam ter sido feitas por uma divindade. É o que se costuma dizer de Licurgo (ver em especial Políbio, vi, 48.2). A fonte do erro de Adams provavelmente foi Plutarco, que conta como o oráculo de Delfos assegurou a Licurgo "que a Constituição que estava para estabelecer seria a melhor do mundo"; Plutarco também relata que Sólon recebeu um oráculo favorável de Apolo. É claro que Adams leu Plutarco com olhos cristãos, pois nada no texto autoriza a conclusão de que Sólon ou Licurgo estivessem sob inspiração divina.

Quem estava muito mais próximo do que John Adams da verdade nesse assunto era Madison, ao considerar "não pouco notável que em todos os casos registrados pela história antiga, em que o governo era estabelecido por deliberação e consentimento, a tarefa de montá-lo não foi entregue a uma assembleia de homens, mas foi executada por algum cidadão individual de destacado saber e comprovada integridade" (*The Federalist*, nº 38). Isso era verdadeiro pelo menos para a Antiguidade grega, embora possa se duvidar que a razão pela qual "os gregos [...] abandonaram tanto as regras de prudência a ponto de colocar seus

destinos nas mãos de um único cidadão" fosse que "os receios de discórdia [...]
superavam a estimativa de traição ou incapacidade num só indivíduo" (ibid.). O
fato é que a elaboração da lei não fazia parte dos direitos e deveres de um cidadão
grego; o ato de lançar a lei era considerado pré-político.

12. Assim Cícero diz explicitamente a respeito do legislador: "*Nec leges im-
ponit populo quibus ipse non pareat*" ["E ele não impõe leis ao povo a que ele
mesmo não obedeceria"], in *De re publica*, i, 52.

13. Nas palavras de F. M. Cornforth, *From religion to philosophy* (1912), ed.
Torchbooks, capítulo 1, p. 30.

14. O exame mais detalhado do assunto nos levaria longe demais. Tem-se a
impressão de que a famosa frase de Platão nas *Leis*, "Um deus é a medida de todas
as coisas", poderia indicar uma "lei superior" por trás das leis feitas pelos homens.
Penso que é um equívoco, e não só pela razão óbvia de que "medida" (*metron*) e
"lei" são diferentes. Para Platão, o verdadeiro objetivo das leis é não tanto impedir a injustiça e sim aperfeiçoar os cidadãos. O critério para avaliar as boas e as
más leis é inteiramente utilitário: a que torna os cidadãos melhores do que eram
antes é uma boa lei, a que os deixa da mesma maneira que eram antes é indiferente ou até supérflua, a que os torna piores é uma má lei.

15. A "ideia extraordinária" de Robespierre se encontra in *Le défenseur de la
Constitution* (1792), nº 11; ver *Oeuvres completes*, ed. G. Laurent, 1939, vol. iv,
p. 333. O comentado foi extraído de Thompson, op. cit., p. 134.

16. *Aeneid*, livro vii, Modern Library, p. 206.

17. Lívio iii, 31.8.

18. *L'esprit des lois*, livro i, capítulos 1-3. Ver também o primeiro capítulo do
livro xxvi. O fato de que a Constituição dispõe que não só "as leis dos Estados
Unidos" como também "todos os tratados feitos [...] sob a autoridade dos Estados Unidos serão a lei suprema da terra" indica a que ponto o conceito americano
de lei remonta à *Lex* romana e às experiências originais dos pactos e acordos.

19. A lei natural na Antiguidade romana não era em absoluto uma "lei mais
alta". Pelo contrário, os juristas romanos "deviam entender a lei natural como
inferior, e não superior, à lei em vigor" (Ernst Levy, "Natural law in the Roman
period", in *Proceedings of the Natural Law Institute of Notre Dame*, vol. ii, 1948).

20. Ver o esboço de Adams para uma Constituição de Massachusetts, op. cit.

21. Thompson, op. cit., p. 97.

22. "*L'idée de l'Être Suprème et de l'immortalité de l'âme est un rappel continuel à la justice; elle est donc sociale et républicaine*" [A ideia do Ser Supremo e da
imortalidade da alma é um apelo contínuo à justiça; é, portanto, social e republi-
cana]. Ver discurso de Robespierre à Convenção Nacional, 7 de maio de 1794,
Oeuvres, ed. Laponneraye, 1840, vol. iii, p. 623.

23. *Discourses on Davila*, *Works*, vol. vi, p. 281. Robespierre, no discurso

acima citado, fala quase nos mesmos termos: "*Quel avantage trouves-tu à persuader à l'homme qu'une force aveugle preside à ses destins, et frappe au hasard le crime et la vertu?*" [Que vantagem você tem em persuadir o homem de que uma força cega preside a seus destinos e golpeia ao acaso o crime e a virtude?].

24. Robespierre, op. cit., loc. cit.

25. No rascunho do preâmbulo à Declaração Estabelecendo a Liberdade Religiosa, da Virgínia.

26. Ver seu *L'Ordre naturel et essentiel des sociétés politiques* (1767), I, capítulo xxiv.

27. Comentário de Thomas Paine in *The rights of man*, parte II; de John Adams in *A defense of the constitutions of government of the United States* (1778), *Works*, vol. IV, p. 439. Previsão de James Wilson extraída de W. F. Craven, *The legend of the Founding Fathers*, Nova York, 1956, p. 64.

28. Os comentários de Adams e Wilson estão em Edward S. Corwin, "The 'higher law' background of American constitutional law", in *Harvard Law Review*, vol. 42, 1928.

29. *The Federalist*, nº 16.

30. Ibid., nº 78.

31. Ibid., nº 50.

32. Citado a partir de Corwin, op. cit., p. 3.

33. Cícero, op. cit., I, 7, 12.

34. *O príncipe*, Nicolau Maquiavel, trad. Maurício Santana Dias, São Paulo, Companhia das Letras, 2010, p. 136.

35. Foi em especial a preocupação com a estabilidade do governo republicano que levou os autores seiscentistas e setecentistas a um frequente entusiasmo por Esparta. Naquela época, pensava-se que Esparta teria durado até mais do que Roma.

36. Ver Martin Diamond, "Democracy and *The Federalist*: A reconsideration of the framers' intent", *American Political Science Review*, março de 1959.

37. *The Federalist*, nºs 14 e 49.

38. John Adams, *Thoughts on government* (1776), *Works*, vol. IV, p. 200.

39. Assim, "Milton acreditava em grandes líderes enviados pelos céus e divinamente indicados [...] como libertadores da servidão e da tirania como Sansão, instauradores da liberdade como Brutus, ou grandes mestres como ele mesmo, e não como executivos onipotentes num Estado misto implantado e funcionando sem percalços. No esquema das coisas de Milton, os grandes líderes aparecem no palco da história e desempenham seus devidos papéis em tempos de transição da servidão para a liberdade" (Zera S. Fink, *The classical republicans*, Evanston, 1945, p. 105). O mesmo se aplica, claro, aos próprios colonizadores. "A realidade básica em suas vidas era a analogia com os filhos de Israel. Imaginavam

que, indo para regiões incultas, estavam revivendo a história do Êxodo", como aponta corretamente Daniel J. Boorstin, *The Americans*, Nova York, 1958, p. 19.

40. Seria tentador usar o exemplo americano como demonstração histórica da verdade das antigas lendas, e interpretar o período colonial como fase de transição da servidão para a liberdade, como o hiato entre a saída da Inglaterra e do Velho Mundo e a fundação da liberdade no Novo Mundo. A tentação é ainda maior na medida em que o paralelo com as lendas é muito grande, porque, aqui também, o novo acontecimento e a nova fundação parecem ter se dado por meio das ações extraordinárias de homens exilados. Quanto a isso, Virgílio insiste tanto quanto os relatos bíblicos: "Depois que aprouve aos senhores dos céus derrubar [...] o povo inocente de Príamo e Ílio caiu, [...] somos levados por presságios divinos a procurar longínquos locais de exílio em terras desconhecidas" (*Eneida*, III, 1-12; aqui e a seguir, cito a tradução de J. W. Mackail, Virgílio, *Works*, Modern Library). As razões que me levam a pensar que seria equivocado interpretar a história americana a esta luz são óbvias. O período colonial não é de maneira nenhuma um hiato na história americana, e, quaisquer que fossem as razões que levaram os colonizadores britânicos a abandonar seus lares, depois de chegar à América não tiveram nenhuma dúvida em reconhecer o governo da Inglaterra e a autoridade da metrópole. Não eram exilados; pelo contrário, até o último instante orgulhavam-se de ser súditos britânicos.

41. *De re publica*, VI, 12. Ver também Viktor Poeschl, *Römischer Staat und griechisches Staatsdenken bei Cicero*, Berlim, 1936.

42. *Discourses upon the first decade of T. Livius* [...], I, 9.

43. *The Commonwealth of Oceana* (1656), citado a partir de ed. Liberal Arts, p. 43.

44. Ibid., p. 110.

45. Ibid., p. 111. (Diga-se de passagem que "*prudence*" na bibliografia política dos séculos XVII e XVIII não significa "cautela", mas avaliação e percepção política, e depende do autor se essa percepção também indica sabedoria ou moderação. A palavra em si é neutra. [Em português, "prudência" também tem essas acepções. Cf. Caldas Aulete, "prudência". — N. T.]) Sobre a influência de Maquiavel em Harrington e a influência dos antigos no pensamento inglês seiscentista, ver o excelente estudo de Zera S. Fink, citado a partir da nota 39. É realmente uma pena que nunca se tenha feito um estudo semelhante "para avaliar exatamente a influência dos historiadores e filósofos antigos sobre a formulação do sistema americano de governo", como propôs Gilbert Chinard (em 1940, em seu ensaio sobre "Polybius and the American Constitution", in *Journal of the History of Ideas*, vol. I). Ao que parece, ninguém mais se interessa por formas de governo — tema que interessava apaixonadamente aos Pais Fundadores. Um tal estudo — mais do que a impossível tentativa de interpretar a história americana

em seus primórdios em termos das experiências econômicas e sociais europeias — demonstraria que "a experiência americana teve um valor mais do que local e circunstancial; que, em verdade, foi uma espécie de culminância, e que, para compreender [...] a ela, é necessário entender que a forma mais moderna de governo não deixa de estar ligada ao pensamento político e à experiência política dos tempos antigos".

46. Harrington, *Oceana*, op. cit., p. 110.

47. "*Die Römer hielten sich nicht für Romuliden, sondern für Aineiaden, ihre Penaten stammten nicht aus Rom, sondern aus Lavinium.*" "*Die römische Politik bediente sich seit dem 3. Jahrhundert v. Chr. des Hinweises auf die troische Herkunft der Römer.*" Para uma discussão de toda essa questão, ver St. Weinstock, "Penates", in Pauly-Wissowa, *Realenzyklopädie des klassischen Altertums*.

48. Virgílio, *Eneida*, xii, 166, e i, 68. Ovídio (in *Fastos*, iv, 251) fala da origem troiana de Roma em termos quase idênticos: *Cum Troiam Aeneas Ítalos portaret in agros* — "Eneias traz Troia para solo itálico".

49. *Eneida*, i, 273; ver também i, 206, e iii, 86-7.

50. Ibid., ix, 742.

51. Ibid., vii, 321-2.

52. Ibid., xii, 189. Pode ter uma certa importância observar a que ponto Virgílio inverte a história de Homero. Por exemplo, no segundo livro da *Eneida*, há uma repetição da cena na *Odisseia* na qual Ulisses, sem que o reconheçam, ouve o relato de sua própria vida e sofrimentos, e então, pela primeira vez, rompe em prantos. Na *Eneida*, é o próprio Eneias que conta sua história; não chora, mas espera que os ouvintes derramem lágrimas de compaixão. Desnecessário dizer que essa inversão, à diferença das citadas no texto, é de pouco significado; ela destrói o sentido original sem o substituir por outra coisa, de peso equivalente. Assim, tanto mais digna de nota é a inversão é em si.

53. A quarta Écloga sempre foi entendida como expressão de um anseio religioso generalizado de salvação. Assim, Eduard Norden, em seu clássico ensaio *Die Geburt des Kindes, Geschichte einer religiösen Idee*, 1924, que apresenta uma interpretação verso a verso do poema de Virgílio, vê em W. Bousset, *Kyrios Christos*, Göttingen, 1913, sobre a expectativa de salvação graças a um início absolutamente novo (pp. 228 ss.), uma espécie de paráfrase da ideia principal da Écloga (p. 47). Aqui sigo a tradução e comentário de Norden, mas tenho dúvidas sobre a significação religiosa do poema. Para uma discussão mais recente, ver Günther Jachmann, "Die Vierte Ekloge Vergils", in *Annali della Scuola Normale Superiore di Pisa*, vol. xxi, 1952, e Karl Kerényi, *Vergil und Hölderlin*, Zurique, 1957.

54. *Georgica*, ii, p. 323 ss.: *prima crescentis origine mundi*.

55. *De civitate*, xii, 20.

56. Norden afirma explicitamente: "*Mit der Verbreitung der Isis-religion*

über grosse Teile der griechisch-römischen Welt wurde in ihr auch das "Kind" [...] so bekannt und beliebt wie kaum irgend etwas sonst aus einer fremdländischen Kultur", op. cit., p. 73.

57. In *As leis*, livro VI, 775.

58. Políbio, v, 32.1. "O início é mais do que a metade do todo" é um provérbio antigo, citado por Aristóteles, *Ética a Nicômaco*, 1198b.

59. W. F. Craven, op. cit., p. 1.

60. *Oceana*, Liljegren, Lund e Heidelberg, 1924, p. 168. Zera Fink, op. cit., p. 63, nota que "a preocupação de Harrington com o estado perpétuo" muitas vezes se aproxima das noções platônicas, e especialmente das *Leis*, "cuja influência sobre Harrington é indeterminável".

61. Ver *The Federalist*, nº 1.

6. A TRADIÇÃO REVOLUCIONÁRIA E SEU TESOURO PERDIDO
[pp. 274-351]

1. O indicador mais convincente do viés antiteórico dos homens da Revolução Americana se encontra nas explosões não muito frequentes, mas mesmo assim muito expressivas, contra a filosofia e os filósofos do passado. Além de Jefferson, que se julgava capaz de denunciar "o absurdo de Platão", havia John Adams, que reclamava de todas as filosofias desde Platão porque "nenhuma delas toma como base a natureza humana como ela é". (Ver Zoltán Haraszti, *John Adams and the prophets of progress*, Cambridge, Massachusetts, 1952, p. 258). Esse viés, na verdade, não é antiteórico em si nem específico de um "arcabouço mental" americano. A hostilidade entre filosofia e política, mal encoberta por uma filosofia da política, tem sido a maldição da arte de governar no Ocidente, bem como da tradição filosófica ocidental desde que os homens de ação se separaram dos homens de pensamento — ou seja, desde a morte de Sócrates. O conflito da Antiguidade só é pertinente na esfera estritamente secular, e por isso desempenhou um papel secundário ao longo dos muitos séculos em que a esfera política foi dominada pela religião e por preocupações religiosas; nada mais natural que ele recuperasse importância com o nascimento ou renascimento de uma esfera autenticamente política, isto é, no curso das revoluções modernas.

Para a tese de Daniel J. Boorstin, ver *The genius of American politics*, Chicago, 1953, e sobretudo seu livro mais recente, *The Americans: The colonial experience*, Nova York, 1958.

2. William S. Carpenter, *The development of American political thought*, Princeton, 1930, observou com razão: "Não existe uma teoria política específica-

mente americana. [...] Procurou-se o auxílio da teoria política com maior frequência no início de nosso desenvolvimento institucional" (p. 164).

3. A maneira mais simples e talvez também a mais plausível de rastrear a perda de memória seria uma análise da historiografia americana pós-revolucionária. É bem verdade que "o que ocorreu após a revolução foi [...] uma mudança de foco [dos puritanos] para os Peregrinos, com uma transferência de todas as virtudes tradicionalmente associadas aos pais puritanos para os Peregrinos, muito mais aceitáveis" (Wesley Frank Craven, *The legend of the Founding Fathers*, Nova York, 1956, p. 82). Mas essa mudança de foco não foi permanente, e a historiografia americana, quando não foi totalmente dominada por categorias europeias, sobretudo marxistas, e não negava a ocorrência de uma revolução na América, passou a voltar com frequência cada vez maior para o papel pré-revolucionário do puritanismo, como a influência mais importante na política e nos costumes americanos. Sem entrar no mérito do caso, essa obstinada resistência pode ser decorrente, pelo menos em parte, do fato de que os puritanos, à diferença dos Peregrinos e dos homens da revolução, tinham profundo interesse pela própria história; acreditavam que, se perdessem, o espírito deles não se perderia enquanto soubessem lembrar. Como escreveu Cotton Mather: "Considerarei meu país perdido com a perda dos princípios primitivos e das práticas primitivas, sobre os quais ele foi estabelecido inicialmente: mas certamente uma boa maneira de salvar essa perda seria fazer alguma coisa [...] para que a história das circunstâncias acompanhando a fundação e formação deste país, e a partir daí sua preservação, possa ser imparcialmente transmitida para a posteridade" (*Magnalia*, livro II, 8-9).

4. Nos romances de William Faulkner, pode-se ver como tais balizas para futura lembrança e referência nascem dessa conversa incessante, não, naturalmente, na forma de conceitos, mas como frases curtas avulsas e aforismos condensados. O procedimento literário de Faulkner, mais do que o conteúdo da obra, é altamente "político" e, a despeito de muitos imitadores, ele continua a ser, até onde consigo ver, o único autor a empregá-lo.

5. Sempre que o pensamento político americano se dedicou a ideias e ideais revolucionários, de duas uma: ou seguiu na esteira das correntes revolucionárias europeias, nascidas da experiência e da interpretação da Revolução Francesa; ou sucumbiu às tendências anarquistas tão evidentes na alegalidade inicial dos pioneiros. (Aqui podemos lembrar ao leitor o episódio de John Adams que mencionamos na nota 35 do capítulo 3.) Essa ausência de lei, como comentamos antes, era na verdade antirrevolucionária, dirigida contra os homens da revolução. Em nosso contexto, podemos deixar de lado essas duas correntes ditas revolucionárias.

6. In *The Federalist*, nº 43.

7. In *Democracy in America*, vol. II, p. 256.

8. Desde o Renascimento, Veneza teve a honra de corroborar a velha teoria de uma forma mista de governo, capaz de deter o ciclo de mudanças. Talvez a melhor maneira de perceber como deve ter sido enorme a necessidade de crer numa cidade potencialmente imortal seja a ironia de que Veneza se converteu num modelo de permanência exatamente na época de sua decadência.

9. Ver *The Federalist*, nº 10.

10. Hamilton, in Jonathan Elliot, *Debates of state conventions on the adoption of the federal Constitution*, 1861, vol. I, p. 422.

11. *The Federalist*, nº 50.

12. É claro que isso não significa negar que a vontade aparecia nos discursos e escritos dos Pais Fundadores. Mas, comparada à razão, à paixão e ao poder, a faculdade da vontade desempenha um papel muito secundário no pensamento e no vocabulário deles. Hamilton, que parece ter utilizado a palavra com mais frequência do que os outros, significativamente falava numa "vontade permanente" — na verdade, uma contradição nos termos —, para designar simplesmente uma instituição "capaz de resistir à corrente popular". (Ver *Works*, vol. II, p. 415.) Obviamente o que ele procurava era a permanência, e a palavra "vontade" é usada de maneira vaga, visto que nada é menos permanente e menos capaz de instaurar a permanência do que a vontade. Lendo essas frases junto com as fontes francesas da época, nota-se que, em circunstâncias parecidas, os franceses não invocavam uma "vontade permanente", e sim a "vontade unânime" da nação. E era exatamente o surgimento dessa unanimidade que os americanos procuravam evitar.

13. W. S. Carpenter, op. cit., p. 84, atribui essa percepção a Madison.

14. O único precedente para o Senado americano que vem à mente é o Conselho do Rei, cuja função, porém, era o aconselhamento, e não a opinião. Por outro lado, uma instituição de aconselhamento prima pela ausência no governo americano, conforme estabelecido pela Constituição. Uma prova de que o conselho, além da opinião, é necessário no governo pode ser vista nas assessorias de assuntos específicos [*brain trusts*] de Roosevelt e Kennedy.

15. Sobre a "multiplicidade de interesses", ver *The Federalist*, nº 51; sobre a importância da "opinião", ibid., nº 49.

16. Este parágrafo se baseia principalmente em *The Federalist*, nº 10.

17. Ibid., nº 49.

18. Harrington, *Oceana*, Liljegren, Lund e Heidelberg, 1924, pp. 185-86.

19. In *De re publica*, III, 23.

20. John Adams in *Dissertation on canon and feudal law*.

21. Estou em dívida com o importante estudo de Zera Fink, *The classical republicans*, Evanston, 1945, quanto ao papel da preocupação com a permanência do corpo político no pensamento político do século XVII. A importância do texto de Fink consiste em mostrar que essa preocupação ultrapassava o cuidado

com a mera estabilidade, o que pode ser explicado pela guerra religiosa e pelas guerras civis do século.

22. In Elliot, op. cit., vol. ii, p. 364.

23. Ver *The complete Jefferson*, ed. Padover, Modern Library, pp. 295 ss.

24. Jefferson em carta a William Hunter, 11 de março de 1790.

25. Em carta a Samuel Kercheval, 12 de julho de 1816.

26. As duas citações de Paine foram extraídas respectivamente de *Common sense* e *The rights of man*.

27. Na famosa carta ao major John Cartwright, 5 de junho de 1824.

28. As citadíssimas palavras aparecem numa carta de Paris ao coronel William Stephens Smith, 13 de novembro de 1787.

29. Mais tarde, sobretudo depois de ter adotado o sistema distrital como "o artigo mais próximo a meu coração", era muito mais provável que Jefferson falasse da "terrível necessidade" da insurreição. (Ver em especial sua carta a Samuel Kercheval, 5 de setembro de 1816.) Parece injustificado atribuir essa mudança de ênfase — pois não é muito mais do que isso — à mudança de disposição de um homem de idade bem mais avançada, em vista do fato de que Jefferson considerava seu sistema distrital a única alternativa possível àquilo que, do contrário, seria uma necessidade, por mais pavorosa que fosse.

30. Neste e no parágrafo seguinte, cito novamente trechos da carta de Jefferson a Samuel Kercheval, 12 de julho de 1816.

31. Ver Emerson, *Journal*, 1853.

32. Ver Lewis Mumford, *The city in history*, Nova York, 1961, pp. 328 ss.

33. William S. Carpenter, op. cit., pp. 43-7, nota a divergência entre as teorias inglesas e as teorias coloniais da época, no que diz respeito à representação. Na Inglaterra, com Algernon Sidney e Burke, "estava crescendo a ideia de que os representantes, depois de serem eleitos e ocupar suas cadeiras na Câmara dos Comuns, não deveriam mais ficar na dependência daqueles que representavam". Na América, pelo contrário, "o direito do povo de instruir seus representantes [era] uma característica distintiva da teoria colonial de representação". Como apoio, Carpenter cita uma fonte da Pensilvânia daquela época: "O direito de dar instruções reside nos constituintes e apenas neles, de maneira que os representantes são obrigados a tomá-las como ordens de seus mestres e não têm liberdade de acatá-las ou rejeitá-las conforme julguem conveniente".

34. Citado a partir de Carpenter, op. cit., pp. 93-4. Evidentemente, para os representantes atuais não é mais fácil ler os pensamentos e sentimentos dos representados. "O próprio político nunca sabe o que seus eleitores querem que ele faça. Não pode fazer pesquisas contínuas entre o eleitorado, necessárias para descobrir o que querem que o governo faça." Aliás, ele chega a ter grandes dúvidas de que tais desejos existam. Pois, "com efeito, ele espera a vitória elei-

toral ao prometer satisfazer desejos que ele mesmo criou". Ver C. W. Cassinelli, *The politics of freedom: An analysis of the modern democratic State*, Seattle, 1961, pp. 41 e 45-6.

35. Ver Carpenter, op. cit., p. 103.

36. Tal é, claro, a opinião de Jefferson sobre o assunto que expôs principalmente em cartas. Ver em especial a carta acima mencionada a W. S. Smith, 13 de novembro de 1787. Sobre o "exercício de disposições virtuosas" e de "sentimentos morais", ele discorre de maneira muito interessante numa carta anterior a Robert Skipwith, em 3 de agosto de 1771. Para ele, é basicamente um exercício da imaginação, e por isso os grandes mestres de tais exercícios são os poetas, mais do que os historiadores, visto que "o assassinato fictício de Duncan por Macbeth em Shakespeare" desperta em nós "um horror tão grande à vilania quanto o assassinato real de Henrique IV". É graças aos poetas que "o campo da imaginação humana se abre para nosso uso", campo este que, se ficasse restrito à vida real, conteria um número ínfimo de ações e eventos memoráveis — "as lições [da história] seriam demasiado raras"; em todo caso, "na mente de um filho ou uma filha imprime-se com mais eficácia um senso vivo e duradouro de dever filial lendo *Rei Lear* do que todos os volumes áridos de ética e religião que já foram escritos".

37. Em carta ao coronel Edward Carrington, 16 de janeiro de 1787.

38. Citação extraída do relatório de Robespierre à Assembleia sobre os direitos das sociedades e clubes, 29 de setembro de 1791 (in *Oeuvres*, ed. Lefebvre, Soboul etc., Paris, 1950, vol. VII, n⁰ 361); para 1793, cito Albert Soboul, "Robespierre und die Volksgesellschaften", in *Maximilien Robespierre, Beiträge zu seinem 200. Geburistag*, ed. Walter Markov, Berlim, 1958.

39. Ver Soboul, op. cit.

40. Citado a partir de *Le défenseur de la Constitution*, n⁰ 11, 1792. Ver *Oeuvres complètes*, ed. G. Laurent, 1939, vol. IV, p. 328.

41. A formulação é de Leclerc, cf. citado in Albert Soboul; "An den Ursprüngen der Volksdemokratie: Politische Aspekte der Sansculottendemokratie im Jahre II", in *Beiträge zum neuen Geschichtsbild: Fesuschrift für Albert Meusel*, Berlim, 1956.

42. Citado a partir de Soboul, "Robespierre und die Volksgesellschaften", op. cit.

43. *Die Sanskulotten von Paris: Dokumente zur Geschichte der Volksbewegung 1793-1794*, ed. Walter Markow e Albert Soboul, Berlim (Oriental), 1957. A edição é bilíngue. A seguir cito em especial nᵒˢ 19, 28, 29, 31.

44. Ibid., nᵒˢ 59 e 62.

45. In *Esprit de la révolution et de la constitution de France*, 1791; ver *Oeuvres completes*, ed. Ch. Vellay, Paris, 1908, vol. I, p. 262.

46. Durante seu serviço de guerra na Alsácia no outono de 1793, ele parece ter enviado uma única carta a uma sociedade popular, a de Estrasburgo. Dizia: *"Frères et amis, Nous vous invitons de nous donner votre opinion sur le patriotisme et les vertus républicaines de chacun des membres qui composent l'administration du département du Bas-Rhin. Salut et fraternité"* [Irmãos e amigos, Convidamos vocês a nos dar sua opinião sobre o patriotismo e as virtudes republicanas de cada um dos membros que compõem a administração do departamento do Baixo Reno. Saudações e fraternidade". Ver *Oeuvres*, vol. II, p. 121.

47. In *Fragments sur les institutions républicaines, Oeuvres*, vol. II, p. 507.

48. Esse comentário — *Après la Bastille vaincue [...] on vit que le people n'agissait pour l'élévation de personne, mais pour l'abaissement de tous* [Depois da tomada da Bastilha (...) viu-se que o povo não agia para a elevação de ninguém, e sim para o rebaixamento de todos] — é, surpreendentemente, de Saint-Just. Ver sua obra inicial citada na nota 45; vol. I, p. 258.

49. Tal foi o juízo de Collot d'Herbois, citado a partir de Soboul, op. cit.

50. "Os jacobinos e as sociedades filiadas a eles são os que espalham o terror entre tiranos e aristocratas", ibid.

51. Na carta a John Cartwright, 5 de junho de 1824.

52. Essa citação é de um período um pouco anterior, quando Jefferson propôs dividir os condados "em centos". (Ver carta a John Tyler, 26 de maio de 1810.) Visivelmente, os distritos em que ele pensava consistiriam em cerca de cem homens cada.

53. Em carta a Cartwright, citada acima.

54. Ibid.

55. Em carta a Samuel Kercheval, 12 de julho de 1816.

56. As citações foram extraídas das cartas recém-citadas.

57. Em carta a Samuel Kercheval, 5 de setembro de 1816.

58. Em carta a Thomas Jefferson Smith, 21 de fevereiro de 1825.

59. Em carta a Cartwright, citada acima.

60. Em carta a John Tyler, citada acima.

61. As citações foram extraídas da carta a Joseph C. Cabell, 2 de fevereiro de 1816, e das duas cartas a Samuel Kercheval já citadas.

62. George Soule, *The coming American Revolution*, Nova York, 1934, p. 53.

63. Para Tocqueville, ver a introdução da autora a *Democracy in America*; para Marx, *Die Klassenkämpfe in Frankreich, 1840-1850* (1850), Berlim, 1951, p. 124.

64. Em 1871, Marx se referiu à Comuna como *die endlich entdeckte politische Form, unter der die ökonomische Befreiung der Arbeit sich vollziehen könnte*, dizendo que era este seu "verdadeiro segredo". (Ver *Der Bürgerkrieg in Frankreich* [1871], Berlim, 1952, pp. 71 e 76.) Passados apenas dois anos, porém, ele escre-

veu: "*Die Arbeiter müssen [...] auf die entschiedenste Zentralisation der Gewalt in die Hände der Staatsmacht hinwirken. Sie dürfen sich durch das demokratische Gerede von Freiheit der Gemeinden, von Selbstregierung usw. nicht irre machen lassen*" (in *Enthüllungen über den Kommunistenprozess zu Köln* [Sozialdemokratische Bibliothek Bd. IV], Hattingen, Zurique, 1885, p. 81). Logo, Oskar Anweiler, a cujo importante estudo do sistema de conselhos, *Die Rätebewegung in Russland 1905-1921*, Leiden, 1958, muito devo, está plenamente correto ao afirmar: "*Die revolutionären Gemeinderäte sind für Marx nichts witer als zeitweilige politische Kampforgane, die die Revolution vorwärtsreiben sollen, er sieht in ihnen nicht die Keimzellen für eine grundlegende Umgestaltung der Gesellschaft, die vielmehr von oben, durch die proletartische zentralistische Staatsgewalt, erfolgen soll*" (p. 19).

65. Sigo Anweiler, op. cit., p. 101.

66. A imensa popularidade dos conselhos em todas as revoluções do século XX é amplamente conhecida. Durante a revolução alemã de 1918 e 1919, mesmo o Partido Conservador teve de levar em conta os *Räte* em sua campanha eleitoral.

67. Nas palavras de Levine, destacado revolucionário profissional, durante a revolução na Baváira: "*Die Kommunisten treten nur für eine Räterepublik ein, in der die Räte eine kommunistische Mehrheit haben*". Ver Helmut Neubauer, "München und Moskau 1918-1919: Zur Geschichte der Rätebewegung in Bayern", *Jahrbücher für Geschichte Osteuropas*, Beiheft 4, 1958.

68. Ver o excelente estudo de Frank Jellinek, *The Paris Commune of 1871*, Londres, 1937, p. 27.

69. Ver Anweiler, op. cit., p. 45.

70. Maurice Duverger — cujo livro sobre *Political parties. Their organization and activity in the modern State* (ed. francesa, 1951), Nova York, 1961, ultrapassa e supera em muito todos os estudos anteriores sobre o tema — menciona um exemplo interessante. Na eleição para a Assembleia Nacional em 1871, o voto na França tinha se tornado livre, mas, como não existiam partidos, os novos eleitores tendiam a votar nos únicos candidatos que conheciam, resultando daí que a nova república se tornou uma "república de duques".

71. O histórico da polícia secreta fomentando, mais do que prevenindo, atividades revolucionárias é especialmente marcante no Segundo Império e na Rússia czarista a partir de 1880. Parece, por exemplo, que não houve uma única ação contra o governo na época de Luís Napoleão que não fosse inspirada pela política; os ataques terroristas mais importantes na Rússia, antes da guerra e da revolução, parecem ter sido, todos eles, obra da polícia.

72. Assim, a visível inquietação no Segundo Império, por exemplo, era facilmente desmentida pelo resultado maciçamente favorável dos plebiscitos de Napoleão III, esses predecessores de nossas atuais pesquisas de opinião pública. O último deles, em 1869, foi mais uma grande vitória para o imperador; o que

ninguém percebeu na época e que um ano mais tarde seria decisivo foi que quase 15% das Forças Armadas votaram contra o imperador.

73. Citado a partir de Jellinek, op. cit., p. 194.

74. Um dos pronunciamentos oficiais da Comuna de Paris destacava essa relação da seguinte maneira: "*C'est cette idée communale poursuivie depuis de douzième siècle, affirmée par la morale, le droit et la science qui vient de triompher le mars 1871*" [É esta ideia comunal perseguida desde o século xii, afirmada pela moral, pelo direito e pela ciência, que acaba de vencer em 18 de março de 1871]. Ver Heinrich Koechlin, *Die Pariser Commune von 1871 im Bewusstsein ihrer Anhänger*, Basileia, 1950, p. 66.

75. Jellinek, op. cit., p. 71.

76. Anweiler, op. cit., p. 127, cita essa frase de Trótski.

77. Para esta última, ver Helmut Neubauer, op. cit.

78. Ver Oskar Anweiler, "Die Räte in der ungarischen Revolution", in *Osteuropa*, vol. viii, 1958.

79. Sigmund Neumann, "The structure and strategy of revolution: 1848 and 1948", in *The Journal of Politics*, agosto de 1949.

80. Anweiler, op. cit., p. 6, enumera as seguintes características gerais: "*1. Die Gebundenheit an eine bestimmte abhängige oder unterdrückte soziale Schicht, 2. die radikale Demokratie als Form, 3. die revolutionäre Art der Entstehung*", e então passa à conclusão: "*Die diesen Räten zugrundliegende Tendenz, die man als 'Rätegedanken' bezeichnen kann, ist das Streben nach einer möglichst unmittelbaren, weitgehenden und unbeschränkten Teilnahme des Einzelnen am öffentlichen Leben [...]*".

81. Nas palavras do socialista austríaco Max Adler, no panfleto *Demokratie und Rätesystem*, Viena, 1919. O panfleto, escrito em plena revolução, guarda certo interesse porque Adler, embora enxergando muito claramente as razões da imensa popularidade dos conselhos, mesmo assim se lançou de imediato a repetir a velha fórmula marxista, segundo a qual os conselhos não podiam passar de uma mera "*revolutionäre Übergangsform*", no máximo "*eine neue Kampfform des sozialistischen Klassenkampfes*".

82. O panfleto de Rosa Luxemburgo sobre *The Russian Revolution*, traduzido por Bertram D. Wolfe, 1940, usado em minhas citações, foi escrito há mais de quarenta anos. Sua crítica à teoria trotskista-leninista da ditadura não perdeu nada de sua atualidade e pertinência. Naturalmente, ela não podia prever os horrores do regime totalitário de Stálin, mas sua advertência profética contra a eliminação da liberdade política e, com ela, da vida pública hoje parece uma descrição realista da União Soviética sob Kruschev: "Sem eleições gerais, sem liberdade irrestrita de imprensa e reunião, sem um livre embate de opiniões, a vida definha em todas as instituições públicas, torna-se mera aparência de vida, onde

apenas a burocracia permanece como elemento ativo. A vida pública se entorpece gradualmente, e umas poucas dezenas de dirigentes do partido com energia inesgotável e experiência ilimitada dirigem e governam. Entre eles, na verdade apenas uma dúzia de líderes mais destacados toma a liderança e de vez em quando convida-se uma elite do proletariado para [...] aplaudir os discursos dos dirigentes e aprovar por unanimidade as resoluções apresentadas — no fundo, então, uma panelinha [...]".

83. Ver Jellinek, op. cit., pp. 129 ss.

84. Ver Anweiler, op. cit., p. 110.

85. Muito típico que, ao justificar a dissolução dos conselhos operários em dezembro de 1956, o governo húngaro tenha reclamado: "Os membros do conselho operário em Budapeste queriam se ocupar exclusivamente de questões políticas". Ver o artigo de Oskar Anweiler citado mais acima.

86. Duverger, op. cit., p. 419.

87. Citado a partir de Heinrich Koechlin, op. cit., p. 224.

88. Para detalhes desse processo na Rússia, ver o livro de Anweiler, op. cit., pp. 155-58, e o artigo do mesmo autor sobre a Hungria.

89. Duverger, op. cit., p. 393, observa corretamente: "A Grã-Bretanha e suas possessões, sob um sistema bipartidário, são profundamente diferentes dos países continentais em sistema pluripartidário, e [...] muito mais próximas dos Estados Unidos, a despeito de seu regime presidencial. De fato, a distinção entre os sistemas monopartidário, bipartidário e pluripartidário tende a se tornar o critério fundamental para classificar os regimes contemporâneos". Mas, nos países onde o sistema bipartidário é um mero detalhe técnico, sem vir acompanhado pelo reconhecimento da oposição como instrumento de governo, como por exemplo a Alemanha atual, provavelmente ele mostrará que não é mais estável do que o sistema pluripartidário.

90. Duverger, que observa essa diferença entre os países anglo-saxões e os Estados nacionais do continente europeu, está totalmente equivocado, a meu ver, ao atribuir as vantagens do sistema bipartidário a um liberalismo "obsoleto".

91. Utilizo novamente Duverger — op. cit., pp. 423 ss. —, que, nestes parágrafos, porém, não é muito original e apenas expressa uma disposição generalizada na França e na Europa do pós-guerra.

92. A maior falha, e um tanto inexplicável, no livro de Duverger é a recusa em distinguir entre partido e movimento. Certamente ele devia saber que não haveria a menor possibilidade de contar a história do Partido Comunista sem notar o momento em que o partido de revolucionários profissionais se transformou num movimento de massa. As enormes diferenças entre os movimentos nazistas e fascistas e os partidos dos regimes democráticos eram ainda mais óbvias.

93. Tal foi a avaliação do *Report on the problem of Hungary*, das Nações

Unidas, de 1956. Para outros exemplos, apontando na mesma direção, ver o artigo de Anweiler, citado mais acima.

94. Ver o interessante estudo do sistema partidário de C. W. Cassinelli, op. cit., p. 21. É um bom livro no que se refere à política americana, mas demasiado técnico e um tanto superficial ao abordar os sistemas partidários europeus.

95. Cassinelli, op. cit., p. 77, apresenta um exemplo divertido para ilustrar como é pequeno o grupo de eleitores com uma preocupação genuína e desinteressada pelos assuntos públicos. Ele diz: suponhamos que houve um grande escândalo no governo, e que por causa disso o partido de oposição está se elegendo para assumir o poder. "Se, por exemplo, 70% do eleitorado vota nas duas vezes, e o partido recebe 55% dos votos antes do escândalo e 45% depois dele, a preocupação geral com a honestidade no governo pode ser atribuída apenas a 7% do eleitorado, e este cálculo ignora todos os outros motivos possíveis para as mudanças da preferência dos eleitores". É uma simples hipótese, claro, mas sem dúvida está bastante próxima da realidade. A questão não é que o eleitorado não esteja aparelhado para descobrir a corrupção no governo, e sim que não há como confiar que ele remova a corrupção do cargo pelo voto.

96. Ao que consta, foi com essas palavras que os sindicatos húngaros se uniram aos conselhos operários em 1956. Conhecemos o mesmo fenômeno a partir da Revolução Russa e também da Guerra Civil Espanhola.

97. Tais foram as críticas do Partido Comunista iugoslavo contra a Revolução Húngara. Tais objeções não são novas; foram levantadas várias vezes, em termos praticamente iguais, na Revolução Russa.

98. Duverger, op. cit., p. 425.

99. Ibid., p. 426.

100. René Char, *Feuillets d'Hypnos*, Paris, 1946. Para a tradução em inglês, ver *Hypnos waking: Poems and prose*, Nova York, 1956.

Bibliografia

ACTON, lorde, *Lectures on the French Revolution* (1910), Nova York, 1959.

ADAMS, John, *Works* (10 vols.), Boston, 1851.

The Adams-Jefferson letters, ed. L. J. Cappon, Oxford, 1959.

ADLER, Max, *Demokratie und Rätesystem*, Viena, 1919.

ANWEILER, Oskar, "Die Räte in der ungarischen Revolution", in *Osteuropa*, vol. VIII, 1958.

_____, *Die Rätebewegung in Russland 1905-1921*, Leiden, 1958.

ARENDT, Hannah, *Origens do totalitarismo*, trad. Roberto Raposo, São Paulo, Companhia das Letras, 2007.

ARON, Raymond, "Political action in the shadow of atomic apocalypse", in Harold D. LASSWELL e CLEVELAND, Harlan (orgs.), *The ethics of power*, Nova York, 1962.

AULARD, Alphonse, *Études et leçons sur la Révolution Française*, Paris, 1921.

_____, *The French Revolution: A political history*, Nova York, 1910.

BAGEHOT, Walter, *The English Constitution and other political essays* (1872), Londres, 1963.

BANCROFT, George, *History of the United States* (1834 ss.), Nova York, 1883-5.

BEARD, Charles A., *An economic interpretation of the Constitution of the United States* (1913), Nova York, 1935.

BECKER, Carl L., *The Declaration of Independence* (1922), Nova York, 1942.

BLANC, Louis, *Histoire de la Révolution Française*, Paris, 1847.

BOORSTIN, Daniel J., *The Americans. The colonial experience*, Londres, 1965.

BOORSTIN, Daniel J., *The genius of American politics*, Chicago, 1953.

_____, *The lost world of Thomas Jefferson* (1948), Boston, 1960.

BOUSSET, W., *Kyrios Christos*, Göttingen, 1913.

BROWN, R. E., *Charles Beard and the Constitution*, Princeton, 1956.

BRYCE, James, *The American Commonwealth* (1891), Nova York, 1950.

BURKE, Edmund, *Reflections on the Revolution in France* (1790), Londres, 1969 [*Reflexões sobre a revolução em França*, trad. Renato de Assumpção Faria, Brasília, UnB, 1997].

CARPENTER, William S., *The development of American political thought*, Princeton, 1930.

CASSINELLI, C. W., *The politics of freedom. An analysis of the modern democratic State*, Seattle, 1961.

CHATEAUBRIAND, François René de, *Essais sur les révolutions* (1797), Londres, 1820.

CHINARD, Gilbert, *The commonplace book of Thomas Jefferson*, Baltimore e Paris, 1926.

_____, "Polybius and the American Constitution", in *Journal of the History of Ideas*, vol. I, 1940.

CÍCERO, *De natura deorum*, ed. Loeb Classical, Cambridge, Massachusetts.

_____, *Academica*, ed. Loeb Classical Library, Cambridge, Massachusetts.

_____, *De re publica*, Zurique, ed. Artemis, 1952.

COHN, Norman, *The pursuit of millennium*, Londres, 1962.

COMMAGER, Henry S., *Documents of American history*, 5ª ed., Nova York, 1940.

CONDORCET, Antoine Nicolas de, "Sur le sens du mot révolutionnaire" (1793), in *Oeuvres*, Paris, 1847-9.

_____, *Influence de la Révolution d'Amérique sur l'Europe* (1786), in *Oeuvres*, Paris, 1847-9.

_____, *Esquisse d'un tableau historique des progrès de l'esprit humain* (1795), ibid.

COOPER, James Fenimore, *The American democrat* (1838), Londres, 1969.

CORNFORD, F. M., *From religion to philosophy* (1912), Nova York, 1961.

CORWIN, Edward S., *The Constitution and what it means today*, Oxford, 1958.

_____, *The doctrine of judicial review*, Princeton, 1914.

_____, "The 'higher law' background of American constitutional law", in *Harvard Law Review*, vol. 42, 1928.

_____, "The progress of constitutional theory between the Declaration of Independence and the meeting of the Philadelphia convention", in *American Historical Review*, vol. 30, 1925.

CRAVEN, Wesley Frank, *The legend of the Founding Fathers*, Nova York, 1956.

CRÈVECOEUR, J. Hector St. John de, *Letters from an American farmer* (1782), Nova York, 1957.

CROSSKEY, William W., *Politics and the Constitution in the history of the United States*, Chicago 1935.

CURDS, Eugene N., *Saint-Just, colleague of Robespierre*, Nova York, 1935.

DIAMOND, Martin, "Democracy and *The federalist*: A reconsideration of the framers' intent", in *American Political Science Review*, março de 1959.

DOSTOIÉVSKI, Fiodor, *The grand inquisitor* (1880), trad. Constance Garnett, Nova York, 1948.

DUVERGER, Maurice, *Political parties. Their organization and activity in the modern State* (ed. francesa 1951), Londres, 1954.

ECHEVERRIA, D., *Mirage in the West: A history of the French image of American society to 1815*, Oxford, 1969.

EHRENBERG, Victor, "Isonomia", in Pauly-Wissowa, *Realenzyklopädie des klassischen Altertums*, Suplemento, vol. VII.

ELLIOT, Jonathan, *Debates in the several state conventions on the adoption of the federal Constitution*, Filadélfia, 1861.

EMERSON, Ralph Waldo, *Journal* (1853), Boston, 1909-14.

FARRAND, Max, *The records of the federal convention of 1787*, New Haven, 1937.

FAY, Bernard, *The revolutionary spirit in France and America*, Nova York, 1927.

The federalist (1787), ed. J. E. Cooke, Nova York, 1961.

FINK, Zera S., *The classical republicans*, Evanston, 1945.

FRIEDRICH, Carl Joachim, *Constitutional government and democracy* (ed. rev.), Boston, 1950.

GAUSTAD, E. S., *The Great Awakening in New England*, Nova York, 1957,

GENTZ, Friedrich, *The French and American revolutions compared*, trad. John Quincy Adams (1810), Gateway, Chicago, 1959.

GIERKE, Otto, *Natural law and the theory of society 1500 to 1800*, Cambridge, 1950.

GÖHRING, Martin, *Geschichte der grossen Revolution*, Tübingen, 1950 ss.

GOTTSCHALK, L. R., *The place of the American Revolution in the causal pattern of the French Revolution*, Easton, 1948.

GRIEWANK, Karl, *Der neuzeitliche Revolutionsbegriff*, Iena, 1955.

_____, "Staatsumwälzung und Revolution in der Auffassung der Renaissance un Barockzeit", in *Wissenschaftliche Zeitschrift der Friedrich-Schiller-Universität, Heft* I, Iena, 1952-3.

HAINES, C. G., *The American doctrine of judicial supremacy*, Berkeley, Califórnia, 1932.

HAMILTON, Alexander, *Works*, Nova York e Londres, 1885-6.

HANDLIN, Oscar, *This was America*, Londres, 1965.

HARASZTI, Zoltán, *John Adams and the prophets of progress*, Cambridge, 1952.

HARRINGTON, James, *The Commonwealth of Oceana* (1656), Indianápolis, ed. Liberal Arts, *Oceana*, Heidelberg, ed. Liljegren, 1924.

HAWGOOD, John A., *Modern Constitutions since 1787*, Nova York, 1939.

HEINZE, Richard, "Auctoritas", in *Hermes*, vol. LX.

HERÓDOTO (*As guerras pérsicas*), *Historiae*, ed. Teubner.

HOFSTADTER, Richard, *The American political tradition*, Londres, 1962.

HUME, David, *Essays, moral and political*, 1748 [*Ensaios morais, políticos e literários*, Rio de Janeiro, Topbooks, 2004].

JACHMANN, Günther, "Die Vierte Ekloge Vergils", in *Annali della Scuola Normale Superiore di Pisa*, vol. XXI, 1952.

JASPERS, Karl, *The future of mankind*, Chicago, 1961.

JEFFERSON, Tomas, *The complete Jefferson*, ed. Saul K. Padover, Nova York, 1943.

_____, *The life and selected writings*, eds. A. Koch e W. Peden, Modern Library, 1944.

_____, *The writings*, ed. P. L. Ford, 10 vols., Nova York, 1892-9.

JELLINEK, Frank, *The Paris Commune of 1871*, Londres, 1937.

JELLINEK, Georg, *The Declaration of the Rights of Man and of Citizen*, Nova York, 1901.

JENSEN, Merrill, "Democracy and the American Revolution", in *Huntington Library Quarterly*, vol. XX, n. 4, 1957.

_____, *New nation*, Nova York, 1950.

JONES, Howard Mumford, *The pursuit of happiness*, Cambridge, 1953.

JOUGHIN, Jean T., *The Paris Commune in French politics, 1871-1880*, Baltimore, 1950.

KANTOROWICZ, Ernst, *The king's two bodies. A study in medieval theology*, Princeton, 1957.

_____, "Mysteries of State. An absolute concept and its late medieval origin", in *Harvard Theological Review*, 1955.

KERÉNYI, Karl, *Vergil and Hölderlin*, Zurique, 1957.

KNOLLENBERG, Bernhard, *The origin of the American Revolution, 1759-1766*, Londres, 1961.

KOECHLIN, Heinrich, *Die Pariser Commune von 1871 im Bewusstsein ihrer Anhänger*, Basileia, 1950.

KRAUS, Wolfgang H., "Democratic community and publicity", in *Nomos* (Community), vol. II, 1959.

LA ROCHEFOUCAULD, *Maxims*, trad. Louis Kronenberger, Nova York, 1959 [*Máximas e reflexões*, Rio de Janeiro, Imago, 1994].

LANE, Robert E., "The fear of equality", in *American Political Science Review*, vol. 53, março de 1959.

LEFEBVRE, Georges, *The coming of the French Revolution*, Oxford, 1968.

LÊNIN, V. I., *O Estado e a revolução*, trad. Aristides Lobo, São Paulo, Expressão Popular, 2007.

LERNER, Max, *America as a civilization*, Nova York, 1957.

LEVY, Ernst, "Natural law in the Roman period", in *Proceedings of the Natural Law Institute of Notre Dame*, vol. II, 1948.

LIPPMANN, Walter, *Opinião pública*, Petrópolis, Vozes, 2008.

LOCKE, John, *Dois tratados sobre o governo*, trad. Julio Fischer, São Paulo, Martins Editora, 2005.

LOEWENSTEIN, Karl, *Beiträge zur Staatssoziologie*, Tübingen, 1961.

_____, *Volk und Parlament*, Munique, 1922.

LUTERO, Martinho, "De servo arbitrio", in *Werke*, vol. 18, ed. Weimar.

LUXEMBURGO, Rosa, *The Russian Revolution*, trad. Bertram D. Wolfe, Ann Arbor, 1940.

MAQUIAVEL, Nicolau, *Oeuvres complètes*, Pléiade, 1952.

_____, *The letters*, ed. A. Gilbert, Nova York, 1961.

_____, *The prince and other works*, Londres, 1961.

MAISTRE, Joseph de, *Considérations sur la France*, 1796.

MARKOV, Walter, "Über das Ende der Pariser Sanskulottenbewegung", in *Beiträge zum neuen Geschichstsbild. Alfred Meusel Festschrift*, Berlim, 1956.

MARKOV, Walter, e SOBOUL, Albert (orgs.), *Die Sanskulotten von Paris. Dokumente zur Geschichte der Volksbewegung 1793-94*, Berlim (Oriental), 1957.

MARKOV, Walkter (org.), *Jakobiner und Sanskulotten. Beiträge zur Geschichte der französischen Revolutionsregierung 1793-1794*, Berlim, 1956.

MARX, Karl, *Der Bürgerkrieg in Frankreich* (1871), Berlim, 1952.

_____, "Enthüllungen über den Kommunistenprozess zu Köln", in *Sozial-demokratische Bibliothek*, Bd IV, Hattingen, Zurique, 1885.

_____, *Die Klassenkämpfe in Frankreich, 1840-1850* (1850), Berlim, 1951; trad. H. KUHN, Nova York, 1924.

_____, *O manifesto comunista*, Rio de Janeiro, Jorge Zahar, 2006.

_____, *Das Kapital* (1873), Londres, 1960.

"Massachusetts" in *Encyclopedia Britannica*, 11ª ed., vol. XVII.

MATHER, Cotton, *Magnalia* (1694).

MATHIEZ, Albert, *Girondins et montagnards*, Paris, 1930.

_____, *Autour de Robespierre*, Paris, 1957.

_____, *The French Revolution*, Nova York, 1928.

MCCLOSKEY, Robert G. (org.), *Essays in constitutional law*, Nova York, 1957.

MCDONALD, Forrest, *We the people: The economic origins of the Constitution*, Londres, 1958.

MCILWAIN, Charles Howard, *Constitutionalism ancient and modern*, Ithaca, 1940.

MELVILLE, Herman, *Billy Budd*, trad. Alexandre Hubner, São Paulo, Cosac Naify, 2003.

MERCIER DE LA RIVIÈRE, *L'ordre naturel et essentiel des sociétés politiques* (1767).

MICHELET, Jules, *Histoire de la Révolution Française*, Paris (1847-50), 1868.

MILL, John Stuart, *Sobre a liberdade*, trad. Ari Ricardo Tank Brito, São Paulo, Hedra, 2010.

MILLER, John C., *The origins of the American Revolution*, Oxford, 1966.

MILLER, Perry, *The New England mind: The seventeenth century*, Cabridge, 1954.

MONTESQUIEU, Charles de Secondat, *L'esprit des lois* (1748), trad. Thomas Nugent, Nova York, 1949.

MOREY, William C., "The first state constitutions", in *Annals of the American Academy of Political and Social Science*, vol. IV, setembro de 1893.

_____, "The genesis of a written Constitution", in *Annals of the American Academy of Political and Social Science*, vol. I, abril de 1891.

MORGAN, Edmund S., *The birth of the republic, 1763-1789*, Chicago, 1956.

MORGENTHAU, Hans J., *The purpose of American politics*, Nova York, 1960.

MUMFORD, Lewis, *The city in history*, Londres, 1966.

NEUBAUER, Helmut, "München und Moskau 1918-1919. Zur Geschichte der Rätebewegung in Bayern", in *Jahrbücher für Geschichte Osteuropas, Beiheft* 4, 1958.

NEUMAN, Sigmund, "The structure and strategy of revolution: 1848 and 1948", in *The Journal of Politics*, agosto de 1949.

_____, (org.), *Modern politcal parties*, Chicago, 1956.

NILES, Hezekiah, *Principles and acts of the revolution in America* (Baltimore, 1822), Nova York, 1876.

NORDEN, Eduard, *Die Geburt des Kindes. Geschichte einer religiösen Idee*, Leipzig, 1924.

OLLIVIER, Albert, *Saint-Just et la force des choses*, Paris, 1954.

PAINE, Thomas, *The age of reason* (1794-1811), *Common sense* (1776), *The rights of man* (1791), in *The complete writings*, Nova York, 1945.

PALMER, Robert R., *The age of the democratic revolution*, Princeton, 1959.

_____, *Twelve who ruled. The year of the Terror in the French Revolution*, Princeton, 1941.

PARRINGTON, Vernon L., *Main currents in American thought* (1927-1930), Londres, 1963.

PLUTARCO, *The lives of the noble grecians and romans*, trad. John Dryden, Modern Library, Nova York.

POESCHL, Viktor, *Römischer Staat und griechisches Staatsdenken bei Cicero*, Berlim, 1936.

POLÍBIO, *The histories*, Loeb Classical Library, Cambridge, Massachusetts.

RAYNAL, abade, *Tableau et révolutions des colonies anglaises dans l'Amérique du Nord* (1781).

REDSLOB, Robert, *Die Staatstheorien der Französichen Nationalversammlung von 1789*, Leipzig, 1912.

"Revolution" in *Oxford English dictionary.*

ROBESPIERRE, Maximilien, *Oeuvres*, 3 vols., ed. Laponneraye, 1840.

_____, *Oeuvres complètes*, ed. G. Laurent, 1939.

_____, *Oeuvres*, eds. Lefebvre e Soboul, Paris, 1950 ss.

ROSENSTOCK, Eugen, *Die europäischen Revolutionen*, Iena, 1931.

ROSSITER, Clinton, *The first American Revolution*, Nova York, 1956.

_____, "The legacy of John Adams", in *Yale Review*, 1957.

ROUSSEAU, Jean-Jacques, *Discurso sobre a origem e os fundamentos da desigualdade entre os homens*, trad. Maria Ermantina Galvão, São Paulo, Martins Editora, 2005.

_____, *O contrato social*, Porto Alegre, L&PM Editores, 2007.

ROWLAND, Kate Mason, *The life of George Mason, 1725-1792*, Nova York, 1892.

RUSH, Benjamin, *Selected writings*, ed. D. D. Runes, Nova York, 1947.

RYFFEL, Heinrich, *Metabolé politeion*, Berna, 1949.

SAINT-JUST, Louis de, *Oeuvres complètes*, ed. Ch. Vellay, Paris, 1908.

SAINT-SIMON, *Mémoires* (1788), Pléiade, 1953.

SCHIEDER, Theodor, "Das Problem der Revolution im 19. Jahrhundert", in *Historische Zeitschrift*, vol. 170, 1950.

SCHULTZ, Fritz, *Prinzipien des römischen Rechts*, Berlim, 1954.

SHATTUCK, Charles E., "The true meaning of the term 'liberty' [...] in the federal and state constitutions", in *Harvard Law Review*, 1891.

SIEYÈS, abade, *Qu'est-ce que le Tiers État?*, 1789, 4ª ed.

SOBOUL, Albert, "An den Ursprüngen der Volksdemokratie. Politische Aspekte der Sanskulottendemokratie im Jahre II", in *Beiträge zum neuen Geschichtsbild. Alfred Meusel Festschrift*, Berlim, 1956.

_____, "Robespierre und die Volksgesellschaften", in Walter Markov (org.), *Maximilien Robespierre, Beiträge zu seinem 200. Geburtstag*, Berlim, 1958.

_____, *Les sans-culottes parisiens*, Paris, 1957.

SOLBERG, Winton U., *The federal convention and the formation of the Union of the American States*, Nova York, 1958.

SOREL, Albert, *L'Europe et la Révolution Française*, Paris, 1903.

SOULE, George, *The coming American Revolution*, Nova York, 1934.

SPURLIN, Paul Merrill, *Montesquieu in America, 1760-1801*, Baton Rouge, Louisiana, 1940.

TOMÁS DE AQUINO, *Suma teológica*, São Paulo, Loyola, 9 vols., 2001-6.

THOMPSON, J. M., *Robespierre*, Oxford, 1939.

TOCQUEVILLE, Alexis de, *L'ancien régime et la Révolution* (1856), in *Oeuvres complètes*, Paris, 1953.

TOCQUEVILLE, Alexis de, *A democracia na América*. São Paulo, Martins Editora, 2 vols, 2000-5.

TRENT, W. P., "The period of Constitution-making in the American churches", in J. F. JAMES (org.), *Essay in the constitutional history of the United States*, Boston, 1889.

TYNE, C. H. van, *The founding of the American Republic*, Boston, 1922 e 1929.

UNITED NATIONS, *Report on the problem of Hungary*, Nova York, 1956.

VIRGÍLIO, *The Aeneid, Eclogues, Georgics*, trad. J. W. Mackail, in *Works*, Modern Library, Nova York.

VOEGELIN, Eric, *A new science of politics*, Chicago, 1952.

WEINSTOCK, S., "Penates", in Pauly-Wissowa, *Realenzyklopädie des klassischen Altertums*.

WEISS, E., "Lex", in Pauly-Wissowa, op. cit., vol. XII.

WHITFIELD, J. H., *Machiavelli*, Oxford, 1947.

WILSON, Woodrow, *An old master and other political essays* (1893).

_____, *Congressional government* (1885), Nova York, 1956.

WRIGHT, Benjamin F., "The origins of the separation of powers in America", in *Economica*, maio de 1933.

Índice remissivo

Absolutismo, 162, 205, 209, 211-2, 244, 252; características, 130; governos revolucionários, 207, 208; inícios, 262; necessidade, 237; novidade, 224, 225; soberania, 210
Abundância, 98
Acton, lorde, 146, 152, 307
Acuerdo Nacional, 27
Adams, John, 62, 68, 77, 102, 104-6, 162-3, 173-4, 187, 189-90, 194, 201, 227, 236, 240, 247, 252-3, 266, 292, 300, 344; declarações sobre a colonização da América, 49; paixão de emulação, 182; paixão pela distinção, 163
Adams, John Quincy, 255
África do Sul, 11, 24, 25, 29
Agostinho, 55, 169, 270, 273
Alcibíades, 20
Aliança, 222, 269
Aliança bíblica, 225
Alter ego, 144

América: ausência de miséria, 49, 103; como refúgio, 51; conceito de poder, 218; escravidão, 106, 107; esquecimento do espírito revolucionário, 281, 294; formação do poder, 228; fronteiras, 132; humanidade europeia, 185; paixão pela democracia, 282; política externa, 276; sonho, 186; uso da força, 30
América do Norte: colônias prósperas, 49, 50; princípio federativo, 334
Americanos: diferença dos europeus, 162; variante da felicidade pública, 172, 173
Antiguidade: cristianismo, 54; gregos, 36, 241, 242; guia e inspiração, 254; mudança política violenta, 48; romana, 37, 67, 110, 241, 253, 259, 265
Aparência, 142
Apartheid, 24, 29
Aquino, Benigno, 27

Aquino, Tomás de, 177
Arca da aliança, 295
Arendt, Hannah: bagagem histórico-
-filosófica, 12; cidadania americana, 18; *Origens do totalitarismo*, 13,
18, 19, 20, 31
Aristóteles, 65; definição de homem,
44; definição de interesse, 48; formas mistas de governo, 199; relações entre cidadãos, 63
Assembleia francesa, 164, 171, 312
Assuntos públicos, 61-2, 70, 102, 162-
4, 166-7, 178, 181, 182, 299, 301,
306, 311, 315, 329, 331, 336, 340,
342, 346, 349, 350
Atrocidades, 14
Autogestão, 308, 311, 328
Autoridade, 250, 347; da lei, 244;
governos e perda de, 161; princípio, 348; Senado, 232; Supremo
Tribunal, 257
Autoridade jurídica, 258

Bacon, Francis, 155
Bakúnin, 327
Barrot, Odysse, 333
Beard, Charles, 139
Billy Budd (Melville), 119, 120, 121,
123, 124, 125
Blackstone, William, 60, 212, 240
Blücher, Heinrich, 19
Bodin, Jean, 51, 65, 205
Boêmia, 325
Bonaparte, Napoleão, 82, 85, 109, 214,
319
Boorstin, Daniel, 278
Burnaby, Andrew, 103
Busca da Felicidade, 158, 171, 173, 178,
180, 181, 344
Bush, George W., 29

Caim e Abel, 46, 68, 126
Câmara dos Lordes, 287
Candidatos, 340, 341
Capacidade de suportar, 135
Capacidade humana, 283
Capitalismo, 35, 52, 96, 277
Catilina, 64
Char, René, 274, 350
China, 24, 30, 192, 276
Chun Doo-Hwan, 24
Cidadãos: relação mútua, 63; repre-
sentação, 336
Ciência natural, 99
Ciência política, 165, 198, 230, 292, 301
Civilização atlântica, 185, 251
Civilização liberal, 20
Classe dominante, 96, 97
Classe ociosa europeia, 325
Classe trabalhadora, 97, 342
Código de conduta, 105
Colônias: ausência de novidade abso-
luta, 225; licenças e alvarás, 230;
mútua fé, 225, 226; prosperidade,
49, 50; sociedades políticas, 220
Commonwealth, 230
Compaixão: bondade, 121, 125; desco-
berta de Rousseau, 126; estabelecimento de vínculos naturais, 118;
força motriz, 111, 112; linguagem,
124; paixão, 106, 107, 122; papel
fundamental, 117; piedade como
distorção, 127; união de diversas
classes, 117
Companhia da Virgínia, 218
Comuna de Paris, 98, 128, 153, 302,
310, 314, 321, 322, 333; 48 seções,
302; de 1871, 321, 322, 327; representação dos pobres, 307; sociedades populares, 313
Comunas municipais, 17

Comunismo, 22, 26, 29, 35, 38, 96, 97, 277, 322, 324, 331

Condorcet, 238, 274; e o termo "contrarrevolução", 43; liberdade, 60; objetivo das revoluções, 56

Confederação, 203, 220

Consciência de classe, 97

Consentimento, 223

Constituição, 189, 238; americana, 192, 193, 195, 203, 216, 260, 317; ausência das assembleias municipais, 298; como fonte da lei, 207; como mandamentos divinos, 245; diferenças, 194; emendas, 260; fundações, 170; história da França, 213, 214; oposição de Jefferson, 295; perda de significado, 170; poder, 195, 203; povo, 318; povo francês, 112; representação do povo, 301; significado, 192; sobrevivência, 303; veneração, 256

Constituição britânica, 75, 192, 230, 231

Contrarrevolução, 43, 44, 76, 80, 86, 141, 190, 331

Contrato social, 220, 221, 224, 230

Controle judiciário, 257, 287, 290

Copérnico, 72

Coração humano, sombras, 135, 136, 138, 251

Corpos políticos civis, 219, 251

Corrupção: França, 160; hipocrisia, 145; Maquiavel, 145; na sociedade igualitária, 316

Corte francesa, 152

Crèvecoeur, Hector Saint John de, 51, 77, 182, 187

Criação da Constituição: desconfiança, 194, 195, 196; elemento revolucionário, 191; novas ideias, 217

Crime oculto, 143, 144

Cristianismo, 211; antiguidade, 54; critérios morais, 106; revoluções modernas, 53, 54

Cristo ver Jesus de Nazaré, 119

Critérios morais, 66, 106

Crueldade, 128

D'Argenson, marquês, 115

Decálogo, 245

Declaração de Direitos (EUA), 150, 181, 190, 201, 314, 315, 317

Declaração de Independência, 51, 135, 170, 173, 178, 196, 197, 238; criação da constituição, 217; filosofia do direito natural, 175; forma de governo, 207; preâmbulo, 250

Declaração dos Direitos do Homem, 76, 150, 196

Democracia, 165; abominação, 287; origem, 58; pais fundadores, 287; paixão da América, 282; sobrevivência, 31

Democratização, 29, 30

Depravação, 119, 121

Descartes, 77, 138

Desmoulins, 80

"Despotismo da liberdade", 265

Despotismo eletivo, 216, 301

Desprezo, 326

Deus: aliança bíblica, 225; encarnação humana, 245; existência, 143; lei, 206; vingador, 247, 250

Di Fiore, Joachim, 54

Dickinson, John, 189, 220, 229

Direitos civis, 60, 61, 63, 172, 181, 197, 198, 201, 278

Direitos divinos, 210, 237

Direitos humanos, 197, 198

Dissuasão, 40, 41

Ditadura, 12, 23, 140
Ditadura monopartidária, 311, 312, 329, 342
Ditaduras despóticas, 208
Dostoiévski, Fiódor, 119, 120, 123, 136
Doutrina da necessidade,, 156
Doze Tábuas, 243

Economia, 322
Édipo em Colono (Sófocles), 350
Egoísmo, 118, 119
Eletrificação, 100
Elites, 344, 345; políticas, 347; recrutamento pelos partidos políticos, 346, 347
Emancipação, 97
Emulação, 163, 182
"Encantos da liberdade", 62
Eneias, 243, 263, 268
Era do Iluminismo, 227, 229, 247
Era moderna, 230, 291
Escravidão, 157; americana, 106, 107
Esfera política, 157, 244, 301
Espírito religioso, 291
Espírito revolucionário, 110, 283, 284; caráter, 226, 227; esquecimento nos EUA, 281, 293; jacobinos, 311; novos inícios, 349, 350; preservação, 301; salvação, 315; sobrevivência, 346
"Espírito universal", 85
Estado de natureza, 45, 46, 76, 117, 120, 213, 218, 235, 241, 244; como estado pré-político, 45; teoria, 47
Estado pré-político, 236
Estados Unidos, 88, 170, 220, 298; cidadania de Arendt, 18; democratização das forças armadas, 30; formação do governo, 181; fundação por ato deliberado, 276

Europa: influência da Revolução Americana, 101, 102; nova ideia de felicidade, 111; paixões revolucionárias, 282; pobreza, 185, 186
Europeus: absolutismo, 209; classe ociosa, 325; diferenças dos americanos, 162; humanidade, 185; tradição revolucionária, 275
Experiência colonial, 49, 252, 271, 278
Exploração, 96

Fé, 227, 246, 255
Federalismo, 308
Felicidade: americana, 172, 173, 179, 180; busca, 171, 173, 177; do povo, 316; nova ideia na Europa, 111; política, 177
Felicidade pública, 108, 163, 168, 172-3, 176, 178-82, 185, 188, 281, 283, 294, 296, 298, 302, 320, 337, 349; busca, 344; desejo de Jefferson, 182; variante americana, 172, 173
Filosofia, 12; Filosofia do direito natural, 175
Fim da história e o último homem, O (Fukuyama), 20
Força natural, 236
Forças Armadas, 159, 334
Forster, Georg, 80
França: corrupção, 160; história constitucional, 213, 214; libertação, 178, 179; mudança de foco da constituição, 112; queda da monarquia, 110, 111; sociedade, 147; Terceira República, 194
Franklin, Benjamin, 75, 102
Fukuyama, Francis: *O fim da história e o último homem*, 20
Fundações, 71, 212, 214, 262, 264, 297; ampliação territorial, 259; conceito

romano, 266, 267; equivalência com elaboração constitucional, 170, 171; império romano, 269; inícios, 67, 68, 265; liberdade, 276; preço, 294; processo, 228; de repúblicas extensas, 220; restabelecimentos, 271; revoluções, 171, 172, 283

Galileu, 77

Gladstone, William E., 192, 193

Globalização, 24

Golpe de Estado, 63

Gorbachev, Mikhail, 28, 29

Governantes: decisão popular, 70; ultrapassados, 225

Governo constitucional, 179; como governo limitado, 190; definição, 184; destinos, 193

Governo da república: separação dos poderes, 335; sistema de conselhos, 332; subdivisão do país, 318

Governo federal: desenvolvimento, 348; equilíbrio com governo dos estados, 202

Governo(s): ameaça da guerra moderna, 39; aristocráticos, 349; brando, 277; coerção, 338; conflito do povo, 304; consentimento, 223; constitucional, 179; corrupção, 316, 317; Declaração de Independência, 207; degeneração, 319; demorático, 215; Estados Unidos, 181; forma, 130, 180, 296; forma aristocrática, 349; formas mistas, 199; implantação na revolução americana, 230, 232, 256; independente, 62; lei acima dos homens, 238; limitado, 278; livre, 287; da maioria, 216, 217; nova forma, 52, 100, 331, 342; parlamentar, 339; participante, 300; perda de autoridade, 161; poder/autoridade, 195, 232; representantivo, 298, 330; república, 61; republicano, 50, 61, 88, 102, 112, 285, 317, 318, 319, 334; revolucionário e absolutismo, 207, 208; sistema de conselhos, 313; sistema distrital, 318; tirania, 191; uso de intelectuais, 166

Grã-Bretanha, 229, 335, 336

"Grande inquisidor, O" (Dostoiévski), 119, 123, 125

Grécia, gregos: Antiguidade, 36, 63, 241; filosofia, 55; liberdade, 59; vida política, 37

Guerra civilizada, 153

Guerra(s): ameaça aos governos, 39, 40; civilizada, 153; fatores não técnicos, 42; hipocrisia, 139, 140; Franco--Prussiana, 40; história romana, 39; justificação, 36, 37; natureza, 41; nuclear, 38, 40; pérsicas, 37; Primeira Guerra Mundial, 39, 40, 44, 159, 192, 193, 194, 280, 339; revoluções, 42, 43; Segunda Guerra Mundial, 43, 192, 275, 340, 350; término com aliança, 269

Guilherme e Maria, 73

Hamilton, Alexander, 80, 203, 257, 273, 293

Hannah Arendt: Por amor ao mundo (Young-Bruehl), 20

Harrington, James, 48, 163, 215, 223, 253, 259, 265, 266, 267, 273, 284, 292

Havel, Václav, 25

Hegel, Georg Friedrich Wilhelm: aspecto doutrinal, 86, 87; filosofia, 83; interpretação da Revolução Francesa, 156

403

Heródoto, 58, 59
Hesíodo, 178
Hipocrisia, 119, 144; caça, 137, 138, 139; guerra, 139, 140, 147; manifesta na corrupção, 145, 146; máscara, 149, 150; vício, 141, 142
História: conceito moderno, 87; pré-moderna, 71; revoluções, 74; universal, 85, 86
Hitler, Adolf, 11, 13, 17, 99
Homem natural, 117, 120, 149, 151
Homero, 178, 268
Hommes de lettres ver Intelectuais, 164
Humanidade: capacidade de suportar, 134, 135; definição de Aristóteles, 44; verdade, 85, 86
Humanitarismo, 30
Hume, David, 160, 260

Idade Média, 54, 69, 254, 321
Idealismo, 84, 116, 182
Ignomínia, 93
Igualdade: existência política, 58; ligação com a liberdade, 58; reivindicação do povo, 70
Iluminismo, 83, 135, 248, 288; Era do Iluminismo, 227, 229, 247, 278; filósofos, 168
Imperialismo, 20, 31, 35, 64
Império Romano, 63, 161, 205, 211, 251; fundação, 269; grande modelo, 254; Pais Fundores e, 257, 258, 259; Senado, 256
Indivíduos, 187, 222
Início(s), 264, 272; absolutismo, 262; capacidade humana, 283; fundações, 67, 265; revoluções, 45
Inimigo comum, 114, 115, 116, 334
Inimigo nacional, 114
Inimigos objetivos, 141

Instituição duradoura, 289, 290, 291, 294
Intelectuais, 166, 167; hommes de lettres, 164, 166, 169
Interesse, 214, 288; como sinônimo de vontade, 115; em Aristóteles, 48; interesses privados, 179, 233, 234, 316, 317, 350
Isonomia, 58, 59

Jacobinos, 304; como revolucionários, 311; conflitos, 308; força tirânica, 312; instrumentos de terror, 307; tomada do poder, 112
James, Henry, 169
Jay, John, 62
Jefferson, Thomas, 102, 106, 133, 171, 173-7, 182, 250, 293, 296-7, 301, 317, 318, 348; objeções à Constituição, 295; sistema distrital, 313, 314, 315
Jesus de Nazaré, 54, 119, 123, 124, 125, 245, 251
Jones, Howard Mumford, 173
Julgamento, 290
Juramento da Sala do Jogo de Pela, 164, 170

Kant, Immanuel, 14, 87, 291
Kruschev, Nikita, 18, 28, 278

La Rochefoucauld, 78, 146, 147
Legislador divino, 241
Legislador Imortal, 240, 262
Lei(s): abolição, 200, 237, 238; como vontade de Deus, 205; Constituição como fonte, 206; da Natureza, 35; destruição pelo mal, 122; matemática, 249; "naturais", 244; Roma, 241, 242; sentido variável, 244;

sociedade civil, 240, 241; Lei dos Suspeitos, 136
Lema da Revolução Americana, 234
Lênin, 35, 99, 100, 101, 116, 141, 278, 314, 321, 323, 325, 332
Levellers, 74
Liberdade, 97, 162, 168; ações positivas, 16; civil, 179, 181; conceito, 35, 36, 38; condições, 24; Condorcet, 59, 60; fundações, 276; garantida pela propriedade, 234; incompatibilidade com a pobreza, 95; libertação, 56, 57, 60, 61; limites espaciais, 344; política, 57, 58, 60, 100, 168, 169, 185, 187, 199, 277, 278; prosperidade, 183; pública, 163, 171, 178-82, 184, 188, 281, 283, 296, 298, 300, 308-9, 320, 337, 344, 349; relação com igualdade, 59; revoluções, 63, 189; sistema de conselhos, 331
Liberdades, 60; constitucionais, 336; fonte de vingança, 153; poder natural de agir, 198
Libertação, 110, 111; e liberdade, 56, 57, 61; econômica, 322; França em busca de, 178, 179; lendas, 263, 264; rebelião, 189
Licenças e alvarás, 230
Livingstone, William, 211
Livre-iniciativa, 276, 277
Locke, John, 49, 69, 221, 224, 240, 284; *Tratados sobre o governo civil*, 221
Luís xiv, 147
Luís xvi, 78, 130, 146, 152
Lutero, Martinho, 53, 239
Luxemburgo, Rosa, 330

Macarthismo, 22
Madison, James, 133, 181, 195, 202, 203, 216, 220, 247, 257, 261, 282, 300
Maitland, F. W., 204
Mal, 118; destruição das leis, 122; radical, 14, 120, 145; totalitarismo, 13; virtude de Robespierre, 129
Mandamentos divinos, 245
Manifesto comunista (Marx), 97
Maquiavel, Nicolau, 142, 266; corrupção, 145; pai espiritual da revolução, 66; "teoria da mudança política", 65; violência, 67, 68
Marcos, Ferdinand, 23
Marx, Karl, 52, 94, 95, 99, 321, 327; conceitos de pobreza, 100, 101; influência nas revoluções, 324, 325; liberdade humana, 97; luta de classes, 105; *Manifesto comunista*, 97
Máscara, 148, 149
Melville, Herman, 119, 120, 122, 124, 126, 142; *Billy Budd*, 119-26
Mercantilismo, 162
Mercier de la Rivière, 249
Michnik, Adam, 29
Milosevicz, Slobodan, 24
Misérables, Les, 157
Miséria, 109, 110; combate, 185; em prejuízo das revoluções, 282; espetáculo, 106; legislação, 305; problema político, 133, 134
Mobilidade social, 109
Modernidade *ver* Era moderna, 291
Monarquia: absoluta, 51, 74, 208, 209, 237, 251; ditaduras despóticas anteriores, 208; formação, 205, 212; limitada, 191, 196, 205, 206, 234
Monopólio de poder, 323
Montaigne, 136, 167
Montesquieu, Charles de Secondat:

papel na Revolução Americana, 129, 160, 198, 200, 201, 244, 284; separação dos poderes, 206

Movimentos de massa, 338, 348

Movimentos sociais, 25, 26

Mumford, Lewis, 298

Mundo político, 15

Municípios, 298

Nacionalismo, 35, 114, 208

Natureza humana: Pais Fundadores, 109, 227; Promessas mútuas, 227

Nazistas, 18

Necessidade: como violência humana, 98, 99; doutrina, 156; e violência, 158

Novidade, 71, 77

Novo Mundo, 17, 24, 84, 132, 183

Obediência, 289

Oligarquia, 48, 58, 65

Operários, 342

Opinião, 288, 289, 290, 336

Opinião pública, 43, 113, 132, 133, 207, 281, 286, 287, 290, 309

Opressão, 101, 195

Ordem da Quarta Écloga, 269

Ordens Fundamentais de 1639, 219

Origens do totalitarismo (Arendt), 11, 31

Pacto das fazendas, 219

Pacto do Mayflower, 15, 16, 17, 29, 218, 225

Paine, Thomas, 75, 76, 193, 253, 261, 295

Pais Fundadores, 88, 133, 139, 165, 171, 186, 260, 287, 291, 292; busca de instituições duradouras, 290; diferença com Roma, 257, 258,

259; escritos, 174; governo democrático, 285; natureza humana, 109, 227; poder governamental, 195; teoria política, 165

Parlamento, 233, 234, 235

Parlamento Residual, 73

Partido Bolchevique, 17, 100, 140, 311, 323, 332; monopólio do poder, 323; objetivos, 332

Partidos políticos, 346

Pascal, Blaise, 136, 167, 239

Paz, 269

Permanência, 293

Persona, 148

Pesos e contrapesos, 301, 316, 319

Piedade: como distorção da compaixão, 127; crueldade, 128

Pinochet, Augusto, 27

Platão, 47, 48, 65, 143, 174, 175, 242, 249, 272, 290

Plebiscito, 27, 290

Pobres: código de conduta, 105; ideais, 186; massas, 156, 157; representação na Comuna de Paris, 307; revolta, 155; Revolução Francesa, 159, 160; revoluções, 16

Pobreza, 184, 185; doutrina de Marx, 100, 101; Europa, 185, 186; força desumanizadora, 93, 94; incompatibilidade com a liberdade, 95; inexistência no cenário americano, 103; sociedade, 49; vida humana, 154

Poder, 257; conceito americano, 218; Constituição, 195, 203; convocação de outros, 289; despótico, 83, 212, 240, 248, 250; destruição pela violência, 16; estabilização pela separação, 335; fontes, 24; na formação da América, 228, 229; natural, 199; político, 16, 26, 48, 96, 151, 157, 303; povo, 206, 232, 233, 234, 236; promessas voluntárias, 222, 223; público, 172, 173, 181, 184, 317, 318, 320; representação como controle, 336; tomado pelos jacobinos, 111; união de indivíduos para, 228

Poetas, 120

Políbio, 55, 72, 199, 272

Política, 36, 163, 345; autoridade, 159, 204; elites, 347; existência, 57, 58; externa, 39, 43, 276; liberdade, 59, 60; Novo Mundo, 275; ocidental, 159, 271; origens revolucionárias, 284; pré-revolucionária, 285; problema da miséria, 133, 134; sabedoria, 247; sistema de conselhos, 342; social, 109, 345

Povo: conflito com o governo, 304, 305; Constituição, 318; decisão dos dirigentes, 70; exigência de igualdade, 70; felicidade, 316; força natural, 235, 236; poder, 206, 232, 236; poder político, 233, 234; representação na constituição, 300, 301; unidade, 112

Princípio federativo: América do Norte, 334; em fundações de repúblicas extensas, 220; sistema de conselhos comunais, 310

Princípio republicano, 223

Princípio unificador, 114

"Princípios do Governo Revolucionário", 184, 188

Promessas: estabilidade, 228; formação de associações, 236; mútuas, 227, 229, 235, 236, 252; poder, 222

Propriedade, 234

Prosperidade, 183; das colônias, 49, 50

Proudhon, Pierre-Joseph, 82, 327

Putin, Vladimir, 30

Questão social, 184

Racismo, 20

Raison d'état, 113

Raiva, 152, 153

Raynal, abade, 50

Razão, 117, 118

Realeza ver Monarquia, 175

Rebeldes, 29

Rebelião de Shay, 295

Reinado do Terror, 131, 140, 146, 150

Relações públicas, 221

Religião: e soberania absoluta, 210; perda de sanção, 211; sentido romano, 255; sentimento, 248

Representação, 104, 297, 320; cidadãos, 336; controle do poder do povo, 336; governos, 298, 299, 330; indicação de candidatos, 340, 341; povo não livre, 304; pública, 287; questão, 298, 299; tributação sem, 62

República americana, 133, 176; autoridade jurídica, 258; cegueira, 255; estabelecimento do governo, 231, 232; estrutura, 279; fatores conservadores, 293

República Confederada, 201

República elementar, 349

Revolta, 69; libertação, 189; razão, 117; Revolta de Kronstadt, 17, 323

Revolução Alaranjada, 24

Revolução Americana, 50, 83, 135; ausência de compaixão, 122; diferenças da Revolução Francesa, 205; êxito, 103; experiência colonial, 278; fundações, 252; governo, 217,

218; influência sobre a Europa, 101, 102; interferência de questões sociais, 184; lema, 234; restauração, 74; resultados, 183; violência, 131

Revolução Bolchevique, 90

Revolução de Fevereiro: (França - 1848), 328; (Rússia - 1917), 333

Revolução de Outubro, 82, 90, 100, 140, 208, 323, 332

Revolução Francesa, 52, 75, 80, 81, 113; comunas municipais, 17; consequências, 83; curso, 131, 302; diferença da Revolução Americana, 205; força política da pobreza, 94, 95; governo, 180; história universal, 88, 89; interpretação de Hegel, 156; lado não teórico, 123, 124; Lênin, último herdeiro, 101; paixão/hipocrisia, 139, 149; pobres, 159, 160; primeiros meses, 164; proclamação dos direitos humanos, 197; Robespierre e a tomada do poder, 111; sociedade francesa, 148

Revolução Gloriosa, 73, 183

Revolução Húngara, 18-23, 25-6, 28, 328, 333, 339; duas linhas de pensamento, 19; importância, 20; novas reflexões, 18

Revolução Industrial, 97, 325

Revolução/Revoluções: ato de fundação, 283; autoridade política, 159, 204; como termo científico, 72; conceito moderno, 56; Condorcet, 56; conotação, 88; curso dos acontecimentos, 90; desobediência como causa, 25; direitos civis, 60; ditaduras, 165; espírito, 171; experiência como guia, 229; fadada pela miséria, 282; guerra, 42, 43; história pré-moderna, 71; importância

dos direitos da humanidade, 294; influência de Marx, 324; liberdade, 63, 189; liberdade pública frente a ela, 308; Maquiavel como pai espiritual, 66; modernas, 17, 47, 48, 50, 52, 53, 65, 72, 77, 95, 325; momentos históricos, 74; monarquia limitada, 206; nascimento, 46, 64; objetivos, 36, 94, 98; onda democrática, 27; opinião, 289; origens no cristianismo, 53, 54; paixão da Europa, 282; permanente, 82; preocupação com os pobres, 16; recorrente, 297; Rosa, 24; sentença de morte, 307; sentido original, 156; tradição europeia, 275; violência como causa, 64

Revolucionários, 325; elaboração da Constituição, 191; elogio, 21

Revoluções democráticas: métodos rebeldes, 29; ondas, 23

Robespierre, Maximilian, 56, 66, 68, 77, 80, 82, 89, 91, 94, 99, 110, 111, 116, 147, 237; desconfiança, 137; ditadura, 139, 140, 303; glorificação do sofrimento, 154; governo de terror, 311; mudança de posição, 307; referência à opinião pública, 112, 113; revelação, 164, 165; tomada do poder, 111, 112; virtude do mal, 128, 129

Roma, romanos: Antiguidade, 37, 67, 110, 164, 241; continuidade, 55; espírito, 260; fundações, 266, 267; gênio, 269; guerras, 39; leis, 242; política, 270; religião, 255; trindade, 161

Rômulo e Remo, 268

Rousseau, Jean-Jacques, 106, 113, 114, 115, 117, 147, 237; busca de princí-

408

pio unificador, 114; compaixão, 126

Rousselin, Alexandre, 153

Rush, Benjamin, 299

Saint-Just, 81, 89, 91, 92, 111, 114, 117, 131, 155, 253, 306, 307, 308, 309, 337, 338

Saint-Simon, 146

sans-culottes, 94, 95, 306

Secularização, 53, 209, 210, 211

Sede do poder, 207

Selden, John, 298

Senado, 256, 293; autoridade, 232; controle judiciário, 290; salvaguardas, 287

Separação dos poderes, 199; governo republicano, 334; princípios, 200; teoria de Montesquieu, 205, 206

Ser, 142

Ser Supremo, 239, 240, 246

Seres humanos, 13, 14, 45, 46, 242, 270, 283

Sieyès, abade, 111, 205, 208, 212, 213, 214, 238

"Significado da política", 21

Sistema bipartidário, 335

Sistema de conselhos, 314, 327, 329, 330, 339; desprestígio, 343; espaços de liberdade, 330; política, 342; república, 332, 334; sistema partidário, 332, 341

Sistema distrital, 313, 314, 315, 319, 320, 321

Sistema federativo, 335

Sistema partidário, 338, 339; características, 340, 341; continental, 310; fórmula, 346; natureza, 347; sistema de conselhos *versus*, 332, 341

Sistema pluripartidário, 311, 333

Sistema político, 22

Smith, Adam, 49

Soberania, 202; absoluta, 240

Socialistas utópicos, 327

Sociedade: federalismo, 308; regimentos, 305, 306

Sociedade civil, 26, 131, 241

Sociedade igualitária: assuntos públicos, 331; corrupção, 316, 317; impotência dos indivíduos, 156

Sociedades políticas, 220

Sócrates, 142, 143, 144, 177

Sófocles, 350, 351

Sofrimento, 118, 153

Solidariedade, 107, 110, 127, 128, 134

Sovietes, 100, 101; declínio, 28; queda pacífica, 23

Stálin,Ióssef, 11, 13, 17, 99, 116, 278

Supremo Tribunal, 258, 293

"Teoria da mudança política", 65

Terceira República, 194

Terceiro Estado, 170

Termo científico, 72

Terra Prometida, 186, 263, 275

Territórios, 259, 260

Terror: da virtude, 116, 141; governo de Robespierre, 311; instrumentos jacobinos, 307; no totalitarismo, 13; Reinado do Terror, 140, 146, 150

Tirania, 16, 175; ausência de governo legal, 191; jacobinos, 312; soberania, 202

Tocqueville, Alexis de, 58, 75, 84, 95, 155, 156, 161, 162, 168, 169, 178, 183, 230, 280, 282, 309, 321, 325, 327

totalitarismo, 278

Totalitarismo: civilização liberal, 20;

como mal triunfante, 13; como variante da ditadura, 12; horror, 20; reexame político, 22; terror, 13
Trabalho escravo, 106
Tradição hebraico-cristã, 265
Tratados sobre o governo civil (Locke), 221
Tributação, 60, 62, 71, 191, 234

União perpétua, 236

"Valas do esquecimento", 14
Velho Mundo, 52, 88, 107, 126, 185, 188, 194, 217, 224, 226, 233, 235, 251, 279
Ventôse, 81
Verdade, 84, 85
Vergniaud, 80, 91
Vida humana, 16, 93, 105, 154
Vingança, 153

Violência, 267; como denominador comum, 44; desencadeada pela Revolução Americana, 131, 132; destruição do poder, 200; ênfase de Maquiavel, 68; justificação, 44; necessidade, 98, 99, 158; raiva, 153; revoluções geradas, 64
Virgílio, 233, 243, 263, 266, 268, 269, 270, 271
Virtude, 122
Vontade geral, 93, 114
Vontade popular, 113, 207

Warren, Joseph, 168
Webster, Daniel, 110
Wilson, James, 253, 299
Wilson, Woodrow, 255, 258

Young, Arthur, 192
Young-Bruehl, Elisabet, 20

1ª EDIÇÃO [2011] 5 reimpressões

ESTA OBRA FOI COMPOSTA PELA SPRESS EM MINION E IMPRESSA EM OFSETE
PELA LIS GRÁFICA SOBRE PAPEL PÓLEN SOFT DA SUZANO S.A.
PARA A EDITORA SCHWARCZ EM JANEIRO DE 2022

A marca FSC® é a garantia de que a madeira utilizada na fabricação do papel deste livro provém de florestas que foram gerenciadas de maneira ambientalmente correta, socialmente justa e economicamente viável, além de outras fontes de origem controlada.